Karsten Schröder (Hrsg.)

In deinen Mauern herrsche Eintracht
und allgemeines Wohlergehen

Karsten Schröder (Hrsg.)

In deinen Mauern herrsche Eintracht und allgemeines Wohlergehen

Eine Geschichte der Stadt Rostock von ihren Ursprüngen bis zum Jahre 1990

Bibliographische Information Der Deutschen Bibliothek

Die Deutsche Bibliothek verzeichnet diese Publikation in der
Deutschen Nationalbibliographie; detaillierte Daten sind im
Internet über http://dnb.ddb.de abrufbar

Autoren:
Dr. phil. Kerstin Urbschat, Rostock
Facharchivar Hans-Werner Bohl, Rostock
Diplomarchivar Bodo Keipke, Rostock
Prof. Dr. phil. habil. Ernst Münch, Rostock
Dr. phil. Karsten Schröder, Rostock (Herausgeber)

Bildnachweis: Archiv der Hansestadt Rostock

Redaktionsschluß: Oktober 2002

Karsten Schröder (Hrsg):
In deinen Mauern herrsche Eintracht und allgemeines Wohlergehen

© 2003 by Ingo Koch Verlag
Warnowufer 30, 18057 Rostock

Satz: Marian Koch
Herstellung:
AALEXX Druck GmbH, Kokenhorststr. 22, 30938 Großburgwedel

ISBN 3-929544-68-7

Inhalt

Ernst Münch

Niedergang und Stagnation.
1648 bis 1806 93

Karsten Schröder

Napoleonische Fremdherrschaft und Befreiungskriege.
1806 bis 1815 109

Bodo Keipke

Bodo Keipke

Bodo Keipke

Vorwort

Unsere Stadt ist in der Vergangenheit nicht gerade üppig mit Büchern, in denen sie der »HaupthELd« war, bedacht worden. Erfreulicherweise bietet der Buchmarkt nun seit geraumer Zeit eine nicht abreißen wollende bunte Reihe von Stadtführern und Bildbänden an. Eine immer größer werdende Zahl von Autoren und Verlagen stellt geschichtliche Abhandlungen zu den verschiedensten Teilaspekten der Rostocker Historie vor. Jedes dieser Bücher für sich genommen leistet einen bedeutenden Beitrag für die Stadtgeschichtsforschung und für die Heimatpflege. Gern nimmt ein immer breiter werdender Leserkreis diese Publikationen an.

Doch seit dem Erscheinen einer gedruckten Rostocker Universalgeschichte, die die Entwicklung der Stadt von den Anfängen bis in die Gegenwart nachzeichnet, sind bereits 23 Jahre ins Land gegangen. Der unter Leitung von Lothar Elsner im Jahre 1980 entstandene Titel »Rostock. Geschichte der Stadt in Wort und Bild« ist – wie zahlreiche Vorgänger – heute nur noch antiquarisch zu haben. Immer häufiger fragen Bürger aber, wo man zur Historie Rostocks nachlesen kann. Lehrer suchen nach einer leicht faßbaren Stadtgeschichte zur Belebung des Sachkunde- und Geschichtsunterrichts mit regionalen Fakten. Neubürger möchten sich über das Werden ihres Wohnortes informieren. Touristen wollen mehr über Rostock erfahren, als die Stadtführer preisgeben. Es wurde also Zeit, einen Nachfolger zu präsentieren, zumal sich in den zurückliegenden Jahren vieles veränderte, nicht zuletzt auch die Betrachtungsweise des Vergangenen und ganz besonders eines über 40jährigen Abschnitts deutscher Geschichte, in dem unserer Land geteilt war.

Dieser Idee hatte sich zunächst der Rostocker Verleger Konrad Reich verschrieben, der das Entstehen des vorliegenden Bandes anregte. Von Anfang an war ein populär geschriebener und leicht faßbarer Abriß Rostocker Stadtgeschichte geplant, der mit einem informativen Anhang und einem Literaturverzeichnis verknüpft sein sollte. Er sollte sich auf Altes stützen und Neues einbeziehen. Das nun vorliegende Ergebnis hat Konrad Reich auch inhaltlich entscheidend mitgeprägt, so daß ihm an dieser Stelle als erstem Dank gebührt, wenngleich er die verlegerische Seite des Projektes in andere, jüngere Hände legen mußte.

Auf eine wissenschaftliche Geschichte der alten Hanse- und Universitäts-stadt an der Warnow müssen die Leser aber weiter warten. Dazu fehlen noch, trotz allen Wollens, zahlreiche Untersuchungen zu Epochen und Themen-kreisen der Rostocker Historie, vor allem von der Neuzeit bis in die Gegen-wart. Es werden sicher noch einige Jahrzehnte intensiven Forschens von His-torikern, Soziologen und Wissenschaftlern zahlreicher anderer Disziplinen ins Land gehen, bis eine ausgewogene, alle Aspekte der Rostocker Geschichte beleuchtende Abhandlung geschrieben werden kann, zumal man für die Be-trachtung der Ereignisse der letzten Jahrzehnte eigentlich einen größeren zeit-lichen Abstand bräuchte. Ihr Umfang und ihre Tiefe würden den Rahmen des vorliegenden Buches sicher sprengen.

Nur einmal wurde Neuland beschritten: bei der Darstellung der Entwick-lung Rostocks in der Zeit der DDR. Viele gleichartige Abhandlungen aus an-deren Städten offenbaren eine Scheu der Autoren, Abschnitte jüngster Ge-schichte einer Analyse zu unterziehen und sie neben älteren Epochen gleich-berechtigt darzustellen. Grund wird in den meisten Fällen die noch fehlende empirische Basis sein. Das ist in Rostock nicht anders. Doch vor die Alterna-tive gestellt, die Rostocker Stadtgeschichte mit einem kurzen Ausblick auf die Jahre der DDR ausklingen zu lassen oder diesem Zeitabschnitt den ihm ge-bührenden Platz zuzuweisen und damit Gefahr zu laufen, noch kein abgerun-detes, allgemeingültiges Bild zu präsentieren, haben wir uns für letzteres ent-schieden. Wir wissen sehr wohl, daß das Niedergeschriebene nur ein thesen-artiger Vorschlag zur Darstellung und Deutung dieses für Rostock immens wichtigen Abschnitts der Stadtentwicklung ist. Es wäre schön, wenn diese Thesen Anregungen zu einer intensiven Diskussion und zu weiteren Forschun-gen geben würden.

Ein abschließender Dank gilt Herrn Dr. Ingo Koch, der die verlegerische Arbeit von Konrad Reich übernommen und sachkundig zu einem guten Ende gebracht hat und das Projekt auch sonst nach Kräften förderte und natürlich den Autoren des Bandes, die sich mit bemerkenswertem Enthusiasmus einer nicht ganz leichten Aufgabe gestellt haben, deren Wert einzuschätzen nun dem interessierten Leser überlassen sein soll.

Rostock, März 2003   Der Herausgeber

Ernst Münch

Rostocks Aufstieg zur Stadtkommune. Von den Anfängen bis 1265

Slawisches Seehandelszentrum und Fürstenburg

Das erste Jahrhundert der Rostocker Geschichte von 1160 bis 1260 lief ab, ohne größeren Niederschlag in den schriftlichen Quellen zu finden. Diese frühe Geschichte Rostocks gibt daher noch zahlreiche Rätsel auf. In jüngster Zeit kamen erfreulicherweise wichtige Ergebnisse archäologischer Untersuchungen zutage, die in einigen Fragen größere Sicherheit zuließen. Da aber häufig einerseits für Hinweise aus den schriftlichen Quellen noch die archäologischen Belege ausstehen und andererseits für Resultate von Grabungen wünschenswerte Ergänzungen und Präzisierungen aus den schriftlichen Quellen fehlen, bleiben nach wie vor viele Fragen offen. Die Zahl der schriftlichen Quellen hierfür wird zukünftig wohl kaum mehr vergrößert werden können. So bleibt die Hoffnung insbesondere auf sehr wahrscheinliche weitere Grabungsergebnisse. Eher beiläufig wurde der Ortsname Rostock durch den dänischen Geschichtsschreiber Saxo Grammaticus (um 1150-1220) zum Jahre 1160 erstmals genannt. Der Obotritenfürst Niklot († 1160) war im Abwehrkampf gegen seinen Hauptfeind, den sächsischen Herzog Heinrich den Löwen (1129-1195), wenige Kilometer südlich von Rostock vor der Burg Werle gefallen. Die mit den Sachsen verbündeten Dänen unter ihrem König Waldemar I. (1131-1182) zerstörten die slawische Fürstenburg Rostock. Wenn die Aussage der isländischen Knytlinga-Saga über die Landung des dänischen Königs Knut IV. († 1157) bei Raudstokk nicht die Variante Warnow- oder Odermündung offen lassen würde, könnte man die Ersterwähnung des Rostocker Ortsnamens sogar bereits auf 1151 datieren.

Der erste ummittelbar als Zeitgenosse – und damit einigermaßen verläßlich – über Rostock berichtende Chronist war der Priester Helmold von Bosau (um 1120 bis um 1177). Am Ende seiner berühmten Slawenchronik vermerkte er zu etwa 1170, daß der Niklotsohn Pribislaw († 1178), der 1167 von Heinrich dem Löwen mit einem Teil der Herrschaft seines Vaters belehnt worden war, die Burgen Mecklenburg, Ilow und Rostock – wir dürfen wohl ergänzen: wieder – erbauen ließ. So lagen die Anfänge der Geschichte des Landes Mecklenburg im eigentlichen Sinne und die Anfänge Rostocks offenbar zeitlich nahe beieinander. Die Slawenchronik des Abts Arnold von Lübeck († 1212) erwähnte neben der Burg Mecklenburg auch die Burg Rostock zu etwa 1182 in den Auseinandersetzungen zwischen dem Pribislawsohn, Fürst Heinrich Borwin I. († 1227), und dessen Cousin, Fürst Nikolaus († 1200), um die Vorherrschaft im werdenden Land Mecklenburg. Allerdings löste sich Rostock als Burg erst nach und nach aus dem Schatten des nahe gelegenen Kessin, das neben der Burg Mecklenburg den zweiten Schwerpunkt der Herrschaft Pribislaws und seines fürstlichen Titels im werdenden Mecklenburg ausmachte. Bezeichnenderweise gaben die Chroniken zur näheren Bestimmung der Lage von Burg Werle als dem Todesort Niklots noch nicht Rostock, sondern das Land oder die Burg Kessin als nächste bedeutende Örtlichkeit an. Das Verhältnis Kessin – Rostock und Mecklenburg – Wismar entsprach hierbei der Regel, daß aus den obotritischen Hauptburgen selbst keine bedeutenden Städte entstanden. Auch das als Stadt stets schwach gebliebene Schwerin bildete keine Ausnahme, sondern eher eine Bestätigung dieser Regel. Kessin und seine von dem lutizischen Stamm der Kessiner besiedelte Umgebung waren in der Blütezeit des Obotritenreichs und seiner Fürsten an letztere gefallen. Westlich von Kessin und Rostock verlief die alte, seit dem 6./7. Jahrhundert bestehende, weitgehend siedlungsarme Grenzregion zwischen den nordwestslawischen oder wendischen Hauptstämmen der Obotriten im Westen und der Wilzen bzw. Lutizen im Osten des späteren Mecklenburg.

Rührte die Ersterwähnung des Rostocker Ortsnamens aus einer vereinzelt dastehenden chronikalischen dänischen Überlieferung eines Kriegszuges her, so entstand die erste urkundliche Erwähnung Rostocks bezeichnenderweise aus geistlichen Zusammenhängen. 1189 gewährte der Niklotenkel Fürst Nikolaus in Rostock auf seinem Markt den Doberaner Mönchen, deren Kloster erst 1186 erneut eingerichtet worden war, Freiheiten. Die Erwähnung einer St.-Clemens-Kirche wies zugleich auf die Christianisierung der Siedlung hin. Die Einbeziehung in die christliche Welt des Mittelalters verband sich mit der deutschen Siedlungsbewegung, die Ende des 12. Jahrhunderts in Mecklenburg verstärkt einsetzte. Der Rostocker Raum war aber schon früher ein Gebiet mit überregionaler Bedeutung. Nach germanischer Besiedlung bis zur Mitte des ersten Jahrtausends u.Z. entwickelte sich in slawischer Zeit an der Unterwarnow zwischen Dierkow und Gehlsdorf ein wichtiger Handwerker-

Reitersiegel des Fürsten Nikolaus von Rostock, 1189

und Handelsplatz, der in neueren Forschungen in seinem Stellenwert durchaus neben die berühmten Seehandelsorte Reric und Wollin gerückt wurde. Der Ortsname Rostock deutete daher – wie in der slawischen Ortsnamengebung nicht selten – nicht nur auf eine geographische Besonderheit hin, im Falle Rostocks auf die Verbreiterung der Warnow in ihrem Unterlauf. Der Ortsname spiegelte zumindest indirekt auch die enorme Bedeutung dieses Siedlungsraumes wider – die Verbindung zur Ostsee als des Mittelmeers des Nordens, mit dem sich auch das Wohl und Wehe der werdenden Stadt Rostock unlösbar verknüpfen sollte.

Ungeachtet des Dunkels der schriftlichen Überlieferung vor und nach 1200 bewährte sich die Gunst des Ortes für eine werdende städtische Siedlung offenkundig in nachhaltiger Weise. Die zu 1189 erwähnten Gegebenheiten Markt und Kirche stellten zwar für sich allein genommen keine hinreichenden Belege für eine beginnende Stadtwerdung dar. Sie wären auch als Elemente eines größeren, etwa eines Kirchdorfes denkbar. Doch im Zusammenhang mit dem Vorgang der Stadtrechtsbestätigung des Jahres 1218 war eine bereits vorherige städtische Entwicklung sehr wahrscheinlich. Deuteten schon schriftliche Quellen auf die Lage einer Fürstenburg Rostock rechts der Warnow hin, so bestätigten neuere Grabungen im Zusammenhang mit dem Bau der Vorpommernbrücke dies aus archäologischer Sicht. Ebenfalls rechts der Warnow lag vermutlich eine der Burg zugeordnete Handwerkersiedlung. Der entsprechende Flurname »Wendische Wiek« ist noch jahrhundertelang in den Quellen belegt. Entscheidend aber für den Aufschwung der städtischen Entwicklung wurden die Siedlungen auf der linken Seite der Warnow. Auch dort gab es nach neuesten archäologischen Ergebnissen bereits eine slawische Besiedlung, die durch deutsche Siedler rasch fortgeführt und erweitert wurde. Während die offenbar bald an Bedeutung verlierende Fürstenburg und Handwerkersiedlung rechts der Warnow in ihrem Aufeinanderbezogensein relativ klar erschienen, stellte sich die Situation links der Warnow auf der Petrihöhe und ihrer Umgebung wesentlich komplizierter dar. Eine Überlieferung, die Fürst Pribislaw den Wiederaufbau der Burg Rostock und zugleich die Gründung der Stadt zuschrieb, lokalisierte beide, Burg und Stadt, um die spätere Petrikirche. Sie wies außerdem dem Neffen Pribislaws, dem Fürsten Nikolaus, eine Burg beim Burgwall in der Nähe der späteren Marienkirche in der Mittelstadt zu. Beide Burgen und ihre Fürsten bzw. Besatzungen hätten nach dieser Überlieferung in Zwist miteinander gelegen. In der berühmten Mecklenburgischen Reimchronik des Ernst von Kirchberg (vor 1335 bis um 1384) hieß es dazu:

> *In der czid der furste alsus*
> *von Kyssin Nycolaus*
> *Rodestok irnuwete*
> *daz borgwal her do buwete.*
> *Daz waz wider dy borgman da,*
> *den buwete her syne burg zu na.*
> *Dy hattin eyne burg zu der czid,*
> *da sante Petris kirche lyd.*

Eine andere Deutung interpretierte diese beiden Burgen als die rechts der Warnow sowie eine am Alten Markt auf dem Petrihügel liegende Burg. Außer den späteren Straßenbezeichnungen Amberg bei der Petrikirche sowie Burgwall bei der Marienkirche fehlen für diese Überlieferungen allerdings bislang jegliche schriftliche und archäologische Belege. Außerdem existierte die

Petrikirche zu Zeiten des Fürsten Nikolaus vermutlich noch gar nicht. Ferner hieß etwa auch die Große Wasserstraße im Mittelalter Amberg, ohne daß dort eine Burganlage vermutet wurde. Es ist überdies nicht ausgeschlossen, daß die genannte und andere legendenhafte Überlieferungen zur Frühgeschichte Rostocks nicht unbeeinflußt waren von späteren akuten Auseinandersetzungen um die Rechtsstellung der Stadt im Spannungsfeld zwischen landesherrlichen Hoheitsansprüchen einerseits und städtischen Selbständigkeitsbestrebungen andererseits. So betonten die Auffassungen, die Partei für die Landesherrschaft ergriffen, die Stadt Rostock als Gründung Pribislaws, während sich die städtische Partei eher auf die Privilegierung im Laufe des 13. Jahrhunderts bezog. Dafür nahm man sogar in Kauf, daß man auf ein höheres Alter Rostocks als Stadt – etwa im Vergleich mit den unsicheren und umstrittenen städtischen Anfängen Schwerins seit 1160 – verzichtete, um die städtischen Anfänge nicht zu eng mit einer durch die fürstliche Gewalt dominierten slawischen Burg, sondern mit dem freieren Recht deutscher Siedler in Verbindung zu bringen. Fürst Nikolaus hingegen, der urkundlich nachweisbar sowohl für die Wiederentstehung des Klosters Doberan seit 1186 als auch für die Entwicklung Rostocks zur Stadt um 1189 von Bedeutung war, wurde – möglicherweise »belastet« mit dem Ruf seines unter schmählichen Umständen von Herzog Heinrich dem Löwen 1164 vor der Burg Malchow hingerichteten Vaters Fürst Wertislaw († 1164) – in den Auffassungen aus landesherrlicher und städtischer Sicht nahezu völlig an den Rand gedrängt. Und dies, obwohl Nikolaus seit Mitte der 1180er Jahre für den Rostocker wie den Doberaner Raum der zuständige mecklenburgische Fürst war. Nach seinem Schlachtentod im Jahre 1200 übernahm sein Vetter Fürst Heinrich Borwin I., der bis dahin in Nordwestmecklenburg geherrscht hatte, auch die Herrschaft um Rostock. Mit seiner Person verband sich untrennbar die berühmte Urkunde von 1218 über die Bestätigung des Gebrauchs des Lübischen Rechts für Rostock. So betonte auch die Mecklenburgische Reimchronik des Ernst von Kirchberg Heinrich Borwin in bewußtem Gegensatz zu seinem Vetter Nikolaus als Gründer der Städte Rostock und Wismar:

> *Der strenge Hinrich Burwy,*
> *dem grosze manheit waz y by,*
> *nach syns vettirn tode glich*
> *begunde buwen vestiglich*
> *eyne stad zu Rodestog offinpar*
> *vnd dy stad zur Wysmar.*

Die Stadtrechtsbestätigung vom 24. Juni 1218

Ohne Zweifel hat die Suche nach dem konkreten Beginn der Geschichte einer Stadt auch für Rostock ihre Berechtigung und Bedeutung. Daß in diesem Zusammenhang die Urkunde vom 24. Juni 1218 immer wieder als das entscheidende Dokument genannt wurde, hat sicherlich gute Gründe. Fürst Heinrich Borwin I., nach seinem Vater Pribislaw eine der bedeutenden Gestalten in der frühen Geschichte des mecklenburgischen Fürstenhauses, verkündete gemeinsam mit seinen Söhnen in jener Urkunde den Aufbau Rostocks als Stadt und gewährte deren Einwohnern Rechtssicherheit und Freiheiten in der Stadt und Zollfreiheit in seinem Herrschaftsgebiet. Zugleich bestätigte der Fürst – in der im weiteren Verlauf des 13. Jahrhunderts unter seinen Enkeln üblich werdenden Titulatur schlicht Herr von Mecklenburg genannt – den Rostockern den Gebrauch des Rechts der Stadt Lübeck. Die knappen Aussagen der Urkunde bedürfen einiger Erläuterungen. Zunächst gilt es zu betonen, daß es sich hierbei um keine eigentliche Gründungsurkunde handelte. Eine solche gab es für Rostock – wie für viele andere Städte – weder vor diesem Zeitpunkt noch danach. Die Urkunde vom 24. Juni 1218 hielt nur eine – allerdings wichtige – Etappe der Entstehungsgeschichte der Stadt fest und beendete sie sozusagen mit ihrer schriftlichen Fixierung. Die Stadtentstehung hatte – den Charakter eines allmählichen Prozesses tragend – schon vor 1218 begonnen und war mit der Urkunde Heinrich Borwins keineswegs abgeschlossen. Einen auch nur formellen Gründungsakt gab es offenbar nicht, jedenfalls fehlen alle schriftlichen Belege dafür. Die 1218 bereits gegebene Existenz einer städtischen Siedlung ließ die Urkunde vom 24. Juni wenigstens an zwei Stellen erkennen: Der Gebrauch des Lübischen Rechts wurde der Stadt dem Wortlaut der Urkunde zufolge nicht verliehen, sondern bestätigt. Als Zeugen der Urkunde traten neben anderen Personen bereits zehn als Ratsherren der Stadt bezeichnete Rostocker Einwohner in Erscheinung. Der Begriff Stadt wurde in dieser Urkunde erstmals in Verbindung mit Rostock genannt, nachdem bislang immer nur von Burg und Markt die Rede gewesen war. Auffallen mußte aber, daß die Urkunde nur von einem oppidum sprach, in der Regel die Bezeichnung für eine kleinere, nicht bedeutende Stadt. Demgegenüber wurde Lübeck in derselben Urkunde als civitas, also als größere, bedeutendere Stadt charakterisiert. Möglicherweise deutete auch dies auf das noch Unentwickelte der städtischen Verhältnisse in Rostock hin. Allerdings wird man dies nicht überbewerten dürfen, da nur wenige Jahre später für das als Stadt auch damals sicherlich nicht weiter als Rostock entwickelte Gadebusch ebenfalls in einer Urkunde Heinrich Borwins der Stadtbegriff civitas

Urkunde über den Kauf der Rostocker Heide vom 25. März 1252. Die Urkunde enthält auch die Stadtrechtsbestätigung vom 24. Juni 1218

Verwendung fand. Merkwürdig war ebenfalls, daß offenbar schon seit langer Zeit die Urkunde von 1218 – immerhin eine der wichtigsten und frühesten der Rostocker und der mecklenburgischen Stadtgeschichte – nicht als Original erhalten blieb, sondern nur als Bestandteil einer jüngeren, allerdings ebenfalls sehr wichtigen Urkunde aus dem Jahre 1252. Möglicherweise hängt hiermit auch zusammen, daß in dieser Wiedergabe der Urkunde von 1218 Heinrich Borwin nur als Herr von Mecklenburg bezeichnet wurde, wie es für seine Nachfolger Mitte des 13. Jahrhunderts üblich war, während er zu seinen Lebzeiten zumeist den Titel Fürst in den Urkunden führte. Da die Urkunde von 1218 nicht nur wegen ihres Stellenwertes für die Entstehungsgeschichte Rostocks als Stadt von zentraler Bedeutung war, sondern auch eine der verzweifelt wenigen urkundlichen Quellen überhaupt, die bis Mitte des 13. Jahrhunderts etwas nähere und sichere Einblicke in die Stadtgeschichte ermöglichten, bedarf sie selbstverständlich besonders aufmerksamer Betrachtung. Das gilt auch für die Namen der zehn genannten Ratsherren der Stadt. Leider wurden – wie noch weit in das 13. Jahrhundert hinein üblich – die Personen selbst höheren Standes zumeist nur mit Vornamen benannt. Lediglich für drei der zehn Ratsherren, Heinrich Faber († nach 1218), Heinrich Pramule († nach 1218) und Heinrich Lantfer († nach 1218), fand ein Zuname Erwähnung. Die fehlenden Zunamen erschwerten verständlicherweise weitergehende Aussagen über diese Personen, ihre Herkunft und ihre soziale Stellung, zumal die nächsten namentlich genannten Rostocker Ratsherren erst für das Jahr 1252 belegt sind, also zumindest erst eine Generation später. Immerhin wiesen die Namen der Ratsherren von 1218 auf eine deutsche Herkunft ihrer Namensträger hin. Das deutete auf den entscheidenden Übergang von einer slawischen frühstädtischen Siedlung zu einer durch die deutschen Siedler geprägten, entwickelten mittelalterlichen Rechtsstadt hin. Dagegen ist es eher unwahrscheinlich, daß die erstgenannten der zehn Ratsherren von 1218 – wie später üblich – im Sinne einer Rangfolge etwa schon als Bürgermeister interpretiert werden dürfen oder daß der erste dieser ratsherrlichen Zeugen, Heinrich Faber, von Beruf tatsächlich ein Handwerker war, wie sein Zuname vermuten lassen könnte. Durch die quellenbedingte Lücke in der Ratsherrenlinie zwischen 1218 und 1252 und die zumeist noch fehlenden Zunamen wurde übrigens nur an einer Stelle eine sich möglicherweise schon damals abzeichnende Tendenz zur Abschließung des Kreises der ratsfähigen Familien erkennbar: Befand sich 1218 der genannte Heinrich Faber unter den Ratsherren, so seit 1252 ein Eilardus Faber († nach 1262).

Wichtig als Reflex der Vielschichtigkeit im sich entwickelnden städtischen Leben in Rostock war die Aufzählung der Besitzobjekte der Stadtbewohner in der Urkunde von 1218. Sie trug zwar – dem Charakter solcher Urkunden entsprechend – auch formelhafte, das heißt die Wirklichkeit etwas schematisierende Züge. Dennoch ist es aufschlußreich, daß nicht nur primär städtische Gebäude und Grundstücke genannt wurden, sondern beispielsweise ebenfalls

Ackerland, Wiesen, Weiden, Wälder und Gewässer. Hiermit machte die Urkunde auf den nicht zu unterschätzenden Stellenwert der städtischen Feldmark und der engen Verbindung der Stadt mit ihrer ländlichen und agrarisch geprägten Umgebung aufmerksam, die auch die Geschichte Rostocks nicht unwesentlich beeinflussen sollte. Insgesamt betrachtet ließ auch die Stadtrechtsbestätigungsurkunde von 1218 angesichts ihres knappen und sehr allgemein gehaltenen Inhalts noch viele Fragen offen und bot der Forschung daher unterschiedliche Interpretationsmöglichkeiten. Unsicher blieb vor allem, auf welche städtische Siedlung sich die Urkunde von 1218 bezog. Der naheliegende Schluß auf die Siedlung der Petrihöhe ist nach wie vor mit dem Fragezeichen zu versehen, daß ein in der Urkunde als Zeuge genannter Rostocker Priester nicht ohne weiteres der Petrikirche zugeordnet werden kann, die schriftlich belegt erst 1252 in Erscheinung trat. Durch diese und andere Unsicherheiten in dem möglichen Auseinanderfallen von urkundlicher Ersterwähnung und tatsächlicher Existenz bleiben wir auch noch für die Zeit von 1218 bis zur Mitte des 13. Jahrhunderts gerade in der zeitlichen Abfolge der städtischen Entwicklung und des Wachstums der Stadt auf vielfach schwankendem Boden.

Rasanter Aufschwung in drei Teilstädten

Mit der Stadtrechtsbestätigung des Jahres 1218 begann für die Rostocker Stadtgeschichte ein in zwiefacher Hinsicht überaus bedeutender neuer Abschnitt. Zum einen strahlte die städtische Entwicklung an der Unterwarnow rasch auf die Stadtwerdung in anderen Orten aus. Mit ihr begann der Reigen der Entstehung insbesondere der größeren Städte Mecklenburgs im Verlaufe des 13. Jahrhunderts in rascher Folge. Rostock strahlte auch auf Nachbarregionen aus, etwa bei der Entwicklung Stralsunds. In diesem Zusammenhang wurde Rostock übrigens 1234 als civitas bezeichnet. Zum anderen nahm Rostock selbst in wenigen Jahrzehnten einen geradezu atemberaubenden Aufschwung, der bis zur zweiten Hälfte des 13. Jahrhunderts jenen äußeren Rahmen absteckte, der der Stadt bis an den Beginn des 19. Jahrhunderts im wesentlichen genügen sollte. Während die Fürstenburg und die frühstädtische Siedlung rechts der Warnow ihren Niedergang erlebten, erfolgte die Stadtwerdung links der Warnow um drei oder sogar vier Konzentrationspunkte gruppiert, deren kirchliche Zentren die vier Rostocker Pfarrkirchen St. Petri, St. Nikolai, St. Marien und St. Jakobi bildeten. Hügellagen und die Warnow mit

einigen Zuflüssen machten hierbei das natürliche Fundament der Siedlungs-
anlage und -entwicklung aus. Die Anlagen auf den Hügeln der Altstadt um St.
Petri und St. Nikolai vermittelten noch einen sehr gedrängten und wenig plan-
vollen Eindruck, während die schon großzügiger wirkende Anlage des Alten
Marktes möglicherweise etwas jüngeren Datums ist. Bei den Stadtkernen um
St. Marien und St. Jakobi verstärkte sich die Großzügigkeit und das bewußt
Geplante des Auf- und Ausbaus der städtischen Siedlungen im Sinne größerer
Marktanlagen und schematischer gestalteter Straßenzüge. Die Siedlungen um
St. Petri und St. Nikolai wurden von den westlich gelegenen Siedlungen durch
die Grube, einen Zufluß zur Unterwarnow, getrennt, so daß die östliche Teil-
stadt – bis auf ihre Südwestecke durch die wasserführende Grube von der
Mittelstadt getrennt – fast eine Insellage aufwies. Die Faule Grube westlich
von der Marienkirche, mit der Unterwarnow über die spätere Lagerstraße verbunden, bildete die ebenfalls natürliche Grenze zwischen den Siedlungen um
St. Marien und St. Jakobi.

Bei der Dürftigkeit der schriftlichen Quellenüberlieferung und dem offenkundig raschen Nebeneinandertreten von drei oder vier städtischen Siedlungs-
kernen ist eine zeitliche Abfolge der Entwicklung nur schwer zu erstellen. Seit
der zweiten Hälfte des 13. Jahrhunderts sprachen die Quellen von einer Unterteilung in Alt-, Mittel- und Neustadt, somit eine Chronologie andeutend.
Diese Untergliederung, die begrifflich und zumindest bis zu einem gewissen
Grade auch verwaltungstechnisch bis in die neuzeitlichen Jahrhunderte erhalten blieb, bezeichnete als Altstadt den östlichen Bereich um St. Petri und St.
Nikolai, als Mittelstadt das Gebiet um St. Marien und als Neustadt den westlichen Teil um St. Jakobi. Die Versuche, anhand der schriftlichen Erwähnung
der vier Pfarrkirchen Rostocks als den Zentren der jeweiligen Siedlungskerne
zu einer genaueren Periodisierung zu gelangen, boten erhebliche Schwierigkeiten, da paradoxerweise die Pfarrkirchen der Altstadt, St. Petri und St. Nikolai,
urkundlich nicht früher belegt erschienen als St. Marien und St. Jakobi in der
Mittel- und Neustadt. Noch komplizierter stellte sich die Entwicklung der
Altstadt selbst dar, in der sich auf relativ engem Raum gleich zwei Pfarrkirchen entwickelten, St. Petri und St. Nikolai. Solange keine umfassenderen archäologischen Untersuchungen vorliegen, wird man wohl bei der Auffassung
der Rostocker aus der zweiten Hälfte des 13. Jahrhunderts bleiben müssen,
die das von Ost nach West fortschreitende Nebeneinander von Alt-, Mittel-
und Neustadt mit einer entsprechenden zeitlichen Abfolge in Verbindung
brachten. Dabei fehlte im Gebiet der Mittel- und Neustadt im Gegensatz zur
Altstadt offenbar eine flächenhafte spätslawische Siedlung. Archäologisch sind

Siedlungsanfänge um 1220 gesichert. Mitte des 13. Jahrhunderts jedenfalls waren alle drei bzw. vier städtische Siedlungskerne vorhanden und wiesen eigene Pfarrkirchen auf. Daß sich in der Folgezeit rasch die Vorstellung von nur drei und nicht vier Teilstädten eingebürgert hat, dürfte damit zusammenhängen, daß für das Gebiet um St. Nikolai im 13. Jahrhundert keine selbständige städtische Schwerpunktbildung mit Rathaus und Markt belegt ist. Später aber, etwa im 16. Jahrhundert, wies das Gebiet um St. Nikolai sehr wohl einen Markt auf, den Lohmarkt am Wendländer Schilde, und überflügelte wirtschaftlich und sozial das Gebiet um den Alten Markt.

Ebenso widersprüchlich wie das ursprüngliche Verhältnis von Alt-, Mittel- und Neustadt sowie insbesondere innerhalb der Altstadt von St. Petri und St. Nikolai bleibt nach wie vor auch die Frage nach den fürstlichen Sitzen in Rostocks Teilstädten im 13. Jahrhundert. Die Unsicherheiten in der Lokalisierung und Datierung dieser fürstlichen Burgen hingen nicht zuletzt damit zusammen, daß ihre schon frühzeitig verschwundenen Spuren auch den Niedergang der fürstlichen Macht in Rostock zum Ausdruck brachten. Mit der ersten mecklenburgischen Hauptlandesteilung nach 1229 war die Position der nunmehr vier Teilherrscher erheblich geschwächt worden. Heinrich Borwin III. († 1278) hatte den Nordosten Mecklenburgs erhalten, vor allem die Herrschaft um Rostock sowie das alte Siedlungsgebiet der Kessiner. Er förderte die städtische Entwicklung Rostocks nicht weniger als sein Großvater, doch nutzte nunmehr der schrittweise Abkauf von Rechten, Freiheiten und Besitzungen durch die Stadt eher den Rostockern als ihrem Landesherrn. Als Fürstensitze wurden parallel zum Niedergang der alten Burg rechts der Warnow auf der Petribleiche drei Bereiche links der Warnow – jeweils in einer der drei Teilstädte – vermutet, für die aber alle wünschenswerten archäologischen Befunde noch ausstehen. Die Straßenbezeichnungen Amberg und Burgwall sowie Unregelmäßigkeiten und Auffälligkeiten im Straßenverlauf führten zur Annahme von Burganlagen in den entsprechenden nördlichen Bereichen der Alt- und Mittelstadt. Die oben bereits zitierte Stelle aus der Chronik des Ernst von Kirchberg brachte die Burganlagen bei St. Petri und ihr gegenüber – wohl in der späteren Mittelstadt, wenn nicht die Burg rechts der Warnow gemeint war – schon mit der Herrschaft des Fürsten Nikolaus um 1170 in Verbindung. 1252 blieben bei einem großen Brand in Rostock nach den Angaben derselben Chronik nur die Burg (Heinrich) Borwins III. und die Kirche St. Marien verschont:

Daz selbe iar Rodestog genant
halb zu grunde gar virbrant,
ane Burwinis burg alleyne
vnd vnsir frowen munstir reyne.

Urkundlich mehrfach belegt ist eine dritte Burganlage, in der Neustadt am Bramower Tor nördlich der Langen Straße zwischen Fischerstraße und Grapengießerstraße, neben der sich später in westlicher Richtung ein Bauhof des Heilig-Geist-Hospitals befand. Hier, an der äußersten nordwestlichen Peripherie der Stadt, konnte ein solcher Fürstensitz wohl noch am ehesten fortdauern, während die übrigen genannten Plätze rasch der sich ausweitenden städtischen Bebauung zum Opfer fielen.

Die Gesamtstadt entsteht

Kurz nach der Mitte des 13. Jahrhunderts erreichte die Stadtentwicklung Rostocks eine neue Stufe. Zwei Stadtbrände in rascher Folge, 1252 und 1264, taten dem keinen Abbruch, sondern beschleunigten indirekt eher noch den weiteren Aufschwung des städtischen Gemeinwesens. Zwischen 1250 und 1265 erfolgte sowohl eine innere Konsolidierung der Stadt als auch eine Erhöhung ihrer Ausstrahlung auf die nähere und weitere Umgebung. Endlich beginnen auch die schriftlichen Quellen etwas reichlicher zu fließen. Neben einer wachsenden Zahl von Urkunden sind hierbei insbesondere die Anfänge der stadtbuchartigen Aufzeichnungen zu nennen, die detailliertere Einblicke in das alltägliche städtische Leben ermöglichen.

Die Haupttatsachen aber wurden in Gestalt dreier Urkunden festgehalten, die aus den Jahren 1252, 1262 und 1265 stammen. In der Urkunde vom 25. März 1252 bestätigte der Herr von Rostock, Heinrich Borwin III., der Stadt Rostock die Urkunde seines Großvaters von 1218, deren wichtigen Wortlaut wir nur aus dieser Bestätigung kennen, und gewährte weitergehende Freiheiten und Rechte. Besonders wertvoll für Rostock war der Kauf des riesigen Waldgebietes der Rostocker Heide, eines der größten deutschen Stadtwälder überhaupt, der nicht nur Rostocks enormen Holzbedarf und seine umfängliche Schweinemast zukünftig befriedigte, sondern der Stadt darüber hinaus ein Herrschaftsgebiet von unschätzbarem Rang bescherte. Abgerundet wurde diese Erwerbung durch Rechte, insbesondere das Fischereirecht, auf der Unterwarnow bis hin zur Warnowmündung und am Hafen. Das bestätigte

Stadtrecht von 1218 bezog sich nunmehr nicht nur auf alle Teilstädte, sondern auch auf die Stadtfeldmark. Diese blieb bis in die Neuzeit begehrtes Zubehör des städtebürgerlichen Besitzes. Konzentrierten sich in den Stadtfeldmarkteilen vor dem Petri- und Mühlentor besonders Gärten, Hopfenhöfe und Wiesen, so waren sie in den Gebieten vor dem Steintor und dem Kröpeliner Tor auch mit Äckern durchsetzt. Das Zusammenrücken der Teilstädte widerspiegelte ebenfalls die Zeugenliste der Urkunde von 1252: Neben dem erstmalig fast vollständig aufgeführten städtischen Rat, 23 der wohl 24 Ratsherren insgesamt, traten auch Pfarrer dreier Pfarrkirchen – St. Petri, St. Marien und St. Jakobi – in Erscheinung. Ein Jahrzehnt später fand diese Entwicklung zur Gesamtstadt ihren wiederum urkundlich festgehaltenen Abschluß: Offenbar im Einvernehmen von Landesherrschaft und Stadt fixierten die Urkunden von 1262 und 1265 den Beschluß und die Realisierung des endgültigen Zusammenschlusses der Teilstädte. In der Urkunde vom 18. Juni 1262 bestimmten Heinrich Borwin III. und seine Söhne – von denen besonders Waldemar († 1282) schon zu Lebzeiten seines Vaters wiederholt in Rostocker Angelegenheiten urkundete –, daß nur noch ein Rat und Gericht in Rostock existieren sollten. Die Rostocker vollzogen diese Festlegung endgültig mit der Urkunde vom 29. Juni 1265. Als Sitz dieses einheitlichen Rates und Gerichts wurde die Mittelstadt auserkoren, deren Markt zugleich zum Hauptmarkt und zum Zentrum der wichtigsten städtischen Gebäude wurde. Zwar blieben auch der Alte Markt bei der Petrikirche und der Hopfenmarkt bei der Jakobikirche als Märkte erhalten. Aber mit dem Aufstieg der Mittelstadt 1265 fielen Neu- und Altstadt schrittweise mehr und mehr hinter die Mittelstadt zurück. Dies setzte sich auch in den folgenden Jahrhunderten fort. Besonders bemerkbar war der Bedeutungsverlust für die Altstadt. Hierzu trug möglicherweise auch bei, daß sie, die schon vor der deutschen eine spätslawische Besiedlung hatte, noch im 13. und 14. Jahrhundert eine nicht unbeträchtliche slawische Bevölkerung aufwies. Dies ließ sich nicht nur indirekt aus entsprechenden Straßenbezeichnungen wie Wendenstraße schließen, sondern auch aus der direkten Bezeichnung einzelner Bewohner der Altstadt als Slawen oder Wenden, unter anderem auch eines Wendenvogtes. Offenbar gestaltete sich die allmähliche Assimilierung der slawischen Bevölkerung im städtischen Bereich mit seiner stärkeren Privilegierung ungünstiger als auf dem Lande.

Insgesamt aber wuchs durch die im Einvernehmen von Landesherrschaft und Stadt vollzogene Entwicklung zur Gesamtstadt Rostock ihr Gewicht im regionalen und überregionalen Rahmen zusehend. Das große Vorbild war Lübeck. Rostock und seine mecklenburgisch-hansische Schwesterstadt Wismar

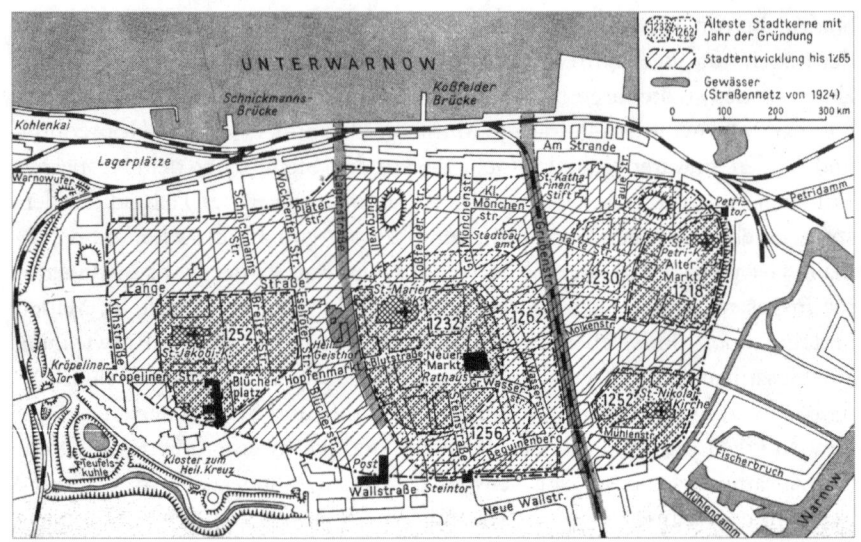

Karte zur mittelalterlichen Stadtentwicklung (nach L. Krause)

eiferten der Travestadt nach Kräften nach. Schon 1251 erlangte Rostock vom dänischen König Abel († 1252) ein ähnliches Privileg für den Handel auf Schonen wie Lübeck. Und am 9. September 1259 verbündeten sich Lübeck, Wismar und Rostock gegen See- und Landräuber. Die Städtehanse und ihr Kernquartier, das der wendischen Städte, begannen sich am historischen Horizont abzuzeichnen.

Frühe Bürger- und Straßennamen

Seit der Mitte des 13. Jahrhunderts traten in der sich nunmehr deutlich vergrößernden Zahl schriftlicher Quellen zunehmend auch Namen der Rostocker Bürger sowie Rostocker Straßen auf. Aus den Personennamen sind Schlüsse möglich über die Herkunft der Rostocker Einwohner, soweit sie nicht dort schon vorher ansässige Slawen waren. Die frühen Straßennamen, von denen sich die meisten bis in unsere Tage erhalten haben, geben heute die Möglichkeit der Rekonstruktion des Aufbaus der einzelnen Stadtkerne wenigstens in ihren Grundzügen. Die Zunamen, die sich seit der Mitte des 13. Jahrhunderts neben den Vornamen zu mehren beginnen, sind besonders aufschlußreich, da sie durch ihre häufigen Ortsbezüge oft Herkunftsnamen darstellen. Aufschlußreich erweist sich in dieser Hinsicht schon die Ratsherrenliste in der Urkunde vom 25. März 1252: Während 1218 nur drei der zehn genannten Ratsherren einen Zunamen trugen, galt dies 1252 für fast alle der 23 Ratsherren. Die meisten dieser Zunamen sind mit einem »von« (de) den Vornamen beigeordnet, deuten daher einen Ortsbezug an. Es handelt sich um de Antiquo Foro, de Apeldorbeke, de Luneburg, de Wittenburg, de Warnemunde – zugleich die Ersterwähnung des Namens dieses für Rostock so bedeutungsvoll werdenden Ortes – , de Stendale, Westfal, de Brunswich, de Ruthen, de Colonia, de Horsenhusen und de Osterrode. Der Zuname de Antiquo Foro bezog sich offenbar auf den Rostocker Alten Markt. Die übrigen hingegen auf mehr oder weniger bekannte Orte in der Rostocker Umgebung und besonders in Niedersachsen, Westfalen und dem Rheinland. Die Ratsherrenliste der nächsten zwanzig Jahre bestätigte und vervollkommnete dieses Bild. Es traten als derartige Zunamen unter anderen noch hinzu de Bremis, de Lawe, de Ratenowe, de Magdeburg, de Bukow, de Critsemowe, de Parkentin, de Stralsundis, de Tremonia, de Wocrente, de Malechin, de Cropelin und de Gnewesmolen. Da die Ratsherren sich von Anfang an aus der städtischen Oberschicht rekrutierten, deutet diese Häufung der Herkunftsnamen auf die beherrschende Stellung der westlichen Siedler im Rahmen der sich entwickelnden Stadt hin. Der beträchtliche Anteil von Ortsnamen aus der mecklenburgischen und pommerschen Nachbarschaft Rostocks unterstreicht zugleich aber auch die Bedeutung des Zuzugs aus der näheren Umgebung für die Stadt. Letzteres gilt sicherlich besonders für die mittleren und unteren Schichten der Stadtbevölkerung, die in den schriftlichen Quellen namentlich weniger in Erscheinung treten. Hierzu zählten nicht zuletzt die zum Teil noch bis zum Ende des 14. Jahrhunderts ausdrücklich als Slawen bezeichneten Rostocker Einwohner, die sich – ihrer Wohnlage und ihrem Besitz nach zu urteilen – in der Altstadt und östlich davon konzentrierten. Davon zeugt auch die Bezeichnung Wendenstraße, in der nachweislich viele Einwohner mit slawischen Namen wohnten und die zumeist als Speckschneider tätig waren. Auch ein Wendenvogt ist für den Raum der Altstadt belegt. Auffällig war auch das gehäufte Auftreten slawischer Bevölkerung, teilweise direkt als Fischer belegt, in der peripher gelegenen Fischerstraße in der Nordwestecke der Neustadt.

Das spätestens mit dem Zusammenschluß der drei Teilstädte erkennbar werdende soziale und politische Gefälle innerhalb der Gesamtstadt widerspiegelten bis zu einem gewissen Grade unterschiedliche Typen von Straßennamen. Diese Unterschiede wirkten mit großer Beständigkeit jahrhundertelang fort. Besonders deutlich waren die Unterschiede zwischen zwei Gruppen von Straßennamen. Die eine führte die Zunamen von Personen als Bezeichnung, die andere Namen von Berufen. Die erstgenannte Gruppe von Straßen beherbergte neben den Häusern an den Marktplätzen, besonders dem Mittel- und Hopfenmarkt, hauptsächlich die Häuser der städtischen Oberschicht. Die zweite Gruppe dagegen war eher typisch für die Behausungen der zumeist handwerklich tätigen Mittelschichten. Zu der ersten Gruppe zählten insbesondere die Straßen der nördlichen Mittelstadt wie Koßfelderstraße und (später: Große) Mönchenstraße sowie der nordöstlichen Neustadt wie Lagerstraße, Wokrenterstraße und Schnickmannstraße. Diese Straßen hießen vermutlich nach den zumeist auch in den schriftlichen Quellen belegten angesehenen Familien gleichen Namens. Sie konzentrierten sich nicht zufällig in der nördlichen Mittel- und Neustadt als Verbindungen zwischen dem Hauptmarkt in der Mittelstadt und dem Hafen. In der Altstadt fehlten bezeichnenderweise derartige Straßennamen mit Ausnahme der Harten Straße. Demgegenüber konzentrierten sich in der Altstadt wie in den eher peripheren Stadtabschnitten der Mittel- und Neustadt die nach zumeist Handwerksberufen bezeichneten Straßen, in denen es noch Jahrhunderte später eine Häufung der entsprechende Handwerke und Gewerbe gab. Frühe Beispiele waren etwa Böttcherstraße (heute: der altstädtische Teil der Fischbank), Fischerstraße, Kleinschmiedestraße (heute: östlicher Teil der Langen Straße) und Mühlenstraße. Auch der früh bezeugte Straßenname (Auf der) Huder meinte im Mittelalter nicht die später so genannte Querstraße, sondern die Grapengießerstraße als eine der zahlreichen zur Unterwarnow führenden Hauptstraßen. Hingegen blieben Quer- und andere Nebenstraßen noch lange Zeit ohne eigenen Namen und waren als Verbindungen zwischen den Hauptstraßen ebenfalls schon damals Wohngebiete der weniger privilegierten Stadtbevölkerung.

Ernst Münch

Rostock in der großen Zeit der Hanse. 1265 bis 1522/23

Der Niedergang der Teilherrschaft Rostock. Der Aufstieg der Stadt

Mit der Entwicklung zur Gesamtstadt setzte sich der rasche und umfassende Aufschwung Rostocks – damals schon unangefochten die bedeutendste Stadt Mecklenburgs – bis zum Ende des 13. Jahrhunderts fort. Das Ansehen und Gewicht der Stadt wuchsen in Mecklenburg und darüber hinaus im selben Maße, wie die Landes- und Stadtherrschaft der Herren von Rostock an wirklicher Macht verlor. Ausdruck der formellen Unterstellung der Stadt war unter anderem das Rostocker Siegel – seit 1257 urkundlich belegt –, das den Stierkopf, das Siegel der Landesherren, zeigte. Eigentlich hätte dies der Greif sein müssen, den Heinrich Borwin III. in Anknüpfung an die Siegel seines Vaters und Großvaters führte. Offenbar hatten aber die Rostocker den Stierkopf aus dem Siegel des zeitweilig für seinen unmündigen Bruder die Regentschaft führenden Nikolaus von Werle († 1277) übernommen. Die Stadt begann den Landesherren schon unter Heinrich Borwin III. und seinem Sohn Waldemar über den Kopf zu wachsen. Die nächste fürstliche Generation bescherte den Rostockern den beim Tode seines Vaters Waldemar 1282 noch unmündigen Herren Nikolaus († 1314), der nie aus dem Schatten zunächst seiner Vormünder und später seiner adligen Berater herauszutreten vermochte. Wegen seiner Unselbständigkeit und politischen Schwäche ist er als »das Kind von Rostock« bezeichnet worden. Er führte das Haus der Herren von Rostock zu einem unrühmlichen Ende.

Das Trachten der Rostocker nach Ausdehnung ihres direkten Herrschaftsgebietes knüpfte kontinuierlich an den schon 1252 erstrebten unmittelbaren Zugang zur Ostsee an. Urkunden Heinrich Borwins III. und Waldemars von 1264 und 1278 übertrugen Rostock den Hafen zu Warnemünde und die Hundsburg bei Schmarl, die ein landesherrliches Hemmnis der freien Rostocker Schiffahrt von der Stadt zur Ostsee hätte darstellen können. Auch die anderen fürstlichen Burgen in der Stadt selbst beziehungsweise in ihrer unmittelbaren

Nähe waren den Städtebürgern ein Dorn im Auge. 1266 und 1286 verzichteten die Herren Waldemar und Nikolaus auf die Burgwälle am Bramower Tor und vor dem Petritor. Im Gegenzug begannen die Rostocker mit der Errichtung der steinernen Stadtmauer um die Gesamtstadt, von der erhebliche Reste bis in unsere Tage überdauert haben. Nur die drei Bruchstraßen der Fischer, Gerber und Küter (Schlachter) als sozusagen frühe östliche Vorstadt sowie die Wassermühlen am Mühlendamm vor dem Mühlentor und die Windmühlen vor dem Kröpeliner Tor blieben bereits damals außerhalb des Mauerrings. Daß auch Warnemünde als Ort an Rostock fallen würde, schien nur noch eine Frage der Zeit. Was den Rostockern allerdings erst im 20. Jahrhundert gelang, war die Erwerbung der rechten Uferseite der Unterwarnow zwischen Dierkow und der Rostocker Heide. Hier setzte sich spätestens seit dem Ende des 13. Jahrhunderts hartnäckig das alte mecklenburgische Adelsgeschlecht der Moltkes fest, das überdies in Rostock unmittelbar in der Nähe der Fürstenburgen am Bramower Tor und am Petritor frühzeitig Haus- und Grundbesitz aufwies. Die Moltkes spielten schon seit der Minderjährigkeit des »Kindes von Rostock«, Nikolaus, eine große Rolle als – allerdings schlechte – fürstliche Berater.

Auch im Innern konsolidierte sich die Stadt, nicht zuletzt durch Vervollkommnung der Ratsverfassung. Traten nach 1250 zunächst noch fürstlicher Vogt, städtischer Rat und städtische Gemeinde als wichtige politische Kräfte neben- und miteinander in Erscheinung, so wuchs in der Folgezeit die Position des Rates mehr und mehr. Vogt einerseits und Gemeinde andererseits verloren demgegenüber immer deutlicher an Gewicht. Das Ratskollegium differenzierte sich im Zuge dieser Festigung seiner Position zunehmend aus. Seit 1289 sind Bürgermeister (proconsules) belegt. Die ersten drei waren Eberhard Nachtrabe († nach 1289), Johann Rode († nach 1296) und Heinrich Mönch († nach 1289). Schon vorher spielten die Kämmereiherren als besonders erfahrene Ratsmitglieder eine große Rolle. Offenbar wurde – ungeachtet der lückenhaften Überlieferung der Ratslinie für die ersten Jahre der Stadtgeschichte und des zunächst häufigen Fehlens von Zunamen – die Ratsherrenwürde von Anfang an auf Lebensdauer verliehen. Immer wiederkehrende Zunamen einzelner Ratsherren deuten an, daß sich ein exklusiver Kreis ratsfähiger Geschlechter aus der wohlhabenden Kaufmannschaft herauszubilden begann. Zu den bereits bis 1300 nacheinander mit mehreren Vertretern im Rat nachzuweisenden Familien zählten etwa die Friese, Kopman, Kosfeld, Kröpelin, Lawe, Mönch und Witt.

Die wachsende Bedeutung Rostocks fand auch überregional mehr und mehr Anerkennung. Im Gerichtszug nach Lübeck als dem Oberhof für die Städte mit Lübischem Recht nahm Rostock die Position eines Mittelhofes ein, etwa für die übrigen Städte der Herrschaft Rostock, aber auch noch für einige andere. 1283 wurde unter anderem gegen die Bestrebungen der Markgrafen von Brandenburg, Einfluß auf die Ostseeküste zu erringen, von zahlreichen Städten und Fürsten der Rostocker Landfrieden geschlossen, eines der frühen und umfassenden Landfriedensbündnisse an der Südwestküste der Ostsee. Rostocks Name erlangte auch durch derartige politische Ereignisse wachsende Bekanntheit.

Das geistliche Rostock

Seit der zweiten Hälfte des 13. Jahrhunderts wies Rostock ebenfalls auf kirchlichem Gebiet im wesentlichen jene Grundstrukturen und Einrichtungen auf, die bis zum Ende des Mittelalters, bis zur Reformation und – hinsichtlich der äußeren Organisationsstrukturen – teilweise auch noch weit darüber hinaus erhalten blieben. Auch bezüglich der Zahl und der Konzentration geistlicher Einrichtungen übertraf Rostock alle anderen Orte Mecklenburgs.

Für die Mehrheit der Gläubigen stand die Kirchspielorganisation im Vordergrund. Keine andere mecklenburgische Stadt umfaßte wie Rostock vier Pfarrkirchen in ihren Mauern. Diese hatten sich bereits bis zur Mitte des 13. Jahrhunderts herausgebildet. Die Heiligen, denen sie geweiht waren, entsprachen einer für hansische Städte typischen Gruppierung. Wie in Lübeck, Wismar, Stralsund und anderen Städten kam St. Marien eine besonders wichtige Stellung zu. Auch Petrus und Nikolaus als Schutzheilige der Schiffer, Fischer und Handelsleute ordneten sich in diese Reihe ein. Den Heiligen Jakobus brachten die Rostocker später gerne wegen seines besonderen Ansehens in Spanien mit der in späthansischer Zeit zunehmenden Spanienfahrt auch der Rostocker Schiffer in Verbindung. Entsprechend des sozialen Gefälles, das sich durch den Aufstieg von Mittel- und Neustadt gegenüber der Altstadt schon seit dem 13. Jahrhundert auszuprägen begann, wird auch der spätere Reim der Rostocker über die materielle Ausstattung ihrer Pfarrkirchen frühzeitig Gültigkeit erlangt haben:

Marien reich, Jakobi gleich, Nikolai arm, Petri – Gott erbarm!

Von der besonders reichhaltigen Ausstattung der Ratspfarrkirche St. Marien künden noch heute die künstlerisch in ganz Nordeuropa in ihrer frühen Durchbildung seltene bronzene Tauffünte sowie der umfängliche Kapellenkranz um die Kirchenschiffe.

Der Heilige Clemens als Weihename der frühesten Rostocker Kirche schon vor 1200 deutet auf intensive geistige Beziehungen zu Skandinavien beziehungsweise zum Rheinland hin. Überhaupt erreichten neue geistliche Entwicklungen der Christenheit den Rostocker Raum relativ rasch. Spätestens 1243 faßte der Bettelmönchsorden der Franziskaner mit dem Kloster St. Katharina in der nördlichen Altstadt Fuß. Ein Jahrzehnt später, 1256, ist das St.-Johannis-Kloster der Dominikaner am südlichen Hauptausgang der Mittelstadt belegt. Auf engere Beziehungen zu Dänemark läßt die Stiftung des Zisterzienserinnenklosters Zum Heiligen Kreuz in der Neustadt 1270 schließen. Dort starb 1283 die dänische Königin Margaretha Sambiria († 1283), mit deren Namen man durch eine Fälschung im Interesse des Klosters dessen Stiftung im Einvernehmen mit ihrem Verwandten, Herrn Waldemar von Rostock, in noch engere Verbindung brachte. Typisch für die einerseits integrierte, andererseits aber auch als eigene Welt abgesonderte Position dieser Klöster in der Stadt war ihre Lage jeweils an der Peripherie von Alt-, Mittel- und Neustadt in unmittelbarer Nähe der entstehenden Stadtmauer. Auch die später, im 14. und 15. Jahrhundert entstandenen Einrichtungen, das Kartäuserkloster und das Bruderhaus der Michaelisbrüder, entsprachen diesem Grundsatz. Die Kartause wurde außerhalb der Stadt in Marienehe angelegt. Das Bruderhaus, das schon die Rostocker spätestens des 16. Jahrhunderts der Einfachheit halber ebenfalls als Kloster bezeichneten, befand sich in der Neustadt am Schwaanschen Tor. Gleiches galt wohl für die schon seit dem ausgehenden 13. Jahrhundert in Rostock nachweisbaren Beginen, einer klosterähnlichen Frauengemeinschaft, wenn wir die Lage der nach ihnen benannten Straße – den Beginenberg kurz vor dem Steintor und der südlichen Stadtmauer – zugrundelegen. Auch das sogenannte Regelhäuschen sowie weitere Wohnungen der Beginen in der Nähe des Klosters St. Katharina – Ecke Grubenstraße sowie beim Kloster St. Johannis wiesen eine solche ausgesprochene Randlage auf.

Mit den vier Pfarrkirchen und drei Klöstern des 13. Jahrhunderts entstanden bis 1260 des weiteren zwei Hospitäler, üblicherweise – so auch in Rostock – dem Heiligen Geist und dem Heiligen Georg (in Norddeutschland zumeist St. Jürgen genannt) geweiht. Das St.-Georg-Hospital befand sich – entsprechend seiner Spezifik als Leprosenhaus – außerhalb der Stadt vor dem Steintor, wo noch heute Platz- und Straßenbezeichnungen an die Lage dieser milden Stiftung erinnern. Das bessergestellte Heilig-Geist-Hospital zog kurz nach seiner Gründung von der Altstadt an die Grenze zwischen Mittel- und Neustadt um. Der idyllisch anmutende Heilig-Geist-Hof zwischen der Eselföterstraße und der Faulen Grube erinnert noch heute an die Örtlichkeit dieses Hospitals. Hingegen ist das in der Nähe hiervon gelegene Gebäude der heutigen Stadtbibliothek in der Kröpeliner Straße mit seinem erhalten gebliebenen prachtvollen spätgotischen Giebel erst seit Anfang des 20. Jahrhunderts irrtümlich als ehemaliges Pfarrhaus des Heilig-Geist-Hospitals bezeichnet worden. Die beiden Hospitäler sowie das Kloster zum Heiligen Kreuz entwickelten sich seit ihrer Entstehung rasch zu geistlichen Grundherrschaften, die über eine Vielzahl von Dörfern in der Umgebung Rostocks verfügten. In ihrem Grundbesitz und entsprechenden Herrschaftsrechten wetteiferten diese geistlichen Einrichtungen mit dem Rat, seinen Kämmerei- bzw. Stadtdörfern, und einzelnen Angehörigen der städtischen Oberschicht, so daß seit Mitte des 13. Jahrhunderts der städtische Einfluß auch auf diesem Gebiet den Raum von Doberan bis Ribnitz und von der Ostseeküste bis nach Schwaan zu prägen begann.

Die milden Stiftungen wurden im 14. Jahrhundert offenbar nach dem Aufkommen der Pest – die Rostock in stärkerem Maße erst später als andere Hansestädte erreichte – durch die Anlage des Gertrudenhospitals vor dem Kröpeliner Tor ergänzt. Im 16. Jahrhundert kamen – neben der Umwandlung von St. Katharinen – noch die Armenhäuser am Heringstor (Nordausgang der Grube), Pockenhaus oder St. Lazarus genannt, sowie das Brökerstift am Alten Markt, benannt nach seinem Stifter, Bürgermeister Hans Bröker († 1582), hinzu. Damals entwickelten sich zwischen Landesherrschaft und Stadt auch langwierige Streitigkeiten um die Nutzung zweier anderer mittelalterlicher geistlicher Stützpunkte in Rostock. Das betraf an der Südgrenze zwischen Mittel- und Neustadt den Doberaner Hof, ehemals den Mönchen des gleichnamigen Klosters zuständig, und die ehemalige Offizialei des Bischofs von Schwerin, gelegen in der Nähe des Alten Marktes. Von den beiden letztgenannten Objekten abgesehen, wurden alle anderen geistlichen Einrichtungen Empfänger umfänglicher Stiftungen von Einzelbürgern, Handwerksämtern, Kaufmanns- und Schifferorganisationen sowohl in katholischer als auch in protestantischer Zeit. Die bedachten Einrichtungen lohnten es durch Seelsorge, Bildung, Kranken-, Waisen-, Armen- und Altenbetreuung.

Die auch in religiöser Hinsicht eine Randgruppe der städtischen Bevölkerung darstellenden Juden lassen sich in sehr geringer Zahl seit der zweiten Hälfte des 13. Jahrhunderts in Rostock nachweisen. Das gilt sowohl für Pfandbesitz von Grundstücken und gemietete Häuser als auch für einen gesonderten Friedhof vor dem Kröpeliner Tor. Ein im nordöstlichen Bereich der Wokrenter Straße bereits für diese Zeit nachweisbarer jüdischer Pfandbesitz überdauerte zumindest in der Erinnerung der Rostocker offenbar selbst die Vertreibung der Juden aus Rostock nach den angeblichen Brunnenvergiftungen und anderen angeblichen Verbrechen im Zusammenhang mit dem Schwarzen Tod um 1350. Noch Ende des 16. Jahrhunderts hieß ein Grundstück in der genannten Straßengegend »das Judenschatz«.

Erste innere und äußere Kämpfe

Bis Ende des 13. Jahrhunderts verlief der rasante Aufschwung Rostocks als städtisches Gemeinwesen, von Stadtbränden einmal abgesehen, ohne größere Störungen. Bevor sich diese Entwicklung im Verlaufe des 14. Jahrhunderts fortsetzte und ihren Höhepunkt erreichte, durchlebte Rostock an der Wende zum 14. Jahrhundert eine unruhige Zeit innerer und äußerer Krisen, die sich – wie auch in der Folgezeit nicht selten – miteinander verknüpften und überlagerten. Im Innern der Stadt stießen die Festigung der Ratsverfassung und die Herausbildung eines relativ kleinen Kreises mächtiger und einflußreicher ratsfähiger Geschlechter auf den wachsenden Widerstand der übrigen Stadtbürger und -bewohner. Äußere Konflikte rührten nicht etwa aus einem Wiedererstarken der Macht des letzten Herrn von Rostock her, sondern – im Gegenteil – gerade aus seiner zunehmenden Schwäche. Letztere weckte bei den mächtiger werdenden fürstlichen Nachbarn lebhaftes Interesse an der Herrschaft Rostock und insbesondere an der Stadt Rostock als ihrem wirtschaftlichen und strategischen Kernstück.

Noch relativ glimpflich lief eine erste innerstädtische Auseinandersetzung 1286/87 ab, in deren Verlauf lediglich einige Ratsherren ausgetauscht wurden. Sowohl die neuen als auch die alten, »abgesetzten« Ratsherren entstammten den wohlhabenden Familien. Lediglich für einen der neuen Ratsherren, Johann Kempe († nach 1289), könnte seine Bezeichnung als Meister eventuell auf einen handwerklichen Beruf hindeuten. Fraktionskämpfe innerhalb der Oberschicht, teilweise sogar innerhalb der ratsfähigen Geschlechter, bildeten in Rostock immer wieder einen wichtigen Bestandteil innerstädtischer Unruhen. Sie führten auch zu entsprechenden Vorwürfen an die Adresse der Oberschicht, etwa durch den berühmten Superintendenten, Professor und Pastor zu St. Marien, Lucas Bacmeister d.Ä. (1530-1608). Besonders gefährlich wurden derartige Zwistigkeiten innerhalb der Oberschicht, wenn sie sich einerseits mit äußeren politischen Konflikten, oft Kriegen, und andererseits mit der Unzufriedenheit von Mittel- und Unterschichten in der Stadt verbanden. Denn schon die erste gedruckte Rostocker Stadtchronik des Peter Lindeberg (1562-1596) wußte, daß der »tolle Pöbel« ebenso schwer zu bändigen sei wie das wilde Meer. Lindeberg zählte bis Ende des 16. Jahrhunderts sechs große derartige »Tumulte«.

1298 begann, bis 1314 reichend, erstmals ein Zeitraum mit heftigen Aufständen der Bürgerschaft gegen den Rostocker Rat. Auch in diesem Falle lösten Ungeschicklichkeiten der Herrschaft die Bewegung aus. Wankelmütige Heiratspläne des »Kindes von Rostock«, Herrn Nikolaus, hatten den Zorn mehrerer Fürsten, insbesondere der Markgrafen von Brandenburg, heraufbeschworen. Durch deren Kriegshandlungen gegen Nikolaus wurde auch Rostock in Mitleidenschaft gezogen. Die aufgebrachte Bürgerschaft vertrieb zeitweilig einige in ihren Augen kapitulantenhafte Ratsherren. Herr Nikolaus, dem die Sache über den Kopf wuchs, warf sich nun dem mächtigen und ehrgeizigen Dänenkönig Erich Menved (1274-1319) in die Arme, der, wie bereits Waldemar II. (um 1170-1241) ein Jahrhundert zuvor, ein dänisches Ostseeimperium auch unter Einbeziehung Mecklenburgs und Rostocks zu errichten trachtete. Als daher Herrschaft und Stadt Rostock dänisches Lehen wurden und Erich Menved sich seines neuen Lehnsmannes Nikolaus annahm, gerieten die Rostocker vom Regen in die Traufe. Statt einer schwachen spürten sie nunmehr eine starke Hand. Verbindungen mit den anderen Hansestädten sollten Abhilfe schaffen, reizten aber zugleich König Erich. Er fand einen wichtigen, aber durchaus von ausgeprägten eigenen Interessen geleiteten Bundesgenossen im Herrn der Teilherrschaft Mecklenburg, Heinrich II. (um 1266-1329), dem mecklenburgischen Löwen. Der Rostocker Rat, zwischen Baum und Borke, zwischen Gemeinde und Landesherrschaft stehend, ließ es auf eine Machtprobe ankommen. König Erich, der eines der größten Turniere der mittelalterlichen norddeutschen Geschichte abhielt, mußte dies 1311 vor den Toren Rostocks, zwischen Gehlsdorf und Bartelsdorf, tun, da sich die Stadt ihm verweigerte. Wie in der späteren Geschichte Rostocks noch häufig, sollte der Widerstand der Stadt nunmehr durch die Sperrung der Ostseezufuhr bei Warnemünde – der Lebensader Rostocks – gebrochen werden. Eine Doppelturmanlage über dem Strom entstand, die aber von den Rostockern gestürmt und verbrannt wurde. Ihre Schiffe trugen jetzt das neue Wappen der Stadt, den stolz steigenden Greif, mit welchem sie sich aus taktischen Gründen auch wieder ihrem ursprünglichen Landes- und Stadtherrn, Nikolaus, zuwandten.

Auch das Kloster Doberan als Rostocker Nachbar konnte ein Lied vom Auftrumpfen der Städter singen. Für das Jahre 1312 liegt ein umfängliches Schadensregister vor, das mitunter bis ins kleinste Detail die nicht unbeträchtlichen Verluste auflistete, die die Doberaner Dörfer – zumeist Hagenhufendörfer – durch Rostocker Zerstörungen erlitten.

Die Rostocker sollten sich ihres Sieges nicht lange erfreuen. Zwar bauten sie mit großem Aufwand – unter anderem durch Abbruch des Turms von St. Petri – nun ihrerseits einen gewaltigen Turm bei Warnemünde und hielten lange der vom dänischen König Erich und Heinrich II. von Mecklenburg neu organisierten Macht der Feinde stand. Erst später erstand der Turm von St. Petri neu, der im 16. bis 18. Jahrhundert mit demjenigen von St. Nikolai immer wieder in der Höhe wetteiferte, obwohl beide Türme noch mehrfach einstürzten. Anfang des 18. Jahrhunderts errichtete man dann auf St. Nikolai – wohl resignierend – einen wesentlich bescheideneren Turm, so daß heute nur noch der Petrihelm als himmelsstürmender Zeuge des Rostocker Turmbaueifers sowie als Landmarke für die Schiffahrt erhalten geblieben und vor wenigen Jahren in alter Pracht wiedererstanden ist. 1312 fiel der Turm bei Warnemünde nach langer Belagerung. Der Belagerungsring um Rostock selbst zog sich immer enger und besiegelte das Schicksal der Stadt. Der Rostocker Rat, auch später stets eher einer glimpflichen Lösung als »heldenhaftem« Widerstand zuneigend, wurde von der aufgebrachten Bürgerschaft für die Niederlage bei Warnemünde verantwortlich gemacht. Die Ratsgegner begnügten sich diesmal nicht mehr mit dem bloßen Auswechseln von Ratsmitgliedern. Einige Ratsherren wurden getötet. Ungeachtet dieses radikalen Vorgehens kam es zu keinen radikalen Ergebnissen. Sie waren wohl auch von den Führern des Aufstandes nicht gewollt. So sagte die Kirchbergchronik von Heinrich Runge († nach 1314), den sie für die Tatenlosigkeit angesichts der Hinrichtung seines eigenen Bruders, des Ratsherrn Waldemar Runge († 1312), durch die Aufständischen scharf kritisierte, daß Heinrich letztlich selbst Ratsherr werden wollte:

> Daz wort daz her sprach gar slechte,
> daz ted her nicht gantz vm daz rechte,
> wan daz her schirer yn den rad
> queme an syns bruder stad.

Obwohl die Radikalität des Vorgehens der Aufständischen eine friedliche Beilegung des Konfliktes als kaum aussichtsreich erscheinen ließ, waren die neu eingesetzten Ratsherren Angehörige derselben Schicht wie ihre getöteten oder verjagten Vorgänger. Das Abbröckeln der Anhängerschaft Heinrich Runges sowie Verrat führten schließlich 1314 zur Einnahme Rostocks durch Heinrich II. von Mecklenburg. Heinrich Runge – in richtiger Erkenntnis der Sachlage – rettete sich durch Flucht, mit anderen Aufständischen wurde er »verfestet«, d. h. aus der Stadt verbannt. Wie die meisten Unruhen und Aufstände auch der Folgezeit erreichte der Aufstand von 1312/14 seine Ziele nicht. Er trug aber indirekt dazu bei, das Verhältnis von Landesherrschaft und Stadt künftig gegenseitig vorteilhaft weiterzuentwickeln.

Die Ereignisse bis 1314 waren erstmalig ein Zeitraum, der in der Chronistik über Rostock ausführlichere Darstellung fand. Auch die Sagen nahmen sich ihrer an. So kündet noch heute das angebliche Konterfei des Verräters von 1314 am Steintor, das früher zeitweilig auch die Jahreszahl 1314 zierte, von seiner Untat. Und der Ortsname Markgrafenheide erinnert an das Eingreifen der Brandenburger Markgrafen in die damaligen Kämpfe um Rostock.

Vollendung der Autonomieentwicklung

Noch im Jahr der Niederringung des Aufstands in Rostock, 1314, starb mit Nikolaus dem Kind der in der Kirche des St.-Johannis-Klosters begrabene letzte Herr von Rostock. Das erleichterte den Weg zur generellen Neuordnung der Machtverhältnisse in Herrschaft und Stadt Rostock. Nikolaus` Lehnsherr, König Erich Menved, konnte die ihm mit diesem Tode in die Hand gegebene Trumpfkarte nicht ausspielen, da er in Dänemark selbst Schwierigkeiten bekam. Als Sieger der Kämpfe um Rostock erwies sich immer deutlicher der mecklenburgische Löwe, Heinrich II. An ihn fiel 1317 die Herrschaft Rostock als dänisches Lehen. Der Tod sowohl König Erichs als auch Markgraf Waldemars von Brandenburg († 1319) im Jahre 1319 verschaffte dem Mecklenburger Heinrich II. noch mehr Freiräume. Mit der Gewinnung des Landes Stargard, das er in der Schlacht bei Gransee 1316 gegen Brandenburg behauptete, und des Landes Rostock schuf Heinrich II. Grundlagen für den Aufstieg des Hauses Mecklenburg sowie für die allmähliche Wiedervereinigung Gesamtmecklenburgs. Heinrich und noch stärker sein Sohn Albrecht II. (1318-1379), wohl der bedeutendste mecklenburgische Fürst überhaupt, förderten in der Folgezeit Rostock als ihre wichtigste Stadt, um als Gegenleistung deren Wirtschafts- und Militärkraft, aber auch das diplomatische Geschick ihrer Ratsherren nach Kräften nutzen zu können.

Es waren vor allem drei Vorgänge, die Rostocks Aufstieg im 14. Jahrhundert vollendeten und es bis an die Schwelle einer freien Stadt heranführten, die aber niemals überschritten wurde. 1323 fanden die seit 1252 faßbaren Bemühungen Rostocks um den Besitz Warnemündes ihren erfolgreichen Abschluß. Das Vogteigebäude in Warnemünde kündet noch heute von der damals anbrechenden Herrschaft Rostocks über jenen Ort, den die mächtige Hansestadt gern als Fischerlager und Flecken abqualifizierte, der aber 1312 urkundlich immerhin als Städtchen (oppidum) bezeichnet wurde, nicht anders als Rostock in der berühmten Urkunde von 1218. Warnemünde-Rostocker Spannungen ergaben sich daher zwangsläufig und durchzogen die folgenden Jahrhunderte. 1325 erwarb Rostock für sich ebenfalls von Heinrich II. die alleinige Münzhoheit. Schon im Mittelalter befand sich die Münze in jenem Haus gegenüber der Schreiberei am Ziegenmarkt, wo noch heute das Relief des Münzschlägers von seiner Tätigkeit zeugt. Den Gipfel ihrer Autonomie erklomm die Stadt unter Albrecht II., der Rostock und seinen führenden Ratsherren seit der für ihn mitausgeübten Vormundschaftsregierung 1329 – 1336 besonders zugetan war. Nach seiner Erhebung zum reichsunmittelbaren Herzog 1348 wurde die 1350 nochmals erneuerte dänische Lehnshoheit über Rostock immer mehr zu einer formalen Angelegenheit. Entscheidend war demgegeüber die Verleihung der vollen Gerichtsbarkeit an die Stadt 1358 durch Albrecht II.

Zweihundert Jahre nach dem ersten Beleg für den Ortsnamen Rostock stand die Stadt auf dem Gipfel ihrer wirtschaftlichen und politischen Entwicklung als weitgehend autonome Stadtkommune sowie auf einem Höhepunkt ihrer wirtschaftlichen und kulturellen Bedeutung. Seit knapp einem halben Jahrhundert und nochmals für ein halbes Jahrhundert ruhten die innerstädtischen Kämpfe. Der Rat konnte sich verstärkt in die auswärtigen Fragen, insbesondere im Rahmen der Hanse, aber zugleich auch im Interesse der mecklenburgischen Herzöge, einbringen. Entsprechend den gewachsenen inneren und äußeren Aufgaben hatten sich die spezifischen Zuständigkeiten einzelner Ratsmitglieder herausgebildet und verfestigt, die als zeitweilige Funktionen eine Art prinzipieller Karriereleiter von den jüngsten bis zu den ältesten Ratsmitgliedern darstellten. In den Ratsherrenlisten der schriftlichen Quellen läßt sich das allmähliche »Vorrücken« zunächst junger Ratsmitglieder im Laufe der Jahre gut verfolgen. Neben zwei bis vier Bürgermeistern stellten zwei bis drei Kämmereiherren die zumeist ältesten und erfahrensten Ratsmitglieder dar. Waren die Kämmereiherren auf finanziell-wirtschaftliche Fragen spezialisiert, so trugen die Gerichtsherren gemeinsam mit Beisitzern aus der Bürgerschaft insbesondere für das Niedergericht Verantwortung. Das Obergericht war

Angelegenheit zumeist des ganzen Rates. Für die regelmäßigen direkten Steuern, den Schoß, waren die gleichnamigen Herren des Rates zuständig. Die wichtige Aufsicht über die Handwerker und ihre Ämter sowie über den Hafen Warnemünde führten die Weddeherren. Ihrer Bezeichnung entsprechende Aufgaben nahmen die Wein- und Münzherren wahr. Die zunehmende Ausdifferenzierung der Ratsämter widerspiegelte sich auch in der Schriftlichkeit. An die Stelle der allgemeinen, nicht spezifizierten Stadtbücher des 13. Jahrhunderts traten nunmehr spezielle Stadtbücher etwa über den Besitzerwechsel bei Häusern (Hausbücher), bei Teilen der Stadtfeldmark (Gartenbücher), über die Ausweisung verurteilter Straftäter (Verfestungsbücher). Hinzu kamen Renten- und Schuldbücher, Bürger- und Rechnungsbücher, Kämmereirechnungen und Steuer(Schoß)register.

Schied einer der lebenslang amtierenden Ratsherren durch Tod aus, ergänzte sich der Rat aus dem Kreis der ratsfähigen Familien selbst. Zwar sollten, um den ärgsten Mißbräuchen zu steuern, keine allzu nah Verwandten gleichzeitig im Rat Mitglied sein, dagegen »vererbte« sich vielfach die Ratsherrenwürde über mehrere Generationen in den angesehensten Familien vom Vater auf den Sohn und so weiter. Paradebeispiel war die wohl bedeutendste Rostocker Ratsherrenfamilie im Mittelalter, die Kröpelins. Saßen schon seit der zweiten Hälfte des 13. Jahrhunderts Kröpelins im Rostocker Rat, so stellten sie vom Anfang des 14. bis Ende des 15. Jahrhunderts in fünf aufeinanderfolgenden Generationen sechs Ratsherren, darunter einen Bürgermeister. Den Anfang machte Konrad Kröpelin († 1334). Sein Sohn Arnold († 1394) wurde der bedeutendste Bürgermeister und Politiker des mittelalterlichen Rostock. Auf ihn folgte sein Sohn Lambert († 1405/07) als Ratsherr. Bezeichnenderweise galt dessen Witwe als reichste Frau der Stadt. Von Lamberts Söhnen waren gleich zwei nacheinander Ratsherren, Lambert († 1424/25) und Henneke († 1473/74). Mit Hennekes Sohn Lambert († 1499) folgte der letzte Kröpelin als Ratsherr. Mit ihm starb zugleich die Familie in männlicher Linie aus. Zu diesem Zeitpunkt erloschen viele der alten reichen Geschlechter Rostocks. Das Selbstbewußtsein der Patrizier angesichts eines vor langer Zeit erfolgreich vollzogenen sozialen Aufstiegs als auch der angestrebten Gleichrangigkeit mit adligen Familien etwa bezüglich der Siegel- und Wappenführung demonstrierte die von Lindeberg überlieferte angebliche Selbstcharakteristik der Familie Wilde:

Uns Vöroldern hodden de Zegen,
Wij sin Godt loff hoger gedegen,

Hethen mit thonam de Wilden,
Und föhren einen Buck in Schilden.

War eine Ergänzung des Rates – im Regelfall nach dem Tod eines Ratsmitgliedes – durch Kooptation erforderlich, so erfolgte sie am 22. Februar und wurde dann der Bürgerschaft kundgetan. Die damit verbundene »Bursprake« beinhaltete nun nicht mehr eine Beratung mit der Bürgerschaft, sondern die Verlesung von Ratsordnungen an die Gemeinde.

Rostock als Hansestadt

In dem Maße, wie sich Rostock von der Herrschaft der Herren von Rostock im Verlaufe des 13. Jahrhunderts befreit hatte, war die Einbindung der Stadt in die Gemeinschaft der Hanse unter Führung Lübecks gewachsen. Aus Rücksichtnahme auf die Landesherrschaft und eigene Interessen wich auch Rostock hin und wieder von gesamthansischen Haltungen und Auffassungen – soweit es solche überhaupt gab – ab. Bereits für 1256 etwa sind Streitigkeiten mit Lübeck überliefert. Aber aufs Ganze betrachtet stand Rostock bewußt und fest auf hansischen Positionen. Bis zum letzten Hansetag des Jahres 1669 war die Stadt an den meisten wichtigen hansischen Aktivitäten beteiligt, oft auch mit erheblichen materiellen Aufwendungen. Die Rostocker kokettierten daher gerne mit der Tatsache, daß ihre Stadt in hansischen Dokumenten mitunter an zweiter Stelle nach Lübeck genannt wurde. Der Rechtszug nach Lübeck währte teilweise gar bis ins 18. Jahrhundert hinein. Mit bewußter Untertreibung ihrer sonstigen wirtschaftlichen Grundlagen, etwa dem nicht unerheblichen Land- und Grundbesitz außerhalb der Stadt, betonte die Stadt regelmäßig die mühevolle und kostspielige Seeschiffahrt als Kernstück ihrer wirtschaftlichen Existenz. Finanzielle Aufwendungen für die Instandhaltung von Hafenanlagen und der immer wieder versandenden Zufahrt in die Ostsee bei Warnemünde traten daher nicht nur in den stadtbürgerlichen Testamenten – neben Stiftungen an die geistlichen Einrichtungen – stets auf, sondern auch in der Argumentation des Rostocker Rates bei den endlosen Diskussionen um die Verteilung der Steuerlast in Mecklenburg. Rostock brachte dann gegenüber den Herzögen und den Landständen traditionell seine im allgemeinen Interesse des Landes liegenden besonderen Aufwendungen für den wichtigsten Hafen und die Universität des Landes ins Spiel.

Neben dem besonderen Stellenwert des Besitzes von Unterwarnow und Warnemünde zeigt auch der mittelalterlich-frühneuzeitliche Stadtplan die Ausrichtung Rostocks ganz auf Seehandel und -schiffahrt. Von den über zwanzig Straßen beziehungsweise Toren, die aus Rostock hinausführten, waren mehr als die Hälfte auf die Hafenanlagen an der Unterwarnow ausgerichtet. Der Haupthafen für die Seefahrt befand sich an der Nordseite der wirtschaftlich, sozial und politisch wichtigsten Stadtteile im Bereich der nördlichen Mittel- sowie der nordöstlichen Neustadt. Hier konzentrierten sich neben dem hauptsächlichen Gebäudebesitz der städtischen Oberschicht, den giebelgezierten Wohn- und Brauhäusern der wohlhabenden Kaufmannschaft, auch die Buden der Schiffer. Die Zahl der letzteren überstieg spätestens seit nachmittelalterlicher Zeit einhundert. Schon im Mittelalter sind übrigens viele skandinavische, besonders dänische Namen für Rostocker Schiffer belegt. Dies setzte sich mindestens bis Ende des 16. Jahrhunderts fort. Der besondere Stellenwert von Mittel- und Neustadt auch für die Seefahrt Rostocks hatte sich im Verlaufe des Mittelalters offenbar noch verstärkt, da nach neuesten archäologischen Ergebnissen sich die ursprüngliche städtische Hafenanlage möglicherweise weiter östlich im sich trichterförmig erweiternden Nordabschnitt der Grubenstraße befunden haben könnte.

Die Ziele Rostocker Seefahrt widerspiegelten nicht zuletzt Personennamen sowie Namen von Kaufleute- und Schiffervereinigungen. Von der zentralen Bedeutung des Rostocker Handelsverkehrs mit Norwegen und Dänemark zeugten die Vereinigungen der Bergen-, Wiek- und Schonenfahrer mit ihren entsprechenden Gelagen, das heißt Gemeinschaftshäusern für Versammlungen und – wie der Name schon andeutet – mit reichlichem Alkoholkonsum verbundenen Feierlichkeiten. Übrigens ist die Tatsache, daß jeweils einer der dem Dienstalter nach jüngsten Ratsherren als Vogt Rostocks in Falsterbo auf Schonen fungierte, beredter Ausdruck des besonderen Stellenwertes der Schonenfahrt auch für die Hansestadt an der Unterwarnow. Im Seeverkehr gen Osten standen die Rigafahrer im Mittelpunkt. Die anfänglich große Bedeutung Gotlands als ein Zentrum frühen hansischen Handels widerspiegelte die Ratsherrenfamilie Gotland(varer) in Rostock im 13./14. Jahrhundert. Weniger ausgeprägt – wenn auch vorhanden und durchaus sehr einträglich, wie das berühmte Handlungsbuch der Rostocker Kaufleute Johann Tölner Vater († nach 1360) und Sohn († vor 1354) aus den Jahren 1345/50 zeigt – waren offenbar Verbindungen nach dem Westen (London, Brügge) und Nowgorod im Osten, die für andere Hansestädte eine ungleich größere Rolle gewannen. Das hansische Rostock lebte vom Zwischenhandel, es war keine Exportgewerbestadt – mit einer Ausnahme: dem Bier. Der zentrale Stellenwert des Rostocker Bierexports läßt sich aber erst seit dem 16. Jahrhundert voll erfassen, als flächendeckende Angaben für die Gesamtstadt entstanden. Seehandel und -fahrt boten auch die Grundlage für zwei andere wichtige Handwerke bzw. Gewerbe in Rostock. Die Böttcher fertigten die für vielerlei Güter einsetzbaren Tonnen. Den Trägern als dem klassischen Transportgewerbe innerhalb der Stadt oblag die Verschließung und der Transport der Tonnen zumeist zum Hafen. Nicht von ungefähr trägt dort noch heute eine der Querstraßen den Namen Trägerstraße, so wie die große Verbindungsstraße der meisten zum Hafen führenden Straßen, die Lange Straße, eine hohe Konzentration von Böttchern aufwies. Auch die Zahl der Böttcher und Träger überstieg in der Blütezeit Rostocks jeweils einhundert. Die »Rostocker Tonne« wurde bezeichnenderweise zur hansischen Norm für den schonenschen Heringsfang. Durchzog der Hansehandel auf diese Weise wie ein roter Faden das Leben Rostocks in Mittelalter und früher Neuzeit, so gab es selbstverständlich daneben gleichfalls die für eine Stadt mit einer Einwohnerzahl – in ihren besten Zeiten – deutlich über 10000 unabdingbar notwendigen Handwerke und Gewerbe in entsprechend großer Zahl. In Rostock wie in anderen norddeutschen Städten hießen ihre zunftmäßigen Organisationen Ämter, die – von der Stadtobrigkeit überwacht – eine Zwangsmitgliedschaft der jeweiligen Handwerker und Gewerbetreibenden durchsetzten, ausgenommen – und daher durch die Amtsgenossen sehr ungern gelitten – einige wenige Freimeister. Von den bereits Ende des 13. Jahrhunderts fast 80 derartigen Handwerken und Gewerben in Rostock spielten quantitativ von Anfang an besonders jene eine große Rolle, die im Rahmen der Bürgerschaft und ihrer Vertretung in der frühen Neuzeit von Bedeutung wurden. Da waren zunächst die vier »großen Gewerke« der Schuster, Bäcker, Schmiede und Wollenweber, zu denen mitunter neben den Böttchern auch die Schneider zählten. Für die besonders wichtige Versorgung mit Lebensmitteln traten neben die Bäcker namentlich die zahlreichen Knochenhauer sowie die Fischer. Ungeachtet des schonenschen Herings als ein Haupthandelsgut der Hanse hatte der Fischreichtum der Warnow – in der Sicht des Rostocker Rates geradezu ein Gottesgeschenk – für die Versorgung Rostocks einen erheblichen Stellenwert. So herrschte in Rostock ein vielfältiger, lebhafter wirtschaftlicher und gewerblicher Austausch, der aber doch letztlich abhing vom Wohl und Wehe des Hansehandels und der Seefahrt. Davon zeugt auch die Geschichte des bedeutsamen Rostocker Pfingstmarktes, der sich seit seinen Anfängen 1390 zu einer großen Messe von überregionaler Bedeutung entwickelte und diesen Rang bis in die Endphase der Hansegeschichte bewahrte.

Zwischen Hanse und Landesherrschaft

Die enge Verknüpfung der Rostocker mit der Geschichte der Hanse zeigt sich namentlich in der Zeit vor und nach dem Stralsunder Frieden von 1370, dem oft genannten Höhe- und Wendepunkt der Hanse. Auch Rostock stand damals im Zenit seiner wirtschaftlichen und politischen Bedeutung im Mittelalter und geriet anschließend in neuerliche Krisenzeiten, die allerdings mit der Gründung der ersten Universität des Ostseeraumes in seinen Mauern zumindest in kultureller Hinsicht ein Glanzlicht aufwiesen.

Der sich zu Beginn des 14. Jahrhunderts abzeichnende, Mitte des Jahrhunderts vollzogene Übergang von der Kaufmanns- zur Städtehanse sah Rostock auf der Höhe der Ereignisse. In der sich festigenden Organisationsstruktur der Hanse mit allgemeinen Hansetagen und der deutlicheren Ausprägung regionaler Quartiere der Hansestädte nahm Rostock in der Reihe der wendischen Städte als dem Kern der Hanse nach Lübeck neben Stralsund – vor Hamburg, Lüneburg, Wismar und Greifswald – einen bedeutenden Platz ein. Häufig war die Stadt an der Unterwarnow Ort von Hansetagen. Ihre erfahrensten Bürgermeister und Ratsherren wirkten als angesehene Ratssendeboten und standen oft im diplomatischen Dienst der Hanse bei Unterhandlungen mit Freunden und Feinden. Das Rostocker Weinbuch vom Ende des 14. Jahrhunderts, ein Verzeichnis der Kosten für Wein, den die Rostocker Ratssendeboten als Geschenke für ihre auswärtigen Verhandlungspartner mit sich führten, zeigt anschaulich den Umfang dieser diplomatischen Missionen. Der erfolgreichste der Rostocker Politiker des Mittelalters war ohne Zweifel der langjährige Bürgermeister Arnold Kröpelin, der in der hansischen Geschichte in einem Atemzug mit bedeutenden hansischen Diplomaten aus Lübeck und Stralsund wie den Bürgermeistern Jacob Pleskow († 1381) und Bertram Wulflam (um 1320-1392/93) genannt worden ist. In den zehn Jahren, die von der Eroberung Visbys 1361 durch König Waldemar Atterdag (um 1320-1375) über zwei Hansekriege 1362 und 1368 gegen Waldemar bis zum hansischen Triumph im Stralsunder Frieden 1370 reichten, zählte Rostock zu den eifrigsten Teilnehmern auf hansischer Seite und erlebte sowohl die hansische Niederlage wie auch die Siege hautnah mit. Für die von König Waldemar 1362 überrumpelte hansische Flotte hatte Rostock ein erhebliches Aufgebot an Menschen und Ausrüstung gestellt und mußte daher auch viele Gefangene beim Dänenkönig auslösen. 1365 richteten die Rostocker ihren Ratsherrn Friedrich Suderland († 1365) hin, dem sie die Kapitulation als hansischer Schloßhauptmann auf der Insel Öland anlasteten. Gestützt auf die berühmte Kölner Konföderation von 1367 wendete sich dann das Blatt zugunsten der Städte. Rostock war am folgenden Sieg über Waldemar maßgeblich beteiligt. Dennoch fehlte es mit Wismar beim Friedensschluß in Stralsund 1370. Die mecklenburgischen Hansestädte hatten Rücksicht zu nehmen auf ihren Landesherrn und Förderer, Herzog Albrecht II. Diesem war wegen des schwedischen Königtums seines Sohnes, Albrecht III. († 1412), und den anderen Aspekten seiner »Nordischen Politik«, die den Erwerb möglichst aller drei skandinavischen Kronen für sein Haus erstrebte, nicht am Frieden gelegen, sondern an einer Fortführung des Krieges gegen Dänemark. Durch diese komplizierte politische Konstellation gerieten Rostock und Wismar im letzten Drittel des 14. Jahrhunderts zunehmend zwischen die Positionen der Hanse einerseits, die auf Ausgleich mit Dänemark bedacht war, und die hochfliegenden Pläne der mecklenburgischen Herzöge andererseits. Die Lage spitzte sich noch zu, als 1376 nach dem Tode König Waldemars die Hanse nicht den mecklenburgischen Kandidaten für den dänischen Thron unterstützte. Außerdem kam König Albrecht in Schweden in Bedrängnis durch seine schwedischen Untertanen und seine mächtige Rivalin, Königin Margarethe von Norwegen und Dänemark (1353-1412). Rostock und Wismar unterstützten Albrecht nach Kräften auch noch, als er 1389 in die Gefangenschaft Margarethes geriet. Daß die mecklenburgischen Hansestädte im Rahmen dieser Unterstützung – ähnlich wie ihre Landesherren – sogar den Seeräubern um Klaus Störtebeker († 1401) durch die Finger sahen, vermerkten die anderen Hansestädte allerdings mit wachsendem Befremden. Nur mit Mühe wurde eine bleibende Trübung der Beziehungen Rostocks und Wismars zur Hanse vermieden.

Neue Unruhen

Mit dem 15. Jahrhundert begann in der Rostocker Geschichte ein nahezu zweihundertjähriger Zeitraum, der durch wiederholte Unruhen und Aufstände der antirätlichen Opposition gekennzeichnet war. Typisch für diese Bewegungen, so unterschiedlich ihre Anlässe auch immer sein mochten, war ihre häufige Parallelität mit ähnlichen Vorgängen in anderen Hansestädten sowie das Fortleben von Erfahrungen und Traditionen der früheren in den späteren Kämpfen. Letzteres galt besonders für die Schaffung und die Tätigkeit von Ausschüssen der Bürger in ihren Auseinandersetzungen und Unterhandlungen mit dem Rat, nach der Zahl ihrer Mitglieder Sechziger genannt, die Vorläufer des berühmten Hundertmännerkollegiums von 1583/84. Eine zweite

Tradition, die immer wieder erneuert wurde, war die Zusammenfassung der Forderungen und Rechte der Bürgerschaft in sogenannten Bürgerbriefen. Bereits für den Aufstand von 1312/14 unter Heinrich Runge wurde ein derartiger Bürgerbrief in den Chroniken erwähnt. Nach der Kirchbergchronik vernichtete Fürst Heinrich der Löwe dies »Altermännerprivileg« bei seinem Gerichtstag im unterworfenen Rostock. Auch das sollte sich später als eine Tradition im Verhalten der Landesherren erweisen:

> Do dyse ding geschahin glich,
> der von Mekilnborch her Hinrich
> hiez do vur sich bringen hey
> der aldermanne pryuyley,
> da dy nuwen stadrechte inne
> warin beschrieben nach irme synne.
> Den brief zu stucken her zubrach
> vnd virbrante sy dar nach.

Schon 1313 wollte der Bürgerbrief einen Einfluß der Handwerksämter in Gestalt ihrer Vorsteher, der Altermänner, auf die Ratswahl durchsetzen. Ausgelöst von einer Bewegung in Lübeck, erzwang die Gemeinde in Rostock 1408 erneut einen Bürgerbrief vom Rat. Hatte schon der Brief von 1313 eine zu enge Bindung von Adel und städtischen Bürgern attackiert, so richtete sich der Brief von 1408 gegen den umfänglichen Landbesitz von Ratsmitgliedern. Dies zielte namentlich auf die sogenannten »Geschlechter« der Rostocker Oberschicht, den Kern des Patriziats, der nicht nur als nahezu exklusiver Heiratskreis miteinander eng verwandt war, sondern nicht selten auch entsprechende Verbindungen zum ländlichen Adel aufwies. Da in Lübeck und Wismar neue Räte zeitweilig Erfolge erreichten, wurde auch in Rostock eine Fortführung der Bewegung über mehrere Jahre erleichtert. 1410 setzte ein Sechzigerausschuß den alten Rat ab und trat mit einer Ratswahlordnung hervor, die eine jährliche wirkliche Wahl des Rates forderte und ein Drittel der Ratssitze für die Handwerksämter vorsah.

Nach acht Jahren wurde der Konflikt in Rostock zwischen neuem Rat, Bürgerschaft und altem Rat, nachdem die Bewegungen in Lübeck und Wismar bereits beendet worden waren, 1416 relativ glimpflich beigelegt. Die Hanse reagierte 1418 mit Festlegungen des Hansetages gegen derartige, in vielen Städten zu verzeichnende Bewegungen gegen die Stadträte. Aber bereits zehn Jahre später kam es zu einer neuen Welle von Aufständen in mehreren Hansestädten. Gemeinsames auslösendes Moment war der Verlust einer hansischen

Flotte im Krieg gegen Erich den Pommern (1382-1459), der als Unionskönig aller drei skandinavischen Reiche 1412 die Nachfolge von Königin Margarethe angetreten hatte und unter dem sich das hansisch-dänische Verhältnis allmählich verschlechterte. Während in Lübeck, Hamburg und Wismar die Köpfe der verantwortlichen Flottenführer rollten beziehungsweise diese zeitweilig hinter Gittern verschwanden, verlief der Aufstand in Rostock 1427 relativ gemäßigt, dauerte aber – wie bereits 1408/16 – am längsten. Wieder traten Sechziger auf den Plan und präsentierten 1428 erneut einen Bürgerbrief. Die Sechziger bestanden aus 30 Kaufleuten und 30 Handwerkern. Der Bürgerbrief richtete sich eindeutig gegen das Patriziat, die »Geschlechter«, mit ihrem Monopolanspruch auf die Ratssitze. Etwa auf diesen Zeitraum könnte der von Lindeberg überlieferte Spottvers auf die Rostocker Patrizierfamilien und ihren Zusammenhalt gemünzt sein:

> *De Witten, Wilde, Wulff hebben Hollogen,*
> *Und Schwemmen tho Grentz, aver de Aa,*
> *Dat ervöhren de van Baggele, Buke,*
> *Und blesen int Horn dat men idt hörde*
> *Tho Kröpelin vp dem Kerckhave,*
> *Da quam Katzow tho Maken.*

Die Witte, Wilde, Wulff, Hollogen, Grenze, von der Aa, Baggel, Buk, Horn, Kröpelin, Kerkhof, Katzow und Make repräsentierten damals die wichtigsten dieser Patriziergeschlechter. Der neue Rat konnte sich in Rostock mehrere Jahre halten, da er auch nach außen Erfolge erzielte. 1430 scherte Rostock aus dem Hansekrieg gegen König Erich den Pommern aus und konnte auch ohne Mühe militärische Aktionen der mecklenburgischen Herzogswitwe Katharina († 1448) gegen Rostock abwehren. Selbst die – allerdings auch eher Pergament gebliebene als durchgesetzte – mehrmalige Acht und Aberacht König beziehungsweise Kaiser Sigismunds (1368-1437) sowie Bann und Interdikt durch das Baseler Konzil 1434 über die Stadt beeindruckten die Rostocker zunächst wenig. Erst als sich nach dem Frieden auch der anderen Hansestädte mit König Erich 1435 die Gesamtsituation änderte, wuchs der Druck auf Rostock, den Konflikt mit dem alten Rat beizulegen. Das geschah 1439. Die Rückkehr zu den alten Verhältnissen vor den Unruhen von 1408/16 und 1427/39 währte nunmehr bis zum Ausgang des 15. Jahrhunderts.

Eine Universität der Hanse

Mitten in die für die Rostocker Geschichte unruhigen Zeiten der Aufstände des 15. Jahrhunderts fiel mit der Gründung der Universität am 12. November 1419 ein Ereignis, das den überregionalen Ruf der Stadt in neuem Glanze erstrahlen lassen sollte. Der sich im Verlaufe des 15. Jahrhunderts einstellende und seit der zweiten Hälfte des 16. Jahrhunderts einen Höhepunkt erreichende Ruhm der Rostocker »Akademie« oder Hohen Schule gründete sich vor allem auf folgende Aspekte. Nach Prag, Wien, Heidelberg, Köln, Erfurt und Leipzig war Rostock – eine Fehlgründung in Würzburg 1402 ungerechnet – die siebte der Universitätsgründungen auf dem Boden des Heiligen Römischen Reiches Deutscher Nation und die erste im Ostseeraum oder – wenn man Nordwesteuropa unberücksichtigt läßt – in Nordeuropa überhaupt. In dem Kernraum der Hanse erlangte sie für zwei Jahrhunderte als Bildungsstätte eine führende Position. Für die Gründung der Universität Rostock war gemäß den damaligen Gepflogenheiten das Zusammenwirken dreier Kräfte notwendig: der Stadt, die die materiellen Grundlagen bereitstellte, der landesherrlichen und der geistlichen Gewalt, da einerseits ungeachtet des hohen Grades der städtischen Autonomie Rostock eine landesherrliche Stadt geblieben und andererseits die mittelalterliche Universität eine geistliche Einrichtung war. Der in der Folgezeit immer wieder aufflammende Streit zwischen Stadt und Landesherrschaft, wer denn der eigentliche Gründer der Universität gewesen sei, entstand nicht nur aus dem Wunsch, sich mit diesem Ruhmesblatt der Kulturgeschichte schmücken zu wollen, sondern oft aus machtpolitischen Gesichtspunkten, in denen die Universität wiederholt eine nicht unwesentliche Rolle spielte. 1418 jedenfalls wandten sich die damaligen Herzöge von Mecklenburg(-Schwerin) Johann IV. († 1422) und Albrecht V. († 1423) sowie der Bischof von Schwerin an Papst Martin V. (1368-1431) mit der Bitte um die Genehmigung einer Universitätsgründung in Rostock. Diese beiden mecklenburgischen Herzöge gewannen – abgesehen von der Universitätsgründung – so wenig Profil in der mecklenburgischen Geschichte, daß der eine von ihnen – Johann IV. – über dem Portal des heutigen Hauptgebäudes der Rostocker Universität mit einer falschen Zählung seines Namens verewigt wurde. Der Rostocker Rat hatte zuvor schon sein Einverständnis zur Universitätsgründung signalisiert. Nach ihrer Genehmigung durch den Papst am 13. Februar 1419 wurde auch die Zustimmung der Rostocker Bürgerschaft eingeholt, so daß der Universitätseröffnung nichts mehr im Wege stand. Die ersten Gelehrten kamen aus den wenige Jahre zuvor entstandenen Universitäten von Erfurt und Leipzig sowie aus Prag. Für den Gründungsrektor der Universität Rostock, Petrus Stenbeke (um 1380 bis 1421), zuvor Magister in Erfurt, ist allerdings nicht ausgeschlossen, daß er einer angesehenen Rostocker Familie entstammte. Neben finanziellen Zuwendungen erhielt die Universität von der Stadt Gebäude am Markt der Neu- und Altstadt, wodurch indirekt die Mittelstadt und der Mittelmarkt als Konzentrationsräume des städtischen Rates noch unterstrichen wurden. Wie bei anderen Universitätsgründungen dieser Jahrzehnte auch, wurden in Rostock nur die Artistenfakultät sowie die juristische und medizinische Fakultäten eingerichtet, nicht aber die vierte und angesehenste der klassischen vier mittelalterlichen Fakultäten, die theologische. Rasch wuchsen die Zahlen der eingeschriebenen Studenten aus den Hansestädten, besonders auch aus Lübeck und Hamburg und Skandinavien.

Dann aber geriet die junge Gründung in die Turbulenzen der Rostocker Unruhen von 1427 bis 1439. Nach der Verhängung von Bann und Interdikt über die Stadt 1434 wuchs der Druck auf die Universität, der 1433 auch die theologische Fakultät durch den Papst bewilligt worden war, und es kam zum Auszug nach Greifswald im Jahre 1437. Nach der Beilegung der Rostocker Unruhen und der Aufhebung des Bannes kehrte die Universität 1443 nach Rostock zurück. Einige in Greifswald verbliebene Professoren waren an der Errichtung der Greifswalder Universität im Jahre 1456 beteiligt. Dies lieferte den Hintergrund für die in der Folgezeit unterschiedliche Interpretation der Greifswalder Universitätsgründung als Tochter Rostocks – in Rostocker Sicht – oder als Schwester Rostocks – in Greifswalder Sicht. In Rostock wurde die zurückkehrende Universität wegen ihres Auszugs nicht freundlich aufgenommen, ihre materielle Förderung erheblich gekürzt. Ungeachtet des erneuten Aufblühens der Universität war das Verhältnis zur Stadt – unter lebhafter Anteilnahme der mecklenburgischen Landesherren – nunmehr häufig gespannt. Auf den Höhepunkten dieser Spannungen sollte es zu einem zweiten und dritten Auszug der Universität kommen – 1487 nach Wismar und Lübeck sowie 1760 nach Bützow. In der dazwischenliegenden Periode aber, vor allem von der Mitte des 16. bis Mitte des 17. Jahrhunderts, erlebte die Rostocker Universität ihre Blütezeit, die nicht unwesentlich zu einem nochmaligen Bedeutungsgewinn der Stadt Rostock insgesamt beitrug.

Die Domfehde

Die als Rostocker Domfehde berühmt gewordene Auseinandersetzung von 1487 bis 1491 beendete ein Jahrhundert voller Unruhen und Aufstände und leitete zugleich an der Wende vom Mittelalter zur Neuzeit ein ebenso unruhiges Jahrhundert ein. Die Hauptkonflikte in der Stadt und um die Stadt hatten sich so miteinander verflochten und allmählich zugespitzt, daß sie sich mit Gewalt und Blutvergießen entluden, ohne eine dauerhafte Lösung zu finden. Auslösendes Moment der schließlichen Empörung in Rostock war die Einrichtung eines Kollegiatstiftes – schon von den damaligen Zeitgenossen vereinfacht als Dom bezeichnet – an der Pfarrkirche der Rostocker Neustadt St. Jakobi. Der vordergründige Sinn dieser Einrichtung bestand in der Absicht, durch die Einkünfte eines solchens Stiftes nach dem Vorbild anderer Städte die materielle Versorgung der Rostocker Universität zu verbessern. In dieser Frage aber bündelten sich die schwelenden Konflikte innerhalb der Stadt und in ihrem Verhältnis zur Landesherrschaft und zum Lande wie in einem Brennglas, so daß am 14. Januar 1487 das Feuer des Aufstandes entfacht wurde. Einen besonderen Anteil an der Zuspitzung der Situation hatte Herzog Magnus II. († 1503), der nach der Mißwirtschaft seines Vaters, Herzog Heinrichs IV., des Fetten († 1477), Mecklenburg zumindest für einige Jahrzehnte erfolgreich auf den Weg moderner frühneuzeitlicher Staatlichkeit brachte. Allerdings stand ihm dabei eine relativ unabhängige Stadt wie Rostock im Wege. Daher war es ein offenes Geheimnis, daß die Einrichtung des Kollegiatstiftes, für die Herzog Magnus selbst den Weg nach Rom 1486 nicht scheute, auch ein Mittel darstellen sollte, eine zusätzliche fürstliche Machtposition innerhalb der Stadt zu schaffen. Daß dies auch zugunsten der Universität geschah, erneuerte die alten, 1443 nach der Rückkehr der Universität aus Greifswald nicht wirklich beigelegten Spannungen zwischen Universität und Stadt. Hinzu kam das Mißtrauen der Bürgerschaft gegenüber dem Rat, der in Konfliktsituationen mit den Landesherren erfahrungsgemäß zwischen den städtischen und fürstlichen Interessen zu lavieren trachtete. Auch wirtschaftlich war es in Rostock nicht zum besten bestellt. Nicht nur Stralsund, sondern auch Wismar hatten die Stadt an der Unterwarnow zeitweilig überflügelt. Spätestens seit dieser Zeit machten überdies die Unterschichten mehr als die Hälfte der Stadtbewohner aus. Die Leute aus den Buden und Kellern tauchten daher auch in der Domfehde und späteren Unruhen nicht selten als besonders radikale Akteure auf. Neue landesherrliche Zoll- und Steuerforderungen, Überfälle auf Rostocker Schiffe und die Hinrichtung eines fürstlichen Vogtes mehrten in den Jahren vor 1487 das explosive Gemisch, das in Rostock entstanden war. Als dann die Herzöge und die Bischöfe von Schwerin und Ratzeburg unter heimlicher Zustimmung von Teilen des Rostocker Rates mit der Errichtung des Kollegiatstiftes vollendete Tatsachen schaffen wollten, hatten sie – ungeachtet der Warnungen des Rates – die angestaute Unzufriedenheit offenkundig unterschätzt. Der Weihe des Kollegiatstiftes am 12. Januar 1487 folgte zwei Tage später der Ausbruch von Gewalttätigkeiten seitens der erregten und sich hintergangen fühlenden Rostocker Einwohner. Die Unruhen nahmen in der Marienkirche ihren Anfang. Ihr Hauptopfer war der gerade eingesetzte Stiftspropst Thomas Rode († 1487), der mitten auf der Straße brutal mißhandelt, getötet und liegengelassen wurde. Die Hauptquelle über die Ereignisse, die Chronik »Van der Rostocker Veide« machte die mittleren und unteren Bevölkerungsschichten für diese und andere Gewalttaten verantwortlich:

> *Wat dit vor Lude sinth gewesen, de dissenn uplope, schuchterent, morth, gripent und fangen hebben geroret und gedaen, Is tho weten dat dar nicht opper, degelike, wetene Borger mede gewesen sinn.*

Den in Rostock zu den Feierlichkeiten anläßlich der Errichtung des Kollegiatstiftes anwesenden Herzögen gelang mit Hilfe der Rostocker Bürgermeister die Flucht. Die Gemeinde erzwang unter Führung des Steinmetz Hans Runge († 1491) die Zusicherung der Straffreiheit für die Vorgänge des Tages. Das Verhältnis Rat – Gemeinde blieb aber gespannt. Im März 1487 zogen es zwei der Bürgermeister vor, die Stadt durch Flucht zu verlassen. Einer von ihnen war Bertold Kerkhof († 1499), der Vertreter der dritten von fünf Generationen Ratsherren und Bürgermeistern dieses Geschlechts, die in gewisser Weise das Erbe der mit ihnen verschwägerten Kröpelins antraten. Vom Reichtum, Einfluß und Selbstbewußtsein der Kerkhofs, die damals zeitweilig den ganzen Toitenwinkel als Pfand besaßen, zeugt noch heute die prachtvolle Giebelfassade ihres Hauses – eines unter mehreren anderen – hinter dem Rathaus.

Der erste Kerkhof im Rostocker Ratsstuhl war Bertold († um 1408), die zweite Generation verkörperte Ratsherr Roloff Kerkhof († 1459/60). Es folgten als Bürgermeister der schon genannte Bertold der Ältere und dessen gleichnamiger Sohn Bertold der Jüngere († 1556) sowie als letztes Ratsmitglied dieses Patriziergeschlechts Dr. Lambert Kerkhof († 1577).

Im August 1487 besiegten die Rostocker beide Herzöge in einem Gefecht beim Dorf Pankelow, so daß sich die Gegner der Aufständischen zu Jahresende 1487 zu einem einjährigen Waffenstillstand bequemten. Nach dessen Ab-

Sühnestein für den 1487 erschlagenen Dompropst Thomas Rode

lauf kam es erneut zur Zuspitzung der Situation in der Stadt selbst. Wie in früheren Aufständen wurden Sechziger aus der Bürgerschaft gewählt, 30 Kaufleute und 30 Handwerker. Aus dem Rat wurden einige Mitglieder entfernt. Parallel liefen Verhandlungen mit den Landesherren und den Hansestädten, in die der bekannte ehemalige Professor der Rostocker Universität Albert Krantz (1448-1517) als Syndikus einbezogen war. Als der Rostocker Rat meinte, wieder Oberwasser gegen die Aufständischen zu bekommen, provozierte er sie Ende 1489 durch Verhaftungen einiger Aktivisten des Aufstands. Noch einmal vermochten Hans Runge und seine Anhänger das Blatt zu wenden. Die Gefangenen wurden befreit und Anfang 1490 ein völlig neuer Rat gewählt. Dieser schwenkte aber im Verlaufe des Jahres auf den Weg eines Kompromisses mit dem alten Rat ein. Die Position Runges wurde mehr und mehr untergraben. Nach einem letzten Aufstandsversuch erfolgte im April 1491 die Verhaftung Runges und seiner Anhänger. Hans Runge und drei weitere Aufständische wurden hingerichtet.

Nach vier Jahren war der Aufstand von 1487 endgültig gescheitert. Nicht nur der alte Rat kehrte in die Stadt zurück, auch das Kollegiatstift wurde wieder eingerichtet und den Landesherren die Erbhuldigung geleistet. Dennoch bewahrte Rostock nach wie vor als landesherrliche Stadt einen hohen Grad an Selbständigkeit. Sie war weder im Innern noch in ihrem Verhältnis zu den Herzögen dauerhaft befriedet. Zwei Hauptgestalten der Domfehde erfuhren in der Folgezeit unterschiedliche besondere Würdigung: Dem erschlagenen Propst Thomas Rode wurde wenige Jahre nach der Fehde an seinem Todesort, Lange Straße – Ecke Badstüberstraße an einem Universitätshaus, der Regentie Zum halben Mond, später die Justizkanzlei, ein Gedenkstein errichtet. Nach dem Zweiten Weltkrieg erhielt die ehemalige Michaelis- oder Blücherstraße den Namen des 1491 hingerichteten Aufstandsführers Hans Runge.

Ernst Münch

Zwischen Reformation und Dreißigjährigem Krieg. 1523 bis 1648

Joachim Slüter und die Reformation in Rostock

Drei Jahrzehnte nach der Domfehde wurde erneut ein Gotteshaus zum Ausgangspunkt von Auseinandersetzungen in Rostock. Diesmal aber handelte es sich nicht um die reichen Pfarrkirchen St. Jakobi und St. Marien, die den Hintergrund für die dramatischen Ereignisse des Jahres 1487 abgegeben hatten, sondern um St. Petri am Alten Markt, die seit der Entwicklung zur Gesamtstadt in der Mitte des 13. Jahrhunderts nicht nur räumlich an den Stadtrand gerückt war. Dies sollte sich für das dritte Jahrzehnt des 16. Jahrhunderts gründlich ändern. Auf dem ehemaligen Kirchhof von St. Petri erinnert noch heute ein Denkmal an Joachim Slüter (um 1491-1532), mit dessen Wirken an der Petrikirche die Anfänge der Reformation in Rostock untrennbar verbunden sind. Daß es fast eines Jahrzehnts bedurfte, um der evangelischen Lehre in Rostock zum entscheidenden Durchbruch zu verhelfen, zeigt die Widerstände auf diesem Wege. Die altkirchlichen Kräfte verfügten in Rostock mit dem Rat, der Universität, dem Kollegiatstift von St. Jakobi und dem Dominikanerkloster St. Johannis über starke Positionen. Demgegenüber fehlte eine als Ausschuß organisierte Bürgerschaft im Interesse der neuen Lehre zu Beginn der reformatorischen Bewegung wie etwa in Wismar oder Stralsund. Der Widerstand der altkirchlichen Kräfte in Rostock wurde auch dadurch verstärkt, daß sie frühzeitig eine soziale Komponente der Anhängerschaft um Joachim Slüter erkannten. Im Kirchspiel St. Petri dominierten Einwohner aus den Mittel- und Unterschichten. Die Rostocker Oberschicht wohnte dort kaum, besaß dort höchstens Wirtschaftsgebäude, unter anderem Scheunen, neben ihren Wohnsitzen hauptsächlich in der Mittel- und Neustadt. Demzufolge qualifizierten die Anhänger der alten Kirche nach der Aussage des Slüter-Biographen und Rostocker Predigers Nikolaus Gryse (1534-1614) Slüters Hörer als geringes Volk ab:

Arme geringe verechtlyke luede hoeren tho S. Peter an den Slueterpredigen, de groten Ryken vorneme lude oeuerst in der Stadt, de kamen dar nicht hen, de sueth men dor nicht.

Das tat dem Zustrom in die Slüterpredigten jedoch keinen Abbruch. Im Gegenteil, Slüters bewußter Einsatz des Niederdeutschen in Predigt und im Kirchenlied verstärkte seine Wirkung nur noch. Der Kirchenraum faßte die Zuhörer nicht mehr, Slüter predigte fortan unter freiem Himmel. Landesherrlichen Rückhalt fand er bei Herzog Heinrich V., dem Friedfertigen (1479-1552), der ihn auch 1523 als Kaplan nach St. Petri gebracht hatte. Allerdings war damals bereits jener unselige Bruderzwist unter den mecklenburgischen Herzögen im Gange, der noch mehrere Generationen der Herzogshauses belasten und schädigen sollte. Heinrichs Bruder Herzog Albrecht VII., der Schöne (1488-1547), hielt es – nicht zuletzt aus politischen Überlegungen – eher mit der alten Kirche, so daß die Reformation in Mecklenburg landesweit erst 1549, zwei Jahre nach seinem Tode, eingeführt werden konnte. Von daher war es umso erstaunlicher, daß Anfang der 30er Jahre in Rostock der Rat auf die Position der neuen Lehre umschwenkte und 1531 durch eine Ordnung in Religionssachen in den vier Hauptpfarrkirchen die reformatorische Lehre für verbindlich erklärte. Offenbar erfolgte dies nicht zuletzt, um Unruhen in der Stadt – man hatte das Beispiel anderer Hansestädte vor Augen – vorzubeugen. Slüter starb bereits ein Jahr später, was dem Verdacht eines gewaltsamen Todes durch die Anhänger der alten Lehre, die »Papisten«, Nahrung gab. An der üppig wuchernden Legendenbildung um diese entscheidenden Jahre Rostocker Stadtgeschichte hatte auch der Ratssyndikus Johannes Oldendorp (um 1488-1567) entscheidenden Anteil, der eine Selbststilisierung seiner eigenen vermeintlichen Verdienste um die Reformation in Rostock vornahm. Schon ein anderer berühmter Mann vor Oldendorp, der streitbare Humanist Ulrich von Hutten (1488-1523), hatte seinen eigenen kurzen Rostock-Aufenthalt nachträglich selbst sehr überhöht dargestellt. Auf festerem Boden der Tatsachen stehen wir dagegen beim Übergang des Oldendorpschen Hauses am Mittelmarkt an den Rat im Jahre 1542. Oldendorps Frau, der nachgesagt wurde, wegen ihrer Spannungen mit dem Ratssyndikus an seinem Weggang aus Rostock nicht ganz unbeteiligt gewesen zu sein, verkaufte im genannten Jahr das Haus an den Rat. Seitdem befindet sich dort bis auf den heutigen Tag die Ratsapotheke.

· Die Ratsordnung in Religionssachen von 1531 bedeutete keineswegs die völlige Durchsetzung der Reformation in Rostock. Das betraf sowohl den

Joachim Slüter predigt vor der Petrikirche. Gemälde von Bernhard Reinhold,
1858 (Ausschnitt)

Gottesdienst in den Pfarrkirchen als auch besonders noch verbliebene Stütz-punkte der alten Kirche wie etwa die Universität und die Klöster, von denen namentlich die Nonnen des Klosters zum Heiligen Kreuz, aber auch die Kar-täuser in Marienehe sowie die Dominikaner von St. Johannis erheblichen Wi-derstand leisteten. Hingegen gingen aus dem – ebenso wie St. Petri als Aus-gangspunkt der Reformation in der Rostocker Altstadt gelegenen – Franziskanerkloster St. Katharina schon frühzeitig Wegbereiter der neuen Lehre neben und mit Slüter hervor. Der weitere Verlauf der Reformation in Rostock verband sich seit Beginn der 30er Jahre mit erneut aufflammenden innerstäd-tischen Unruhen.

Kämpfe gegen den Rat: Vierundsechziger und Sechziger

Wie ein Jahrhundert zuvor ein Krieg gegen Dänemark Unruhen in mehre-ren Hansestädten – darunter Rostock – auslöste, so auch 1534. Im Rahmen der sogenannten Grafenfehde suchte Lübeck unter dem durch Unruhen zum Bürgermeister gewordenen Jürgen Wullenwever (1494-1537) im Krieg gegen Dänemark vergeblich, die zerbrochene Monopolstellung der Hanse und ins-besondere Lübecks wiederzubeleben. Die Unruhen in Lübeck sowie die La-sten, die Rostock und Wismar für den Krieg trugen, führten auch in der Warnowstadt zur Bildung eines Bürgerausschusses, der am 14. Juni 1534 vom Rat anerkannt werden mußte. Bewußt wurde an die Bewegung von 1427 und den Bürgerbrief von 1428 angeknüpft. Die Tradition des damaligen Sechziger-ausschusses lebte nunmehr in den Vierundsechzigern wieder auf, die sich – wie damals – zur einen Hälfte aus Kaufleuten, insbesondere aus Brauherren, und zur anderen Hälfte aus Handwerkern zusammensetzten. Hauptsächlich entstammten die Ausschußmitglieder daher aus der Mittel- und sogar der Ober-schicht, die Unterschichten waren hingegen nicht repräsentiert. Es bedeutete also eine maßlose Übertreibung, wenn der 1534 abgesetzte Bürgermeister Bernd Murmann († nach 1534) kritisierte, daß Schuhmacher und Schmiede das Regi-ment haben wollten. Entsprechend fielen auch die Forderungen des Ausschus-ses aus, der die Exklusivität der ratsfähigen und ratsverwandten Familien auf-brechen wollte. Beharrt wurde auch auf eine konsequente Weiterführung der Reformation, besonders hinsichtlich der Klöster, der Bürgerpflichten der Geistlichen und des Kirchengutes. Sechzehn Älteste – neun Kaufleute oder Brauherren und sieben Handwerker – bildeten ihrerseits ein Repräsentativ-organ der Vierundsechziger. Diese sechzehn Ältesten sollten später ihre Fort-

setzung in den Sechzehnern als engerem Ausschuß des Hundertmännerkollegiums Ende des 16. Jahrhunderts finden. Neben den Vierundsechzigern
bildete die Gemeinde noch einen Ausschuß von zwölf Personen zur Vertretung der Interessen gegenüber Rat und Vierundsechzigern. Wurde daraus schon
ersichtlich, daß die Interessen von Gemeinde und Vierundsechzigern nicht
unbedingt deckungsgleich waren, so sank der Stern der letzteren noch rascher,
als 1535 der Krieg gegen Dänemark unglücklich endete und in Lübeck der alte
Rat wieder eingesetzt wurde. Ein Jahr später kehrte man auch in Rostock zu
den alten Verhältnissen zurück, ohne daß der Rat auf nennenswerten Widerstand stieß. Doch der Rat war damit der Bürgerausschüsse nicht ein für allemal Herr geworden. Nach der Mitte des 16. Jahrhunderts kam es zu neuerli-
chen schweren Auseinandersetzungen zwischen Rat und bürgerlicher Opposition. Indirekt hingen auch sie noch mit der Grafenfehde zusammen, in die
sich der mecklenburgische Herzog Albrecht VII., der Schöne, eingeschaltet
hatte, um – wie seine Namensvetter und Vorfahren im 14. Jahrhundert – nach
den Kronen oder doch einer Krone Skandinaviens zu greifen. Das katastrophale Scheitern dieser Pläne hinterließ seinen Söhnen, den Herzögen Johann
Albrecht I. (1525-1576) und Ulrich III. (1527-1603), einen riesigen Schulden-
berg. Dessen Abbau wurde zu einem Machtkampf zwischen Landesherrschaft
und Landständen, die seit der in Rostock 1523 geschlossenen Landständischen
Union den Herzögen selbstbewußt gegenübertraten und für finanzielle Bei-
hilfen die Bestätigung und den Ausbau ihrer Privilegien forderten. Nicht anders verhielt sich auch Rostock als wichtiger Teil der Landstände mit einem
gewissen Sonderstatus als auch finanziell bedeutender Faktor des gesamten
Landes. Die Atmosphäre besonders zwischen Herzog Johann Albrecht und
Rostock wurde allmählich ähnlich vergiftet wie zu Zeiten von Herzog Magnus
II. in der Domfehde. Schon in seinen ersten Regierungsjahren mußte Johann
Albrecht 1549 erleben, wie der Rostocker Rat den Straßenräuber und vermut-
lichen Mörder Vollrat von der Lühe († 1549) kurzerhand vor den Augen der
herzoglichen Abgesandten hinrichten ließ, obwohl die Herzöge seine Über-
stellung an ihr Gericht gefordert hatten, da von der Lühe sich bei seiner Verhaftung in Roggentin durch Rostocker Bewaffnete auf herzoglichem Grund
und Boden befand. Auch die Solidarität in den Landständen zwischen Rostock und der Ritterschaft war durch diese Hinrichtung zeitweilig gestört worden. Ein Loblied der adligen Partei auf von der Lühe endete mit einer unver-
hohlenen Drohung an Rostock:

Was wolenn wir aber Singenn
und sagen zu dieser frist,
von einem erlichen gesellen
der neulich gestorbenn isth.
Er war von erlichen Dathenn,
von geschlecht Edell gebornn,
Er denet Landt vnd Leutenn,
Daß thet den vonn Rostockh Zornn.

Wiewoll der stadth von Rostock
zeige ich nicht sonderlich darahnn.
aber Ire bosenn rete
habenn solchs darinnen gethann
Seinen todt, den wolln wir rechenn
vnd sagenn nicht mehr dauon
haben wir nicht zu reiten,
zu fuße mussen wir gehen.

Die Rostocker blieben der adligen Partei in dieser Frage nichts schuldig und konterten ebenfalls mit Liedern, in denen sie Vollrat von der Lühe in den schwärzesten Farben zeichneten und ihr Vorgehen gegen ihn rechtfertigten. Eines dieser Lieder begann folgendermaßen:

Wyll gy horen eynn Niy Lidt,
wo yt ynn megkelburgk yß vth gericht,
mitt morden vnd mett rouen,
den kopman deden se gripen ahn,
Im frede vnd ock Im gelouen.

De Adel hedde eynn vorbundt vpgericht
dorch Schelme vnd velle bosewicht,
tho hape haden se sick geschwaren,
jegenn fursten beuel vnde verpott,
den kopman nicht tho sparen.

Vollart von der Lue waß eyn dar manck,
sampt syner selschafft woll bekandt,
datt spiel thet he regieren,
tho beschedigen so mangen fromen Mann,
Ann liff vnd ock an Ehren.

Johann Albrecht, als hochgebildeter Renaissancefürst sehr um »seine« Universität, das Kleinod des Landes in seinen Augen, besorgt, ärgerte sich des weiteren über die Bevormundung der Rostocker Hohen Schule durch den Rostocker Rat. Letzterer geriet in eine mißliche Lage, da er einerseits die finanzielle Hilfe für den Landesherrn kaum generell ablehnen konnte, andererseits aber angesichts der Höhe der geforderten Summe, 80000 Gulden, zu Recht Schwierigkeiten mit der Bürgerschaft bei der Aufbringung einer solchen Summe auf sich zukommen sah. Das bekamen sogleich Bürgermeister Peter Brümmer († 1561) und Ratsherr Joachim Voß († nach 1558) zu spüren, die die ihenen vorgeworfene, von ihnen selbst allerdings abgestrittene Zusage dieser Zahlung der Landesherrschaft gegenüber das Amt kostete. Da die Gemeinde nicht zu umgehen war, installierte der Rat 1560 zunächst einen Sechzehnerausschuß mit von ihm ausgewählten Mitgliedern. Als der Rat aber den Vorschlag der Bürgerschaft ablehnte, den Hundertsten Pfennig als Finanzierungsquelle zu erheben, also eine Vermögenssteuer, die die Reichsten stärker belastet hätte als die vom Rat vorgeschlagene Steuer auf Nahrungsmittel, Bier und Agrarprodukte, setzte die Gemeinde 1561 erneut einen Sechzigerausschuß ein. 1562 trotzten diese Sechziger dem Rat einen Bürgerbrief ab. Die Sechziger wurden im selben Jahr dem Rat als gleichberechtigt zur Seite gestellt. Für drei Jahre, bis 1565, existierte sozusagen eine Art Doppelherrschaft in der Stadt. Der Rat klagte immer wieder darüber, daß es der Stadt sehr schade, wenn es nicht nur ein Regiment, eine Herrschaft, gäbe. Die Sechziger warteten demgegenüber mit dem auch in den innerstädtischen Bewegungen zuvor und danach wiederholt artikulierten Grundsatz auf, daß die Gemeinde mehr als der Rat und letzterer nur deren Organ sei. Der Rat suchte seinen Rückhalt bei Herzog Johann Albrecht I. und den Hansestädten. Die Sechziger ihrerseits fanden Unterstützung beim Herzogsbruder Ulrich III., der seinem Bruder Johann Albrecht schon 1555 eine Quasiteilung des Landes abgerungen hatte und tunlichst darauf bedacht war, zumindest ein Gleichgewicht zwischen beiden Landesherren zu bewahren. Öl ins Feuer gossen Cliquenkämpfe innerhalb der Rostocker Oberschicht. So kam es 1563 zu erheblichen Konfrontationen, in deren Verlauf mißliebige Ratsmitglieder oder gar der gesamte Rat kurzerhand unter Hausarrest beziehungsweise tageweise gefangengesetzt wurden. Paradoxerweise gelang es den sonst von Herzog Johann Albrecht so gehaßten Sechzigern auf diesem Wege, den Rat am 11. Mai 1563 zur Unterzeichnung der »Formula concordiae«, der Neuregelung der Zuständigkeit für die Universität zwischen Landesherrschaft und Stadt, zu bewegen. Als der Rat im August 1563 die Ungeschicklichkeit beging, einen der führenden

Sechziger zu verhaften, kam es zu dessen gewaltsamer Befreiung und zu Übergriffen auf Gebäude von zwei der reichsten Rostocker Bürger. Da der Rat der Sechziger allein nicht Herr zu werden vermochte, spielte er 1564/56 Herzog Johann Albrecht mehr und mehr in die Hände und sah stillschweigend einer militärischen Lösung des Konflikts entgegen. Die Bürgerschaft vermutete die beiden Brüder Lorenz (1528-1580) und Lambert Kerkhof als Verbindungsmänner zwischen Rat und Herzog. Besonders Lorenz Kerkhof, berühmter Jurist und mehrfacher Rektor der Universität, war als einer der letzten Vertreter des letzten bedeutenden Rostocker Patriziergeschlechts eine schillernde Gestalt. Beide Kerkhofs galten der Bürgerschaft wohl nicht zu Unrecht als Stadtverräter. Ein Spottlied von ca. 1566 goß ätzenden Spott über sie und die von ihnen hintergangenen Rostocker aus:

Will gy hören ein nyes gedicht,
wo id to Rostock is utgericht
van wunderliken dingen:
dat de van Rostock solke apen sint,
mot man en wol ton ehren singen.

De forste dachte in sinem mot,
disse sake schal wol werden gout,
dar mot Unser Gnaden na dingen.
Dar Unser Gnaden so lange na gewest
dat schal uns nu gelingen.

Karckhoff is ein gelerder man,
de vor eine schelmerye wol reden kan,
den dot man nicht vernichten.
Dede land und stat verraden wil,
dat dede he sik verplichten.

Don Karckhoff wedder to Rostock quam,
wo balde de rath dat vernam,
se togen em entiegen in dat feld.
Wat em de börger hadden tho lede gedan,
dat scholden se don entgelden.

De rath makede einen anslag drade,
darmede wolden se de stat Rostock verraden,

und wolden dem forsten de stat upgeven.
Se wolden alle börger to dode slan
Unde nemand darinne laten leven.

Die Bürgerschaft, von Herzog Ulrich mehrfach vor seinem Bruder gewarnt, setzte sich in Verteidigungsbereitschaft. Im Oktober 1565 zog Herzog Johann Albrecht vor Rostock bewaffnete Kräfte zusammen. Bevor es zu größeren Kampfhandlungen kam, gelang es der Ratspartei und namentlich dem Pastor von St. Jakobi und Theologieprofessor Simon Pauli d.Ä. (1534-1591), die Gemeinde zum Nachgeben zu überreden. Der Chronist Dietrich vam Lohe († 1590) kommentierte:

Wowol he it nicht arch mend, overst he word bedragen sowol alse de ganz gemene. Wi hebbens erfaren leider mit grotem schaden disser guden stadt.

(Obwohl er es nicht arg meinte, aber er ward betrogen sowohl wie die ganze Gemeinde. Wir haben es leider dieser guten Stadt mit großem Schaden erfahren.)

Am 28. Oktober 1565 hielt Herzog Johann Albrecht seinen Einzug in Rostock. Von Zusicherungen an die Bürger war nun keine Rede mehr. Es wurden der Bürgerbrief vernichtet, die Sechziger aufgelöst, der Rat in seine Rechte unter der Herrschaft des Herzogs wieder eingesetzt. Aber die Rostocker Ratsherren waren betrogene Betrüger. Anfang 1566 zog auch Herzog Ulrich in Rostock ein und einigte sich mit seinem Bruder über das Vorgehen gegen die Stadt. Als Ausdruck ihres Sieges begannen sie den Abriß des Steintors und der südlichen Stadtmauer sowie den Bau einer Festung vor der Stadt. Nun regte sich auch im Rat deutlicher Widerstand gegen die Landesherren. Der Konflikt schwelte noch jahrelang, bis er in den Erbverträgen von 1573 und 1584 eine Lösung erfuhr, mit der beide Teile – Landesherrschaft und Stadt – einigermaßen leben konnten.

Neuordnung der Universität 1563

Mit großem Ungestüm hatte sich der junge Herzog Johann Albrecht I. nach dem Tod seines altgläubigen Vaters, Albrechts VII., der Durchsetzung der lutherischen Lehre in Mecklenburg angenommen. Bereits zwei Jahre nach seinem Regierungsantritt wurde auf dem Sternberger Landtag im Juni 1549 durch Landesherren und Landstände für Mecklenburg das Bekenntnis zur Reformation beschlossen. Mit teilweise brutaler Gewalt ging Johann Albrecht dann gegen die letzten Stützpfeiler der alten Lehre, die Klöster, vor. 1552 wurden die meisten Klöster Mecklenburgs aufgelöst. Bei Rostock ließ der Herzog mit bewaffneten Kräften das Kartäuserkloster Marienehe aufheben. Heftigen Widerstand leisteten in Rostock selbst die Nonnen des Klosters zum Heiligen Kreuz der gewaltsamen Einführung der Reformation, die sich dort noch jahrelang hinziehen sollte. Schließlich wurde das Kloster zum Damenstift hauptsächlich für Töchter der städtebürgerlichen Oberschicht ähnlich wie die Klöster Malchow, Dobbertin und Ribnitz, die als Landklöster 1572 den Landständen übergeben wurden und primär für Töchter der mecklenburgischen Ritterschaft reserviert waren. Besondere Aufmerksamkeit schenkte der hochgebildete Herzog Johann Albrecht der Universität. Sie hatte nach einem Höhepunkt unter den Einflüssen des Humanismus zu Beginn des 16. Jahrhunderts infolge der Gründung der Universität Wittenberg 1502 in Verbindung mit dem Wirken Martin Luthers (1483-1546) rasch an Bedeutung verloren. Das war nicht zuletzt an der rapide abnehmenden Studentenzahl ablesbar. Mit der Reformation in Mecklenburg verbanden sich Bemühungen, die Krise der Rostocker Universität zu überwinden. Unter Mitwirkung Philipp Melanchthons (1497-1560) kamen seit der Jahrhundertmitte wieder bedeutende Gelehrte nach Rostock. Obwohl bereits mit Konrad Pegel (1487-1567) und Arnold Burenius (1485-1566) Luther- und Melanchthonschüler in der Warnowstadt wirkten, stellte 1551 die Berufung von David Chytraeus (1531-1600) die eigentliche Zäsur in der qualitativen Erneuerung des Lehrkörpers dar. Probleme bestanden aber noch hinsichtlich der materiellen Bedingungen sowie der Stellung der Universität zwischen Landesherrschaft und Stadt. Auf einem Höhepunkt der innerstädtischen Auseinandersetzungen zwischen Rat und Sechzigern verstand man sich am 11. Mai 1563 – der Rat war gerade aus dem Gewahrsam der Sechziger in seiner eigenen Schreiberei gegenüber der Marienkirche entlassen worden – zum Abschluß eines Kompromisses, der Formula concordiae, der Urkunde über die Herstellung der Eintracht zwischen Landesherrschaft und Stadt bezüglich der Universität. Bis dahin hatte es ein Gerangel um die Zuständigkeiten gegeben, in denen unter anderem die Frage nach den eigentlichen Gründern der Universität eine Rolle spielte. Mit der Bestätigung der Rechte und Privilegien der Universität durch Kaiser Ferdinand I. (1503-1564) vom 18. August 1560 drohte sich die Waage gegen die Stadt zu neigen, die deshalb die kaiserliche Bestätigung auch als erschlichen attackierte. Die Formula concordiae gestand der Stadt nun neben den Herzögen ein Kompatronat über die Universität zu, was neben dem Recht der Mitzuständigkeit die Pflicht zur

Mitfinanzierung und -ausstattung der Universität einschloß. Die Teilung der Zuständigkeit zwischen Herzögen und Stadt beinhaltete auch eine Teilung des Lehrkörpers in herzogliche und rätliche Professoren. Die Herzöge konnten zur Finanzierung Einkünfte unter anderem aus den aufgehobenen Klöstern Doberan und Marienehe und deren umfänglichen Grundbesitz nutzen. Auch bezüglich der Baulichkeiten für die Universität in den Mauern Rostocks griff man auf ehemals geistlichen Grundbesitz zurück. Schon lange wurden durch die Universität mehr Gebäude genutzt als das Große und das Kleine Kollegien-gebäude am Hopfenmarkt und am Alten Markt aus den Anfängen nach 1419. Das Große Kollegium am Hopfenmarkt auf dem Platz des heutigen Universitätshauptgebäudes, nach seinem Wiederaufbau 1566/67 im Anschluß an einen Brand auch als Weißes Kolleg bezeichnet, diente als Philosophisches Kolleg. Das Kleine Kollegium am Alten Markt, wohl das ehemalige Rathaus der Altstadt, nutzte die Juristische Fakultät. Das Rathaus der Neustadt, im Unterschied zu den Rathäusern der Alt- und Mittelstadt mitten auf dem Markt-platz stehend, war das Große Auditorium oder Lektorium der Universität. Der Marktplatz der Neustadt, der Hopfenmarkt, trug auch die Bezeichnung Lateinischer Markt, denn neben den beiden genannten Gebäuden befanden

Der Hopfenmarkt zu Rostock im Jahre 1585, rechts: das Auditorium Magnum der Universität (Rekonstruktion nach Vicke Schorler aus dem 19. Jahrhundert)

sich dort noch weitere Gebäude in Nutzung der Universität. Am berühmtesten wurden die fünf Regentien an der Südseite des Marktes – Häuser, die unter der Leitung von Professoren standen und Unterrichts- und Wohnräume auch für Studenten aufwiesen. Nach ihrem Bildschmuck über den Hauseingängen bzw. nach ihrer Bestimmung hießen sie – von Ost nach West – Roter Löwe, Einhorn, Haus des ersten Theologen, Neues Haus und Adlersburg. Diese für die Universitätsgeschichte so überaus bedeutenden Gebäude mußten später den herzoglichen Palaisbauten weichen. Nur ein Adler über dem Eingang eines dieser neuen Gebäude erinnert noch an die Adlersburg. Nördlich neben dem Weißen Kolleg wohnte der Universitätsbuchdrucker. Um die Ecke zur Kröpeliner Straße gab es noch ein Haus der Artistenfakultät sowie die St.-Olafs-Burse, in der – entsprechend dem Namen des norwegischen Nationalheiligen – hauptsächlich Studenten aus Skandinavien ihr Domizil hatten. Auf der anderen Seite in der danach später so genannten Pädagogienstraße befand sich gegenüber dem Chor der Jakobikirche die Regentie Himmelspforte oder einfach das Pädagogium genannt. Allerdings geriet es bereits in den Jahren nach 1563 rasch in Verfall. Das Haus der medizinischen Fakultät auf der Ostseite der Breiten Straße hatte vorher den Marieneher Kartäusern gehört. Von der Regentie Halber Mond an der Ecke Badstüberstraße – Lange Straße war schon im Zusammenhang mit dem Tod des Propstes Thomas Rode in der Domfehde die Rede. In der Altschmiedestraße nahe dem Alten Markt hatte die juristische Fakultät außer dem dortigen Kleinen Kollegium noch ein weiteres Gebäude. Ebenfalls die Gebäude des St.-Johannis-Klosters sowie der Michaelisbrüder wurden zumindest zeitweilig von der Universität genutzt. Hier zeigte man wenig Pietät im Umgang mit den ehemaligen geistlichen Einrichtungen. Das Johanniskloster fiel teilweise dem Abriß für den Aufbau der Festung vor Rostock durch die Herzöge genauso zum Opfer wie das Kartäuserkloster Marienehe, das Steintor, Teile der Stadtmauer und die Wohnungen der sogenannten losen Weiber auf dem möglicherweise wegen dieser Bewohnerinnen so genannten Rammelsberg zwischen Steintor, Lagebuschturm, der auch den bezeichnenden Namen Huren- oder Jungfrauenturm trug, und Kuhtor. Im Michaelis- oder Fraterkloster – immerhin einem der Geburtsorte des Buchdrucks in Mecklenburg Ende des 15. Jahrhunderts – wurde neben der Nutzung durch die Universität Korn aufgeschüttet und Getreide gedroschen, was der Hohen Schule nicht nur wegen der damit verbundenen Mäuseplage ein Dorn im Auge war. So blieben zwar auch nach der Übereinkunft in der Formula concordiae größere und kleinere Streitigkeiten zwischen Stadt und Universität auf der Tagesordnung, insgesamt aber war für einen erneuten Auf-

schwung der Universität auch materiell der Boden bereitet. Die Studenten-
zahlen wuchsen bis zur Mitte des 17. Jahrhunderts stetig an. Zu den vielen
Skandinaviern unter ihnen zählte auch der berühmte Astronom Tycho de Brahe
(1546-1601), der in Rostock bei einem der nicht ganz seltenen studentischen
Händel seine Nasenspitze einbüßte. Angesehene Rostocker Professoren kamen neben Wittenberg besonders aus den Niederlanden und verliehen der
Universität eine weitreichende Ausstrahlung. Das Dreigestirn der Theologen
David Chytraeus, Simon Pauli d.Ä. und Lucas Bacmeister d.Ä. begründete
den Ruf Rostocks als Wittenberg des Nordens, das Einfluß nahm auf die
Ausgestaltung des Protestantismus weit über Norddeutschland hinaus. Allerdings verband sich damit auch eine unnachsichtige Bekämpfung der von Luther abweichenden Strömungen des Protestantismus, insbesondere des Kalvinismus. Das bekam als namhaftes Opfer der Chytraeus-Bruder Nathan (1543-
1598) zu spüren, der ungeachtet der Vermittlungsversuche durch seinen Bruder David Rostock verlassen mußte und nach Bremen ging. An der Philosophischen Fakultät ragte neben Nathan Chytraeus – der 1580 auch die Große
Stadtschule im ehemaligen Johanniskloster gründete – besonders Johann
Caselius (1533-1613) als bekannter Philologe heraus. Berühmte Medizinprofessoren lehrten in Rostock, wie etwa Jacob Bording d.Ä. (1511-1560) und
Heinrich Brucaeus (1530-1593). Schillernder waren die Persönlichkeiten der
Juristischen Fakultät. Zum Teil international hoch geachtet, trugen sie in den
Augen der Rostocker Bürger eher zu den Spannungen zwischen Universität
und Stadt, Landesherrschaft und Stadt sowie Rat und Gemeinde bei, weil sie –
als Kanzler, Berater, Räte, Syndici – eng mit der Landesherrschaft beziehungsweise dem Rostocker Rat verbunden waren, teilweise der städtischen Oberschicht selbst entstammten und zu den reichsten Leuten in Rostock zählten.
Zu nennen sind Lorenz Kerkhof, Matthäus Röseler (um 1527-1569), Lorenz
Pancklow († 1590), Michael Grassus (1541-1595), Jacob Bording d.J. (1547-
1616) und Ernst Cothmann (1557-1624). Sie waren auch mit einem der dun-
kelsten Kapitel der frühneuzeitlichen Gerichtsbarkeit verbunden, den Hexenprozessen. Allein in den Jahren 1583 bis 1587 endeten in Rostock 22 Frauen
auf dem Scheiterhaufen. Eine rühmliche Ausnahme bildete diesbezüglich der
Rostocker Professor und Jurist Johann Georg Godelmann (1559-1611), der
zumindest ein maßvolles Vorgehen in der Hexenverfolgung anmahnte.

Triumph der Herzöge: Die Erbverträge von 1573 und 1584

Der bewaffnete Einzug der Herzöge 1565 und 1566 sowie der demütigende Abriß von Steintor und Stadtmauer hatten die Selbständigkeitsbestrebungen Rostocks nicht brechen können. Im Gegenteil, selbst die Ratspartei, bis dahin mit Herzog Johann Albrecht I. gemeinsame Sache gegen die Sechziger machend, fürchtete nun um die städtischen und damit in erster Linie um ihre Privilegien. Auch die Verhaftung von Ratsherren durch die Landesherrschaft beeindruckte nicht sonderlich. Kaiser Maximilian II. (1527-1576) bot den Rostocker Klagen einen gewissen Rückhalt. Zum Dank zierte sein Konterfei demonstrativ den sogenannten Kaiser-, später Fürstensaal im Rostocker Rathaus.

Zwischenzeitlich hielt noch die Aufdeckung der Urkundenfälschungen des in Rostock wohnenden und wirkenden Notars Wilhelm Ulenoge († 1572) die Landesherren und die Stadt in Atem. Unter den Augen des Rostocker Rates hatte Ulenoge seit Jahren in immer steigender Zahl Urkunden im Interesse vieler alter Familien des mecklenburgischen Adels gefälscht, hauptsächlich für den Toitenwinkler Zweig der Familie Moltke, der Ulenoge auch zur erst im letzten Moment mißglückten Flucht aus Mecklenburg verhalf. Ulenoge wurde 1572 auf dem Güstrower Marktplatz hingerichtet, seine Gönnerin und vermutliche Auftraggeberin, die Witwe des 1564 von seinem eigenen Müller erschlagenen Toitenwinkler Gutsherrn Carin Moltke (um 1520-1564), Katharina Halberstadt (um 1520-1600), zeitweilig des Landes verwiesen. Ein Jahr später gelang den Herzögen dann auch die vorläufige Brechung des Rostocker Widerstandes gegen die landesherrlichen Ansprüche. Bezeichnenderweise mußten die Herzöge wieder einmal erst zu dem wirksamsten Mittel gegen Rostock greifen, der Sperrung des Ostseezuganges bei Warnemünde und der Behinderung der Schiffahrt, diesmal durch den dänischen König. Am 21. September 1573 bequemte sich die aufsässige Stadt in einem Erbvertrag zur Anerkennung der landesherrlichen Oberhoheit über Rostock. Insbesondere auf den Gebieten der Gerichtsbarkeit und der Steuerzahlung wurde Rostock als landesherrliche Stadt der herzoglichen Herrschaft unterstellt und eingegliedert. Dennoch bewahrte der Rat der Stadt – ähnlich wie die aufstrebende Ritterschaft im Rahmen der Landstände – erhebliche Befugnisse gegenüber den Bürgern und Einwohnern. Die Inschrift am 1576 wiederaufgebauten Steintor beschwor Eintracht und öffentliches Wohlergehen als wichtige Grundsätze für den angestrebten erneuten städtischen Aufschwung. Nach dem Tode von Herzog Johann Albrecht im selben Jahr, dem bis dahin ärgsten Gegner der

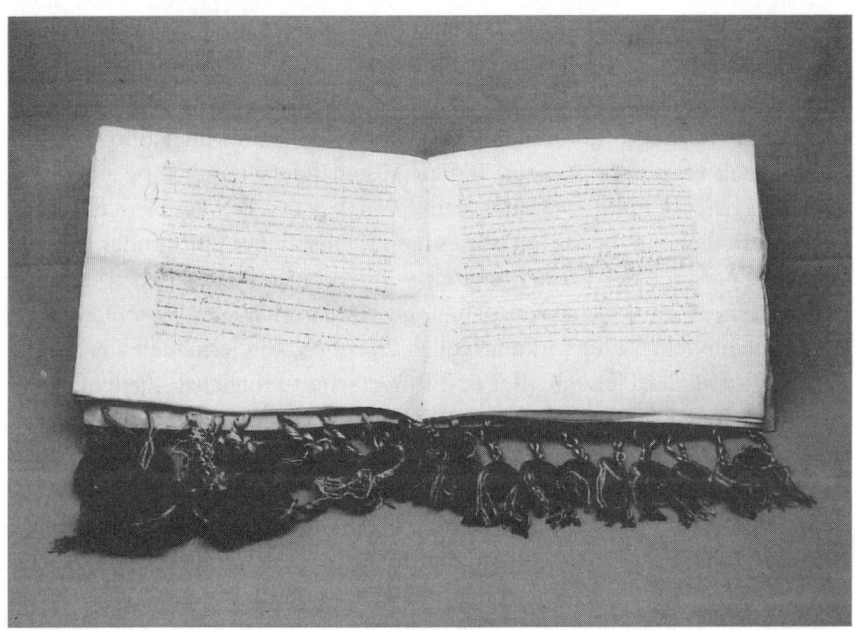

Erbvertrag zwischen Johann Albrecht I. und Ulrich III. von Mecklenburg mit der Stadt Rostock, 21. September 1573

städtischen Unabhängigkeit Rostocks, wiederholte sich bis 1584 das Ringen zwischen der Stadt und dem Landesherrn nochmals in Gestalt von Herzog Ulrich III. Wiederum mußte die Stadt vor dem Hintergrund einer Blockade ihres Seehandels durch die mit den mecklenburgischen Herzögen familiär eng verbundene dänische Krone ihren Widerstand aufgeben. Ergebnis waren nicht nur der Abschluß eines zweiten Erbvertrages 1584, sondern auch die dauerhafte Installierung des Hundertmännerkollegiums an der Jahreswende 1583/84.

Die Entstehung des Hundertmännerkollegiums

Neben der Formula concordiae von 1563 und den Erbverträgen von 1573 und 1584 war die Installierung des Hundertmännerkollegiums 1583/84 der wichtigste Baustein für eine prinzipielle Befriedung und Klärung der politischen und Verfassungsverhältnisse in der Stadt, in der Beziehung zur

Landesherrschaft und Universität. Diese Beendigung der – mit Unterbrechungen – seit Jahrhunderten in Rostock immer wieder offen ausgetragenen Konflikte sollte lange Zeit andauern. Sie bot die Grundlage für einen erneuten wirtschaftlichen und kulturellen Aufschwung, der dann eher durch äußere Einflüsse als etwa durch erneute innere Auseinandersetzungen beendet wurde. Ungeachtet der immer wieder niedergeschlagenen Bewegungen der Rostocker antirätlichen Opposition war es dem Rat nach drei Jahrhunderten nicht gelungen, die Idee der Einrichtung eines Bürgerausschusses neben dem Rat und zu seiner Kontrolle auszulöschen. Dies ergab sich allerdings nicht allein aus den zahlreichen und wirkungsvollen Unruhen, sondern auch aus der bewußten Politik der Herzöge, Rat und Bürgerschaft möglichst – jedenfalls bis zu einem gewissen Grade – gegeneinander auszuspielen. Daher fielen bezeichnenderweise der Abschluß des Erbvertrages 1584 und die endgültige Einsetzung des Hundertmännerkollegiums – Ansätze hierzu gab es spätestens seit den 60er und 70er Jahren des 16. Jahrhunderts – nicht nur zeitlich zusammen. War das Verhältnis von Rat und Hundertmännern in der Folgezeit erwartungsgemäß auch nie völlig frei von Spannungen, so hatte der Rostocker Stadtchronist Peter Lindeberg doch recht, wenn er meinte, daß in Rostock am Ende des 16. Jahrhunderts das Verhältnis zwischen »Aristocratia« und »Democratia«, also zwischen Rat und Gemeinde, ausgeglichen sei. Die Grundlage dafür bot das Fehlen einer krassen sozialen Kluft zwischen Ratsmitgliedern und Hundertmännern. Solange Bürgerausschüsse in Rostock in Erscheinung getreten waren, setzten sie sich stets aus Vertretern der Mittel- und Oberschichten zusammen und unterschieden sich daher teilweise nur graduell – hinsichtlich der Nichtratsfähigkeit von Handwerkern – von den Ratsverwandten. Die Bewohner der Buden oder gar der Keller nahmen zwar teil an den antirätlichen Unruhen und Aufständen, gelangten aber nicht in die Bürgerausschüsse der Sechziger, Vierundsechziger und schließlich der Hundertmänner. In der sozialen Zusammensetzung des Kollegiums der letzteren verschob sich das Gewicht sogar noch weiter zugunsten der Oberschichten. Waren bis dahin die Bürgerausschüsse zumeist jeweils zur Hälfte mit Kaufleuten und Handwerkern besetzt, so gehörten zum Hundertmännerkollegium nur 40 Handwerker, insbesondere Vertreter der sogenannten großen Gewerke der Schuster, Schmiede, Bäcker und Wollenweber. 60 Mitglieder des Kollegiums hingegen stellten die Brauherren – der damalige Begriff Brauer entsprach ihrer tatsächlichen Stellung im Brauwesen kaum – und Kaufleute, wobei – dem damaligen Stellenwert des Brauwesens in Rostock entsprechend – die Brauherren, die ja auch Kaufleute waren, 40 der Hundertmänner ausmachten. Die Handwerker unter den Hundertmännern rekrutierten sich aus den angesehensten, erfahrensten und reichsten Mitgliedern ihrer Ämter, oft waren sie Alterleute. Letztere wurden – ebenso wie die Hundertmänner und die Ratsherren – auf Lebenszeit eingesetzt. Die Brauherren und Kaufleute unter den Hundertmännern wurden später nicht selten selbst Ratsherren. Daß Rat und Hundertmännerkollegium durch keine tiefe Kluft getrennt waren, zeigte auch ihre Wohnsituation in der Stadt. Die meisten Ratsherren und Hundertmänner wohnten in Giebelhäusern der Mittelstadt. Es gab regelrechte »Nester« benachbarter Wohnhäuser von Ratsmitgliedern und Hundertmännern. Die Einteilung der Hundertmänner in vier Quartiere mit jeweils 25 Mitgliedern, nämlich zehn Brauherren, fünf Kaufleuten und zehn Handwerkern, entsprach daher keineswegs einer räumlichen Untergliederung, etwa bezogen auf die vier Pfarrbezirke von St. Marien, St. Jakobi, St. Nikolai und St. Petri. Als sozusagen engerer Ausschuß der Hundertmänner wurden Ende des 16. Jahrhunderts die Sechzehner eingeführt, wiederum mit der charakteristischen Zusammensetzung von je zwei Brauherren, einem Kaufmann und einem Handwerker aus jedem Quartier der Hundertmänner. War dies offenbar gedacht, um ein effektiveres Zusammenwirken von Rat und Hundertmännern zu gewährleisten, so wurde dies nur bedingt erreicht. Die Geschichte des Verhältnisses von Rat und Hundertmännern war ebensowenig frei von kleineren und größeren Streitigkeiten wie innerhalb beider Gremien selbst. Ein beliebtes und die Nerven des Rates arg strapazierendes Mittel der Verzögerung von Ratsbeschlüssen stellte das Nichterscheinen eines großen Teils der Hundertmänner über Tage und mitunter Wochen hinweg dar, so daß eine Stellungnahme ihres Kollegiums oft längere Zeit nicht zu erlangen war. Dadurch geriet der Rat gerade in Fragen, die eigentlich keinen Aufschub duldeten, mitunter in eine schwierige Situation. Doch erschöpfte sich die Tätigkeit des Hundertmännerkollegiums nicht in einem derartigen destruktiven Verhalten. Es trug insgesamt dazu bei, daß das innerstädtische Herrschaftsgefüge auf eine breitere Basis gestellt wurde und daher auf Probleme, Konflikte und Spannungen im städtischen Leben rascher aufmerksam werden konnte als eine reine Ratsherrschaft. Die damals seit einem Jahrhundert immer wiederholten Auseinandersetzungen zwischen Rat und Bürgerschaft reflektierten auch einzelne Zeitgenossen am Beispiel ihrer eigenen Familiengeschichte. So versuchte der Rostocker Professor Hinrich Warenius († 1582) an seinem Lebensabend seiner Bitte an den Rostocker Rat um Verbesserung seiner Besoldung dadurch Nachdruck zu verleihen, indem er auf den Schaden verwies, der seiner Eltern- und Großelterngeneration durch die Unruhen in Rostock zugefügt worden war. Die Aufständischen in der Domfehde hätten seinem Großvater, dem Ratsherrn Hermann von Waren († 1497), nach dem Leben getrachtet und ihn zeitweilig inhaftiert. Zahlungen, die jener für die Stadt an Herzog Magnus II. leistete, wären ihm nie erstattet worden. Auch Warenius' „Eltervater", Ratsherr Heinrich Mulsche († 1505) sei in der Zeit der Domfehde vertrieben worden und konnte erst nach etlichen Jahren samt Frau und Kindern aus dem „Elend" zurückkehren. Für den Tod seines Vaters schließlich, des Bürgermeisters Heinrich Waren († um 1535), machte der gleichnamige Sohn und Professor die „Plage" durch die Aufständischen 1534 verantwortlich.

Regulierung des städtischen Lebens – die Rostocker Polizeiordnung von 1576

Im Gefolge des Erbvertrages von 1573 erschien 1576 eine neue Polizeiordnung Rostocks im Druck, die eine frühere Ordnung aus dem Jahre 1538 ablöste. Den Anfang bildeten allgemeine Grundsätze des ordentlichen christlichen Familienlebens. Die Ordnung ließ hierbei erkennen, daß es diesbezüglich nicht überall zum Besten bestellt war. Kritisiert wurden unter anderem der Alkoholausschank und -konsum in der Zeit der Predigt, die Verunreinigung der Kirchhöfe durch zahlreiche von den Rostockern gehaltene Schweine, das Anwachsen der Hurerei und viele Einbrüche in Häuser, Buden und Keller. Hochzeits- und Kleiderordnungen legten auch als Bestandteile der Polizeiordnung eine dreifache Gliederung der Rostocker Bürger in einen vornehmen, einen mittleren und einen niederen Stand zugrunde. Zum ersten, dem vornehmen Stand zählten Bürgermeister, Ratsherren und -sekretäre, die alten Patriziergeschlechter, Brauherren, Kaufleute, Gewandschneider und vornehme Gastgeber. Dieser Stand war nochmals unterteilt: Die exklusive Oberschicht bildeten nur die Bürgermeister, Ratsherren und »Geschlechter«. Ihnen allein standen der Marderpelz und Samtbesatz zu. Die übrigen vornehmen Standesangehörigen sollten sich mit Wolfs- und Fuchspelzen begnügen. Der mittlere Stand umfaßte die sogenannten vornehmen Handwerksämter wie Goldschmiede und die übrigen Schmiede, Schuster, Bäcker, Wollenweber, Schneider, Kürschner, Fleischer, Böttcher, Kannengießer. Nur den Begüterten unter ihnen waren Wolfs- und Fuchspelze erlaubt. Dem dritten Stand, den geringen Bürgern, waren höchstens Schafsfelle gestattet. Ähnliche Abstufungen gab es für den Umfang der Bewirtung, die Zahl der Gäste und das Ausmaß der musikalischen Aufwartung bei den Hochzeitsfeierlichkeiten der drei

Stände. Zahlenmäßig übertrafen die dem dritten Stand zugehörigen Rostocker Bürger den ersten und zweiten Stand bedeutend. Noch ein Jahrhundert später umfaßte beispielsweise im Jahre 1663 der erste Stand 17%, der zweite 24% und der dritte Stand 59%. Für Handel, Handwerk und Gewerbe galt allgemein der Grundsatz, gute Ware zu nicht überteuerten Preisen abzugeben. Besonders die Schuster wurden diesbezüglich in ganz Mecklenburg kritisiert. Bei den Regelungen für einzelne Berufszweige, Gewerbe und Handwerke zeigte sich die Reihenfolge zugleich als eine tendenzielle Wichtung des Stellenwertes dieser Gewerbe und Berufe. Nicht von ungefähr standen die Bierbrauer, Gewandschneider und Krämer am Anfang. Den Apothekern wurde eingeschärft, sich nicht klüger zu dünken als die Ärzte. Die weitere Reihung der Berufe entsprach weitgehend der Abfolge der im zweiten Stand der Kleiderordnung aufgezählten genannten vornehmen Ämter der Kürschner, Pelzer, Goldschmiede, Schneider, Schuster, Sattler und Riemer, Klein- und Grobschmiede, Bäcker, Fleischer, Böttcher, Tuchmacher und Leineweber sowie Kannengießer. Deutlich abgesetzt hiervon wurden Schnitticher, Zimmerleute, Maurer und andere gemeine Arbeiter und Tagelöhner behandelt. Für sie fielen die Regelungen weitaus schärfer aus als für die vornehmen Ämter. Umfänglichere Regelungen betrafen die im Transportwesen Tätigen: Träger, Prahm- und Fährleute, Fuhrleute und besonders die Schiffer. Neben Hochzeit und Kindtaufe wurde auch das Leichenbegängnis geregelt. Wiederum zeichneten sich auch hierbei die Ratsverwandten und »Geschlechter« durch besondere Vorrechte gegenüber den anderen Bürgern aus. Den Abschluß der Polizeiordnung bildete eine Feuerordnung. Als feuergefährdete Berufe wurden namentlich genannt die Gastgeber, Bierschenken, Brauer und Bäcker. Zur Feuerbekämpfung kam besondere Bedeutung zu den Turmmännern, Zimmerleuten, Maurern, Trägern, Knechten, Jungen, Mägden, reitenden Dienern und sonstigen Pferdehaltern in der Stadt. Geräte zur Feuerbekämpfung, Leitern und Feuerhaken, wurden an zentralen Plätzen der Stadt aufbewahrt, beim Gericht auf dem Neuen Markt, beim Großen Auditorium auf dem Hopfenmarkt sowie auf dem Kirchhof von St. Nikolai. Im Unterschied zur Quartiereinteilung des Hundertmännerkollegiums erfolgte eine Einteilung der Stadtbevölkerung zur Brandbekämpfung in vier Teile gemäß den vier Kirchspielen St. Petri, St. Nikolai, St. Marien und St. Jakobi. Unter den Feuerherren, den Bürgermeistern sowie Vertretern des Rates und der Bürgerschaft, hatten sich die Einwohner dieser Quartiere im Notfall auf den zentralen Plätzen ihrer Kirchspiele, auf den Märkten beziehungsweise bei den Pfarrkirchen, zur Feuerbekämpfung einzufinden. Spätestens 1677, ein Jahrhundert nach Erlaß dieser

Feuerordnung, sollte sich ihre Notwendigkeit in schrecklicher Weise herausstellen.

Städtische Gerichtsbarkeit

Wenn sich der Rostocker Rat auch erst auf herzoglichen Druck dazu bewe-
gen ließ, nach den Erbverträgen von 1573 und 1584 neue Gerichtsordnungen
zu verabschieden und 1574 sowie 1586 in Druck gehen zu lassen, und die
Bürger immer wieder über Mängel, Verzögerungen und Parteilichkeit in der
Rostocker Gerichtsbarkeit geklagt hatten, so bedeutete dies keineswegs eine
Geringschätzung der Gerichtsbarkeit durch den Rat. Im Gegenteil, die Gerichts-
hoheit rechnete die städtische Obrigkeit zu ihren vornehmsten Privilegien und
Gerechtsamen. Das galt sowohl für die Rechtssprechung als auch die prakti-
sche Umsetzung ihrer Urteile. Der Rat suchte gerade auf diesem Gebiet seine
Sonderstellung gegenüber den Landesherren und deren Hofgericht und statt
dessen den Rechtszug nach Lübeck als hansischem Oberhof zu bewahren,
obwohl in der frühen Neuzeit das »Lübsch Recht« als »glüpsch Recht«, das
heißt als vielfach unsicheres Recht, in Mißkredit geriet. Ansatzpunkt dafür
war unter anderem die traditionelle Betonung der mündlichen Prozeßführung
des Lübischen Rechts in Zeiten wachsender Verschriftlichung. Aus Gründen
der Wahrung seiner Autorität pochte der Rostocker Rat, so unkriegerisch er
sich häufig bei militärischer Bedrohung aus der Affäre zu ziehen trachtete, auf
eine strikte Durchführung auch drastischer Bestrafungen. In diesem Zusammenhang wurde der Grundsatz kundgetan, daß die Diebe die Galgen ebenso
sehr zieren würden wie die Diamanten die Krone. Dennoch waren Hinrichtungen keineswegs alltägliche Vorgänge. Sie lockten aber viele Zuschauer an
und wurden durch die Rostocker Chronisten ebenso aufmerksam notiert wie
die natürlichen Todesfälle von einflußreichen und bekannten Rostocker Bürgern und anderer Persönlichkeiten. Die städtische Gerichtsbarkeit zeigte eine
generelle Zweiteilung in das Ober- und Niedergericht. Diese Unterteilung
entsprach nicht etwa der Schwere der Vergehen und ihrer Ahndung, sondern
hing primär vom Stand der Betroffenen – für Ratsherren war sogleich das
Obergericht zuständig – sowie vom Streitwert ab. Beispielsweise fielen die
berüchtigten Hexenprozesse in die Zuständigkeit des Niedergerichts. Allerdings wurde über eventuelle Todesstrafen – bei Hexenprozessen eher die Regel als die Ausnahme – dann durch den Rat als Obergericht befunden. Auch
räumlich unterschieden sich Ober- und Untergericht. Das Niedergericht, der

sogenannte Stapel, befand sich beziehungsweise tagte dort vor dem Rathaus, wo sich noch heute die mittelalterliche Darstellung Christi als Weltenrichter befindet. Das Niedergericht setzte sich aus Richteherren, zumeist zwei der Ratsherren, und den Urteilsfindern, Vertretern der Bürgerschaft, zusammen. Das Obergericht tagte oben auf dem Rathaus, da es aus dem Rat selbst bestand, in welchem seit Beginn der Neuzeit zunehmend juristisch gebildete Personen Sitz und Stimme hatten. Auch die Schreiberei an der Ecke des Ziegenmarktes bei St. Marien war mitunter Ort von Gerichtsverhandlungen oder der Protokollierung von Zeugenbefragungen. In ihr befanden sich ebenso Gefängnisse wie unter dem Rathaus neben den Weinkellern der sogenannte Finkenbauer. Besonders berüchtigt war die Fronerei in der Kibbenibberstraße, worauf ihre Bezeichung »Fünf Rosen« nicht unbedingt schließen ließ. Da sie dem Fronmeister, das heißt dem Scharf- oder Nachrichter unterstand, der nebenan wohnte, hieß die Kibbenibberstraße zeitweilig auch Scharfrichterstraße. Ende des 16. Jahrhunderts setzte die Bürgerschaft die Umgestaltung des Kuhtors zur bürgerlichen »Custodie«, also zum Gefängnis, durch, um für leichtere Delikte einen ehrenhafteren Aufbewahrungsort zu erhalten. Als Gefängnisse wurden mitunter ebenfalls der Lagebuschturm und der Blaue Turm als Bestandteile der Stadtmauer genutzt, im Winter als nicht oder schlecht geheizte Örtlichkeiten eine zusätzliche Drangsal für die Inhaftierten. Todesurteile wurden in der Regel außerhalb der Stadt, vor dem Steintor, vollstreckt, die ehrenvolleren mit dem Schwert, die übrigen mit dem Rad oder dem Galgen, ganz zu schweigen vom »Hexenbrennen«. Am Friedhof des nahegelegenen St.-Georg-Hospitals fanden die Leichen der Hingerichteten ihre letzte Ruhestätte. Zuvor waren sie begehrte Objekte für das »Anatomieren« der Rostocker Mediziner. Bildete der Fronmeister die Hauptfigur der Exekution der schwereren Gerichtsurteile, so erinnern die Straßennamen Altbüttelstraße – später verballhornt zu Altbettelmönchstraße – und Diebsstraße daran, daß auch in der Neu- und Altstadt Gerichtsknechte ihrer Tätigkeit nachgingen, die Büttel und Prachervögte. Hinrichtungen auf dem Mittelmarkt waren die absolute Ausnahme. Der dort neben der Wasserkunst, dem Mittelstädtischen Born, befindliche Kaak diente als Schandpfahl eher der ehrmindernden Zurschaustellung und Anprangerung von Delinquenten beziehungsweise ihrer auch körperlichen Züchtigung. Gemäß der Polizeiordnung unterlagen besonderer Überwachung der Markt, der Strand – gemeint war der Hafen – , Warnemünde sowie die Rostocker Heide. Für sie zeichneten Markt-, Strand-, Warnemünder und Heidevögte verantwortlich, die in der Nähe ihrer Wirkungsorte wohnten. Für Eheprozesse war das Ministerium der Rostocker Geistlichkeit zuständig. Besondere Niedergerichte gab es außerdem noch für die zum nicht geringen Teil ländlichen Untertanen der Hospitäler, der Kämmerei, des Gewetts sowie des Klosters zum Heiligen Kreuz. Neben Problemen mit den Landesherren, die für Rostock zunehmend ihr Hofgericht als alleinige Appellationsinstanz gegen Lübeck durchsetzen wollten, kam es zu ständigen Reibereien mit der Gerichtsbarkeit von Rektor und Konzil der Universität, insbesondere wenn sowohl Angehörige der Universität, die Academici, als auch die dem städtischen Gericht unterstellten Rostocker Bürger und Einwohner beteiligt waren. Auf Sonderrechte pochten auch die nicht ganz wenigen adligen Einwohner Rostocks, selbst wenn sie ausnahmsweise auch das Bürgerrecht erworben hatten. Gleichheit vor Gesetz und Recht galt nur sehr bedingt. Zeugenaussagen wurden nach der wirtschaftlichen Solidität gewichtet bzw. überhaupt erst zugelassen. Immerhin stellte man ärmeren Leuten kostenlos Anwälte zur Verfügung. Daß letztere ein solches Mandat in aller Regel nicht gerade begeistert übernahmen, dürfte nicht verwundern. Mitunter war die Flucht aus der Stadt das einfachere Mittel für vom Arm des Gesetzes Verfolgte. Eine relativ bequeme Möglichkeit bestand in der bloßen Überquerung der Warnow. Bereits an der Gehlsdorfer Fähre befand man sich an einem Asyl- oder Friedensstein, der einen gewissen Schutz zu bieten vermochte. Das galt namentlich, wenn man sich mit der Herrschaft der Gehlsdorfer Fähre, die zum Moltkeschen Toitenwinkel gehörte, gut stand. Den Rostockern war dies ein besonderer Dorn im Auge und ein Pfahl im Fleische ihrer beinahe – eben mit der Ausnahme des Toitenwinkels – geschlossenen Herrschaft über ihre engere und weitere Umgebung. Da die Toitenwinkler – sowohl die Moltkesche Herrschaft wie ihre Untertanen – überdies regelmäßig in durch die Stadt beanspruchte Rechte eingriffen, entluden sich die Spannungen mitunter gewaltsam. Die Bewohner der Toitenwinkler Dörfer übten das Strandrecht gegenüber scheiternden Schiffen, befischten die Unterwarnow und den Breitling, ernteten den Rohrgürtel am Fluß ab und bargen Ertrunkene aus der Warnow. Als 1572 auf diese Weise ein größerer dänischer Viehtransport nicht in Rostock, sondern auf dem Moltkeschen Gutshof in Toitenwinkel landete, befreiten mehrere hundert bewaffnete Rostocker das dänische Vieh und führten es im Triumphzug nach Rostock.

Rostocks Landbegüterung

Neben der Finanzpolitik des Rates und der Gerichtsbarkeit hatte die antirätliche Opposition in den Auseinandersetzungen der 60er und 70er Jahre des 16. Jahrhunderts besonders auch den Umgang mit den Rostocker »Landgütern« scharf kritisiert. Diese auf den ersten Blick für eine klassische See- und Hansestadt wie Rostock nebensächlich erscheinende Problematik war durchaus von erheblicher Bedeutung, so daß sich an ihr nicht von ungefähr die Gemüter erhitzten. Die engen Verbindungen Rostocks mit dem agrarischen Umland und dem Agrarwesen generell, ganz zu schweigen vom riesigen Stadtwald der Rostocker Heide als Holz-, Schweinemast- und Jagdreservoir, hatten sich seit den mittelalterlichen Zeiten keineswegs gelockert, eher sogar intensiviert. Nach Dutzenden zählten die Dörfer und Dorfanteile zwischen Doberan und Ribnitz, zwischen Warnemünde und Schwaan, die der Rostocker Rat beziehungsweise seine Kämmerei, einzelne betuchte Bürger, zumeist Patrizier oder »Geschlechter«, die Hospitäler sowie das Kloster zum Heiligen Kreuz seit der Mitte des 13. Jahrhunderts mehr oder weniger kontinuierlich und systematisch erworben hatten. Das zeitigte den sicherlich nicht unbedeutenden Nebeneffekt, daß die mächtigste Stadt Mecklenburgs auf diese Weise – mit der aus städtischer Sicht ärgerlichen Ausnahme des Moltkeschen Toitenwinkels – Konflikten mit allzu nah an den Stadtmauern liegenden adligen Besitzungen aus dem Wege ging. Auch für die Bestandteile der Stadtfeldmark, Gärten, Hopfenhöfe, Acker und Wiesen, gab es ständig ein großes Interesse nicht nur der städtischen Oberschicht, sondern auch der weniger privilegierten Bürger. Die sich in den Gartenbüchern als Sonderreihe der Stadtbücher niederschlagende Mobilität dieser Besitzungen belegt dies über viele Jahrhunderte hinweg. Sowohl bei der Landbegüterung außerhalb der Stadtfeldmark als auch in derselben war die Dominanz der ratsfähigen Geschlechter unverkennbar. Bei Vermögensangaben – etwa zur Erhebung des Hundertsten Pfennigs – machten die Werte des Landbesitzes einen erheblichen Teil des Oberschichtenvermögens aus. In gewisser Weise begründete diese starke agrarische Komponente auch die Nähe von »Stadtjunkern« und ländlichem Adel, die sich nicht zuletzt in Heiratsverbindungen zwischen beiden Schichten bemerkbar machte. Dies nährte den traditionellen Argwohn der antirätlichen Opposition gegen das Patriziat nur noch zusätzlich. Letzteres stand als (Groß)grundbesitzer vielen ländlichen Adligen kaum nach, sondern monopolisierte darüber hinaus auch das Eigentum an den Mühlen und Scheunen innerhalb und unmittelbar vor der Stadt. Neben den Wassermühlen am Mühlendamm vor dem Mühlentor und den Windmühlen vor dem Kröpeliner Tor befanden sich die Scheunen wegen der Feuergefahr und wegen der Nähe zum agrarischen Umfeld ebenfalls am Stadtrand, in der Neustadt in der Schwaanschen und Baustraße sowie zwischen dem Kröpeliner und Bramower Tor, in der Altstadt zwischen dem Wenden- und dem Faulen oder Alten Tor. Einem der der antirätlichen Opposition verhaßten Gebrüder Lorenz und Lambert Kerkhof brachte die Auseinandersetzung um die Verwaltung der städtischen Landgüter den Ruf eines Heudiebes ein, den man als Dieb behandeln wollte. Die Kerkhofs nahmen diese Drohung – mit dem Galgen nämlich – immerhin so ernst, daß sie zeitweilig zu ihren adligen Vertrauten auf das Land flohen.

Da die Herzöge nach der Reformation auch über die Verwaltung des ehemaligen geistlichen Gutes ihren Einfluß in der Stadt ausweiten wollten, schürten sie die Kritik der bürgerlichen Opposition gegenüber dem Rat nach Kräften. Rat und Bürgerschaft trafen sich aber wieder in dem gemeinsamen Bemühen, besonders aus den Kämmereidörfern möglichst große Gewinne zu erzielen. Daher machte auch um die Rostocker Stadtdörfer die Tendenz zur Gutswirtschaft und -herrschaft keinen Bogen. Seit der zweiten Hälfte des 16. Jahrhunderts erschien es den Rostockern mitunter nämlich als einträglicher, größere Höfe anzulegen und sie gewinnbringend zu verpachten. Es kam zu regelrechten Bauernlegungen, die mitunter im Vorfeld durch wirtschaftliche Schwierigkeiten, Mißerfolge oder Brandschäden der Bauern begünstigt worden waren. 1587 sah sich der namhafte Rostocker Theologieprofessor und Superintendent Simon Pauli d.Ä. veranlaßt, den Rat zu kritisieren, da er Kassebohmer Bauern als bloße »coloni« mit angeblich schlechtem Besitzrecht behandelt und von ihrem Grund und Boden abgesetzt hatte. Es lag im Zuge der Zeit, daß Paulis Appell an eine christliche Obrigkeit damals ungehört blieb, bestenfalls ungnädig aufgenommen wurde. Selbst vor den – übrigens wohl zu Unrecht – traditionell als rechtlich besonders gut gestellt geltenden Hagenhufendörfern am Rande der Rostocker Heide machte die bauernfeindliche Rostocker Politik in der Folgezeit nicht halt. So erklärt sich auch der spätere Ortsnamenwechsel von Purkshagen zu Purkshof. Wenige Kilometer weiter schrumpfte Rövershagen aus einem der größten mecklenburgischen Dörfer mit einer Dorfstraßenlänge von etwa vier Kilometern zum Bauerndorf Mittelrövershagen zusammen. In Ober- und Niederhagen entstanden demgegenüber große Pachthöfe. Ein ähnliches Schicksal erlitten Bartelsdorf und Willershagen, die überdies noch für Jahrzehnte an das adlige Landeskloster Ribnitz fielen. Besser standen sich die Bauern zumeist in den Dörfern der beiden Rostocker Hospitäler zum

Heiligen Geist und St. Georg, da hier die Tendenz zur Einrichtung von Guts-
höfen schwächer ausgebildet war. So stellten etwa Diedrichshagen und
Elmenhorst bei Warnemünde als Hagenhufendörfer ein Gegenstück im Vergleich mit den Heidedörfern dar. Wo Gutshöfe eingerichtet wurden, traf dies
die bäuerliche Bevölkerung doppelt. Zum Teil mußte erst Platz geschaffen
werden für diese Höfe. Das bedeutete nicht selten das Eingehen der dort
befindlichen bäuerlichen Stellen. Des weiteren aber wurden dann auch die
Nachbardörfer direkt einbezogen, da ihre Bauern die Dienste für die neuen
Höfe leisten mußten. Auf diesem Wege wurde beispielsweise das in slawischer
Zeit und für die Vorgeschichte Rostocks bedeutungsvolle Pfarrdorf Kessin
zu einem bloßen agrarischen Anhängsel der Gutshöfe in Bartelsdorf beziehungsweise in Kassebohm, wohin die Kessiner zu dienen hatten. Der Rostocker
Chronist Lindeberg konnte erst die Anfänge dieser Entwicklung kennen, als
er bereits für das Kessin am Ende des 16. Jahrhunderts feststellte:

> *Da zuvor tapfere kühne Helden ihren Sitz gehabt, da wonet itzo ein armes*
> *geringer pauren volcklein.*

Insofern hatten die Bauern um Rostock nur bedingt beziehungsweise teilweise etwas davon – abgesehen von den nicht zu unterschätzenden Markt-
möglichkeiten –, daß ihnen die Rostocker wenigstens die ritterschaftliche Form
der Gutsherrschaft weitgehend vom Leibe hielten. Die Struktur der ländlichen Siedlungen um Rostock im Besitz der Stadt, ihrer Hospitäler und anderen geistlichen Einrichtungen und einzelner Bürger blieb nach wie vor sehr
differenziert. Es gab große Dörfer, zumeist Pfarrdörfer, wie Bentwisch und
Rövershagen, die – regelmäßig in unmittelbarer Nähe der Kirchen – einen
oder gar zwei Krüge aufwiesen. Letzteres traf insbesondere zu, wenn diese
Dörfer noch überdies von wichtigen Landstraßen berührt wurden. In diesen
größeren Dörfern fanden sich auch mehr Landhandwerker und ländliches
Gewerbe als anderswo, etwa Müller, Schmiede, Schneider, Weber, Rademacher.
In den Grenzbereichen des Rostocker Territoriums nach Doberan und nach
Ribnitz dominierten die in nach wie vor noch ansehnlichen Waldbestände hin-
eingerodeten Hagenhufendörfer. Ihre Bauerngehöfte lagen – relativ weit von
einander entfernt – zumeist auf einer Seite der Straße, wodurch sich teilweise
sehr langgestreckte Dorfformen ergaben. In anderen ländlichen Siedlungen
herrschten die Kossatenstellen vor, wie etwa in Groß Klein. Einige Siedlungen bestanden – wie ihr Ortsname schon zum Ausdruck brachte – im wesentlichen nur aus einem einzelnen, zumeist größeren Hof, wie in Gragetopshof,
Dalwitzhof, Stuthof oder Jürgeshof. Einige Dörfer um Rostock waren zwi-

schen verschiedenen Herrschaftsträgern geteilt, die sogenannten Kommunion-
dörfer. Hierzu zählten Dierkow, Elmenhorst und Mönchhagen. Dort häuften
sich verständlicherweise Auseinandersetzungen und Streitigkeiten zwischen
den unterschiedlichen Herrschaften bzw. ihren Untertanen.

Die Stadt in den Augen eines zeichnenden Krämers

Die Rostocker konnten Ende des 16. Jahrhunderts mit einigem Recht stolz
auf ihre Stadt sein, und sie zeigten dies auch, bisweilen mit einem Schuß Über-
heblichkeit. Den Herzögen gegenüber bezeichneten sie ihre Stadt in gewisser
Doppeldeutigkeit als vornehmste Stadt, als eine Zierde und ein Kleinod des
Landes. Selbst die Wismaraner, mit denen die Rostocker in der Hanse auf
Gedeih und Verderb verbunden waren, galten ihnen als Krabbenfänger, wenn
sie den Rostockern in den zahlreichen innerstädtischen Auseinandersetzungen wohlgemeinte, aber – wie man in Rostock meinte – ungebetene Ratschlä-
ge erteilen wollten. Ausdruck des Selbstwertgefühls der Rostocker waren nicht
zuletzt mehrere Stadtchroniken, die damals geschrieben wurden. Das höchste
Loblied sang auf diesem Gebiet der Kaufmanns- und Ratsherrensohn Peter
Lindeberg seiner Vaterstadt in Gestalt der ersten gedruckten Rostocker Stadtchronik, deren Erscheinen 1596 er aber schon nicht mehr erlebte. Weit weniger bekannt wurden andere chronikalische Aufzeichnungen, nicht zuletzt die
des Krämers Vicke Schorler († 1625). Im Unterschied zu seinem schon zu
Lebzeiten hochberühmten Zeitgenossen Lindeberg wurde Schorler, dessen
Biographie noch viele weiße Flecken aufweist, erst Jahrhunderte später einem
größeren Publikum bekannt. Und dies nicht durch seine als historische Arbeit
nicht gerade überragende Chronik, zumal ihm der direkte Zugang zur städtischen Obrigkeit und zu ihrem Informationsstand fehlte. Die Krämer führten
zu Lebzeiten Schorlers einen hartnäckigen Streit, um ebenso wie die Brauherren,
Gewandschneider und Fernkaufleute als vornehmer Stand anerkannt zu werden. Erst seit dem 17. Jahrhundert wurden vereinzelt Krämer in den Rat gewählt. Schorlers Nachruhm begründete ein Werk, das – wie seine Chronik –
nicht seinem Beruf entsprach – die berühmte »Warhaftige Abcontrafactur der
Hochloblichen und Weitberumten Alten See- und Hansestadt Rostock,
Heubtstadt im Lande zu Meckelnburg« aus den Jahren 1578 bis 1586. Auf
einem geistigen Fuß- oder besser Wasserweg entlang der Warnow von Warnemünde über Rostock bis Bützow – unter Einschluß des nahe gelegenen
Güstrow – hielt der mit den Tücken des perspektivischen Zeichnens kämp-

Die Bildrolle des Krämers Vicke Schorler, 1578 – 1586
(Ausschnitt mit einer Darstellung der Rostocker Stadtwaage)

fende junge Schorler insbesondere die ihm wichtig erscheinenden Gebäude der Rostocker Innenstadt und der Hafenseite auf einer viele Meter langen Darstellung fest. Neben den Kirchen und Klöstern, den Marktplätzen, dem Hafen mit seinen Schiffen und den Stadttoren galt seine besondere Vorliebe den Universitätsgebäuden und ihren Bewohnern beziehungsweise Nutzern. Demgegenüber fehlen die wirtschaftlich bedeutungsvollen Straßen zum Hafen in der Mittel- und Neustadt. Bei den Gebäude- beziehungsweise Wohnungstypen standen eindeutig im Vordergrund die teilweise reich verzierten Giebelhäuser, von denen – der Zahl nach – auch höchstens nur die Hälfte Berücksichtigung fanden. Einen vollständigeren Überblick bot wenige Jahrzehnte nach Schorlers Zeichnung die Vogelschaudarstellung Rostocks durch den Böhmen Wenzel Hollar (1607-1677), der über sehr exakte Vorlagen verfügt haben muß. Die Darstellung von Buden unternahm Schorler nur ausnahmsweise. Die zahlreichen Keller fanden kaum Berücksichtigung, waren naturgemäß als Ansicht auch schwer darstellbar. So hielt der heimatstolze Krämer Vicke Schorler ein idealisiertes Bild Rostocks fest, aus dem die städtebaulichen und architektonischen Schattenseiten ausgeblendet blieben. Ungeachtet dieser inhaltlichen und handwerklichen Mängel der Darstellung schuf Schorler eine im wortwörtlichen Sinne einzigartige Bildquelle über das späthansische Rostock in seiner Blütezeit.

Spätblüte des hansischen Rostock

Als Vicke Schorler seine Abcontrafactur fertiggestellt hatte, stand Rostock für einige Jahrzehnte auf dem Gipfel seiner frühneuzeitlichen Entwicklung, die zum Teil sogar seine mittelalterliche Blütezeit noch übertraf. Das galt auf jeden Fall für die Einwohnerzahl, die mit etwa 14000 einen mittelalterlich-frühneuzeitlichen Höchststand erreichte und – im Gegensatz etwa zum 15. Jahrhundert – Stralsund und Wismar deutlich hinter sich ließ. Daran konnten auch Pest- und Grippeseuchen, wie die von 1565 und 1580, nichts ändern. Peter Lindeberg, der berühmte Rostocker Chronist und Dichter, übertrieb wohl nicht, wenn er am Ausgang des 16. Jahrhunderts die Hanse- und Universitätsstadt Rostock als »lumen Vandaliae«, als Zierde oder Glanzlicht des Wendenlandes bezeichnete, was man nicht nur auf die Universität beziehen muß. Zur damaligen Internationalität Rostocks trugen nicht nur die häufig aus der Ferne kommenden und in sie zurückkehrenden Professoren und Studenten der Rostocker Hohen Schule bei, sondern auch die lebenswichtigen

Handelsverbindungen, insbesondere nach Skandinavien. Erfahrene Stadt-
politiker im Rat, oft juristisch gebildet, steuerten behutsam und lange Zeit
erfolgreich zwischen den Klippen des sich entwickelnden Kampfes der Ostseeanrainerstaaten um das Dominium maris baltici, die Herrschaft über den
Ostseeraum. Neben den Einwohnerzahlen sprachen noch weitere Quantitä-
ten vom beträchtlichen Stellenwert Rostocks und wurden zum Teil auch schon
von den damaligen Zeitgenossen innerhalb und außerhalb der Stadt entweder
mit Stolz oder mit Neid wahrgenommen. Vergleichsmaßstab war immer wieder Lübeck, an dem man sich – ungeachtet der Erbverträge mit den Landesherren – nach wie vor orientierte. So gingen auch wesentliche Impulse zur
Revision des Lübischen Rechts im Jahre 1586 von Rostock aus. Betont wurde
auch, daß Rostocks Stadtfläche der von Lübeck nur wenig nachstände. Die
von Peter Lindeberg angegebene Zahl von eintausend Giebelhäusern in der
Stadt war nur etwas übertrieben, etwa achthundert waren es tatsächlich. Auch
die von den Herzögen den Rostockern als Hinweis auf ihre Finanz- und
Wirtschaftskraft vorgehaltene Zahl von dreihundert Brauhäusern in der Stadt
entsprach etwa den tatsächlich nachweisbaren 250, wenn man berücksichtigt,
daß in letzterer Zahl noch nicht die Hersteller von Koventbier, einem Leicht-
oder Schiffsbier, enthalten war. Zu den Häusern kamen noch jeweils über
eintausend Buden und Keller. Ende des 16. Jahrhunderts schien sich übrigens
das Anwachsen ärmerer Bevölkerungsteile zuungunsten insbesondere der Mittelschichten gegenüber dem 15. Jahrhundert und der ersten Hälfte des 16.
Jahrhunderts zu verlangsamen.

Rostock war auch für den Adel als Aufenthaltsort attraktiv. Begnügten sich
die Herzöge in der frühen Neuzeit zunächst – in Ermangelung einer Residenz
in Rostocks Mauern – mit den immerhin besten Giebelhäusern am Mittelmarkt als Fürstenherbergen, so hatte eine Reihe wichtiger mecklenburgischer
Adelsfamilien in Rostock ständigen beziehungsweise längerfristigen Haus- und
Grundbesitz, so die Barner, Bassewitz, Cramon, Hobe, Kardorff, Levitzow,
von der Lühe, Malzahn, Moltke, Preen, Oertzen, Reventlow und Sperling. Auf
die letztgenannte Familie ging die Straßenbezeichnung Sperlingsgasse oder
-nest zurück. Einige von ihnen, wie die Alkun, Bützow, Genzkow, Gummern,
Preen und Vieregge, brachten es sogar zu Ratsherren- und Bürgermeister-
ehren in Rostock. Demgegenüber waren die städtischen Patrizier, der »Stadt-
adel«, die »Stadtjunker« oder »Geschlechter« am Ende des 16. Jahrhunderts
mit dem Erlöschen der Familie Kerkhof in männlicher Linie im wesentlichen
verschwunden. In die ratsverwandten Familien drängten neue Namen nach.
Die Ratsmitglieder hatten nicht selten ein Universitätsstudium absolviert. Der

juristisch ausgebildete und versierte Syndikus spielte zunehmend eine größere Rolle neben und mit den Bürgermeistern. Neben schon seit längerem einheimischen Familien, wie Beselin, Bolte, Dobbin, Geismar, Gerdes, Nettelbladt und Schwartzkopf, gelangten zunehmend auch Personen in den Rat, deren Familien erst seit kürzerer Zeit in Rostock ansässig und Bürger geworden waren. Der Einzugsbereich entsprach hierbei im wesentlichen auch dem der Universität im nordwest- und norddeutschen Raum weit über Mecklenburgs Grenzen hinaus. Was die Oberschicht Rostocks damals einte, ob bürgerlicher oder adliger Herkunft, ob in Rostock gebürtig oder zugezogen, war ihre Beteiligung am Rostocker Brauwesen. Fast ausnahmslos hatte sie die Braugerechtigkeit inne, das heißt ihre Vertreter besaßen je ein Brauhaus, in dem jährlich eine bestimmte Menge Bier gebraut und danach – zumeist über die Ostsee nach Skandinavien – verkauft werden durfte. Von daher erklärt sich auch der alte hansische Spruch:

> *Lübeck ein Kaufhaus, Köln ein Weinhaus, Braunschweig ein Zeughaus,*
> *Danzig ein Kornhaus, Hamburg ein Brauhaus, Magdeburg ein Backhaus,*
> *Rostock ein Malzhaus, Lüneburg ein Salzhaus, Stettin ein Fischhaus,*
> *Halberstadt ein Frauenhaus, Riga ein Hanf- und Butterhaus, Reval ein*
> *Wachs- und Flachshaus, Krakau ein Kupferhaus, Wisby ein Pech- und*
> *Teerhaus.*

Dies war auch für Rostock nur unwesentlich übertrieben. Fast die gesamte Wirtschaft der Stadt war durch die Bierproduktion und den Bierhandel bestimmt. Das reichte von den Bauersleuten, den (Hopfen)gärtnern, den Korn- und Hopfenmessern, den Müllern, den Schoppenbrauern, Böttchern und Trägern bis hin zu den Landfuhrleuten und Schiffern. Letztere, mehr als einhundert in Rostock (noch ohne das Schiffsvolk), unter denen – wie bereits im Mittelalter – offenbar nicht selten Skandinavier, besonders Dänen, vertreten waren, gerieten trotz der Konjunktur des Rostocker Bierexports Ende des 16. Jahrhunderts in einen Streit mit den Warnemündern. Letztere dachten gar nicht daran, sich ihren Lebensunterhalt nur als Fischer – wie es seitens der Rostocker Schiffer gewünscht und gefordert wurde – zu verdienen. Die Warnemünder wollten vielmehr auch am Biersegen Rostocks partizipieren. Die Rostocker Brauherren bestätigten ihnen sogar, daß sie das Rostocker Bier häufig rascher und unkomplizierter nach Dänemark brachten als die Rostocker Schiffer. Dennoch setzten diese durch, daß den Warnemündern Seeschiffahrt und -handel verboten wurde, es sei denn, sie zögen nach Rostock um und trügen dort die entsprechenden Bürgerlasten und -pflichten. Überhaupt wandte sich

Rostock damals im Verein mit Wismar verschiedentlich gegen illegale, sogenannte Klipphäfen, die besonders auf dem Fischland und um die Halbinsel
Wustrow herum in Blüte standen und den mecklenburgischen Hansestädten
mit ihrem Monopol der Seehäfen ärgerliche adlige und bäuerliche Konkurrenz machten. Doch solange das Rostocker Brauwesen blühte, geriet die Wirtschaft der Stadt in keine ernsthaften Probleme. Für die Qualität des Rostocker
Bieres spielte die Versorgung mit gutem Wasser eine große Rolle. Es gelangte
aus den Teichen südlich der Stadt durch Leitungen zu den Wasserbornen auf
dem Mittel-, dem Hopfen- und dem Lohmarkt bei der Nikolaikirche. Von
dort wurde es über sogenannte Posten hauptsächlich an die Brauhäuser geleitet, die sich daher gerade in den Straßen um die Wasserborne konzentrierten.

Faßt man die Eckpfeiler der Blütezeit Rostocks ins Auge, so verliert auch
der altbekannte Spruch über die sieben mal sieben Kennzeichen Rostocks viel
von einer reinen Zahlensymbolik und zufälligen Auswahl:

> *Söben Toern to Sint Marien Kark,*
> *söben Straten bi den groten Mark,*
> *söben Doren, so dar gaen to Lande,*
> *söben Kopmannsbrüggen bi dem Strande,*
> *söben Toern, so up dat Rathus stahn,*
> *söben Klocken, so dagliken slan,*
> *söben Linnenböm up den Rosengorn:*
> *dat syn de Rostocker Kennewohrn !*

Marienkirche und Rathaus repräsentierten als geistliche und weltliche Pracht-
bauten die Einheit von Kirche und weltlicher Stadtobrigkeit. Der große Mittelmarkt bildete mit seinen – wenn man großzügig rechnet – tatsächlich sieben
auf ihn führenden Straßen das Zentrum Rostocks als Knotenpunkt des Handels. Marienkirche, Rathaus und Großer Markt unterstrichen zudem den zentralen Stellenwert der Mittelstadt, die übrigens um 1600 in sieben (!) Quartiere
unterteilt war, die sich alle um den Mittelmarkt gruppierten. Die Erwähnung
der sieben Landtore wies nicht nur auf die selbst für eine ausgesprochene
Seestadt wie Rostock wichtigen Landverbindungen nach Mecklenburg und
darüber hinaus hin, sondern sollte sicher auch die besonders eindrucksvolle
Gestaltung der Land- im Vergleich zu den Strandtoren unterstreichen, namentlich bezogen auf das Kröpeliner und das Steintor nach seinem Wiederaufbau 1576. Die für Rostock lebenswichtige Bedeutung des Hafens aber wurde
reflektiert in den Kaufmannsbrücken, die von der Grube beziehungsweise

der Großen Mönchenstraße bis zur Schnickmannstraße an die Unterwarnow heranführten.

Rostocker Sozialtopographie – das Prinzip der kurzen Wege

Schon seit der Entwicklung Rostocks zur Gesamtstadt in der Mitte des 13. Jahrhunderts zeichnete sich innerhalb der Stadt auch topographisch ein deutliches soziales Gefälle ab. Dieses wurde im Spätmittelalter und insbesondere in der frühen Neuzeit noch stärker faßbar, da nunmehr flächendeckende Quellen für die Gebäude der gesamten Stadt mit ihren Eigentümern oder Besitzern vorlagen. Bis zu einem gewissen Grade spiegelten bereits die drei grundlegenden Gebäude- beziehungsweise Wohnungstypen der Stadt das soziale Gefälle wider: die (Giebel)häuser, Buden und Keller. Selbständige Gebäude stellten nur die Häuser und Buden dar. Die Keller hingegen waren in Rostock in aller Regel Bestandteile von Häusern und Buden. Von den Kellern trugen die für Wohnzwecke dienenden die Bezeichnung Dörnsen- und Wohnkeller. Die Dörnse meinte hierbei eine beheizbare Stube. Die Häuser als wertvollster dieser Gebäudetypen wurden in Giebel- und Querhäuser unterteilt, wobei letztere weit weniger zahlreich waren. Nach der Spezifik ihrer Verwendung wurden besonders unterschieden Brauhäuser, Backhäuser, Mehlhäuser, Schmiede- und Töpferhäuser. Um die Zufahrt und den Zugang zu den Höfen auf den Gebäudegrundstücken zu ermöglichen, befanden sich neben den Häusern direkt oder in den von den Hauptstraßen abbiegenden Seitenstraßen Torwege. Ebenso wichtig und darüber hinaus häufig umstritten waren die Wasserläufe, das heißt die Wasserabflüsse auf und von den Grundstücken. Die drei Kategorien Häuser, Buden und Keller lassen sich nur bedingt den drei sozialen Gruppen Ober-, Mittel- und Unterschicht zuordnen, da auch durchaus Teile der Mittelschicht Inhaber von Giebelhäusern waren. Daher fiel auch das zahlenmäßige Übergewicht von Buden und Kellern – jeweils deutlich über eintausend – gegenüber den Häusern – circa achthundert – nicht so kraß aus wie das von Mittel- und Unterschicht gegenüber den wesentlich weniger zahlreichen Angehörigen der Oberschicht. Die Giebelhäuser trugen in ihren oftmals prachtvoll gestalteten namengebenden Bestandteilen die Merkmale der jeweiligen Architektur- und Kunstepoche, angefangen von der hansischen spätmittelalterlichen Backsteingotik über die Renaissance bis hin zu barocken und frühklassizistischen Formen. Die Buden waren zumeist weniger solide als die steinernen Giebelhäuser in Fachwerkbauweise errichtet. Zwar wohnten Ober- und Unterschicht durch die Lage der Keller hauptsächlich unter den Häusern vielfach auf relativ engem Raum beisammen, dennoch gab es auch ein soziales Gefälle zwischen den Stadtteilen. In der Mittelstadt dominierten die Häuser, während sich in der Neu- und noch deutlicher in der Altstadt mehr Buden fanden. Auch innerhalb der drei Teilstädte gab es wiederum ein soziales Gefälle. An den Marktplätzen und in den Hauptstraßen konzentrierten sich die Häuser, an der Peripherie der Teilstädte sowie in den Quer- beziehungsweise Nebenstraßen hingegen häuften sich die Buden. Die politischen und geistigen Zentren der Stadt bildeten die Gebäude am Mittelmarkt und am Hopfenmarkt. Die sie verbindende Blutstraße bildete die Achse in diesem auch topographischen Spannungsverhältnis zwischen Rat und Universität. Bereits am Mittelmarkt und am Hopfenmarkt erwies sich das Prinzip der kurzen Wege zwischen Wohnlage und Haupttätigkeitsort als grundlegend, begleitet von dem Sozialprestige besonders exponierter und exklusiver Wohngegenden. So säumten den Mittelmarkt außer dem Rathaus Häuser vornehmlich von Bürgermeister, Ratsherren, Hundertmännern, Gewandschneidern, Großkaufleuten und Syndici. Am Hopfenmarkt befanden sich das Große Auditorium und das Große Kollegium der Universität sowie allein fünf der Regentien von Universitätsprofessoren, die Universitätsbuchdruckerei und weitere Professorenhäuser. Ähnlich strukturiert waren ihren Bewohnern nach die wichtigsten Straßen in unmittelbarer Nähe des Mittelmarktes und des Hopfenmarktes, wie etwa Vogelsang, Ortsund (nördlich des Rathauses gelegen), Hinter dem Rathaus, Obere Wasserstraße (westlicher Teil der Großen Wasserstraße), Steinstraße, Kröpeliner Straße, Pädagogienstraße und Breite Straße. Wirtschaftliches Zentrum der Stadt bildeten hingegen die Straßen mit den meisten der knapp 250 Brauhäuser Rostocks, besonders stabil gebauten Giebelhäusern, denen zumeist noch ein Wohnhaus als Beihaus zugeordnet war. Die Keller der Brauhäuser wurden in der Regel nicht bewohnt, sondern dienten der Bierlagerung und der Vorbereitung des Biers für den Transport. Besonders konzentriert standen – oft Haus an Haus – Brauhäuser in den Hauptstraßen der nördlichen Mittelstadt sowie der nordöstlichen Neustadt, die zum Hafen – und damit zum Ausgangspunkt des Bierexports – führten: Koßfelderstraße, Große Mönchenstraße, Burgwall, Lagerstraße, Wokrenterstraße und Schnickmannstraße. Auch andere Gewerbezweige wiesen eine ausgesprochene Konzentration in bestimmten Rostocker Straßen auf, denen sie mitunter ihren Namen gaben. Von den drei Bruchstraßen der Fischer, Gerber und Küter war schon für das Mittelalter die Rede. Die Fischer wurden – gemäß ihrer Wohnlage und der von ihnen befischten Gewässer – unterteilt in die genannten Bruchfischer für die Oberwarnow und die Strand- oder Straßenfischer in der Fischerstraße für die Unterwarnow. In gewisser Weise zählten als eine dritte Kategorie noch die Warnemünder Fischer, die Seefischer, für den Breitling und die Ostseeküste hinzu. Auch bezüglich der Spezialisierung von Handwerkern, Gewerben und Berufen zeichnete sich die Mittelstadt gegenüber Alt- und Neustadt durch die jeweils »feineren, gehobeneren« Amtsgenossen aus. Das galt etwa für die Weißgerberstraße und die Pelzergrube im Vergleich mit der Lohgerberstraße oder die Goldschmiedestraße (Glatter Aal) und die Kleinschmiedestraße bei der Marienkirche im Gegensatz zu den Grob- und Hufschmieden in der Alt- und Neustadt. Auch die Wollenweber-, Träger, Kistenmacher-, Grapengießer- und Maler- beziehungsweise Buchbinderstraße wiesen zumindest eine gewisse Konzentration der straßennamengebenden Berufe auf, wobei in der Kistenmacherstraße die Tischler oder Schnitticher beheimatet waren. In Nähe des Mittelmarktes häuften sich die Wohngebäude von Krämern, Haken, Barbieren, Riemenschneidern und Beutlern. Allerdings hätte unter diesem Gesichtspunkt die Straße Am Schilde neben dem Mittelmarkt viel eher den Namen Krämerstraße verdient als die tatsächlich so heißende Straße. Gleiches gilt für die Lange Straße bezüglich der Böttcher im Vergleich zur Großen Böttcherstraße (altstädtischer Teil der Fischbank). Die Untere Wasserstraße (südöstlicher Abschnitt der Großen Wasserstraße) beherbergte namentlich die Häuser von Schustern. Auch die Schüttinge und Gelage, das heißt die Versammlungen und Geselligkeiten dienenden Gemeinschaftshäuser der Handwerksämter, der Kaufleute und Schiffer, befanden sich in aller Regel in den Straßen mit hoher Konzentration des jeweiligen Gewerbes oder Berufes. Das vornehmste von ihnen, das Wieker Gelag, Junkergelag oder später das Haus der Brauerkompanie, stand bezeichnenderweise wiederum in der Mittelstadt in der Koßfelderstraße, der Rostocker Straße mit der höchsten Zahl von Brauhäusern. Über die Stadt stärker verteilt waren die Häuser der Schneider und Bäcker. Letztere bewohnten – vermutlich nicht zuletzt wegen der Feuergefahr – fast ausnahmslos Eckhäuser, die sogenannten Orthäuser, an Straßenkreuzungen beziehungsweise -einmündungen. Die ebenfalls feuergefährdeten Töpferhäuser befanden sich – ähnlich wie die Scheunen – in der Peripherie der Teilstädte. Gleiches galt für die Badestuben im neu- und mittelstädtischen Abschnitt der heutigen Strandstraße sowie im Fischerbruch und am altstädtischen Nordende der Grubenstraße. Möglicherweise kamen hier zur Feuergefahr auch noch sittliche Aspekte hinzu. In der städtischen Peripherie häuften sich des weiteren die Wohngebäude von Leinewebern, Müllern, berittenen Ratsdienern, Knochenhauern, Landfuhrleuten, Gärtnern, Pächtern städtischer Landgüter, Pferdekäufern, Schweineschneidern und -hirten, somit die inhaltliche und räumliche Nähe zum agrarischen Umfeld Rostocks widerspiegelnd. Gleiches galt für die allerdings durchaus respektablen Stadthäuser Adliger in Rostock, die bezeichnenderweise den Stadttoren am nächsten lagen, durch welche die adligen Gutsherren auf dem kürzesten Wege ihre jeweiligen Lehngüter in Mecklenburg erreichen konnten. Vertrauenswürdige Bürger als Inhaber von Gebäuden in der Nähe der zahlreichen Land- und Strandtore hatten neben ihrem normalen noch einen zusätzlichen »Beruf«: Sie verwahrten für das jeweilige Stadttor die Schlüssel und genossen dafür Steuervergünstigungen. So durchzog das sozialtopographische Prinzip der kurzen Wege die Stadt Rostock von ihren Zentren bis in ihre Peripherie.

Wallenstein vor den Toren – kaiserliche Besetzung im Dreißigjährigen Krieg

Der Ausbruch des Dreißigjährigen Krieges in Böhmen berührte Rostock und Mecklenburg nicht nur wegen der relativ großen Entfernung der Kriegsereignisse zunächst wenig. Das Land und seine größte Stadt hatten noch andere Sorgen. Wieder einmal stritt sich ein herzogliches Brüderpaar, Adolf Friedrich I. (1588-1658) und Johann Albrecht II. (1590-1636), um die Herrschaft in Mecklenburg. Die jungen Landesherren, die ihre Möglichkeiten und persönlichen Fähigkeiten offenbar maßlos überschätzten, reagierten allerdings auf Kritik empfindlich. Das bekam der Rostocker Bürgermeister Dr. Heinrich Stallmeister († 1632) zu spüren, dessen kritische Bemerkungen über den jungen Herzog Johann Albrecht letztlich zur Aufgabe seines Bürgermeisteramtes führten. 1621 setzten die Herzöge dann die zweite mecklenburgische Hauptlandesteilung in die Herzogtümer Schwerin und Güstrow durch, die sich schon seit etwa einem Jahrhundert angedeutet hatte. Die Landstände zementierten im Gegenzug ihre Rechte und konnten als Wahrer der staatlichen und kirchlichen – angesichts der Neigung von Herzog Johann Albrecht zum Kalvinismus – Einheit des Landes auftrumpfen. Rostock selbst blieb bei beiden Herzogtümern gemeinsam und wurde mit Wismar, Parchim, Neubrandenburg und Güstrow städtisches Mitglied im Engeren Ausschuß der Landstände, sozusagen einer ständischen Nebenregierung, in der neben den fünf Städtevertetern vor allem sechzehn ritterschaftliche Mitglieder tonangebend waren.

In den ersten beiden Jahrzehnten des 17. Jahrhunderts wollte das wirtschaftlich florierende Rostock auch endlich das Ostufer der Warnow zwischen Breitling und Dierkow an sich bringen, da die Moltke auf Toitenwinkel völlig überschuldet 1598 das riesige Gut an die Stadt hatten verpfänden müssen. Mit Rückendeckung durch die Landesherrschaft und die Ritterschaft erwarb 1610 aber der Landrat Gebhard von Moltke (1567-1644) das Gut von seinem verschuldeten Toitenwinkler Verwandten. Über die Schuldentilgung entspann sich sogleich ein langwieriger Streit zwischen dem Landrat, der auch ein Haus in der Rostocker Steinstraße besaß, und der Stadt, der erst zu Beginn des Dreißigjährigen Krieges beendet wurde. Er näherte sich Mecklenburg und Rostock bedrohlich, als nach dem böhmisch-pfälzischen Auftakt Dänemark kurzzeitig zur Hauptkraft des protestantischen Lagers wurde und der Krieg auf Norddeutschland übergriff. Da der Handel Rostocks, das 1625 gerade eine schwere Sturmflut überstanden hatte, mit Skandinavien und namentlich mit Dänemark von entscheidender Bedeutung war, berührte die neue Kriegskonstellation nunmehr auch die Stadt an der Unterwarnow. Noch 1621 war eine Rostocker Gesandtschaft beim dänischen König vorstellig geworden, um Probleme des Bierexportes zu regeln. Neutralität hieß das Mittel, mit dem man sich in Rostock über die gefährlichen Zeiten retten wollte. Ähnliches versuchten auch die mecklenburgischen Herzöge, obwohl sie konfessionell und aus politischen Erwägungen eher dem Dänenkönig als dem Kaiser zuneigten. Aber die vernichtende Niederlage des dänischen Königs Christians IV. (1577-1648) gegen den Feldherrn der katholischen Liga, Johann Tserclaes Tilly (1559-1632), im Jahre 1626 und diplomatische Ungeschicklichkeiten der mecklenburgischen Herzöge zogen den Krieg 1627 auch nach Mecklenburg. Dabei wurde Tilly rasch vom kaiserlichen Feldherrn Albrecht Wallenstein (1583-1634) ausgestochen, in dessen kühnen und ehrgeizigen persönlichen Plänen Mecklenburg und auch Rostock neben Wismar eine besondere Rolle zugedacht war. Nicht so sehr seinen gar nicht so sicheren Mauern und Befestigungsanlagen, die allerdings seit dem Vorabend des Krieges modernisiert worden waren, sondern seiner Finanzkraft verdankte es Rostock, daß es als einzige Stadt in Mecklenburg bis 1628 keine kaiserliche Besatzung aufnehmen mußte. Von den nach Plänen des berühmten holländischen Festungsingenieurs Johann van Valckenburg (1575-1625) angelegten Wehrbauten sind heute noch gut zu erkennen die Dreiwall-Bastion südlich des Kröpeliner Tors sowie die Fischerbastion vor dem Bramower Tor. Der Freikauf von einer kaiserlichen Besatzung war nur eine Atempause, da 1628 klar wurde, daß Wallenstein Mecklenburg als Herzogtum für seine Verdienste gegenüber dem Kaiser beanspruchte und die Vertreibung der angestammten Herzöge durchsetzte. Ohne Rostock wäre Wallensteins neues Herzogtum wesentlich weniger bedeutend gewesen. Daher nutzte er die traditionelle Schwachstelle der Rostocker Position, Warnemünde, um durch das oft bewährte Mittel der Blockade die Stadt in die Knie zu zwingen. In einem für Wallenstein typischen Wechsel von nackter Drohung und Entgegenkommen verstärkte er nach seinem Scheitern vor Stralsund den Druck auf Rostock. Bürgermeister und Rat, die Widerstand für aussichtslos und gefährlich hielten, aber auch auf zum Kampf entschlossene Teile der Bürgerschaft, die seit 1625 zu militärischen Zwecken in 13 Fahnen organisiert war, Rücksicht nehmen mußten, handelten schließlich angesichts der vor der Stadt zusammengezogenen Truppen relativ glimpfliche Bedingungen einer Kapitulation aus. Nach dem damals führend beteiligten Bürgermeister Johann Luttermann (1582-1657) und Wallenstein, der das eigentliche Rostock nie betrat, wurden später zwei Straßen beim St.-Georg-Hospital vor dem Steintor benannt, wo die entscheidenden Verhandlungen stattfanden. Am 18. Oktober 1628 wurde Rostock mit eintausend Mann Garnison besetzt. Diese Besetzung und das Nachgeben gegenüber Wallensteins Forderungen haben – zumindest für einige Jahre – Rostock eher genützt als geschadet. Ganz ohne Heldentaten kam man aber auch in Rostock nicht aus. Wenn schon nicht in der Wirklichkeit, so doch zumindest in der Sage. Danach haben die Rostocker Träger während einer Belagerung durch die Kaiserlichen die geplante Überrumpelung der Stadt mittels eines unterirdischen Ganges vereitelt und die eindringenden Feinde am Ende des Ganges in der Nähe der Marienkirche nacheinander abgemetzelt. Die entsprechende Straße erhielt daher den Namen Blutstraße. Dem Amt der Träger aber wurden für diese Heldentat besondere Vergünstigungen zuteil. In Wahrheit bedeutete Blutstraße wohl bloße, das heißt eine im Unterschied etwa zur Steinstraße nicht befestigte Straße. Außerdem entstand der Name Blutstraße nicht erst im Dreißigjährigen Kriege, sondern ist spätestens schon im 15. Jahrhundert belegt. Der in der Sage gleichfalls erwähnte Breite Stein diente nicht etwa als Denkmal für das Ende des unterirdischen Ganges, sondern könnte ein früherer Gerichtsstein in der nach ihm benannten südöstlichsten Ecke des Hopfenmarktes und damit an der Grenze zwischen Neu- und Mittelstadt gewesen sein.

Die Ermordung des kaiserlichen Kommandanten

Nachdem mit Rostock im Oktober 1628 ganz Mecklenburg in Wallensteins Hand war, kehrten nochmals relativ ruhige Zeiten für das Land und seine größte Stadt zurück, die bis dahin seit dem Ausbruch des Dreißigjährigen Krieges nur durch die Ereignisse der Jahre 1627/28 unterbrochen worden waren. Wallenstein mühte sich bewußt, seinem neuen Herzogtum Mecklenburg die negativen Kriegsauswirkungen möglichst fernzuhalten. Das bekam auch Rostock positiv zu spüren. Handel und Wandel wurden durch den Krieg – zumindest in ihren quantitativen Aspekten – wenig in Mitleidenschaft gezogen, erlebten sogar eine Blüte, ähnlich wie die Universität Rostock. Die oft hervorgehobene geplante Berufung eines der damaligen führenden Naturwissenschaftler, des Astronomen Johannes Kepler (1571-1630), kam zwar nicht mehr zustande. Doch stand ihm der damals in Rostock wirkende Philosoph und Naturwissenschaftler Joachim Jungius (1587-1657) in seiner internationalen Bedeutung kaum nach. Rostocker Medizinprofessoren wie Johannes Fabricius (1576-1652) und Simon Pauli d.J. (1603-1680) führten nicht nur die ruhmvolle Tradition der Mediziner des 16. Jahrhunderts in Rostock fort, sondern halfen der Stadt auch in ihrem Umgang mit den Mächtigen der Zeit wie Wallenstein oder dem dänischen König. Auch die protestantische theologische Fakultät konnte unter dem Katholiken Wallenstein gedeihen. Davon zeugte die Wirksamkeit Paul Tarnows (1562-1633) und Johann Quistorp d.Ä. (1584-1648). Letzterer war es dann auch, der zum Ende der kaiserlichen Besetzung in Rostock größeres Ungemach von der Stadt abwendete. Spannungen in Rostock zwischen der Besatzung und den Bürgern und Einwohnern hatten zugenommen, als der wagemutige Schwedenkönig Gustav II. Adolf (1594-1632) im Juli 1630 auf Usedom gelandet war und seine kriegerischen Aktivitäten nicht nur auf Pommern, sondern auch nach Mecklenburg auszudehnen begann. Die Rostocker Besatzung wurde dagegen vergrößert, der Druck auf die Bewohner stieg, die Nervosität wuchs. Vor diesem Hintergrund ermordete am 1. Februar 1631 der Jurist Jacob Vahrmeyer (um 1588-1631) den kaiserlichen Stadtkommandanten, zu dem er Zutritt hatte, da er ihm Unterricht zu erteilen pflegte. Die Tatmotive waren unklar. Vahrmeyer selbst interpretierte nach seiner Entdeckung die Tat als gottgefällig und daher als politischen Mord. Er selbst starb an den Folgen der Folter, der er unterzogen wurde. Das kaiserliche Militär, ohnehin durch die schwedische Bedrohung gereizt, war willens, Rache an der Rostocker Bevölkerung zu nehmen. Da schaltete sich Johann Quistorp als Rektor der Universität ein und erwies sich nicht nur als tüchtiger

Theologe, sondern als ebenso exzellenter Politiker und Diplomat. Ihm gelang es, den Unmut des erregten Militärs zu besänftigen. Wenige Wochen später zeigte das Massaker bei der Erstürmung Neubrandenburgs durch Tillys Truppen, welch möglichem schrecklichen Schicksal die Rostocker entgangen waren. An Vahrmeyer erinnert in gewisser Weise die berühmte astronomische Uhr in der Rostocker Marienkirche. Sie wurde wenige Jahre nach dem Tode Vahrmeyers einer gründlichen Reparatur unterzogen, verbunden mit einer Erneuerung ihrer Kalenderscheibe. Hierfür soll nach einer Überlieferung ursprünglich der astronomisch gebildete und mit Astrologie beschäftigte Vahrmeyer Berechnungen angestellt haben. An der Uhr selbst deutet die nach ihrer Erneuerung 1643 angebrachte Abbildung auf den Rostocker Ratsherrn Zacharias Sebes (1601-1650) als offensichtlich um ihre Reparatur verdiente Persönlichkeit hin. Sein Grabstein befindet sich noch heute unweit der Uhr. Ähnlich wie bei Vahrmeyer sind die tatsächlichen Leistungen Sebes in diesem Zusammenhang bislang nicht näher bekannt. Immerhin war wohl auch die Erneuerung der Uhr mitten im Dreißigjährigen Kriege ein Indiz für die relativ glimpflichen damaligen Verhältnisse in Rostock im Vergleich mit großen Teilen des übrigen Mecklenburgs. Durch diese Reparatur wurden in schweren Zeiten die Voraussetzungen dafür geschaffen, daß die astronomische Uhr der Rostocker Marienkirche, im 15. Jahrhundert geschaffen, noch heute als eine der wenigen ihrer Art ihre ursprüngliche Funktionstüchtigkeit bewahrt hat.

Herzogliche Rückeroberung im Schatten der Schweden

Im Laufe des Jahres 1631 begann für große Teile Mecklenburgs die Schwedenzeit. König Gustav Adolf ermöglichte den angestammten Herzögen Adolf Friedrich I. und Johann Albrecht II. die Rückkehr aus dem Exil, dafür allerdings auch auf ein Bündnis mit ihnen pochend. Wiederum war das befestigte Rostock eine der letzten Bastionen wie im Jahre 1628, damals vor den Kaiserlichen, diesmal vor den Schweden. Nach fast genau drei Jahren kaiserlicher Besatzung kapitulierte diese am 16. Oktober 1631. Erneut liefen Belagerung und Übergabe der Stadt recht glimpflich ohne größere Verluste an Menschen und Gebäuden ab. Die Ratsprotokolle fanden es immerhin mitten in der Belagerungszeit noch für wichtig genug, über das Eindringen eines Wildschweins durch das Steintor in die Stadt zu berichten, das dann von den Kaiserlichen gefangen wurde. Einige Brandschäden gab es allerdings in der Fischerstraße. Zu beklagen war auch die Zerstörung der St.-Georg-Kirche im

Hospital vor dem Steintor. Schlimmer erging es denjenigen Angehörigen der Ritterschaft, die durch Wallenstein in seine Verwaltung des Landes einbezogen worden waren, wie etwa Gebhard Moltke auf Toitenwinkel. Er floh ins Exil nach Lübeck und wurde wegen Verrats gegenüber seinen Landes- und Lehnsherren durch letztere seiner Güter entsetzt. Rostock gelangte aber wiederum nicht in den begehrten Besitz Toitenwinkels, weil hohe Offiziere der schwedischen Armee damit abgefunden wurden. Als die Rostocker ihnen wenigstens die offenen Schuldforderungen an Gebhard Moltke präsentieren wollten, wurden sie von den neuen Machthabern daran erinnert, daß Rostock von den Siegern über die Kaiserlichen keine Zinszahlungen verlangen könne, da die Stadt selbst ihren angestammten Herzögen die Treue gebrochen hätte, als sie ihre Tore den Wallensteinschen öffnete. Vorwürfe wurden diesbezüglich übrigens auch einigen prominenten Mitgliedern des Rostocker Rates seitens der Landesherrschaft gemacht. So mußten aus diesem Grund etwa Bürgermeister Johann Luttermann und Ratsherr Johann Maeß († 1536) zeitweilig ihre Ämter ruhen lassen. Die »Befreiung« durch die Schweden hatte eben auch für Rostock ihren Preis. Dies bezog sich namentlich auf den 1632 durch die mecklenburgischen Herzöge den Schweden zugebilligten Zoll vor Warnemünde. Eine große Bedeutung als Zufluchtsort für Angehörige aller Stände aus der näheren und ferneren ländlichen und kleinstädtischen Umgebung Rostocks gewann die Stadt, als sich 1635 nach dem Prager Frieden auch die mecklenburgischen Herzöge dem Kaiser wieder annäherten und damit die Vergeltung der zeitweilig ins Hintertreffen geratenen Schweden herausforderten. Hinter den Mauern Rostocks lebte es sich auf jeden Fall erträglicher als in den meisten Gebieten Mecklenburgs, die immer mehr zu wehrlosen Objekten entarteter Soldateska aller Kriegsparteien wurden. Auch der todkranke Begründer der Völkerrechtslehre, der Niederländer Hugo Grotius (1583-1645), fand nach einem Schiffbruch Unterschlupf in Rostock und starb dort 1645 – ungeachtet des konfessionellen Gegensatzes zwischen Lutheranern und Kalvinisten – unter dem geistlichen Beistand Johann Quistorps. Die eigentliche Katastrophe stand Rostock erst Jahre nach dem Westfälischen Frieden von 1648 bevor.

Ernst Münch

Niedergang und Stagnation. 1648 bis 1806

Vom Krieg in die Katastrophe: Westfälischer Frieden und Stadtbrand

Hatte Rostock den Dreißigjährigen Krieg im Unterschied zu Mecklenburg insgesamt und vielen seiner Städte glimpflich überstanden, so erlebte es dennoch in der zweiten Hälfte des 17. Jahrhunderts eine entscheidende Wende seiner Geschichte, die der Stadt an der Unterwarnow bis zum Ende der frühen Neuzeit Niedergang und Stagnation brachte. Zunächst herrschte auch in Rostock Freude über den endlich beschlossenen Frieden, den man sich schon kaum mehr vorzustellen vermochte. Selbst der Schwedenzoll vor Warnemünde und die Beteiligung Rostocks an der sogenannten schwedischen Satisfaktion, Zahlungen Mecklenburgs an die schwedische Krone, bedeuteten keinen sofortigen Niedergang oder gar Ruin von Wirtschaft und Handel, auch wenn es die Rostocker schon wurmte, daß obendrein zum Schwedenzoll der schwedische Kommandant in Warnemünde, ein mecklenburgischer Adliger, vor ihrer Nase und ohne Nutzen für sie Getreide aus seinen mecklenburgischen Gütern über die Ostsee ausschiffte. Gravierender war demgegenüber das Siechtum der hansischen Verbindungen, das nicht zuletzt durch die Zerschlagung des ehemals führenden wendischen Quartiers der Hanse in ihrem völligen Niedergang endete. Stralsund, Wismar, Greifswald – an Schweden gefallen – hatten nunmehr günstigere Verbindungen nach Skandinavien als Rostock, das erst allmählich an die alten Kontakte anknüpfen konnte. Stralsund überflügelte Rostock erneut, ähnlich wie bereits in früheren Rostocker Krisenzeiten. Angesichts der grundlegend veränderten politischen und wirtschaftlichen Verhältnisse und Bedingungen in der zeitweiligen schwedischen Vorherrschaft im Ostseeraum traten die schon immer vorhandenen unterschiedlichen Interessen der Hansestädte noch stärker in den Vordergrund und ließen den Hansetag von 1669 zum letzten werden. Rostock mußte ohne den traditionellen hansischen Rückhalt zusehen, wie es zwischen den teilweise sehr gegensätzlichen Interessen der für die Stadt wichtigen politischen Kräfte, der Herzöge von Mecklenburg, der schwedischen Krone und dem für den Rostocker Handel besonders bedeutsamen dänischen Königreich zurechtkam. Die zeitweilige Wiederherstellung der Einheit Mecklenburgs nach dem frühen Tode des Güstrower Herzogs Johann Albrecht II. 1636 unter seinem Bruder Herzog Adolf Friedrich, der seinen unmündigen Neffen kurzerhand in seine Gewalt gebracht hatte, war nach dem Tode Adolf Friedrichs 1658 neuem Zwist gewichen. Auch Rostock wurde hierin wieder verwickelt: Bereits 1659 kam es beinahe zur nur mühsam beigelegten Konfrontation des Schweriner Herzogs Christian I. (Louis) (1623-1692) und des Güstrower Herzogs Gustav Adolf (1633-1695) mitten in Rostock. Inzwischen hatten auch neue Kriege gegen die schwedische Vorherrschaft in Nordeuropa und Norddeutschland begonnen, die wiederum Mecklenburg in Mitleidenschaft zogen. Aber erst der verheerende Stadtbrand von 1677 bedeutete für Rostock den Umschwung von allmählich zunehmenden Problemen in eine schlagartig eintretende Katastrophe mit Langzeitwirkung. Nicht von ungefähr hatte die Feuerordnung als Bestandteil der Rostocker Polizeiordnung vom 14. April 1576 darauf hingewiesen, daß neben den Gastwirten, Herbergsleuten und Brauern besonders die Bäcker morgens und abends auf Feuer und Licht sorgfältig achten sollten.

Stadtbrand von 1677, Kupferstich von Amadeus von Fridleben

Am 11. August 1677 passierte es dann: Im Backhaus – wie die meisten Rostocker Backhäuser an einer Straßenecke gelegen – an der Ecke Altschmiedestraße – Große Goldstraße in der Altstadt entstand ein Brand, der nicht rechtzeitig gelöscht werden konnte. Verheerend wirkte ein starker und trockener Südostwind, der die Flammen unaufhaltsam geradewegs in die Stadt hinein vorantrieb. Erst nach zwei Tagen wurde man des Feuers Herr, nicht zuletzt, weil es zu regnen begann. Die Verluste an Gebäuden waren niederschmetternd. Fast die gesamte nördliche Altstadt – unter anderem die Kirche des ehemaligen Katharinenklosters – fiel den Flammen zum Opfer. Zu den zerstörten circa siebenhundert Häusern und Buden, etwa ein Drittel aller Gebäude in der Stadt überhaupt, zählten aber auch erhebliche Teile der nördlichen Mittelstadt. Erst in der Wokrenterstraße, also am Anfang bereits der Neustadt, endete die Vernichtungsspur des Brandes. Noch dramatischer als die zahlenmäßigen Verluste war die Tatsache, daß gerade die Zentren des Rostocker Brauwesens zerstört worden waren. Die abgebrannten Straßen Große Mönchenstraße, Koßfelderstraße, Burgwall und Lagerstraße wiesen bis dahin

die höchste Zahl an Brauhäusern auf. Zwar war deren Zahl bereits nach dem Dreißigjährigen Kriege leicht rückläufig, doch nun fiel sie schlagartig von knapp zweihundert auf unter einhundert. Die Brauhäuser der Altstadt, bis 1677 immer hinter den Zahlen der Mittel- und Neustadt zurückstehend, rückten jetzt unvermutet in den Vordergrund. Die Einwohnerzahl sank auf unter die Hälfte der besten Jahre. Die besonders stark betroffenen 8. und 9. Fahne in der nordwestlichen Altstadt sowie in der Mittelstadt wurden mit benachbarten Fahnen zusammengelegt. Die Zahl der Fahnen betrug daher seit Anfang der 1680er Jahre nur noch 11 statt 13. Der mittelalterlich-frühneuzeitliche Glanz Rostocks war an zwei Augusttagen des Jahres 1677 in Schutt und Asche versunken, die die Rostocker Prediger als Gottesgericht angesichts der Sündhaftigkeit der Stadtbewohner interpretierten. In der literarischen Verarbeitung der Katastrophe leuchtete nochmals die ehemalige Bedeutung der alten Hansestadt auf, auch wenn man sich in der barocken Schwülstigkeit der Zeit bis in unangebrachte Vergleiche mit den Hauptstädten der Antike verstieg:

So sahe Troja aus ! So hatte Welschlands Macht
Durch ungeheuren Brand der Afrikaner Pracht
Die stolze Didons-Burg verheert ! verseert ! zustöhret !
So ward dein Guth in Gluth/ dein ichts in nichts verkehret
Du edles Kapua ! So fiel Korinthus hin
Indem die Loh aufflog. Der Erden Kayserin
Das Rom der Römer Ruhm war also anzusehen
Als es des Wütrichs Wuth in Flammen auf ließ gehen
Und sands dem Himmel zu; wie unser Rostock liegt
Zutrümmert ! halb geschleifft ! zerstückt ! verrückt besiegt
Von vieler Gluthen Wuth ! Wo schöne Häuser stunden
Wird weder Fach noch Dach und nichts als ach ! gefunden.

Bis zur Mitte des 18. Jahrhunderts sollte es dauern, bis die wüstgewordenen Gebäudegrundstücke wieder aufgebaut wurden. Sorgen und Resignation machten sich in der ehemals blühenden Stadt breit. Unter diesem Gesichtspunkt gewann auch das private, sehr drastische Lebensmotto eines damaligen Rostocker Ratsherrn, Matthias Priestaff († 1691), dem wir auch Tagebuchaufzeichnungen über das endende 17. Jahrhundert in Rostock verdanken, eine Dimension, die über seine individuelle Befindlichkeiten hinausreichte:

Scheißen und Sorgen
Weckt mich all Morgen:
Scheißen laß vorgehen,
Sorgen zurückestehen.

Residenz unter Herzog Friedrich Wilhelm

Im letzten Drittel des 17. Jahrhunderts machte sich in Rostock Lethargie breit, die nicht zuletzt durch den großen Stadtbrand von 1677 sowie dänische und brandenburgische Besatzungen in den Kämpfen gegen die allmählich abbröckelnde schwedische Vorherrschaft ausgelöst wurde. Namentlich Warnemünde hatte wiederum unter den wechselvollen militärischen Konstellationen zu leiden. Auch nach dem zeitweiligen Abebben kriegerischer Ereignisse von 1686 bis 1711 gingen von der Stadt Rostock selbst kaum Impulse im Sinne eines erneuten Aufschwungs aus. Mehr und mehr griff – auch an der Universität – Provinzialität um sich. Bezeichnenderweise weckten erst die absolutistischen Absichten der Schweriner Herzöge nach 1700 Rostock aus seinem Dämmerschlaf zu neuen Kämpfen für seine nach wie vor gegebene relativ selbständige Stellung innerhalb Mecklenburgs, allerdings auch zu erneut aufflammenden innerstädtischen Auseinandersetzungen. War Rostock seit der zweiten Hauptlandesteilung im Jahre 1621 den beiden mecklenburgischen Herzogtümern Schwerin und Güstrow gemeinsam verblieben, so änderte sich 1695 durch den Tod des Güstrower Herzogs Gustav Adolf und das Erlöschen der Güstrower Linie die Situation wiederum. Der Schweriner Herzog Friedrich Wilhelm (1675-1713) wollte die Chance nutzen, die Landeseinheit – selbstverständlich unter seiner Regie – wiederherzustellen. Doch sein Onkel Adolf Friedrich II. (1658-1708) machte ihm einen Strich durch die Rechnung. So kam nach sechs Jahren 1701 im Hamburger Vergleich die dritte Hauptlandesteilung Mecklenburgs zustande. Der größere Teil des Landes, die ehemaligen Herzogtümer Schwerin und Güstrow – und damit auch Rostock – kamen als Herzogtum Mecklenburg-Schwerin an Friedrich Wilhelm, während sein Onkel mit dem ostmecklenburgischen Land Stargard und dem nordwestmecklenburgischen Fürstentum Ratzeburg als Herzogtum Mecklenburg-Strelitz abgefunden wurde. Herzog Friedrich Wilhelm trachtete als echtes Kind seiner Zeit danach, sein Herzogtum im absolutistischen Sinne zu regieren. Heftige und zum Teil kleinlichste Auseinandersetzungen mit der Ritterschaft standen auf der Tagesordnung. Hingegen gestaltete sich das Verhältnis des hochfahrenden Herzogs gegenüber den Städten günstiger. Nicht nur Schwerin hatte ihm städtebauliche Förderung zu danken. Zuvor war Rostock seit 1702 für einige Jahre als herzogliche Residenz auserkoren worden – ein Vorhaben beziehungsweise eine Absicht, die auch Friedrich Wilhelms Nachfolger immer wieder als Kombination von Drohung und Verlockung gegenüber der Stadt bekundeten. Drohend wirkte die Gefahr der schwindenden politischen Selbständigkeit der Stadt, verlockend die Aussicht auf Förderung von Handwerk, Handel und Gewerbe durch die dauerhafte Anwesenheit des Hofes. Unter Friedrich Wilhelm begann denn auch der Bau des Neuen Palais an der Südseite des Hopfenmarktes. Möglicherweise stellten sich aus Rostocker Sicht die Zeiten Friedrich Wilhelms nur im Nachhinein als relativ günstig dar, weil durch seinen Bruder und Nachfolger, Herzog Karl Leopold (1678-1747), der Stadt und ihrer Stellung ungleich größere Gefahren erwuchsen. Immerhin deuteten auch schon die von Herzog Friedrich Wilhelm veranlaßte gewaltsame Besetzung des großen adligen Gutskomplexes Toitenwinkel sowie des Rostocker Stadtgutes Stuthof an, wie sich der herzogliche Druck auf die Stadt verstärkte. Zunächst machten dem die erneute dänische Besetzung Rostocks 1711 im Zuge des Nordischen Krieges und der frühe Tod des Herzogs 1713 ein Ende.

Herzog Karl Leopold contra Rostock

Mit dem Regierungsantritt Herzog Karl Leopolds begann für Mecklenburg bis 1755 und für Rostock bis 1788 eine Zeit langwieriger heftiger Auseinandersetzungen zwischen den Landesherren einerseits und den Landständen beziehungsweise Rostock andererseits. Sie endeten für die Landstände, insbesondere die Ritterschaft, mit bemerkenswerten Erfolgen im berühmten Landesgrundgesetzlichen Erbvergleich von 1755. Für Rostock allerdings bedeutete der neue Erbvertrag von 1788 eine endgültige Unterstellung unter die herzogliche Landeshoheit.

Ausgelöst wurden diese Auseinandersetzungen durch die gewalttätige Politik Karl Leopolds, der die absolutistischen Bestrebungen seines Bruders Friedrich Wilhelm nahtlos fortsetzte und auf die Spitze trieb. Noch im Jahre 1713 begannen die Streitigkeiten mit Rostock. Militärische Machtdemonstration, Terror und die altbekannten Widersprüche zwischen der städtischen Oberschicht und den weniger privilegierten Stadtbewohnern ausnutzend, preßte der Herzog 1715 Rostock im Schweriner Vertrag die Militärhoheit, das Jagdrecht in der Rostocker Heide sowie die Steuerhoheit ab. Zuvor hatte er kurzerhand den gesamten Rostocker Rat und das Hundertmännerkollegium in Rostock und später in Schwerin inhaftieren lassen. Doch schmiedete Karl Leopold, der parallel auch gegen die Ritterschaft gewaltsam vorging, durch diese Repressalien die Front seiner Gegner nur noch fester zusammen. Rostock und die Ritterschaft liefen Sturm beim Kaiser und bei den Nachbarn Mecklenburgs, um dem gewalttätigen Herzog Einhalt zu gebieten. Letzterer, der seit 1714 auch den Warnemünder Zoll von den Schweden an sich bringen konnte, setzte gegen den sich formierenden inneren und äußeren Widerstand auf die Hilfe des mit ihm verschwägerten Zaren Peter I. (1672-1725). Russische Truppen verliehen den herzoglichen Forderungen gegenüber den Ständen und namentlich auch Rostock Nachdruck. Das Weiße Kolleg am Rostocker Hopfenmarkt wurde zeitweilig zum Gefängnis für einige Angehörige der Ritterschaft, die sich nicht rechtzeitig aus Mecklenburg abgesetzt hatten wie viele ihrer Standesgenossen. 1719 schließlich wurde das außergewöhnliche Mittel einer militärischen Reichsexekution gegen Karl Leopold eingesetzt, was eine jahrzehntelang anhaltende Konfusion der Herrschaftsverhältnisse in Mecklenburg auslöste, da der halsstarrige Herzog keineswegs aufzugeben gedachte. Für Rostock immerhin, das 1719 Sitz der kaiserlichen Kommission gegen Karl Leopold wurde, schienen die alten Zustände zurückzukehren. Die städtische Obrigkeit ließ das Rathaus im Gefühl ihrer wiedererlangten Machtposition durch einen barocken Vorbau verschönern. Doch man sollte sich verrechnet haben. Zwar wurde Karl Leopold schließlich 1728 als Herzog suspendiert. Sein Bruder Christian Ludwig II. (1683-1756) folgte ihm zunächst als kaiserlicher Beauftragter und nach dem Tode Karl Leopolds 1747 als Herzog nach. Doch so sehr sich der neue Herzog in seinem Wesen auch von seinem Bruder unterschied, der ihn abgrundtief gehaßt hatte, gegenüber Rostock knüpfte Christian Ludwig sofort an die Politik Karl Leopolds an. Allerdings hatte der neue Herzog ein viel größeres diplomatisches Geschick als sein blindwütig agierender verstorbener Bruder. Christian Ludwig nutzte die Unzufriedenheit vieler Rostocker und der Warnemünder mit der Stadtobrigkeit aus. Als neues Forum der Opposition – ihr Versammlungsort war der Schusterschütting direkt hinter dem Rathaus – hatten sich die von Handwerkern dominierten »Gewerker« oder »Tausende« in deutlichem Gegensatz nicht nur zum Rat, sondern auch zu den Hundertmännern mit ihrem Übergewicht der Brauherren und Kaufleute gebildet. Auf der Woge der Proteste der Tausende sowie verbunden mit militärischer Drohung durch den Herzog brachte letzterer im April 1748 eine Konvention mit dem Rostocker Rat zustande, die im Prinzip das – zumindest auf dem Papier – realisierte, was Karl Leopold mit brachialer Gewalt vergeblich hatte durchsetzen wollen.

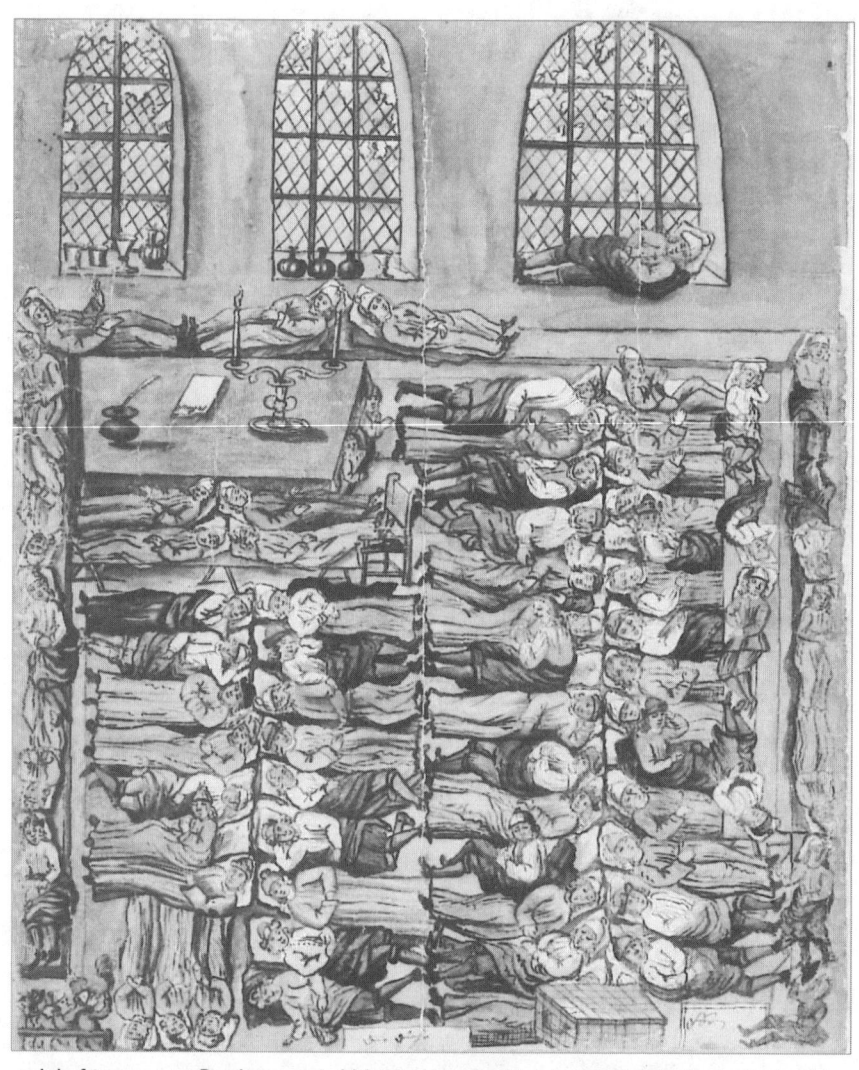

Inhaftierung von Ratsherren und Mitgliedern des Hundertmännerkollegiums durch
Herzog Karl Leopold von Mecklenburg, 1715

Das Stadtrecht von 1757

Es mutete schon eigenartig an, daß erst Jahrhunderte nach der Stadtrechts-bestätigung ein Rostocker Stadtrecht schriftlich fixiert und im Druck erschien. Die Präambel dieses Rechts wies daher ausdrücklich darauf hin, daß Rostock lange Zeit die 1586 publizierten Statuten der Stadt Lübeck auch als Rostocker Stadtrecht angesehen und benutzt hatte. Wegen vieler inzwischen eingetretener Mißverständnisse, Irrungen und kostspieliger Prozesse hätte man sich aber nunmehr entschlossen, ein eigenes Rostocker Stadtrecht zu verfassen, immer aber noch auf der Grundlage des Lübischen Rechts, dem das Rostocker Stadtrecht bis in die Einzelformulierungen weitgehend und oft wörtlich folgt. Dieses Vorbild war auch auf den ersten Blick bereits aus dem Aufbau des Rostocker Stadtrechts von 1757 ablesbar. Es gliederte sich in sechs große Teile, die der Schwerpunktsetzung des Lübischen Vorbildes entsprachen. Hauptsächlich fanden sich Bestimmungen erstens über Bürgermeister, Ratsherren, Bürger und Einwohner der Stadt und deren Ehesachen, zweitens über Erbschaftsangelegenheiten, drittens über Geldgeschäfte und Bausachen, viertens über Verbrechen und ihre Bestrafung, fünftens über die Prozeßführung vor Gericht und sechstens schließlich über den Seehandel. Im ersten Abschnitt klangen bezüglich der Bürgermeister und Ratsherren – damals hatte sich allmählich der Begriff Senatoren eingebürgert – traditionelle Kritikpunkte der antirätlichen Opposition an, wenn genaue Bestimmungen über die Unzulässigkeit von gleichzeitiger Ratsmitgliedschaft zu nahe Verwandter getroffen wurden. Die damalige Herrschaft der Leibeigenschaft auf dem Lande – durch den Landesgrundgesetzlichen Erbvergleich des Jahres 1755 für Mecklenburg gerade wieder festgeschrieben – zeigte sich am strikten Verbot der Aufnahme entlaufener leibeigener Untertanen als Bürger in Rostock. In Familiensachen gab bezeichnenderweise in strittigen Fragen die väterliche Meinung den Ausschlag. Typisch für das Fortwirken des traditionellen Lübischen Rechts war die Zulässigkeit auch eines mündlichen Testaments. Besondere Aufmerksamkeit fanden die Bauangelegenheiten. Wüste Stellen sollten mit Häusern innerhalb von sechs Jahren bei angedrohtem Verlust wieder bebaut werden, Gartenplätze und Torwege noch kurzfristiger. Der Nachbar durfte beim Neu- oder Wiederaufbau nicht geschädigt werden, alle Gebäude sollten mit Stein und Kalk errichtet und ein »Privet« oder ein Schweinekoben nicht zu nahe an eine Straße, einen Kirchhof oder einen Nachbarn erbaut werden. Ohne Zustimmung durch die Nachbarn durften feuer- und sonstige gefährliche Gebäude nicht neu eingerichtet werden. Hierzu zählten Brau-, Schmiede-, Töpfer- und

Lehmhäuser oder gefährliche und »unleidliche« Handwerke wie Talgschmelzer, Gold- und Kupferschläger, Grapengießer, Knochenhauer, Böttcher, Seifensieder, Branntweinbrenner und Krüger. Bei den Verbrechen und Schädigungen standen der Diebstahl von Pferden sowie Verstöße durch Hufschmiede, Kutscher und Fuhrleute sehr im Vordergrund. Unzüchtige Weiber sollten in der Stadt nicht geduldet, Huren und Kuppler gleichermaßen gestraft werden. Ehebruch und Totschlag wurden gemäß der Peinlichen Halsgerichtsordnung Kaiser Karls V. (1500-1558) an Leib und Leben, Notzucht mit dem Schwert gestraft. Selbstmord galt bei »Melancholie« oder »Tollheit« als weniger strafbar. Feuer oder Rad standen nach wie vor auf Zauberei, Wahrsagerei und Giftmischerei. Als Orte mit besonderem Rechtsschutz, dem sogenannten Burgfrieden, fanden Hervorhebung der Rat, das Gericht, die Kirchen, die Friedhöfe, das Rathaus, die Marktbuden, die Weinkeller, die Fleisch-Schrangen (Fleischverkaufsstände), die Waage (am Beginn der Großen Mönchenstraße), die Märkte und der Strand (der Rostocker Stadthafenbereich). In der Gerichtsbarkeit bestanden offenbar noch immer die altbekannten Probleme: Erneut wurde eingeschärft, daß niemand in eigener Sache Richter sein könne und das eine unparteiische Rechtssprechung erforderlich sei. Der letzte Abschnitt des Rostocker Stadtrechts über den Seehandel enthielt unter anderem interessante schiffahrtstechnische Bestimmungen, zum Beispiel über die Notwendigkeit des Kühlens von Getreide als Frachtgut, das Verbot der Fahrt bei Nebel oder über den Transport zwischen Rostock und Warnemünde auf Prahmen, das heißt kleinen, flachen Lastkähnen. So widerspiegelte das – spät entstandene – Rostocker Stadtrecht von 1757 nicht nur die alte hansische Verbundenheit mit Lübeck, sondern auch damals aktuelle Sorgen und Nöte in der Stadt Rostock. Zwar legte es primär nur die Rechtsnorm fest, doch schimmerte zumindest zwischen den Zeilen oft auch die Realität des städtischen Lebens durch.

Die Universität in Bützow

Die Rostocker Stadtobrigkeit hatte der Konvention von 1748 – abgesehen von der Aufhebung des Zolls vor Warnemünde – nur zähneknirschend zugestimmt. Wenige Jahre später ergaben sich daher erneute Auseinandersetzungen über das Verhältnis von Landesherrschaft und Stadt. Vordergründig begann der Streit als gelehrte Auseinandersetzung über die Geschichte dieses Verhältnisses, in der auch die Position der Universität eine wichtige Rolle spielte. Der herzogliche Professor Angelius Johann Daniel Aepinus (1718-1784) suchte

1754 in einer ausführlich kommentierten Quellensammlung die landesherrlichen Rechte gegenüber Universität und Stadt Rostock historisch nachzuweisen. 1757 konterte der Rostocker Bürgermeister Heinrich Nettelbladt (1715-1761) mit einer ebenfalls vordergründig historisch angelegten Gegendarstellung, die letztlich die ehemalige Freiheit Rostocks gegenüber der Landesherrschaft herausarbeiten sollte. Inzwischen war nicht nur Friedrich der Fromme (1717-1785) seinem 1756 verstorbenen Vater als Herzog in Schwerin gefolgt, sondern Mecklenburg-Schwerin durch die sehr unkluge Außenpolitik des neuen Herzogs dem preußischen Militär im Rahmen des Siebenjährigen Krieges ausgeliefert worden. Das galt auch für Rostock in den Jahren 1758 bis 1762. Damit nicht genug, schürte der pietistisch gesinnte Herzog den Konflikt mit Rostock so, daß er angesichts des Widerstandes sowohl in der Universität als auch in der Stadt Rostock 1760 eine herzogliche Universität in Bützow eröffnete. Fast drei Jahrzehnte, bis 1789, bestanden nun zwei Universitäten in Mecklenburg. Angesichts ihrer jeweiligen mangelhaften Ausstattung – ganz zu schweigen von dem bestenfalls kleinstädtischen Umfeld in Bützow – drohte beiden Hochschulen auf Dauer der Untergang. Immerhin wirkten damals besonders in Bützow einige namhafte Gelehrte, wie der Orientalist Oluf Gerhard Tychsen (1734-1815), der Ökonom Franz Christian Lorenz Karsten (1751-1829) und der Mediziner Georg Christoph Detharding (1699-1784). Den Bützower Professoren wurde rasch klar, daß die neue Universität, die »Fridericiana«, keine Zukunft hatte. Aber solange ihr namengebender Stifter, Herzog Friedrich der Fromme, lebte, war angesichts seines gestörten Verhältnisses zu Rostock an eine Rückkehr nach Rostock, den einzig richtigen Schritt, nicht zu denken. Folgerichtig wurde dieser Schritt erst 1789 nach dem Tode des Herzogs vollzogen. Inzwischen hatte auch das Verhältnis Landesherr – Stadt 1788 eine bis 1918 endgültige Regelung erfahren.

Endgültige Regelung mit dem Landesherrn: Der Erbvertrag von 1788

Mit dem Ende des Siebenjährigen Krieges trat neben den Konflikt des Herzogs Friedrichs des Frommen mit Rostock wegen der Universität erneut die Auseinandersetzung zwischen Rat und Hundertmännerkollegium einerseits und der Bewegung der Tausende beziehungsweise Gewerker andererseits. Auslösender Faktor war wiederum – wie schon so oft in der Rostocker Stadtgeschichte – der Versuch der Stadtobrigkeit, die immensen Kriegslasten und -folgen hauptsächlich den weniger oder nicht privilegierten Stadtbewohnern aufzubürden. Die innerstädtischen Auseinandersetzungen zogen sich ungeachtet des direkten Eingreifens des Herzogs noch über zwei Jahrzehnte hin, weil Rat und Hundertmännerkollegium hartnäckig ihre Privilegien verteidigten, Rückhalt beim Reichskammergericht und Reichshofrat fanden und nach bewährtem Muster alle Fragen nach Möglichkeit auf die lange Bank schoben. So erklärt sich auch die ansonsten befremdlich anmutende Tatsache, daß erst 1757 erstmalig ein gedrucktes Rostocker Stadtrecht veröffentlich wurde – maßgeblich beteiligt war daran der spätere Ratsherr und Bürgermeister Jacob Heinrich Balecke (1731-1778). Schon im 16. Jahrhundert waren in Rostock neue Gerichtsordnungen 1574 und 1586 und eine neue Polizeiordnung 1576 erst auf herzoglichen Druck und nach entsprechenden Festlegungen in den beiden Erbverträgen von 1573 und 1584 fixiert worden. Die Bewegung der Gewerker beziehungsweise Tausende wollte eine Neuordnung der bürgerlichen Vertretung gegenüber dem Rat und eine wirksame Kontrolle seiner Tätigkeit erreichen. Herzog Friedrich griff dieses Bestreben auf und setzte 1763 eine Kommission zur Untersuchung der Rostocker Probleme ein. In diesen Untersuchungen traten haarsträubende Fälle von Mißwirtschaft und zumindest äußerst mangelhafter Finanzverwaltung durch den Rat zutage. Daraufhin erließ der Herzog 1766 eine Resolution zur Neuordnung des Hundertmännerkollegiums, deren Inhalt Rat und Hundertmänner schließlich 1770 in einem neuen Hundertmänner-Regulativ – wenn auch protestierend – akzeptieren mußten. An die Stelle der ehemals vier Quartiere mit dem Übergewicht der Brauherren und Kaufleute in jedem Quartier wurden nunmehr nur zwei Quartiere installiert, die sich paritätisch aus 50 Kaufleuten und 50 Handwerkern zusammensetzen sollten. Stieg somit schon der Anteil der Handwerker gegenüber den Brauherren und Kaufleuten, so wurde auch innerhalb des zweiten Quartiers, dem der Handwerker, eine größere Zahl von Ämtern berücksichtigt als im ehemaligen Hundertmännerkollegium. 1583/84 stellten allein die sieben Ämter der Bäcker, Böttcher, Haken, Schmiede, Schneider, Schuster und Wollenweber mit je vier Vertretern die absolute Mehrheit der Handwerker unter den Hundertmännern. 1770 waren mit mehreren Sitzen vertreten die Schuster, Bäcker, Lohgerber, Schneider, Schonenfahrer, Leineweber, Riemer und Beutler. Weitere 30 Ämter entsandten je einen Vertreter in das Hundertmännerkollegium. Aber auch das neue Hundertmänner-Regulativ beendete die Spannungen zwischen Landesherr, Stadtobrigkeit und Bürgerschaft noch nicht endgültig. Neben der Neuregelung des Hundertmännerkollegiums ergaben sich schwierige Auseinandersetzungen über das Kassenwesen und die Finanzverwaltung der Stadt. Erst mit dem neuen Landesherrn, Herzog Friedrich Franz I. (1756-1837), zeichnete sich eine relativ rasche Lösung der Probleme ab, indem sich Rat und Landesherr auf Kosten weitergehender Forderungen der Gewerker in einem Kompromiß einigten. Der Rostocker Rat hatte durch seinen Syndikus und Bürgermeister Heinrich Askan Engelcken d.J. (1744 – 1792) noch zu Lebzeiten von Herzog Friedrich dem Frommen Kontakte mit dem Erbprinzen hergestellt. So konnte bereits 1788, wenige Jahre nach dessen Regierungsantritt, der neue Rostocker Erbvertrag geschlossen werden. Einerseits erkannte Rostock hierin die Landeshoheit des Herzogs endgültig an. Andererseits behielt der Rat aber nach wie vor weitgehende Privilegien und Rechte, insbesondere in den Bereichen des Stadtregiments, der Gesetzgebung, der Gerichtsbarkeit und der Finanzhoheit. Dafür verzichtete der Rat auf die Verlegung der Residenz nach Rostock, die schon unter Christian Ludwig II. 1748 seitens der Landesherrschaft nicht ernsthaft betrieben wurde, sowie auf das militärische Mitbesatzungsrecht. Bezüglich der Universität kehrte man zugunsten des Rates zur Formula concordiae von 1563 zurück. Der Rat erhielt wiederum das Kompatronat neben dem Herzog über die Universität, die 1789 aus Bützow nach Rostock heimkehrte. Wenn Rostock somit insgesamt auch nicht solche weitreichenden Rechte durchsetzen konnte wie 1755 die Ritterschaft im Landesgrundgesetzlichen Erbvergleich, so war dennoch der Rostocker Erbvertrag in mancherlei Hinsicht nur ein äußerlicher Sieg der Landesherrschaft. Die Sonderstellung Rostocks in Mecklenburg insbesondere, aber nicht nur auf wirtschaftlichem Gebiet endete hiermit keineswegs.

Ende und Anfang einer Epoche: Rostock um 1800

Während sich 1788/89 das Verhältnis Landesherr – Stadt Rostock wieder normalisierte, begann im nicht nur geographisch fernen Frankreich das weltgeschichtliche Ringen des Dritten Standes um seine Position, mit dem eine neue Epoche der Geschichte eingeläutet wurde, die auch Mecklenburg und Rostock spätestens anderthalb Jahrzehnte danach direkt – und dann vordergründig militärisch – erreichen sollte. In diesem Zeitraum erlebte Rostock nochmals einen relativen Aufschwung besonders auf wirtschaftlichem Gebiet, ähnlich wie zwei Jahrhunderte zuvor im Anschluß an die Erbverträge im Ausgang des 16. Jahrhunderts. Allerdings wurde das damalige internationale Niveau der Stadt an der Unterwarnow nun nicht mehr erreicht. Aber genauso wie um 1600 strebte die Seeschiffahrt Rostocks – gemessen an der Zahl der Segelschiffe – einer neuen Blüte zu. Statt des Malzes und Bieres standen um

1800 Getreidetransporte im Vordergrund. Allmählich wurden auch die letzten Baulücken geschlossen, die der Stadtbrand von 1677 in so großem Umfang hervorgerufen hatte. Über die damaligen Grundstücksverhältnisse in Rostock fertigte in dem Jahrzehnt zwischen 1780 und 1790 der Meister des Heilig-Geist-Hospitals Julius Michael Tarnow (1725-1813) einen umfassenden Plan an. Anstelle der erst im 19. Jahrhundert aufkommenden nach Straßen geordneten Zählung mit Hausnummern kennzeichnete Tarnow die Grundstücke seines Plans mit fortlaufenden Nummern in der Reihenfolge der Fahnen, das heißt der ursprünglich aus den militärischen Pflichten der Bürger zur Stadtverteidigung erwachsenen Einteilung des Stadtgebietes. Spätestens seit Mitte des 16. Jahrhunderts hatte neben einer entsprechenden Einteilung in vier große Quartiere, die identisch waren mit den vier Kirchspielen, eine parallele Unterteilung dieser Einheiten in 24 kleinere Quartiere existiert, von denen sich jeweils acht auf die „reichen" Kirchspiele St. Marien und St. Jakobi sowie jeweils nur vier auf die „armen" Altstadtkirchspiele St. Petri und St. Nikolai verteilten. Im Dreißigjährigen Krieg erfolgte dann 1625 eine Reorganisation dieser Quartiere in zunächst 18 Fahnen, die eine möglichst gleiche Mannstärke (ca. 200) aufweisen sollten. Eine ursprünglich vorgesehene Zahl von 20 Fahnen ließ sich schon damals daher nicht realisieren. Angesichts der direkten Kriegseinwirkungen der folgenden Jahre gerade in der Peripherie der Stadt wurde demgegenüber vielmehr bereits 1635 eine nochmalige Reduzierung auf 13 Fahnen vorgenommen, wobei die 13. Fahne die Bruchstraßen namentlich der Fischer und Gerber außerhalb der Stadtmauern umfaßte. Daß diese Organisation nach dem verheerenden Stadtbrand von 1677 anfangs der 1680er Jahre erneut und endgültig um zwei Fahnen reduziert wurde, ist bereits angedeutet worden. Auch die Gesamtzahl der 1782 Grundstücke auf Tarnows Plan am Ende des 18. Jahrhunderts hatte sich im Vergleich zum ausgehenden 16. Jahrhundert mit ehedem über 2000 Grundstücken deutlich verringert. Unter Einbeziehung der zumeist unter den Häusern und Buden befindlichen Wohnkeller wies Rostock noch 1625 rund 4000 Häuser, Buden und Keller auf. Davon entfielen damals 1453 auf das Kirchspiel St. Jakobi, 1433 auf St. Marien und lediglich 1100 auf die beiden Altstadtkirchspiele St. Petri und St. Nikolai. Der Tarnow-Plan zeigte auch, daß sich die herzogliche Präsenz in Rostock, obwohl die Residenz nicht in die Stadt verlegt worden war, verstärkt und ausgeweitet hatte: Am südlichen Hopfenmarkt gehörte nunmehr ein großes Areal zum herzoglichen Palais und seinen Nebenbauten und -anlagen. Das auf dem Plan als »Schauspielhaus« bezeichnete Gebäude im Bereich des ehemaligen Johannisklosters am Steintor deutete auf den Rostocker Theaterbau von 1786 hin. Theateraufführungen allerdings hatte es in Rostock schon viel früher gegeben. Schon der vermutlich älteste gedruckte Theaterzettel Deutschlands aus dem Jahre 1520 stammte aus Rostock. Die herzoglichen Palaisbauten Anfang und Mitte des 18. Jahrhunderts trugen noch die Merkmale des Barock. Das Schauspielhaus hingegen, vom Rostocker Professor Gustav Schadeloock (1732-1819) entworfen, der auch den Neubau des Mönchentors Anfang des 19. Jahrhunderts schuf, trug schon die Merkmale des frühen Klassizismus.

Der wirtschaftliche und kulturelle Aufschwung Rostocks am Ende des 18. Jahrhunderts war aber auch begleitet von erneuten innerstädtischen Auseinandersetzungen. Im letzten Jahrzehnt vor 1800 kam es zu einer Reihe von Unruhen der Gesellen einzelner Ämter, etwa der Tischler, Zimmerer, Bäcker, Schiffszimmerleute und Gerber. Am bekanntesten und aus der Sicht des Rates wohl am bedrohlichsten – einer der ausgeplünderten Ratsherren beging kurz danach Selbstmord – wurden die Unruhen, die als Rostocker »Butterkrieg« oder »Butterrevolution« in die Geschichte eingingen. Die Konjunktur

Prangertafel zur Bestrafung von Aufrührern der »Butterrevolution« im Jahre 1800

des Exports von Lebensmitteln führte zu Teuerungen innerhalb der Stadt. Das löste Unwillen bei größeren Teilen der Stadtbevölkerung aus, der sich schließlich in gewaltsamen Preisreduzierungen auf dem Markt und aufsehenerregenden Plünderungen und Zerstörungen in Speichern, aber auch in Wohngebäuden einiger Kaufleute Luft machte. Auffällig war, daß am schwersten Kaufleute und Ratsherren betroffen wurden, die keine alteingesessenen Rostocker waren. Soweit die Unruhen nicht nur spontane Plünderungen und Zerstörungen darstellten, spielten in ihrer Organisation die Zimmerer und Maurergesellen eine besondere Rolle, die ihre Zusammenkünfte im Zimmerleuteschütting am Beginenberg als einem Zentrum der Vorbereitung und Durchführung der Unruhen abhielten. Am 30. Oktober 1800 konnten die militärischen Formationen der Rostocker Bürger und der fürstlichen Truppen feststellen, daß die Unruhen bereits in der Nacht zuvor abgeebbt waren. Nur wenige Jahre später brachten französische Truppen auch den Rostockern die europäischen Stürme und die Unsicherheiten des gerade begonnenen neuen Jahrhunderts in die Stadt.

Karsten Schröder

Napoleonische Fremdherrschaft und Befreiungskriege. 1806 bis 1815

Unter französischer Herrschaft

Beide Mecklenburg nahmen an den Koalitionskriegen zunächst nicht teil. Statt Truppen aufzustellen und auf die Schlachtfelder zu schicken, hatten sich die Herzöge vielmehr entschlossen, der größten deutschen Militärmacht nördlich des Mains, dem Königreich Preußen, eine Kontingentsersatzzahlung zu leisten. Als Napoleon Bonapartes (1769-1821) Sieg bei Jena und Auerstedt am 14. Oktober 1806 das Schicksal der preußischen Armee besiegelt hatte, war der Schild für Mecklenburgs Souveränität verloren. Die hastig erklärte Neutralität konnte nicht verhindern, daß preußische Militärverbände auf der Flucht vor den Franzosen durch das Land zogen. Ihnen auf dem Fuße folgten die Truppen der Marschälle Jean Baptiste Bernadotte (1763-1844), Joachim Murat (1767-1815) und Nicolas Soult (1769-1851), die gleich den Preußen eine Spur des Schreckens, der Plünderung und der Zerstörung hinterließen. Wenngleich sich Napoleon quasi dafür entschuldigte und die eigentlich willkürlich in Mecklenburg stehenden Truppen nach Berlin und Stettin schickte, erklärte er keine sieben Tage darauf Mecklenburg zu seinem Feind – weil die Preußen Hilfe erhalten hätten – und ließ die beiden Herzogtümer am 29. November 1806 besetzen. Die Besatzungsadministration nahm ihren Sitz in der Residenzstadt Schwerin.

Das Leben im Rostock der Franzosenzeit konnte nicht weiter in den gewohnten Bahnen verlaufen, zumal Napoleon in Berlin am 21. Oktober 1806 das Dekret über die Kontinentalsperre unterzeichnet hatte. Die französischen Soldaten bewachten fortan die beiden mecklenburgischen Seehäfen Rostock und Wismar sowie die gesamte Küste auf das schärfste. Überall wurde Jagd auf Waren von den britischen Inseln gemacht. Die Ausfuhr nach England, auch in zahlreiche andere Länder, zu denen die Rostocker traditionell enge Handelsbeziehungen unterhielten, war strengstens verboten. Das traf die Lebensadern Rostocks, den Handel und die Schiffahrt, empfindlich. Gleichwohl provozierten die starke mecklenburgische Nachfrage nach englischen Manufakturwaren und der im Lande produzierte Getreideüberschuß einen großangelegten Schmuggel geradezu herauf. Wurden Waren gefunden, gleich ob vor Inkrafttreten der Kontinentalsperre rechtmäßig erworben oder geschmuggelt, konfiszierten sie die Franzosen. Was nicht für die Versorgung der Armee Verwendung finden konnte, wurde den Flammen überantwortet. So hieß es in einem Bericht des französischen Kriegsministers an Napoleon, daß am 24. November 1810 in Rostock im Beisein einiger städtischer Ratsherren, des französischen Konsuls sowie von Zolloffizieren die Ladung des Schiffes »Frau Anna« verbrannt wurde. Sie bestand hauptsächlich aus Stoffen englischer Produktion mit einem Wert von mehr als einer halben Million Kurantmark. Die Flammen loderten von 8 Uhr in der Frühe bis 4 Uhr nachmittags. Das Jahr 1807 schien den Rostocker Schiffern und Kaufleuten wieder bessere Möglichkeiten für ihr Tun zu eröffnen. Im Sommer unterwarfen sich Rußland und Preußen im Frieden von Tilsit den Bestimmungen der Kontinentalsperre, während das neutrale Dänemark, von den Engländern im Herbst 1807 mit der Bombardierung Kopenhagens und der Beschlagnahmung seiner Flotte gedemütigt, sich endgültig auf die Seite Frankreichs schlug. Die Häfen dieser Länder hätten von Schiffen aus Rostock nun wieder angelaufen werden können. Doch die Franzosen hielten große Getreidemengen für ihre Heeresmagazine zurück, so daß Rostocker Kaufleute ihren gegenüber Geschäftspartnern in Dänemark und Rußland eingegangenen Verpflichtungen nicht nachkommen konnten. Als Herzog Friedrich Franz I. von Mecklenburg-Schwerin (1756-1837) sich am 22. März 1808 entschloß dem Rheinbund beizutreten, sahen die französischen Truppen keinen Grund mehr, im Land zu bleiben. Ihre Aufgaben übertrugen sie mecklenburgischem Militär, das die Kontrolle längst nicht so genau nahm und dem Schmuggelhandel zu einer erneuten Blüte verhalf. Die Wiederbelebung des Rostocker Seehandels förderte auch Schwedens Beitritt zur Kontinentalsperre im Frühjahr 1809. Bald konnten zumindest die Häfen an den Küsten der gesamten Ostsee Ziel für Rostocker Schiffe sein, wenngleich die Franzosen durch ihre Statthalter hin und wieder selbst den Getreidehandel in befreundete und neutrale Länder verboten und den Rostocker Kaufleuten zeitweise Restriktionen, etwa die Stellung von Kautionen für auslaufende Schiffe, auferlegten. Die Bürger hatten natürlich an der Besetzung ihrer Stadt schlechthin hart zu tragen gehabt. Einquartierungen, Kontributionszahlungen, Befehle, Androhung von Gewalt oder Pöbeleien strapazierten ihre Geduld und ihren Geldbeutel. Doch blieben sie wenigstens von direkten Kriegshandlungen verschont. Nur einmal, im Frühjahr 1809, drohten Schüsse zu fallen. Eine Vorhut preußischer Freischärler, zum Verband des Majors Ferdinand von Schill (1776-1809) gehörend, der sich auf dem Weg von Dömitz nach Stralsund befand, stand am 21. Mai vor dem Kröpeliner Tor und begehrte Einlaß. Sollte er verweigert werden, wolle man ihn mit Waffengewalt erzwingen, drohten die zweihundert Schill'schen. Mit Wissen und Duldung des Herzogs, eigentlich Verbündeter der Franzosen, aber doch deutscher Fürst genug, um den gegen Napoleon kämpfenden Preußen nicht schaden zu wollen, verließen 120 Infanteristen und 20 Husaren seiner Rostocker Garnison die Stadt sofort durch das Petritor, um nach Ribnitz zu marschieren. In den Mauern verblieben waren ganze 56 Soldaten, die wahrlich nicht den Stolz der mecklenburgischen Armee repräsentierten. Ihr Durchschnittsalter betrug 51 Jahre, der Älteste im Mannschaftsdienstgrad brachte es gar auf 78 Jahre. Doch damit nicht genug: »7 Musketiere waren ganz unbrauchbar und von den übrigen waren 1 blödsinnig, 1 taub, 10 engbrüstig, 2 verwundet, 8 litten an Gicht, 2 an Bruch, je 1 an Epilepsie, blöden Augen, inneren Leiden, erfrorenen oder schlimmen Füßen, steifer Hand, Lähmung des Knies, Schwäche im Rücken«, hieß es in einem zeitgenössischen Bericht. Daher war es nicht verwunderlich, daß nach einstündiger halbherziger Verhandlung die Tore kampflos geöffnet wurden. Für fünf Tage lagen zeitweise bis zu 2000 Kämpfer des Schill'schen Freikorps in und um Rostock. Sie nutzten den Aufenthalt um mehrere Hundert Uniformen, 200 Hüte, 100 Tschakos, 50 Garnituren Reitzeug und 400 Piken von Rostocker Handwerkern zur Ausrüstung der Truppe anfertigen zu lassen. Verständlich, daß es zu Lieferengpässen in diesen Tagen kam, und daß die Handwerker mit Recht fürchteten, den ihnen zustehenden Lohn nie zu Gesicht zu bekommen. Doch der Rat übernahm die Kosten und so hatte mancher nicht gerade schlecht verdient. Die Waffen der kleinen Garnison gingen an das Schill'sche Korps, genauso wie die der städtischen Polizei, der Schützengilde und jedes nur brauchbare Gewehr eines Rostocker Bürgers. Mit Pulver und Blei versah man sich aus den Depots. Wohl gerüstet zog Schill am 24. Mai in Richtung Stralsund weiter, wo er – nachdem in einem Gefecht an der Recknitz zwischen Ribnitz und Damgarten das mecklenburgische Rheinbundkontingent vernichtend geschlagen wurde – am 31. Mai 1809 im Kampf fiel. Die Nachhut seines Verbandes brachte die in Rostock erworbenen und konfiszierten Ausrüstungen und Lebensmittel nach Warnemünde. Dort wurden zahlreiche Rostocker Schiffe beschlagnahmt und beladen. Als sie am 28. Mai in See stechen wollten, um sich auf Rügen mit dem Schill'schen Korps zu vereinigen, sahen sie sich unversehens holländischen Truppen gegenüber, die im Auftrage Napoleons Jagd auf die Freischärler machten. Die freie See erreichten 16 der Schiffe, zwei die den Hafen noch nicht verlassen hatten, wurden aufgebracht. Doch nahmen die Franzosen es den Mecklenburgern wohl nicht übel, daß sie Schill mehr Sympathie entgegen gebracht hatten, als ihren »Bundesgenossen«. Die großen Kontingente des napoleonischen Heeres verließen das Land. Die zurückbleibenden französischen Besatzungsbehörden hatten weder den Willen noch die Möglichkeit, den freien Handel auf der Ostsee entscheidend zu behindern. So konnte die Rostocker Wirtschaft einen deutlichen Aufschwung nehmen. Allerdings kehrte das französische Militär am 17. August 1810 nach Rostock zurück. Die Einquartierung von zweitausend Soldaten lastete schwer auf den Bürgern. Die Franzosen errichteten umgehend ein Regime aus Restriktionen und Verboten, das die Rostocker Wirtschaft faktisch zum Erliegen brachte. Die Stadttore wurden geschlossen. Nur durch das Steintor konnte die Stadt verlassen werden. Dort verursachten Kontrollen und die Formalitäten der Zollentrichtung lange Staus der Lastenfuhrwerke. Jeder Schiffsverkehr wurde unterbunden, die Schiffe Rostocker Reeder für eine Seefahrt unbrauchbar gemacht. Die Seeleute hingegen sollten im April 1811 in die Flotten Napoleons gepreßt werden. Statt der sechshundert Matrosen, die Mecklenburg auf Befehl des französischen Kaisers zu stellen hatte, heuerten schließlich weniger als einhundert, darunter auch einige Rostocker, an. Bevor die Werber der Franzosen ans Werk gingen, waren die meisten jungen Männer geflohen. Herzog Friedrich Franz I. eröffnete am 23. August 1811 dem Rostocker Bürgermeister Joachim Friedrich Zoch (1750-1833), daß Rostock als Standort der Division des französischen Generals Louis Friant (1758-1829) vorgesehen sei. Auch wenn sich die Stadtoberen mit allen ihnen zu Gebote stehenden Mitteln zur Wehr setzten, konnten sie nicht verhindern, daß in den Barnstorfer Tannen ein großes Areal abgeholzt wurde. In kürzester Zeit errichteten Rostocker Handwerker dort 764 Baracken für etwa 9500 Soldaten. Exerzierplätze mußten planiert werden, 775 Pferde waren unterzustellen, die Versorgung mit Wasser zu sichern. Täglich mußten etwa 7100 Kilogramm Roggen- und 1200 Kilogramm Weizenbrot, 3600 Kilogramm Fleisch, 1200 Kilogramm Hülsenfrüchte sowie 15250 Liter Bier, 1150 Liter Branntwein und 930 Liter Essig für die Versorgung der Soldaten bereitstehen. Des weiteren forderten die Franzosen monatlich 1400 Festmeter Feuerholz. Aus jedem Winkel der beiden mecklenburgischen Herzogtümer wurde Getreide und Vieh in die Stadt geschickt. Die Verarbeitung lag meist in den Händen der Rostocker, die in jenen Monaten aber einen guten Gewinn erzielten. Auch die Warnemünder hatten ihre

Siegel des Schill'schen Armeecorps, 1806

Last an der Besatzung zu tragen. Nachdem die Franzosen den ständigen Übergriffen der Engländer auf den Hafen mit den herkömmlichen Mitteln nicht mehr begegnen konnten, ließen sie die sogenannte Redoute errichten. Die kleine Festung war mit zwei Grabensystemen und mehreren Wällen gesichert, so daß der Komplex schließlich die stattliche Grundfläche von 13225 Quadratmetern einnahm. Ab November 1811 taten dort 150 Soldaten ihren Dienst. Im Laufe des Jahres 1812 leerte sich das Lager vor den Toren Rostocks. Die Soldaten marschierten im Verbande der Großen Armee gen Osten. Mit ihnen zog ein mecklenburgisches Kontingent von etwa zweitausend Mann, seinen Verpflichtungen als Rheinbundmitglied nachkommend. Am 4. Oktober 1812 feierte die französische Garnison in der St. Marienkirche noch die Einnahme Moskaus, während in der Nummer der Rostocker »Auszüge aus den Neuesten Zeitungen« vom 27. Dezember 1812 schon ausführlich über die Zerschlagung der französischen Armee in Rußland und die Flucht Napoleons durch Deutschland berichtet wurde. Die Geschäftigkeit im Franzosenlager – ständig kamen Truppenverbände an, andere marschierten ab – konnte nicht darüber hinwegtäuschen, daß Napoleons Nimbus von Unbesiegbarkeit und Allmacht ins Wanken geraten war. Vor allem der preußisch-russische Frieden von Tauroggen, am vorletzten Tag des Jahres 1812 geschlossen, ließ in Deutschland wie in Rostock Hoffnung für das neue Jahr aufkeimen. Am 26. März 1813 verließen die letzten Soldaten die Stadt. Aus Warnemünde waren sie bereits am 10. März abgezogen.

Die Stadt während der Befreiungskriege

Sieben Tage nachdem die letzten französischen Soldaten das Stadtgebiet geräumt hatten, wandten sich junge Männer, Bürger und vor allem Studenten aus Rostock, an ihren Landesherrn mit der Bitte, ein freiwilliges Korps aufstellen zu dürfen. Friedrich Franz I. aber konnte sich zu einem solchen Schritt noch nicht entschließen und hob zunächst alle Verordnungen, die gegen eine freie Schiffahrt gerichtet waren, auf, was – zumal unter den Rostockern – in ganz Mecklenburg Freudenfeste auslöste. Doch schließlich konnten ihn die Preußen bewegen, am 25. März 1813 den Rheinbund zu verlassen und seine Untertanen zu den Waffen zu rufen. Die beiden mecklenburgischen Herzogtümer waren übrigens die ersten deutschen Staaten, die sich zu diesem Schritt entschlossen. Als das Königreich Preußen am 27. März 1813 Frankreich den Krieg erklärte, war man in Mecklenburg bereits an die Aufrüstung der regulären Truppen und die Aufstellung freiwilliger Jägerverbände gegangen, die dann unter dem Kommando der Verbündeten in den Befreiungskriegen kämpften. Rostock erfaßte eine Welle nationaler Euphorie. Innerhalb weniger Tage spendeten die Bürger der Stadt 31000 Reichstaler sowie Waffen, Reitpferde, Uniformstücke und andere Ausrüstungsgegenstände. Zahlreiche Studenten der Universität, aber auch etliche Bürgersöhne, einige von ihnen gerade einmal 18 Jahre alt, meldeten sich freiwillig zu den Korps. Schließlich wurden 59 reitende Jäger und 55 zu Fuß nach Güstrow verabschiedet, wo sich die beiden mecklenburgischen freiwilligen Jägerregimenter formierten. Weitere Rostocker standen während der Befreiungskriege ihren Mann in den regulären mecklenburgischen Truppen und in den Armeen der Verbündeten. Die Freiwilligen Jäger aus Mecklenburg, dem Oberbefehl des russischen Generals Ludwig von Wallmoden-Gimborn (1769-1862) unterstellt, nahmen am Frühjahrsfeldzug an die Unterelbe teil, der am 5. Juni 1813 durch einen Waffenstillstand vorerst beendet wurde. Doch bereits in den ersten Tagen des Augustes besetzten französische Truppen des Marschalls Louis Davout (1770-1823) die Städte Schwerin und Wismar sowie große Teile des Landes und standen Ende des Monats in Schwaan und Doberan. Die Rostocker Bürger bereiteten sich bereits auf die Aufnahme der Verbündeten und die Verteidigung der Stadt vor. Jedoch befahl Davout plötzlich – wahrscheinlich als Reaktion auf die für die Franzosen verloren gegangene Schlacht von Großbeeren – den Rückzug auf Hamburg. Die Verbündeten nutzten die Gelegenheit, um den Franzosen in kleineren Gefechten Schaden zuzufügen. Eines von diesen fand am 28. August 1813 bei Retschow in der Nähe von Kröpelin statt. Bei diesem Gefecht wurde der Oberjäger Hans Behrens (1784-1813) schwer verwundet. Zur Pflege brachte man ihn nach Rostock, wo er am 1. September 1813 starb. Der erste Gefallene des freiwilligen mecklenburgischen Jägerregiments zu Fuß fand einen Tag darauf seine letzte Ruhestätte auf dem Kirchhof von St. Marien zu Rostock. Nachdem sich die freiwilligen Jäger unter anderem in Gefechten bei Schlagbrücke, bei Sehestedt in Schleswig-Holstein und bei der Belagerung Jülichs ihre Verdienste erworben hatten, wurden sie nach dem am 30. Mai 1814 in Paris geschlossenen Frieden zusammen mit regulären Truppen nach Mecklenburg zurückgeführt. Über Boizenburg, Schwerin, Wismar und Doberan zogen die Soldaten nach Rostock, wo sie am 17. Juli 1814 von der Bevölkerung und den Honoratioren der Stadt feierlich empfangen wurden. Am Abend des Festtages bewirteten die Bürger ihre Gäste im alten Rosengarten vor dem Steintor. Nach einem Ruhetag paradierten die Truppen vor den Kröpeliner Tor, bevor sie in ihre Garnisonen abmarschierten. Die beiden freiwilligen Jägerkorps aber wurden noch im August und September 1814 aufgelöst.

Marschall Blücher und seine Geburtsstadt

Für die Stadt Rostock blieb im Ergebnis der Befreiungskriege eigentlich nur ein Problem, das ihr von der offensichtlich bereits damals allmächtigen Presse »aufgedrängt« worden war. In der Ausgabe des »Hamburgischen Unpartheyischen Correspondenten« vom 22. Juli 1814 war folgende Kurzmeldung zu lesen: »Mit allgemeinem Jubel ist in Rostock der Plan aufgefaßt worden, dem Fürsten Blücher in dieser seiner Geburtsstadt ein Monument zu setzen. In noch nicht völlig einer Stunde hatten die Kaufleute allein schon 2500 Thlr. dazu unterzeichnet. Der Plan dazu ist einfach und schön. Ein für Rostock großer Platz der alte Markt, wird in einen Spaziergang verwandelt, und in dessen Mitte soll sich das Denkmal erheben.« Die Idee, dem aus Rostock gebürtigen Helden der Befreiungskriege Gebhard Leberecht von Blücher (1742-1819), ein Denkmal zu setzten, mag noch so gut und begrüßenswert gewesen sein, jedoch entbehrten jene Zeilen jeder Grundlage. Aber es kam für die Rostocker noch schlimmer. Die Meldung des hamburgischen Blattes wurde von anderen Zeitungen übernommen und befand sich bald in den Händen des Feldmarschalls. Dieser, gerührt von der avisierten Ehre, griff am 19. August 1814 zur Feder und schrieb an den Rostocker Rat: »Aus den öffentlichen Blättern ersehe ich, daß die von mich so innig geliebte Vaterstadt sich meiner erinnert. Ich finde nicht Worte, Ihnen, Hochverehrte Herrn, und den sämtlichen Einwohnern von Rostock meinen Danck so auszudrücken, wie ihn mein Herz fühlt.« Und »Marschall Vorwärts« machte seinem Namen nun alle Ehre, riß er doch die Rostocker aus ihrer Lethargie und schnitt ihnen den Rückzug ab. Derartig in die Pflicht gezwungen, wandte sich der Rat, mit den Planungen und der Finanzierung eines solchen Denkmals überfordert, eiligst an den Landesherrn und bereits im Dezember 1814 war die Entscheidung für ein Monument gefallen. Den Zuschlag für die Gestaltung des Platzes vor dem herzoglichen Palais am Hopfenmarkt und des Denkmales selbst erhielt der bekannte Bildhauer Johann Gottfried Schadow (1764-1832) aus Berlin. Ihm und dem herzoglichen Kammerherrn August Claus von Preen (1776-1821), der die Arbeiten für das Denkmal leitete, stand kein geringerer als der Dichter Johann Wolfgang von Goethe (1749-1832) als Berater zur Seite. Aus seiner Feder stammt auch die Inschrift am Postament des Blücher-Denkmals. Bei der Einweihung am 29. August 1819 richteten die Rostocker ein großes Fest aus, blieben aber unter sich. Den greisen Feldherrn fesselte eine Krankheit an sein schlesischen Gut Krieblowitz, wo er am 12. September 1819 starb; Schadow, ebenfalls krank, pflegte sich in Warnemünde und mußte den Feierlichkeiten fernbleiben; Goethe erhielt die Einladung zu spät; Großherzog Friedrich Franz I. von Mecklenburg-Schwerin ließ sich »wegen zu vieler Geschäfte und wirklich vorhandener Unpäßlichkeit« entschuldigen und auch der Großherzog aus den Strelitz'schen machte sich nicht auf den Weg in die alte Hansestadt. Nur einmal hatten die Bürger Gelegenheit, dem berühmt gewordenen Sohn ihrer Stadt, den die Geburt sowie seine Kindheit und Schulzeit mit Rostock verbanden, persönlich zu huldigen. Blücher hielt sich im Sommer 1816

Dem

Durchlauchtigen Fürsten

Blücher von Wahlstadt,

Königlich Preußischen General = Feld = Marschall,

Großkreuz des eisernen Kreuzes, Ritter des Schwarzen und Rothen Adler = Ordens,

des Oesterreichischen Maria Theresien =, Russischen Andreas = und großen Georgen = Ordens, des Englischen Bath = Ordens,

des Dänischen Elephanten und Schwedischen Seraphinen = Ordens,

des Spanischen Ordens der heiligen Maria ꝛc. ꝛc.,

Diesem

allgemein verehrten Helden und Wiederhersteller der Freiheit Deutschlands,

bey Hochdesselben

Beglückung Seiner Vaterstadt mit Seinem Besuche,

erlauben Bürgermeister und Rath der Stadt Rostock sich

das Ehren = Bürger = Recht

hiedurch ganz gehorsamst anzubieten, und zu bitten:

daß Hochderselbe geruhen wolle, dies geringe Merkmal ihrer Verehrung mit gewohnter Huld und Güte anzunehmen, und hiemit dieser Stadt, welche sich durch diese Annahme höchst geehrt und beglückt finden wird, stets zugethan zu bleiben.

Rostock den 18ten August 1816.

Bürgermeister und Rath

der Stadt Rostock.

Urkunde zum Ehrenbürgerrecht für Fürst Gebhard Leberecht von Blücher, 1816 zur Kur in Doberan auf. Am 15. August kam er beinahe unbehelligt von den zahlreichen ihn verehrenden Rostockern für ein paar Stunden in die Stadt, besuchte das Grab seiner Eltern in der St. Petrikirche und sein Geburtshaus in der damaligen Altbettelmönchstraße (heute Rungestraße). Am darauf folgenden Sonntag, dem 18. August 1816, hielt der Fürst zu Wahlstatt dann festlichen Einzug in Rostock. Die Stadtväter überreichten ihm bei dieser Gelegenheit das »Diplom des Bürgerrechts der Stadt Rostock« und machten Blücher somit zum ersten Ehrenbürger in der Geschichte der Stadt.

Karsten Schröder

Vormärz, Revolution und Restauration.
1815 bis 1851

Die Stadt im Biedermeier

Nach den Wirren der Kriegsjahre zog in Rostock Ruhe, ja Beschaulichkeit ein. Der Alltag war schwerfällig, aber berechenbar. Entwicklungen zeigten sich eher zaghaft. Ein Schwabe, in der zweiten Hälfte der 1820er Jahre reisend, schrieb einst: » Rostock ist nur recht lebhaft am Pfingstmarkt ... trotz des Handels mit Getreide und Rostocker Äpfeln, die es ausführt, und der Weine, Liköre und Kolonialwaren, die es einführt, (gehe es – d. A.) stille zu.«

Ein wirtschaftlicher Wandel war zunächst kaum zu erkennen. Die Nachkriegsjahre brachten zwar einen Aufschwung für Schiffahrt und Handel, hervorgerufen durch eine erhöhte Nachfrage nach englischen Manufakturwaren, als diese jedoch gedeckt war, mußten die Rostocker alles daransetzen, die alten Beziehungen zu pflegen und zu entwickeln. Am erfolgversprechendsten war noch der Getreidehandel, dessen Ausfuhrvolumen 1845 erstmals eine Million Zentner (50000 Tonnen) erreichte. Damit einher ging eine stetige Erhöhung der Tonnage Rostocker Handelsschiffe. Ihre Reisen führten jetzt auch bis ins Mittelmeer und ins Schwarze Meer. Die Erfordernisse eines wirtschaftlichen Transports zwangen zum Bau immer größerer Schiffe, die zunächst noch hauptsächlich bei Rostocker Schiffbaumeistern und bei hiesigen Werften auf Kiel gelegt wurden. So nahm die Zahl der Rostocker Segler zwar ab, dennoch verfügte die Stadt nach der Tonnage um die Mitte des 19. Jahrhunderts über die größte Handelsflotte im Ostseeraum und nach Hamburg über die zweitgrößte Deutschlands. Eigner dieser Schiffe waren meist die Parten, Privatpersonen und Handelshäuser, die Anteile erworben hatten. Kaufleute, wie die Gebrüder Buchhard, die Gebrüder Mann oder Ernst Brockelmann (1797-1879), die sich auch als Großreeder betätigten und, wie letzterer, später gar Firmenanteile von Industriebetrieben hielten, stellten noch eine Ausnahme dar. Finanzkräftige Kaufleute waren es, die durch Auftragsarbeiten vielen Meistern

Riedelsche Dachpappenfabrik, 2. Hälfte des 19. Jahrhunderts

und ihren Gesellen Arbeit gaben und dadurch erste Schritte der Konzentrierung von Produktion gingen. Doch die Zunftzwänge bewirkten, daß derartige Aufträge nicht in für die speziellen Bedürfnisse der Produktion errichteten Fabriken, sondern weiterhin in den Werkstätten der Meister bearbeitet wurden, worunter die Effektivität erheblich litt. Im Manufaktur- oder Verlagssystem produzierten vor allem die Tabak- und Zigarrenhäuser in der Stadt. Das verarbeitende Gewerbe war noch am ehesten in der Lage, zaghafte Ansätze industrieller Produktion zu entwickeln. Insbesondere die Kornbrennereien Julius Krahnstöver, gegründet 1803, und das 1810 entstandene Unternehmen von A.F. Lorenz waren sehr erfolgreich. Lorenz' Fabrik begründete die Tradition des Rostocker Doppelkümmels und machte dieses Produkt gemeinsam mit der 1864 gegründeten Brennerei Conrad Lehment über Norddeutschland hinaus bekannt und sehr erfolgreich. Die Kranstöver`sche Firma gelangte 1888 zu Ruhm, als es gelang, Aromapräparate aus der afrikanischen Kolanuß herzustellen. Der Kolanußlikör, eine, auch international bekannte Spezialität kam zwar fortan aus Rostock, weltberühmt wurde das Kolaaroma aber erst durch seine Verwendung in der Limonadenherstellung. Allerdings kam diese Idee – so sehr man es auch bedauern mag – nicht aus Rostock. Der Kaufmann Diedrich Riedel (1804-1859) betrieb seit 1833 eine Buchbinderei, eine Tütenfabrik sowie eine Handlung für Papier- und Schreibwaren in Rostock. Im Jahre 1838 ließ er Pappen in Pech tränken und danach einseitig mit Sand bestreuen. Diese Dachpappe, damals noch quadratisch und wohl das erste derartige Erzeugnis in Deutschland, fand einen solch guten Absatz, daß Riedel sich 1842 entschloß, an den Krammonstannen im heutigen Stadtteil Brinckmansdorf eine Dachpappenfabrik zu errichten. Dachpappe in Form von gerollten Bahnen bot die Riedel`sche Firma ab 1858 an.

Für Verbesserungen der Rahmenbedingungen in Mecklenburg, vornehmlich auf wirtschaftlichem Gebiet, setzte sich der Patriotische Verein ein, der 1798 unter dem ursprünglichen Namen Mecklenburgische Landwirtschaftsgesellschaft in Rostock gegründet worden war. Er widmete sich auch produktions- und finanztechnischen Fragestellungen, nahm Einfluß auf die Volks- und Berufsbildung, wirkte auf sozialem Gebiet. So ist die Idee der Gründung einer Sparkasse in Rostock einer Initiative des Patriotischen Vereins zuzuschreiben. Die Stadt, um Hilfe und Unterstützung in den ersten schweren Jahren des Beginns gebeten, konnte sich zu nicht viel mehr entschließen, als einen Kassenraum im Rathause zur Verfügung zu stellen. Das notwendige Grundkapital entsprang dem Erlös einer Geldsammlung zu der 46 Rostocker Bürger, der Patriotische Verein sowie seine Unterabteilung, der Rostocker Distrikt, zeichneten. Für 91 Taler und 20 Schillinge wurde ein eiserner Geldkasten, ein Hauptbuch, ein Kassenbuch, etliche Sparbücher und ein Stempel beschafft. Namhafte Rostocker Kaufleute traten dem neuen Institut Wertpapiere zur Deckung der Finanzgeschäfte ab, so daß am 26. September 1825 die erste Schalterstunde abgehalten werden konnte. Der Erfolg der Rostocker Sparkasse konnte sich sehen lassen: In den neun Monaten des ersten Geschäftsjahres hatten 614 Personen Sparbücher einrichten lassen, auf denen Einlagen in Höhe von insgesamt 18389 Talern gebucht waren. An Hypotheken gab die Sparkasse 18540 Taler im gleichen Zeitraum aus. In der Folgezeit profilierte sich das Institut, gemäß den Ideen seiner Gründer, als Förderer des Spargedankens in breiten Bevölkerungskreisen und der wirtschaftlichen Aktivitäten in Rostock und in der Umgebung der Stadt. Auch die Gründung des Rostocker Gewerbevereins am 12. März 1835 ging auf eine Initiative des Patriotischen Vereins zurück. Anläßlich des Pfingstmarktes 1835 trat der Gewerbeverein mit der ersten Gewerbeausstellung in der Stadt, die im sogenannten Fürstensaal des Rathauses ein Domizil gefunden hatte, an das Licht der Öffentlichkeit. Eine Sonntagsschule für Handwerkerlehrlinge gab es in Rostock, gefördert und geleitet durch die vereinte Freimaurerloge »Irene zu den drei Sternen, Tempel der Wahrheit und Prometheus«, bereits zu Beginn der 30er Jahre des 19. Jahrhunderts. Doch ein großherzogliches Edikt des Jahres 1836 forderte neue Wege der Heranbildung des handwerklichen Berufsnachwuchses. Schließlich übernahm der Gewerbeverein die Sonntagsschule und gestaltete sie mit Unterstützung der vereinten Loge, der Stadt Rostock und des Landesherrn zu einer öffentlichen Gewerbeschule um. Diese eröffnete ihr erstes Ausbildungsjahr am 31. Oktober 1842 mit 38 Schülern. Nicht ohne Einfluß blieb das Wirken des Patriotischen Vereins für das äußere Erscheinungsbild der alten

Landwirtschaftliche Preisverteilung auf dem Neuen Markt, 7. Oktober 1858

Hansestadt. In den ersten Jahrzehnten des 19. Jahrhunderts sah sich der Rostocker Rat vor einer Reihe von Entscheidungen zur Zukunft jahrhundertealter, das Stadtbild prägender Gebäude oder Gebäudekomplexe. Diese waren inzwischen baufällig geworden. Wie häufig bei derartigen Problemen, hatte die Geldknappheit öffentlicher Kassen entscheidenden Einfluß auf das Schicksal der Bauten. Die mächtige, fünfschiffige Kirche des Hospitals Zum Heiligen Geist am Hopfenmarkt wurde 1818 genauso zum Abriß freigegeben, wie das ehemalige Dominikanerkloster St. Johannis an der Steinstraße. Wenngleich einzelne Gebäude des Komplexes erhalten blieben und genutzt wurden, so war die Große Stadtschule dort untergebracht, verschwand die Klosterkirche 1831 wegen Baufälligkeit. Auch Stadtbefestigungen hatten in jenen Jahren zunehmend an Bedeutung verloren. Sei es wegen der voranschreitenden Entwicklung der Militärtechnik, die diese Wehranlagen sinnlos erscheinen lassen mußte, oder wegen der zunehmenden Enge innerhalb der historischen Stadtanlage: Immer häufiger wurde statt Erhaltung und Restaurierung für einen

Abriß plädiert. Das Mühlentor mußte bereits 1802 weichen. An seine Stelle trat ein einfaches Flügeltor mit Säulen. Im Mauerring an der Warnow verschwanden der Blaue Turm 1819 (seine Reste 1825), der Kaiserturm 1828 sowie das Wokrenter Tor 1844 und in den folgenden Jahrzehnten weitere Tore und Stadtmauerbereiche, um den Bedürfnissen von Schiffbau und Schiffahrt Platz zu machen. Nachdem man die Zugbrücken vor dem Kröpeliner, Mühlen-, Petri- und Steintor zwischen 1815 und 1820 durch feste Brücken ersetzt hatte, ließ der Rat nun auch Stadtmauern schleifen. Die Arbeiten begannen im Jahre 1832 im südlichen Bereich, zunächst zwischen Kuh- und Mühlentor. Doch den freien Zugang zum städtischen Umfeld hemmten noch die Wälle und Gräben aus den Zeiten des Dreißigjährigen Krieges. Um diesem Mangel abzuhelfen, war allerdings wiederum Bürgersinn gefragt. Schließlich griff man eine Idee des Patriotischen Vereins auf und gründete 1836 einen Verschönerungsverein. Dieser ließ die Treppenwälle abtragen, die Gräben zuschütten und sorgte für die Anlage der Neuen Wallstraße. An der ursprünglichen Wallstraße hingegen entstand der neue Rosengarten als Ersatz für seinen legendären Namensvetter, einem zuletzt häufig zum Exerzieren genutzten Platz, den man in einem alten Memorialvers mit sieben Linden in Verbindung gebracht hatte und der sich wenige hundert Meter südöstlich der neuen Anlage befunden hatte. Er ist, obgleich erst 1877 endgültig seiner Bestimmung übergeben, neben den erhaltenen, aber parkähnlich gestalteten Wallanlagen um die Teufelskuhle und die Fischerbastion das bekannteste Zeugnis des Wirkens des Verschönerungsvereins. Die neogotischen Anbauten des Kröpeliner Tores stammten aus dem Jahre 1847. Auch sie haben ihr Entstehen der Initiative des Verschönerungsvereins zu verdanken.

Selbst der Großherzog in Schwerin und der Rostocker Rat taten einiges für eine Umgestaltung des Stadtbildes im Interesse der neuen Zeit. An der Südseite des Blücherplatzes (früher Hopfenmarkt) hatten die typischen Treppengiebel von Bürgerhäusern aus hansischer Zeit bereits in der ersten Hälfte des 18. Jahrhunderts einem barocken Ensemble bestehend aus dem Palais (1714), dem Saalanbau (der sogenannte Barocksaal, um 1750) und dem Palaisgarten (1749), weichen müssen, das als Residenz der Landesherren vorgesehen war. Im Verlauf dieser Häuserzeile ließ man auf Landeskosten nun im klassizistischen Stil die Neue Wache (1820-1825) und ein Gebäude für das Oberappelationsgericht (1840-1842) errichten. Zwischen 1816 und 1847 wurden nahezu alle Straßen Rostocks gepflastert, ja man begann ab 1827 sogar Bürgersteige anzulegen. Auch in die Errichtung von Überlandstraßen, also in den Chausseebau, wurden viel Geld und Mühe investiert. Die Verbindung über

Laage, Teterow und Malchin nach Neubrandenburg mit einem Abzweig nach Güstrow entstand in den Jahren 1830 bis 1833. Eine Chaussee nach Kröpelin wurde 1840 ihrer Bestimmung übergeben, 1842 erfolgte ihre Weiterführung bis Wismar. Im Jahre 1844 baute man eine Straße von Rostock nach Tessin. Mit Ribnitz verband Rostock eine Chaussee ab 1846, die bis ins vorpommersche Stralsund führte. Von diesen neuen Überlandverkehrswegen profitierten natürlich die Rostocker Kaufleute, aber auch die Post, deren erstes Dienstgebäude 1834 in der Krämerstraße eröffnet worden war. Die Post selbst unternahm einige Anstrengungen auch seeseitige Verbindungen zu unterhalten. So wurde 1842 eine Postschifflinie zwischen Rostock und dem schwedischen Ystad eingerichtet, die Teil der Verbindung Lübeck-Stockholm war.

Der gewachsene Bürgersinn jener Zeit war auch Motor für die Entfaltung des geistigen und kulturellen Lebens in der Stadt. Eine grundlegende Reformierung der Lehrinhalte an der Großen Stadtschule erfolgte im Jahre 1828. Die Arbeit dieser seinerzeit einzigen höheren Schule Rostocks wurde auf die ganzheitliche Ausbildung der ihr anvertrauten Jungen orientiert. Sie sollte nicht mehr nur auf akademische Studien vorbereiten, »sondern auch denen des Handels, den Gewerken, Künsten und der Seefahrt gewidmeten Knaben und Jüng-

Der Neue Markt um 1840

lingen diejenige Ausbildung ... gewähren, welche einen guten Erfolg in dem gewählten Berufe bedingt«. Diesem Wandel der Bildungsziele trug auch die am 8. August 1833 vorgenommene Einführung des Abiturexamens Rechnung. Eine Volksschule hatte in Rostock 1835 ihre Tätigkeit aufgenommen. Der Entwicklung des Elementarschulwesens begann sich 1839 eine Kommission zu widmen, und selbst eine Kleinkinderwarteschule öffnete am 1. Mai 1833 ihre Pforten. Innerhalb weniger Jahre entfaltete sich ein städtisches Bildungssystem, das von der vorschulischen über die Elementar- und Sekundarbildung bis zur Berufsausbildung in der Gewerbe- und der später dazugekommenen Kaufmannsschule führte. Längst nicht alle Rostocker Kinder und Jugendlichen konnten aber – schon auf Grund finanzieller Zwänge in ihren Familien – diese Bildungsgänge in ihrer Geschlossenheit durchlaufen. Dennoch galt das Rostocker Bildungsangebot als eines der modernsten in ganz Mecklenburg. Die Einführung der allgemeinen Schulbildung am 27. März 1845 sicherte schließlich jedem Rostocker Jungen und Mädchen die Grundbildung. Selbst dem Wunsche nach Körperertüchtigung und Sport wurde von öffentlicher Seite nun Raum gegeben. Dazu vermerkte seinerzeit Senator Johann Friedrich Schrepp (1771-1839) unter dem 9. Mai 1827 in seinem Tagebuch: »Heute Nachmittag wurde der Turnplatz, welcher auf einem Garten zwischen dem Kröpeliner und dem Steinthor eingerichtet ist, zum ersten Male von den Theilnehmern, Studenten und Schülern, besucht. Es waren viele Leute zum Zusehen hingegangen. Ich ging gegen 7 Uhr auf dem Walle und konnte die Menge Menschen und das Jubelgeschrey von der Heu=Magazins=Bastion deutlich sehen und vernehmen. Die Turner kamen ohngefähr 8 Uhr durchs Steinthor nach Hause.« Zusammenschlüsse zur Hebung des geistigen Lebens, für Wissenschafts-, aber auch Bildungspflege hatten sich in der bürgerlichen Gesellschaft Rostocks bereits im ausgehenden 18. Jahrhundert formiert. Vor allem die Förderung der Künste profitierte von der weiteren Entfaltung des Selbstbewußtseins im Bürgertum. Im Jahre 1819 hatte die »Philharmonische Gesellschaft« mit ihrem Wirken begonnen, 1841 folgte der »Rostocker Kunstverein«. Gemeinsam mit zahlreichen Privatpersonen und mit Unterstützung der Stadt bestimmten sie in der Folgezeit die Entwicklung des kulturellen Lebens in Rostock.

Im kaum 15 Kilometer entfernten Warnemünde begann sich seit der Wende vom 18. zum 19. Jahrhundert ein neuer Erwerbszweig zu entfalten, der dem 1819 gerade einmal 913 Seelen zählenden Fischerdorf großartige Entwicklungsperspektiven zu eröffnen schien. Im etwas westlich entlang der Küste gelegenen Heiligendamm nahm man auf Anregung des großherzoglichen

Warnemünde vom Spill, 1851

Hofmedicus' und Badearztes Gottlieb Samuel Vogel (1750-1837) im Jahre 1793 den Badebetrieb auf. Die »Weiße Stadt« erwarb sich auf diese Weise als erstes deutsches Seebad einen rühmlichen Platz in den Geschichtsbüchern. Doch keine 24 Jahre später lassen sich bereits Nachrichten über Sommerfrischler in Warnemünde finden. Zu den ersten gehörte die Familie des in Rostocker Diensten stehenden Forstinspektors Hermann Friedrich Becker (1766-1852) aus Rövershagen, die sich 1817 ab dem Juni für mehrere Wochen in Warnemünde aufgehalten hat und sogar ein Bad in der Ostsee gewagt haben soll. Und wenn man es ganz genau nehmen wollte, kamen die »Badegäste« sogar schon 1811 in Gestalt französischer Besatzungssoldaten, deren Kommandant damals vom Rostocker Rat die Errichtung eines Warmbades in Warnemünde gefordert hatte. Trotz ermutigender Anfänge war aber vorerst kaum an Bequemlichkeit zu denken. Logis fand man in aller Regel in den Häusern der Fischer oder in den wenigen Gasthöfen des Ortes. Noch mußten sich die damals geradezu spartanisch betreuten Gäste Warnemündes mit dem ursprünglichen, naturbelassenen Sandstrand zufrieden geben. Bald engagierten sich aber Rostocker Ärzte während der Sommermonate als Badeärzte. Im Jahre 1834 entstand dann – quasi auf den Mauern des alten Franzosenbades – die Warmbadeanstalt Warnemündes. Nun konnte mit warmen Meerwasser- und Schwefelbädern gekurt werden und das neue Gebäude ermöglichte sogar die Unterbringung eines Lesesaals. Im Jahr darauf wurden am Strande Badeanstalten aus Holz errichtet. Über einen Laufsteg erreichte man von den Dünen aus einen Kabinentrakt, der dem Umkleiden diente. Von dort aus konnten sich die Badelustigen über Treppen direkt in die Fluten der Ostsee stürzen. Der Etikette jener Zeit geschuldet, gab es – getrennt nach Geschlechtern – ein Herrenbad und einhundert Meter davon entfernt das Damenbad. Seit 1834 verkehrte ein Raddampfer regelmäßig zwischen Warnemünde und Rostock. Dieser Verkehrsweg erleichterte Reisenden das Erreichen Warnemündes und bot den Gästen des Bades eine bequeme Reisemöglichkeit für einen Abstecher in die alte Hansestadt an der Warnow. Zudem führten erste Wanderwege in die landschaftlich reizvolle Umgebung des Ortes. Bald schuf das Warnemünder Badewesen – um die Mitte der 30er Jahre des 19. Jahrhunderts wird man in einer Saison eintausend Gäste begrüßt haben – für zahlreiche ortsansässige Familien eine nicht zu verachtende Verdienstmöglichkeit.

Die Märzereignisse in Rostock

Die wirtschaftlichen Erfolge des Rostocker Bürgertums, so zaghaft und sporadisch sie in den ersten Jahrzehnten des 19. Jahrhunderts im Vergleich mit anderen deutschen Städten und Regionen auch gewesen sein mögen, schufen ein neues Selbstverständnis in dieser zahlenmäßig wachsenden, wohlhabenden Schicht. Selbstbewußtsein, Risikobereitschaft, Neugier auf Neuerungen oder Initiative, Tatkraft und Bürgersinn waren zwar Tugenden aus hansischer Zeit, die aber unter den Vorzeichen kapitalistischer Entwicklung einen neuen Stellenwert bekamen. Wie in Deutschland, so auch in Mecklenburg und Rostock, entstand eine unüberbrückbare Kluft zwischen der wachsenden Bedeutung des Handels- und Industriebürgertums in der Wirtschaft, aber auch in nahezu allen Bereichen des gesellschaftlichen Lebens einerseits und ihrer politischen Unmündigkeit andererseits. Die mecklenburgischen Landstände, hauptsächlich getragen von Ritter- und Landschaft, also landbesitzendem Adel und Ratsoligarchien, sahen nicht die Notwendigkeiten der Schaffung von Rahmenbedingungen zur wirtschaftlichen Entfaltung des Bürgertums, etwa die Errichtung einer zeitgemäßen Infrastruktur, die Verabschiedung wirtschaftsfördernder Gesetze, den Abbau von hemmenden Zollschranken oder die Auflösung des mittelalterlichen Zunftwesens. Reformunfähigkeit und das Festhalten am Alten ließen die Einflußnahme des Bürgertums auf die Politik nicht zu und mußten den Ständen und den regierenden Großherzögen schließlich den Ruf des Reaktionären eintragen. Es konnte also nur eine Frage der Zeit sein, bis Mittel und Wege zur Lösung dieses Widerspruchs gefunden waren. Die mecklenburgische Opposition gegen den hemmenden Ständestaat rekrutierte sich hauptsächlich aus den Reihen bürgerlicher Gutsbesitzer und liberaler Angehöriger der Rostocker Universität, schließlich aber auch aus denen des kapitalistisch wirtschaftenden Bürgertums, das vornehmlich in den beiden Seestädten Rostock und Wismar sowie in Güstrow und Schwerin ansässig war. Sie sammelte sich um die Redaktion der liberal-bürgerlichen Zeitung »Mecklenburgische Blätter« die von Anfang 1847 bis in die ersten Wochen des Jahres 1848, verantwortet vom Universitätsprofessor Karl Türk (1800-1887), in Rostock erschien. Nicht von ungefähr gab sich auch der »Auszug der Neuesten Zeitungen«, ein Presseerzeugnis mit einer Tradition, die bis 1711 zurückreichte, am 1. Januar 1847 einen neuen Namen. Unter dem Titel »Rostocker Zeitung« avancierte dieses Blatt ebenfalls zu einem Sprachrohr der Liberalen und blieb es über viele Jahrzehnte. Erst in den 20er Jahren des 20. Jahrhunderts nahmen ihr die Polarisierungen im bürgerlichen Lager und die wachsende Konkurrenz die Abonnenten und damit die Wirtschaftlichkeit.

Mißernten führten in der zweiten Hälfte der 1840er Jahre zu Engpässen bei der Versorgung mit Lebensmitteln. Deren Preise stiegen manchmal ins Unerschwingliche und verursachten bei den untersten Schichten der Bevölkerung Hunger, Krankheit und zunehmende Verelendung. Zur Verschärfung der Lage trug auch eine wachsende Arbeitslosigkeit unter den Handwerksgesellen und in der Arbeiterschaft bei. So sahen jene im Aufbegehren gegen die Verhältnisse eine Möglichkeit, die Besserung ihrer Situation zu erreichen. In Rostock entstand im November 1848 ein Arbeiterverein, der sich vor allem die Durchsetzung wirtschaftlicher und sozialer Ziele auf die Fahnen geschrieben hatte. Doch anders als in weiten Teilen Deutschlands, wo im Revolutionsjahr 1848 unter aktiver Beteiligung der Handwerker und der Arbeiterschaft radikale Forderungen erhoben wurden und es zu gewaltsamen Auseinandersetzungen zwischen Demonstranten und dem Militär kam, wurde in Rostock eine Radikalisierung der Volksmassen offensichtlich bewußt vermieden. Statt dessen versuchte man die notwendigen Veränderungen mit einer überaus lebhaften Versammlungs- und Petitionstätigkeit, also auf reformerischem Wege durchzusetzen. Folgerichtig stand die »Reform der Landesvertretung und die Frage der Preßfreiheit« am 9. März 1848 in der Stadt an der Warnow erstmals öffentlich auf der Tagesordnung. Sie war Gegenstand einer Petition an den Großherzog in Schwerin, die 19 »Männer des Gelehrten-, Handels- und Gewerbestandes« unterzeichnet hatten. Im Apollosaal des Hotels »Sonne« am Neuen

E. E. Rath hegt zu den Gesinnungen aller Stände seiner Mitbürger und Einwohner hiesiger Stadt das Vertrauen, daß ein stadtväterlicher An- und Aufruf vorzugsweise geeignet sein werde, die gesetzliche Ordnung und öffentliche Sicherheit von Personen und Eigenthum zu erhalten und zu befestigen. In diesem Vertrauen ergeht hiedurch an alle Mitbürger und Einwohner die Aufforderung: daß ein Jeder in seinem Wirkungskreise zur Beruhigung der Gemüther mitwirke und zur Abstellung von Störungen der Ordnung und Sicherheit, namentlich seine Dienstboten, Lehrburschen und Kinder nach 7 Uhr Abends bis auf Weiteres zu Hause halte.

Gegeben im Rathe. Rostock, den 28. März 1848.

J. C. C. Stever, Protonotarius.

Aufruf des Rates vom 28. März 1848 zur Wahrung von Ruhe und Ordnung

Markt diskutierten an diesem Donnerstag ab vier Uhr nachmittags eintausend
Rostocker ihre Forderungen. Schließlich einigte man sich, den Landesherrn
zu bitten, sich für eine Reform der Landesverfassung mit dem Ziel der Schaffung einer wirklichen Volksvertretung sowie eine aktive Mitwirkung bei der
Errichtung eines gesamtdeutschen Parlaments einzusetzen, Presse- und Ver-
einigungsfreiheit zu gewähren, die allgemeine Volksbewaffnung zuzulassen
und eine Reformierung der Justiz durchzuführen. Da eine Antwort auf sich
warten ließ, trat die Versammlung am 15. März wiederum zusammen, um eine
zweite Petition zu verabschieden, in der sie ihre Forderungen, zum Teil sogar
konsequenter formuliert, bekräftigte. Acht Tage darauf reagierte der Großherzog, offensichtlich aber nur unter dem Eindruck der revolutionären Ereignisse in Berlin, und versprach, daß eine Reform der Landesverwaltung durchgeführt, Presse-, Versammlungs- und Vereinsfreiheit gewährt und Mecklenburg »in die Reihe der konstitutionellen Staaten« eintreten werde. In Rostock
hatte sich inzwischen am 18. März 1848 ein Reformkomitee gegründet, in das
von einer Volksversammlung 16 Mitglieder gewählt wurden. Seine Aufgabe
bestand vor allem darin, Rostock auf dem für den 2. April nach Güstrow
einberufenen Kongreß aller mecklenburgischen Reformvereine zu vertreten.
In Vorbereitung auf die Zusammenkunft entstand der Entwurf eines 17 Punkte
umfassenden Programms, dessen Inhalt auf eine Demokratisierung des bestehenden politischen und wirtschaftlichen Systems abzielte. In Güstrow wurde
dieses Programm angenommen. Desweiteren bestimmten die 173 Delegier-
ten aus ganz Mecklenburg das Rostocker Reformkomitee zum Zentralkomitee aller mecklenburgischen Reformvereine. Fortan hatte die revolutionäre
Bewegung Mecklenburgs ihr organisatorisches Zentrum in Rostock. Der au-
ßerordentliche Landtag, der am 26. April 1848 auf Druck der revolutionären
Kräfte in Schwerin zusammentrat, beschloß zwar nicht seine Auflösung, wohl
aber ein Wahlgesetz für eine neue Ständeversammlung. Bei den Wahlen für
das Großherzogtum Mecklenburg-Schwerin am 3. Oktober 1848 und in den
zwei weiteren, erforderlich gewordenen Wahlgängen gewannen Rostocker 27
der 85 Mandate. Vereinigte allerdings ein Kandidat mehrere Mandate auf sich,
mußte er sich für eines entscheiden. Für die zurückgegebenen schrieb man
einen neuen Wahlgang aus. Schließlich zogen 14 Rostocker in das neue,
demokratisch gewählte Parlament. Die konstituierende Sitzung des neuen Land-
tages am 31. Oktober 1848 bestimmte den Rostocker Advokaten Dr. Moritz
Wiggers (1816-1894) zum Präsidenten. Mit Prof. Dr. Christian Wilbrandt (1801-
1867) hatte ein Rostocker auch das Amt des Vizepräsidenten inne. Die Rostocker selbst gingen – durch die Initiative und durch den Druck der revolutio-

Rostocker Bürgergarde, 1848

nären Kräfte getrieben – den Weg der Schaffung eines demokratischen Stadtregiments. Am 10. März 1848 hatte eine Abordnung von Bürgern dem Rat
seine Forderungen vorgelegt: die Errichtung einer Bürgergarde statt der auf
Stand und Besitz begründeten Bürgerwehr; eine Reform der Bürgervertretung,
die die Einteilung des Hundertmännerkollegiums in Quartiere überwinden
und Bürgern unabhängig von ihrem Stand Sitz und Stimme ermöglichen sollte; die Ergänzung des Ratskollegiums durch Personalvorschläge aus der Bürgervertretung statt durch Selbstergänzung; die Schaffung des Zuganges von Handwerkern zu einem Sitz im Rat, der ihnen bislang vorenthalten worden war und
anderes mehr. Der Rat sah sich durch eine angespannte Atmosphäre in der
Stadt veranlaßt, umgehend zu reagieren. So wurden bald öffentliche Aufträge
vergeben oder Großbauprojekte, wie der Eisenbahnbau finanziell unterstützt,

um die Arbeitslosigkeit in den ärmsten Schichten der Rostocker Bevölkerung abzubauen. Am 15. März 1848 – bereits fünf Tage nach dem Vortrag der Forderungen beim Rat – entstand die Rostocker Bürgergarde. Die Kommandeure, Offiziere und Unteroffiziere wählten die mehr als 800 Dienstpflichtigen fortan aus ihren Reihen. Es war bestimmt worden, daß die Gardisten sich an den Kosten für die erstmals einheitliche Uniform und für die Ausrüstung nur noch teilweise finanziell zu beteiligen hätten, so daß Angehörige aller Schichten der Rostocker Bevölkerung Zugang zur Garde hatten. Jedoch machte die Reaktion 1853/54 diese Errungenschaft der Rostocker wieder zunichte. Die Bürgerwehr, die noch bis 1868, dem Jahr des Beitritts Mecklenburgs zum Norddeutschen Bund, bestand, erhielt ihre Offiziere wieder durch Ratsorder, die Ausrüstung mußte selbst beschafft werden.

Auch in Sachen der Errichtung einer demokratischen Bürgervertretung zeigte sich der Rat verhandlungsbereit. Die Vorbereitungen brauchten jedoch Monate und erst am 29. Januar 1849 fanden die Wahlen statt. Die meisten Stimmen vereinigten ein Schmied, ein Kürschner, ein Schuster und gar ein Maurergeselle auf sich. Advokaten und Kaufleute konnten für sich erst das fünft- und sechstbeste Wahlergebnis verbuchen. Unter den 48 Männern der Stadtverordnetenversammlung befanden sich erstmals in der Rostocker Geschichte mit drei Handwerksgesellen und zwei Arbeitern insgesamt fünf Vertreter unterer Schichten. Doch auch dieser Errungenschaft aus den Revolutionstagen des Jahres 1848 war nur ein kurzes Leben beschieden. Die erste demokratische Stadtverordnetenversammlung Rostocks fand sich am 16. August 1851 – nach kaum mehr als 30 Monaten Existenz – zu ihrer letzten Beratung zusammen. Fortan galt wiederum das großherzogliche Regulativ für die Hundertmänner. Grundlage dafür war der Freienwalder Schiedsspruch vom 11. September 1850, der die Ergebnisse der Revolution von 1848/49 für unrechtmäßig erkannte. Er gab den Großherzögen von Mecklenburg-Schwerin und Mecklenburg-Strelitz die Handhabe, die alten Verhältnisse wieder herzustellen. Das Staatsgrundgesetz vom 10. Oktober 1849, die Verfassung Mecklenburgs, überdauerte das Urteil kaum einen Monat. Gegen die Presse wurde mit Zensur vorgegangen. Progressive Redakteure und Journalisten verwies man des Landes. Im Januar 1851 verfügte der Großherzog in Schwerin die Auflösung politischer Vereine. Einige Rostocker Demokraten rückten nochmals 1850 in das Licht der Öffentlichkeit. Am 6. November des Jahres befreite Carl Schurz (1829-1906) seinen Freund, den Dichter Gottfried Kinkel (1815-1882) aus dem Spandauer Gefängnis. Schurz kannte Kinkel, der als Professor arbeitete, aus seiner Studentenzeit an der Universität Bonn. Gemeinsam hatten sie in den Revolutionstagen an den bewaffneten Kämpfen gegen die Reaktion in Baden teilgenommen. Als Kinkel vom preußischen Militär gefangen genommen und in Berlin zu einer lebenslangen Zuchthausstrafe verurteilt worden war, entschloß sich Schurz zu dieser abenteuerlichen Aktion. Im Gasthaus »Zum Weißen Kreuz« vor dem Rostocker Mühlendamm trafen beide den Kaufmann und Reeder Ernst Brockelmann, den Advokaten Moritz Wiggers sowie dessen Bruder Professor Julius Wiggers (1811-1901), um gemeinsam nach einer Fluchtmöglichkeit ins Ausland zu suchen. Die drei Rostocker Demokraten versteckten Kinkel und Schurz bis zum 17. November. Dann endlich lief ein Schiff Brockelmanns nach England aus, mit dem die steckbrieflich Gesuchten in die Freiheit entkamen. Kinkel arbeitete später an Universitäten in England und in der Schweiz. Schurz hingegen reiste nach Amerika weiter. Dort schloß er sich der Republikanischen Partei an, wurde in den Sessionskriegen Divisionsgeneral der Unionisten und wirkte zwischen 1877 und 1881 als Innenminister der USA. Brockelmann, den Gebrüdern Wiggers und weiteren Demokraten aus Mecklenburg konnte nicht nachgewiesen werden, daß sie den Flüchtigen zur Freiheit verholfen hatten. Als im Frühjahr 1853 gegen 14 Rostocker Demokraten, zu denen auch Julius und Moritz Wiggers zählten, ein Hochverratsprozeß eröffnet wurde, rechnete die Justiz aber sicher auch für diese ihr drei Jahre zuvor zugefügte Niederlage mit ihnen ab. Schließlich verurteilte man alle Angeklagten zu hohen Zuchthausstrafen. Für Mecklenburg und für Rostock hatte sich im Ergebnis dieser aufgeregten, ereignisreichen und zunächst so hoffnungsvollen Jahre nur eine altbekannte Wahrheit bestätigt: Alles bleibt beim Alten.

Kasten Schröder

Industrialisierung und Reichsgründung. 1851 bis 1914

Zwischen Norddeutschem Bund und Reichseinigung

Den Ruf nach Freiheit, Demokratie, Einheit und Fortschritt konnten auch der Freienwalder Schiedsspruch und die zahlreichen harten Urteile gegen die Demokraten der Jahre 1848 und 1849 in Mecklenburg nicht dauerhaft unterdrücken. Die Großherzöge mußten darangehen, wenn auch überaus zögerlich und inkonsequent, Zugeständnisse zu machen. Doch änderten diese nichts grundlegend. Schließlich blieben die politischen Zustände in Mecklenburg-Schwerin und Mecklenburg-Strelitz bis 1918 die rückständigsten in ganz Deutschland. Der Schweriner Großherzog regte im Jahre 1853 an, mit einem politischen Tabu zu brechen: der Rat in Rostock möge auf sein Selbstergänzungsrecht verzichten. Im Mittelalter hatte man verhindern wollen, daß Männer, die Amt oder Lehen des Landesherrn innehatten, in den Rat gewählt wurden. Im Streit zwischen Stadt und Herzog hätten sie den Interessen Rostocks schaden können. So bildete sich das Recht heraus, das den Ratsherren erlaubte, selbst zu bestimmen, wem ein vakant gewordener Ratsstuhl zugesprochen wurde. Da sie meist nur ihre Interessen im Blick hatten und den Handwerkern der Zugang zum Rat verwehrt war, entstanden ratsfähige Geschlechter, ein exklusiver Kreis von Kaufmannsfamilien, der Jahrhunderte verhinderte, daß sich breite Schichten der Städtebürger am Stadtregiment beteiligen konnten. Nach zahllosen Diskussionen und unter sanftem Druck aus Schwerin entschloß sich der Rat, sein Privileg aufzugeben. Ab dem 1. November 1853 entschieden Rat und Bürgervertretung gemeinsam, wer die Stadt regieren sollte.

Inzwischen begann sich in Mecklenburg der Fortschritt, in Gestalt von Eisenbahnlinien einen Weg zu bahnen. Mit der Eröffnung der Bahnlinie Rostock-Bützow-Kleinen am 13. Mai 1850 erhielt die alte Hansestadt an der Warnow endlich einen Anschluß an das deutsche Schienennetz. Folglich wurde dieser Tag gebührend gefeiert. Im Jahre 1859 war dann die Verbindung Stralsund-Neubrandenburg-Berlin hergestellt, zu der Rostock 1864 mit einer Strecke über Güstrow nach Neubrandenburg Anschluß erhielt. Doch der Jubel am Orte war leiser geworden, denn die landwirtschaftlichen Erzeuger aus Ostmecklenburg und Vorpommern transportierten immer mehr Produkte an Rostock vorbei mit der Eisenbahn direkt zu den Märkten. Als 1870 gar eine Stecke von Hamburg über Lübeck, Kleinen, Güstrow und Neubrandenburg nach Stettin quer durch Mecklenburg führte, traf es die maritime Wirtschaft Rostocks hart. Vor allem der Hafen wurde nicht mehr gebraucht, konnten die mecklenburgischen Landwirte doch nun entscheiden, von wo ihre Produkte den Seeweg antraten: in Richtung Osten von Stettin aus, in Richtung Westen von Hamburg aus. Getreide oder Kartoffeln in Güstrow zu verladen, um sie in Rostock auf ein Schiff zu bringen, lohnte nicht und war kaum billiger, als in den beiden großen Häfen. Zudem sparte man Zeit. Dabei waren die Rostocker Reeder und der Hafen glänzend in die zweite Hälfte des 19. Jahrhunderts gestartet. Im Krimkrieg 1853/54 bis 1856 blieben die russischen Getreidelieferungen nach England aus, denn die beiden Länder standen sich nun auf dem Schlachtfeld gegenüber. Rostocker Kaufleute und Reeder füllten die Lücke und verkauften Getreide zu Preisen, die oft über den marktüblichen lagen. Auf den britischen Inseln wurde vor allem Steinkohle gebunkert. Diese wiederum ließ sich in Mecklenburg und gerade auch in Rostock, wo 1856 eine Gasanstalt errichtet worden war, die ohne Kohlelieferungen nicht arbeiten konnte, gewinnbringend absetzen. Die europäischen Bündnispartner des Osmanischen Reiches im Krimkrieg, England und Frankreich, konnten ihre Kontingente auf der belagerten Krim nur durch neutrale Schiffe versorgen lassen. Rostocker Reeder übernahmen den Transport von Waffen, Ausrüstungen und Lebensmittel ins Schwarze Meer und erzielten so nicht selten einen überdurchschnittlichen Gewinn von bis zu 240 Prozent. Dieser floß in Schiffsneubauten, an denen die Rostocker Schiffbaumeister partizipierten. Am Strande wurde ein Segler nach dem anderen auf Kiel gelegt. Die Meister nutzten die Gunst der Stunde und gründeten Werften mit häufig dreißig und mehr Beschäftigten. Im Jahre 1853 richtete der aus Stettin stammende und seit 1849 in Rostock arbeitende Otto Ludewig (1826-1901) seine Werft auf dem sogenannten Neuen Lande in der Nachbarschaft des Wendentores ein. Weiter westlich, auf der Lastadie, war 1843 die Werft des Stralsunders Wilhelm Zeltz (1819-1879) entstanden. Zeltz wagte sich gemeinsam mit dem aus Rostock stammenden Ingenieur Albrecht Tischbein (1803-1881) auf technisches Neuland. Beide gründeten 1850 die Werft Tischbein & Zeltz, deren Zweck der Bau von eisernen Schiffen war. Dort entstanden mit dem »Erbgroßherzog Friedrich Franz« im November 1851 und dem »Großfürst Constantin« im Mai 1852 zwei seegehende eiserne Schraubendampfer für eine Schiffahrtslinie zwischen Rostock und St. Petersburg. Es waren die ersten Schiffe dieser Art, die in Deutschland gebaut wurden. Während Zeltz sich 1853 aus dem Unternehmen zurückzog und sich auf der Lastadie wieder dem Holzschiffbau zuwandte, versuchte Tischbein sich auf diesem für Deutschland speziellen und jungen Feld des Schiffbaus mit wechselhaftem Glück weiterhin einen Namen zu machen. Ernst Burchard (1843-1917) hatte 1868 seine Schiffbaumeisterprüfung abgelegt und unmittelbar darauf mit dem Aufbau der Werft Ernst Burchard & Co. begonnen. Die genannten Unternehmen, denen noch die seit 1866 arbeitenden Werft N. H. Witte (ab 1871 Rostocker Aktiengesellschaft für Schiffs- und Maschinenbau) zu rechnen wäre, begründeten in Rostock die neuzeitliche Schiffbautradition. Allerdings erkannten Stadt und Reeder die Zeichen, die Tischbein & Zeltz im Rostocker Schiffbau gesetzt hatten, nicht. Die Reeder ließen statt Dampfern weiter Segler bauen, die zwar wesentlich billiger, aber natürlich dem wachsenden Termindruck im Transportgeschäft nicht gewachsen waren. Auftragsmangel war die Folge. Deshalb wichen die Kapitäne auf andere Regionen der Erde aus, wo man mit Seglern noch guten Gewinn machen konnte. Ihrem Heimathafen blieben Schiff und Besatzung allerdings für viele Jahre fern.

Die Stadt hatte bereits 1833 Bestimmungen zur Prüfung der Schiffer und Seesteuerleute erlassen. Beeinflußt vom Aufschwung der Rostocker Schiffahrt und unterstützt von den unerwartet hohen Steuereinnahmen, eröffnete der Rat 1854 eine Schule, die der Ausbildung der Seeleute dienen sollte. Im Jahre 1858 erhielt sie im Friedhofsweg ein auf ihre Bedürfnisse abgestimmtes Schulgebäude. Diese Navigations- und Maschinistenschule war die einzige Mecklenburgs, die sich in städtischer Hand befand. Die Absolventen allerdings heuerten, weil es in Rostock für sie kaum noch berufliche Perspektiven gab, immer öfter bei Reedereien an, deren Schiffe ihren Heimathafen in Bremen, Hamburg, Lübeck, Stettin, Danzig oder anderswo hatten. Und schließlich mußte sich der Rat auch gefallen lassen, daß man seine zögerliche Haltung in Sachen Hafenausbau und Vertiefung der Fahrrinne kritisierte. Der desolate Zustand der Schiffahrtswege und des Hafens ließ größere Dampfer Rostock meiden. Als am 1. April 1868 von den Masten der Rostocker Schiffe die alte Greifenflagge für immer verschwand, mag dies als Symbol für den beginnenden Niedergang der stolzen Flotte der alten Hansestadt angesehen worden sein, der in den 70er Jahren dann drastische Ausmaße annahm. Fortan wehte an ihrer

Blick von der Fischerbastion auf den Hafen, um 1900

Stelle das Schwarz-Weiß-Rot des Norddeutschen Bundes, das auf seine Weise Schwarz und Weiß aus Preußens Fahne mit Weiß und Rot, den Farben der Hanse, verband. Die beiden mecklenburgischen Großherzogtümer waren dem Norddeutschen Bund am 21. August 1866, drei Tage nach seiner Gründung beigetreten. Nach der 1863 ins Werk gesetzten, längst überfälligen mecklenburgischen Reform des Steuer- und Zollwesens, standen nun weitere wesentliche gesetzliche Neuerungen auf der Tagesordnung. Doch schon die Steuer- und Zollreform hatte gezeigt, daß es den Rostockern schwerfallen würde, ihre Privilegien für eine deutliche Liberalisierung des Steuer-, Zoll- und Wirtschaftssystems herzugeben. Immerhin hatte man sich bereit finden können, gegen eine jährliche Ausgleichszahlung, die durch die großherzogliche Kasse zu leisten war, auf die Erhebung der Akzise, des Dammzolls und des Brückengeldes zu verzichten. Als letzte deutsche Stadt – neben Wismar – gab Rostock 1864 auch das Münzrecht auf. Die neuen Steuerbestimmungen hingegen akzeptierten die Rostocker erst 1870. Am 1. Januar 1868 trat im Norddeutschen Bund das Gesetz über die Freizügigkeit in Kraft. Wenige Monate später wurde

Mecklenburg Mitglied im Allgemeinen Deutschen Zollverein. Die neue Gewerbeordnung erhielt am 21. Juni 1869 Rechtskraft. Die Einführung der neuen Bestimmungen forderte auch von den Rostockern die Aufgabe von Althergebrachtem. Das alte Bürgerrecht hörte auf zu existieren. Jeder konnte sich in der Stadt niederlassen. Dies traf nun auch für Juden zu, denen die Städte Wismar und Rostock bis dahin verschlossen geblieben waren. Die Zunftschranken fielen. Jedem, der eine entsprechende Berufsausbildung nachweisen konnte, mußte die Möglichkeit gegeben werden, seinem Gewerbe nachzugehen. Die Rostocker Handwerker hatten sich nun dem freien Wettbewerb zu stellen, was ihnen schwerer fiel als den Fabriken, die in der Zwischenzeit entstanden waren. In das Jahr 1851 fiel die Gründung der Firma Jürß & Crotogino, die im Holzhandel tätig war, ein Sägewerk sowie eine Fabrik für die Herstellung von Holzleisten besaß. Mit Niederlassungen in Stralsund, Eberswalde, Berlin und in Ostpreußen galt das Unternehmen als recht erfolgreich. Jürß & Crotogino leisteten sich 1882 gar den Luxus einer elektrischen Beleuchtungsanlage, der ersten Rostocks, die allerdings noch mit hausgemachtem Strom betrieben werden mußte. Der Apotheker Dr. Friedrich Witte (1829-1893) erwarb 1856 die Hirschapotheke in der Nachbarschaft von St. Marien. Schon sechs Jahre darauf verkaufte er sie jedoch wieder, um mit ihrem Erlös eine chemische Fabrik zu gründen, die auf einem Gelände Ecke Lange Straße/ Schnickmannstraße eingerichtet wurde. Vor allem in den 70er und 80er Jahren des 19. Jahrhunderts gelang es Dr. Carl Großschopf (1835-1908), dem Ersten Chemiker der Firma, eine Reihe von industriellen Produktionsverfahren zu entwickeln, die die Herstellung von Coffein, Pepsin, Pepton, Pankreatin und Papain in besonders reiner Form und in größeren Mengen ermöglichten. Auf der Basis seiner Erfolge während der Weltausstellung in Chicago 1873, wo er mit seinen Coffein- und Pepsinprodukten Furore machte, erschloß Witte mit großem persönlichen Einsatz Märkte in den USA, Großbritannien, Italien, den Niederlanden, Österreich, Polen, Rumänien, der Türkei, Ungarn und vor allem in Rußland. In jener Zeit deckte das Rostocker Unternehmen den Weltbedarf an Coffein. Auch beim Verkauf von Pepsin galt es als internationaler Marktführer. Neben diesen Erzeugnissen, die damals wie heute bei der Behandlung von Stoffwechselerkrankungen Verwendung finden, produzierten die »Fr. Witte. Chemischen Fabriken« ab 1877 Labpulver, das für die Herstellung von Käse benötigt wurde. Wegen seiner Haltbarkeit und bequemen Verwendbarkeit genoß auch dieses Produkt einen guten Ruf. Firmengründer Friedrich Witte war politisch als Liberaler in Rostock, in Mecklenburg und im Deutschen Reich bekannt und aktiv. Von 1878 bis 1890 hatte er Sitz und Stimme im

Deutschen Reichstag. Parlamentskollegen schätzten ihn vor allem als Steuerexperten. Witte galt auch als Schöngeist und Mäzen und engagierte sich für Stadtentwicklung, Fremdenverkehr, Kunst und Kultur in seiner Heimatstadt. Besonders enge Kontakte pflegte er zu Theodor Fontane (1819-1898), den er während seiner Lehre und seines Studiums in Berlin kennengelernt hatte. Der berühmte märkische Dichter weilte, allein oder mit der Familie, einige Male bei den Wittes in Rostock zu einem Besuch. Die Firma »Fr. Witte. Chemische Fabriken« galt Zeit ihrer Existenz – 1952 erfolgte die Enteignung, wenige Jahre später die Produktionsverlagerung nach Berlin – als Rostocker Musterbetrieb, der den Beweis dafür angetreten hatte, daß man selbst mit einem kleinen Mitarbeiterstamm, 1888 gab es 36 Arbeitsplätze, überaus innovativ und unternehmerisch erfolgreich sein konnte. Für den gelungenen Versuch aus handwerklichen oder kleingewerblichen Traditionen Rostocks heraus eine leistungsfähige, wenn auch überschaubare Industrie aufzubauen, standen in jenen Jahren in der Metallbranche die 1858 gegründete Firma Ferdinand Schultz, im Bereich der Möbelproduktion seit 1857 der Betrieb A. Strobelberger und in der Tabak- und Zigarrenfabrikation das 1861 geschaffene Unternehmen Pfenningsdorf & Genssen.

Rostocks »Goldenes Zeitalter«

Mit der Reichseinigung im Jahre 1871 begann sich in der Stadt ein dynamischer Entwicklungsprozeß zu zeigen, der seine Wurzeln vor allem in den durch die Gesetzgebung des Norddeutschen Bundes hervorgerufenen Veränderungen in den mecklenburgischen Großherzogtümern hatte. Weitere Impulse erhielt er durch die Neuerungen aus dem Deutschen Reichstag, die in Mecklenburg eingeführt werden mußten, ob es den Herrschenden nun paßte oder nicht. Die Auswirkungen dieses Prozesses, der immer umfassender und tiefgreifender wurde und bald keinen Bereich des gesellschaftlichen Lebens in Rostock mehr ausließ, veränderten die Stadt und ihre Einwohnerschaft grundlegend. Ohne Übertreibung darf festgestellt werden, daß sich die Stadt in jener Zeit durch diese Entwicklungen, die durch den Beginn des Ersten Weltkrieges unterbrochen wurden und danach nie mehr diese Totalität erreichten, endgültig von »ihrem Mittelalter« verabschiedete und den Schritt in die Moderne vollzog. Trotzdem blieb der Wandel im deutschen Vergleich bescheiden. Die politischen und wirtschaftlichen Ausgangsbedingungen im landwirtschaftlich geprägten, bevölkerungsarmen und in halbfeudalen Verhältnissen erstarrten Mecklenburg sowie die geographische Lage der Stadt im Zentrum der deutschen Ostseeküste, aber fernab bedeutender Verkehrswege ins Landesinnere, bewirkten ihre Abkoppelung vom Prozeß der nationalen und internationalen Konzentration von Kapital und Produktion und wiesen Rostock keine Aufgabe im Zuge der Konstituierung des deutschen Einheitsstaates zu. So blieb Rostock beispielsweise in seiner Entwicklung deutlich hinter der ebenfalls an der Ostsee liegenden Stadt Kiel zurück, obwohl beide Städte in der ersten Hälfte des 19. Jahrhunderts durchaus noch vergleichbar gewesen waren. In Mecklenburg allerdings – und vielleicht war es das Schicksal Rostocks, darin fortan das Maß aller Dinge sehen zu müssen – baute die einstmals nahezu autonome Hansestadt ihre Stellung im Rahmen der modernen Gesetzgebung als einwohner- sowie politisch, wirtschaftlich und kulturell einflußreichste Kommune deutlich aus. Das Handelskapital, durch den Niedergang der Rostocker Schiffahrt auf der Suche nach neuen Anlage- und Verwertungsmöglichkeiten und begünstigt durch Freizügigkeit und Gewerbefreiheit, setzte weiterhin auf Fabrikgründungen. Im gleichen Zuge brachen die alten Strukturen des Rostocker Handwerks nun endgültig zusammen. Die Gewandschneiderkompanie löste sich 1871 als erstes der Ämter, wie in Rostock die Zünfte genannt wurden, auf. Zögerlich folgten bis 1890 dreizehn weitere Ämter. Viele jedoch zeigten ihre Auflösung gar nicht erst an und gingen nach und nach in den entstehenden Innungen auf. Wer als Handwerksmeister dem Druck des Wettbewerbs nicht mehr gewachsen war, mußte sich als Lohnarbeiter verdingen. Andererseits gelang es finanziell unabhängigen und unternehmerisch denkenden Handwerksmeistern, ihre Werkstätten zu erhalten und häufig sogar zu leistungsfähigen Firmen mit lokaler und regionaler Bedeutung auszubauen, wie etwa den Bauunternehmungen L. Berringer, C. Heinig oder Heinr. Quade. Der ebenfalls aus dem Baufach stammende Georg Mahn (1849-1935) kaufte 1878 mit seinem Partner Friedrich Ohlerich (1851-1889) die an der Doberaner Chaussee gelegene Julius Meyersche Bierbrauerei, die zu einer erfolgreichen Großbrauerei entwickelt wurde. Im Jahre 1884 erwarben sie die wirtschaftlich erfolglose Rostocker Aktienbrauerei, einen von dreizehn Wettbewerbern in der Stadt, und 1888 beschäftige die Firma bereits 125 Arbeiter. Nach dem Tode Ohlerichs wandelte Mahn das Unternehmen in eine Aktiengesellschaft um und hatte nun alle Mittel für die weitere Expansion in der Hand. Die Biere der Brauerei Mahn & Ohlerich waren bald in ganz Norddeutschland zu haben, in Rostock und Mecklenburg galt man ohnehin schon lange als Marktführer. Auch im Schiffbau war ein derartiger Konzentrationsprozeß bald ablesbar. Die N. H. Witte'sche Werfte und Maschinenbauanstalt trat ab 1871 als »Rostocker Aktiengesellschaft für Schiff- und Maschinenbau« auf. Auch Tischbein hatte sich 1873 entschließen müssen, Aktien zu verkaufen und firmierte fortan unter dem Namen »Hansa. Werfte für eiserne Schiffe und Maschinenbau«. Im Jahre 1881 kaufte die »Burchhard's Schiffswerfte und Maschienbauanstalt« die »Hansa«. Allerdings ging Burchards Firma noch im selben Jahr in den Besitz der Rostocker Aktiengesellschaft über. Entstanden war ein leistungsfähiges Unternehmen, das schnell expandierte. Die Aktionäre gründeten 1890 die »Aktiengesellschaft Neptun«, die dem Unternehmen nun ein starkes finanzielles Fundament gab. Damit war die Neptunwerft und die moderne Großschiffbautradition Rostocks geboren. Der in folgenden Jahrzehnten größte und bedeutendste Betrieb Rostocks erwarb sich bald in ganz Deutschland und im europäischen Ausland einen Namen als leistungsfähiger Schiffbaubetrieb. Die Rostocker Flotte, deren Tonnage von ca. 105000 Nettoregistertonnen im Jahre 1870 auf etwa 6800 Nettoregistertonnen im Jahre 1900 gefallen war, profitierte von der Leistungsfähigkeit der Neptunwerft, die wiederum einen beträchtlichen Anteil daran hatte, daß die Tonnage Rostocker Reedereien bis 1914 auf beachtliche 42800 Nettoregistertonnen ansteigen konnte. Gleichwohl war das Engagement Rostocker Reeder für diese Entwicklung entscheidend, aus deren Kreis vor allem Otto Zelck (1880-1931) und August Cords (1859-1919) als die maßgeblichsten Vertreter einer neuen Generation von Schiffsbesitzern herausragten. Ihre Reedereien setzten in den ersten Jahren des 20. Jahrhunderts auf Dampfer und eine moderne Unternehmensstrategie, deren Know how Zelck beispielsweise von Praktika in Dänemark und England mitbrachte. Beide beteiligten sich vor allem erfolgreich am Getreidehandel, der bis zum Ausbruch des Ersten Weltkrieges boomte. In der Lebensmittelbranche wurden vor allem zwei Unternehmen bestimmend: die 1884 gegründete Rostocker Aktienzuckerfabrik, bald einer der größten Arbeitgeber der Stadt, und die »Mecklenburgische Margarinefabrik A. Hoyer«. Sie entstand 1892 unter beengten Verhältnissen in einem alten Giebelhaus der Kistenmacherstraße. Als 1910 eine großzügig angelegte Fabrik eröffnet werden konnte, war der Weg zum Marktführer in Mecklenburg und weiten Teilen Norddeutschlands frei. Auch Unternehmer aus dem näheren und weiteren Umland der Stadt sahen in dieser Phase der Industrialisierung in Rostock offensichtlich Standortvorteile, so daß sie sich im Zuge der Expansion bestehender Betriebe für eine Umsiedlung an die Warnow entschieden. Der Darguner Rudolf Dolberg (1834-1893) hatte 1861 in Bützow ein kleines Geschäft für den Vertrieb von landwirtschaftlichen Maschinen eröffnet. Bald entschloß er

Margarinefabrik A. Hoyer, 1910

sich, die Konstruktion und den Bau von Maschinen für die Torfgewinnung und die Ziegelherstellung selbst in die Hand zu nehmen. Mit etwas unternehmerischem Geschick konnte man mit diesen Produkten auf dem mecklenburgischen Markt erfolgreich sein. Die Idee, nach Rostock zu gehen, kam Dolberg 1878, als er in der Stadt eine Vertriebsstelle eröffnete. Ein Jahr darauf erwarb er ein 50000 Quadratmeter großes Grundstück im Bereich der Niederbleiche vor dem Steintor. Dort entstanden die damals hochmodernen Produktionsanlagen der »R. Dolberg. Maschinen- und Feldbahnfabrik Rostock«. Schließlich gründete man 1905 sogar einen Betrieb in Dortmund, womit das Rostocker Unternehmen wohl zu den wenigen mecklenburgischen Firmen gehörte, die in traditionellen Industriezentren Deutschlands Arbeitsplätze schufen. Weitere Zweigbetriebe folgten. Im Jahre 1918 beschäftigte die Firma Dolberg in Rostock, Dortmund, Hamburg, Berlin, Düsseldorf und London insgesamt zweitausend Arbeitskräfte. Anfang der 1920er Jahre wurde das Unternehmen in eine Aktiengesellschaft umgewandelt, die sich bis auf eine Vertriebsstelle aus Rostock zurückzog. Die Produktionsstätten kauften die Ernst-Heinkel-Flugzeugwerke. Aus Güstrow kam 1885 eine Firma nach Rostock, deren Hauptprodukt eine ungewöhnliche Geschichte hatte. Auf der Gründungsversammlung des Zentralvereins Deutscher Zahnärzte im Jahre 1859 sah sich Wilhelm Lippold (1809-1885), herausgefordert durch die Feststellung, daß das erste für die Zahnsanierung brauchbare Amalgam der Firma des Dr. William Pilplod leider nur aus London zu beziehen sei, zu folgender Erklärung veranlaßt: »Der Fabrikant bin ich. Den Titel Dr. habe ich des guten Klanges wegen zugelegt. William ist auf deutsch Wilhelm und wenn Sie die einzelnen Buchstaben des Wortes Pilplod richtig umstellen, so bekommen Sie ›Lippold‹ heraus. Ich habe dieses Amalgam selbst erfunden, aber nicht gewagt, aus Güstrow in Mecklenburg es zu versenden, denn dann hätten Sie alle, ..., gesagt, was kann aus dem Obodritenlande Mecklenburg und besonders aus der Kleinstadt Güstrow, ..., Gutes kommen.« Nach dem Tode des Hofzahnarztes wurde die Firma, die Patente für Kupferamalgam hielt, 1885 unter dem Namen »Wilh. Lippold sen. Erben. Zahnfüllungsmaterialienfabrik« nach Rostock verlegt.

Bei der Abwicklung der im Zuge der Industrialisierung notwendigen Geld- und Kreditgeschäfte bleiben die Rostocker vorerst auf sich allein gestellt. Noch im Jahre 1900 verfügte keines der großen deutschen Privatbankinstitute in Rostock über eine Filiale, abgesehen von einer kleinen Agentur der Mecklenburgischen Hypotheken- und Wechslbank zu Schwerin, die eine Tochter der Deutschen Bank war. Diesem schon früher bestehenden Mangel abzuhelfen, hatten sich Geschäftsleute entschlossen, 1850 die Rostocker Bank ins Leben zu rufen. Dieses Unternehmen wurde in ganz Mecklenburg und großen Teilen Vorpommerns aktiv, wo zahlreiche Filialen und Schalterstellen entstanden. Als Kreditanstalt förderte die Bank die Entwicklung einer Infrastruktur in den Städten sowie auf dem Lande und den Bau von Verarbeitungsbetrieben landwirtschaftlicher Produkte, bevor sie Ende der 1920er Jahre in der Mecklenburgischen Hypotheken- und Wechselbank aufging.

Auf dem Genossenschaftsgedanken beruhte die Schaffung eines weiteren bedeutenden Kreditinstituts, der Rostocker Gewerbebank AG, die seit 1872 tätig war und neben der Rostocker Sparkasse vor allem klein- und mittelständische Unternehmen förderte.

Urbanisierung und Stadtentwicklung

Die Schaffung zahlreicher Arbeitsplätze in Rostock bewirkte einen Zustrom von Menschen in einem nicht bekanntem Ausmaß. Bisher hatte Rostock nicht einmal seine Einwohnerzahl aus dem Mittelalter halten können und näherte sich anfangs des 19. Jahrhunderts wieder langsam dem Niveau aus den Hochzeiten der Hanse. Das nun einsetzende Bevölkerungswachstum resultierte auch aus der Gewerbefreiheit und der gerade gewonnenen Freizügigkeit sowie aus dem Fehlen von Erwerbsmöglichkeiten auf dem Lande, so daß sich viele Bauern mit ihren Familien entschlossen, ihr Glück in der Stadt zu suchen.

Im Jahre 1819 zählte man in Rostock knapp 13000 Bürger, 1871 etwa 31000 und 1919 über 67000 Einwohner. In einhundert Jahren hatte sich die Einwohnerzahl also mehr als verfünffacht. Dies, verbunden mit der Notwendigkeit, den Bedürfnissen der Industrie Rechnung tragen, die sich entfaltenden besseren technischen Möglichkeiten ins Kalkül ziehen sowie den zahlreichen modernen Gesetzen und Verordnungen zur Regelung der Versorgung der Bevölkerung entsprechen zu müssen, stellte die Kommune vor einen riesig anmutenden Komplex von Problemen. Innerhalb weniger Jahre mußte die Stadtentwicklung umfassend vorangetrieben und die Infrastruktur geschaffen oder erweitert und modernisiert werden. Der Mauerring Rostocks verlor seine Funktion als Grenze gänzlich. Vor dem Kröpeliner Tor wurde immer häufiger gebaut. 1856 gab es im Bereich um Doberaner Platz sowie Doberaner und Wismarscher Straße immerhin 135 Häuser. Im Süden wuchs ein Straßenzug nach dem anderen. 1868 erreichte die Bebauung den Bereich der heutigen St. Georg-Straße. Aber geplant war nichts. Mit Mühe gelang es dem Rat, einige wenige Normen durchzusetzen. Diese waren dennoch kaum geeignet, die öffentliche Meinung zu beschwichtigen, die den »Wildwuchs« seit langem kritisiert hatte und forderte, dem Einhalt zu gebieten. Erst in den späten 1880er Jahren lagen endlich Bebauungspläne für die beiden großen Vorstädte vor. Auf ihrer Basis wurde die Entwicklung der Stadtteile bis zum Beginn des Ersten Weltkrieges abgeschlossen. Die Steintor-Vorstadt zeigte sich mit einer zeittypischen geschlossenen Villenbebauung, die vor allem in der heutigen Rosa-Luxemburg-Straße ihre Mängel offenbarte. Anstatt dort, wie von Zeitgenossen angemahnt, kombinierte Wohn-Geschäftshäuser zu errichten und so eine Einkaufsstraße entstehen zu lassen, wich man nicht von der Villenbebauung ab. Damit war die Chance, eine lebendige Verbindung zwischen Bahnhof und Stadt zu schaffen, vertan.

In der Kröpeliner-Tor-Vorstadt entstanden meist Mietshäuser mit mehreren Wohnungen. Die Nähe des Wohngebietes zu zahlreichen großen Betrieben förderte den Zuzug zahlreicher Arbeiterfamilien. Die bei flüchtigem Hinschauen sichtbaren Unterschiede in Bebauung und Einwohnerschaft zwischen Steintor- und Kröpeliner-Tor-Vorstadt ließen viele schon damals von der »reichen« und der »armen« Vorstadt sprechen. Auf den zweiten Blick schien dies nur noch bedingt richtig zu sein. Gab es doch vor dem Kröpeliner Tor auch zahlreiche dort ansässige Geschäftsleute, Beamte, Angestellte und Angehörige freier Berufe, wie es vor dem Steintor in nicht zu übersehender Zahl Mietshäuser gab, in denen Arbeiter mit ihren Familien wohnten.

Wenngleich die neuen Häuser in ihrer übergroßen Mehrheit privat finanziert wurden, lastete auf der Kommune ein scheinbar ihre Möglichkeiten übersteigender Investitionszwang. Für die etwa 65 neuen Straßen Rostocks, die zwischen 1871 und 1914 bebaut wurden, mußte die Stadt Versorgungsleitungen und die Kanalisation verlegen, Straßen und Gehwege bauen und für die Straßenbeleuchtung sorgen. Die Gas-, Wasser- und Stromversorgung für die wachsende Zahl der Einwohner und Firmen war sicherzustellen. Rostocks erstes Gaswerk ging im November 1856 auf der sogenannten Niederbleiche in Betrieb. Die ursprüngliche Zahl von 5778 Abnahmestellen wuchs aber jährlich. Im Jahre 1856 betrug die Gesamtlänge des Rostocker Gasleitungsnetzes fast 25 Kilometer, 1899 nahezu 58 Kilometer. Eine Erweiterung der Produktionsanlagen sicherte 1893 eine Verdoppelung des Gasangebots im Vergleich zum Gründungsjahr des Werkes. Doch schon Mai 1898 erfolgte der erste Spatenstich für einen vollständigen Umbau des Gaswerkes. Die neue Anlage mußte statt 8000 Kubikmeter in der Lage sein, täglich 22000-24000 Kubikmeter Gas zu liefern. Für die Abnehmer erfreulich, fiel der Kubikmeterpreis für das Gas durch die Modernisierungen von 25 Pfennig im Jahre 1856 auf 13 Pfennig im Jahre 1899. Doch selbst diese erhebliche Kapazitätssteigerung sicherte den Bedarf nur bis 1913. Damals mußte wiederum eine Erweiterung der Produktionsstätte vorgenommen werden. Die Wasserversorgung Rostocks konnte nicht mehr in althergebrachter Weise erfolgen. Öffentliche und private Brunnen sowie die Pfeiffenteiche im Süden vor der Stadt mußten ab 1866 durch die Bereitstellung von Oberflächenwasser aus der Warnow entlastet werden. In der Nähe der Gasanstalt entstand dafür eine Filtrieranlage und eine Pumpstation. Es war jedoch nur eine Frage der Zeit, bis die Kapazitäten den Bedarf nicht mehr decken konnten. So entstand an alter Stelle, auf der Niederbleiche, das neue Wasserwerk, dessen erste Ausbaustufe ab Februar 1893 Wasser lieferte. Die Fertigstellung des Gesamtprojekts feierte man ein Jahr darauf. Schließlich wurde auf der Anhöhe über der Bleiche ein neuer Wasserturm errichtet, der 1903 in Betrieb ging. In der Nachbarschaft von Gas- und Wasserwerk ließ die Stadt 1899 und 1900 ihr Elektrizitätswerk errichten. Ab dem 15. Dezember 1900 lieferten zwei durch Gasmotore angetriebene Dynamomaschinen Strom. Um die potentiellen Kunden erreichen zu können, wurden jeweils etwa 36 Kilometer Kabel unterirdisch und als Oberleitung verlegt. Angesichts dieser Anstrengungen muß es eher entmutigend erscheinen, daß am 1. Juni 1901 die Kundenkartei des E-Werkes lediglich 295 Positionen umfaßte. Insgesamt 6105 Glühbirnen, 144 Bogenlampen und 54 Motore mit einer Leistung von insgesamt 152,5 PS wurden in Rostock mit Strom versorgt. Nur 147 Privatpersonen leisteten sich damals den Luxus einer elektrischen Beleuchtung. Doch der Verbrauch stieg schnell und schon am 1. Juli 1911 ging in Bramow ein neues Werk ans Netz, das mit Hilfe von Dampfkraft Drehstrom erzeugte. Ab 1913 wurde die Stadt bei der Sicherstellung der Stromversorgung dann durch die Elektrizitäts-Lieferungs-Gesllschaft in Berlin, einer Tochter der Allgemeinen Elektrizitätsgesellschaft (A.E.G.) unterstützt, an die sie ihre Anlagen verpachtete, sich aber das volle Aufsichtsrecht vorbehielt.

Die verkehrstechnische Erschließung machte weitere Fortschritte. Doberan konnte man mit der Eisenbahn ab dem Juli 1883 erreichen. Ein halbes Jahr darauf waren die beiden mecklenburgsichen Seestädte Rostock und Wismar miteinander verbunden. Am 1. Juni 1889 erfolgte die Freigabe der Bahnstrecke Rostock-Ribnitz, die später bis Stralsund führte. Besondere Sympathien in der Öffentlichkeit aber gewann ein Projekt, dessen Verwirklichung der 1883 gegründete Deutsch-Nordische Lloyd anstrebte: eine Reiseverbindung per Bahn und Schiff zwischen den Hauptstädten Berlin und Kopenhagen. Dazu wurde zunächst der Bau einer Eisenbahnstrecke von Neustrelitz nach Rostock ins Auge gefaßt, die allerdings bis Warnemünde führen mußte, um von dort aus die Reise per Schiff nach dem dänischen Gedser fortsetzen zu können. Das Einlaufen der Züge in den seit 1853 bestehenden Bahnhof der Friedrich-Franz-Eisenbahn in der Nähe des Steintores hätte einen erheblichen Zeitverlust mit sich gebracht, da er ein Kopfbahnhof war. Eine Schienentrasse nach Warnemünde ließ sich natürlich nicht quer durch die Stadt führen. Am Hafen lagen zwar Gleise, die aus der Grubenstraße kommend eine Verbindung mit dem Friedrich-Franz-Bahnhof herstellten. Doch scheute man sich offensichtlich berechtigterweise, diese Strecke auszubauen und für die »Königslinie« zu nutzen. Aus diesem Grunde entstand 1886 eine neue, zweite Station, der sogenannte Lloyd-Bahnhof im Westen der Steintor-Vorstadt. Im Jahre 1895 erhielt er den Namen »Centralbahnhof«. Der Friedrich-Franz-Bahnhof verlor immer mehr an Bedeutung. Ab 1905 wurde er nur noch als Güterbahnhof genutzt. Die dritte Bahnstation Rostocks öffnete ebenfalls 1886 in Warnemünde, wo sich die Reisenden auf einen Raddampfer begaben, der sie über die Ostsee trug. Unter dem seit 1885 für die Stadt tätigen Hafenbaumeister Karl Friedrich Kerner (1847-1920) wurde auch die Umgestaltung und Modernisierung des Hafens in Angriff genommen. Nach und nach verschwanden vor allem im Bereich der Lastadie die vielen kleinen Firmen. Den Platz benötigte man für den Ausbau der Kaianlagen, für Lagerhäuser und -plätze sowie für die Schienenstränge der Hafenbahn. Der alte Holzdrehkran mußte 1885 weichen. Doch der Ersatz, ein 1909 angekaufter elektrischer Turmdrehkran, konnte es in Sachen Beständigkeit mit dem über einhundert Jahre alten Vorgänger nicht aufnehmen. Schon 19 Jahre später mußte er durch einen Brückenkran ersetzt werden. Zwischen 1893 und 1899 ging Kerner daran, die Fahrrinne auf der Unterwarnow um 1,5 auf 5 Meter vertiefen zu lassen. Als von 1908 bis 1910 ca. 3000 Meter neue Kaianlagen fertig gestellt waren, gab es auch für Schiffe mit 6 Metern Tiefgang die Möglichkeit des Einlaufens in den Stadthafen. Stadtentwicklung und Fernverkehr warfen nun auch innerstädtisch Probleme auf, die für die Rostocker in der Überwindung der immer größer werden Distanzen bestanden. Zu Fuß konnte man mühelos und ohne erheblichen Zeitaufwand längst nicht mehr jeden Ort der Stadt erreichen. Anfang der 1880er Jahre wurden deshalb vom Friedhof (heute Lindenpark am Saarplatz) durch die Wismarsche Straße, über Doberaner und Schröderplatz, durch die Kröpeliner Straße, über den Neuen Markt, am Steintor vorbei, über den Mühlendamm bis zum Weißen Kreuz Schienen verlegt, auf denen ab dem 16. Oktober 1881 Pferdebahnen fuhren. Eine weitere Linie führte vom Schröderplatz über die Augustenstraße und den Platz am Steintor zum Neuen Markt und weiter zum Stadthafen. Später erfolgte die Anbindung des Zentralbahnhofs über die Bismarck- (heute Gerhart-Hauptmann-Straße) und Brandesstraße an die Gleise in der Augustenstraße. Diese Strecke erhielt dann einen Abzweig in die Doberaner Straße mit Endhaltepunkt Kasernenstraße (heute Fritz-Reuter-Straße). Schließlich fuhr die Bahn bis in die Barnstorfer Anlagen. Während die Berliner bereits bei Eröffnung der Rostocker Pferdebahn die »Elektrische« benutzen konnten, mußten die Rostocker noch 23 Jahre auf diesen vermeintlichen Großstadtluxus warten. Das neue Verkehrsmittel beförderte im ersten Jahr seiner Indienststellung, das am 22. Mai 1904 begann, 1,8 Millionen Fahrgäste.

Die Rostocker Post, seit 1834 in einem repräsentativen Gebäude in der Krämerstraße, die damals für Jahrzehnte sogar ihren altehrwürdigen Namen hergeben mußte und Poststraße hieß, hatte 1854 auch noch die erste Telegraphenstation der Stadt aufnehmen müssen. Den gewachsenen Bedürfnissen der Rostocker konnte man in dem zu eng gewordenen Amtsgebäude bald nicht mehr gerecht werden. Vor allem der Rostocker Oberpostamtsdirektor Friedrich Flügge (1815-1898) engagierte sich für einen großzügigen und repräsentativen Neubau, der am 20. August 1881 an der Wallstraße beim Rosengarten seiner Bestimmung übergeben werden konnte. Auch die Segnungen von Wissenschaft und Technik nutzen die Rostocker bald zur Nachrichtenübermittlung: Die ersten Telefone klingelten in der Stadt 1893. Mit ihnen konnte man vorerst nur nach Schwerin, Wismar, Güstrow, Lübeck und Hamburg verbunden werden. Zwei Jahre darauf waren auch Anrufe nach Berlin möglich. In einem kleinen Postamt Ecke Doberaner / Friedrichstraße wurde 1901 Rostocks erste öffentliche Fernsprechstelle eingerichtet, im selben Jahr ging auf einem Flur des Rathauses gar der erste Fernsprechautomat in Betrieb. Flügge begleitete im amtlichen Auftrage auch das Wirken der »Rostock-Nykjöbing-Dampfschiffahrts-Aktien-Gesellschaft«, die am 13. Januar 1872 ins Leben gerufen worden war. Das Unternehmen betrieb bis 1885 eine Postlinie nach dem schwedischen Nykjöbing, auf der dreimal wöchentlich Dampfer verkehrten.

Bildung, Universität und geistliches Leben

Die Entwicklungen in der Wirtschaft und der fast rasante Anstieg der Bevölkerung Rostocks warfen auf nahezu allen Gebieten Probleme auf, die einer schnellen Lösung bedurften, eröffneten aber auch Chancen, die bisher nicht abzusehen waren. Dem Aufbruch in die moderne Zeit war das Rostocker Schulsystem, das unter der Verwaltung der Stadt stand, nicht mehr gewachsen. Das nun erhöhte Schüleraufkommen zwang zu wohnbereichsnahen Schulneubauten in schneller Folge. So entstanden für den Elementarschulbereich zwischen 1892 und 1914/15 die St. Georgschule, die Margaretenschule, die Altstädtische Mädchenschule, die Borwinschule, die Augustenschule und in Warnemünde die Knaben- und Gewerbeschule. Das höhere Schulwesen Rostocks hatte mit dem repräsentativen Neubau der Großen Stadtschule am Rosengarten bereits 1864 ein neues Gebäude erhalten und sein seit 284 Jahren angestammtes Domizil in einem Haus des ehemaligen Johannisklosters endgültig verlassen. Jahrzehnte später, 1901 und 1913, konnten auch die neuen Gebäude der Realschule und des Realgymnasiums in der Lindenstraße ihrer Bestimmung übergeben werden. Mädchen konnten sich in Rostock erstmals ab 1909 in einer eigens für sie an der Großen Stadtschule eröffneten Klasse auf ein Abitur vorbereiten. Im Jahre 1913 erhielten die ersten Rostocker Mädchen ein Reifezeugnis. Für eine eigenständige Institution des Höheren Mädchenschulwesens wurden im selben Jahr erstmals eigene Lehrkräfte aufgeboten – ein Fakt der den schweren Weg der Geschlechteremanzipation im Rostocker Schulwesen illustriert. An ein eigenes Schulgebäude war gar erst in den 20er Jahren zu denken. An der Großen Stadtschule hatte 1872 Albrecht Kossel (1853-1927) sein Abitur abgelegt. Der Sohn eines Rostocker Bankiers und Reeders studierte an der hiesigen Alma mater und an der Universität Straßburg Medizin. Er erhielt im Jahre 1910 den Nobelpreis für Medizin und dürfte damit der einzige gebürtige Rostocker sein, dem diese Ehre bislang zu Teil wurde.

Die Stadt hatte bereits 1827 auf ihr Kompatronat für die älteste Universität Nordeuropas zu Gunsten des Landesherrn verzichtet. In den folgenden Jahrzehnten waren in Rostock neue Wissenschaftsdisziplinen und Fachrichtungen heimisch geworden, was sich in der Gründung einer Reihe von Instituten und Seminaren zeigte. Die Zahl der Lehrstühle stieg von 23 im Jahre 1858 auf 32 im Jahre 1896. Zum Studium wurden in Rostock 1907 erstmals auch Frauen zugelassen. Die Bestände der Universitätsbibliothek wuchsen zwischen 1789 und 1900 von 19000 auf 300000 Bände. Die Landesregierung mußte nun dafür Sorge tragen, daß die äußeren Gegebenheiten diesen positiven Entwicklungen angepaßt wurden. Schon in den 70er Jahren des 19. Jahrhunderts kaufte man eine Reihe von Gebäuden für Universitätszwecke an oder errichtete sie neu. Allerdings blieb die Raumsituation für die Belange der Krankenbetreuung sowie für die medizinische Forschung und Lehre unzureichend. Das 1855 geschaffene städtische Krankenhaus am Schröderplatz wurde zwar von Universitätsangehörigen betreut und ging 1901 sogar in die Verwaltung der Akademie über, doch gerade den sich entfaltenden Spezialdisziplinen der Medizin fehlte es an Raum. An der Doberaner Straße entstanden deshalb von 1885 bis 1899 drei, für die damalige Zeit hochmoderne Häuser für die Frauen- und für die Augenklinik sowie für die Klinik für Hals-, Nasen- und Kehlkopfkranke. Letztgenannte ging in die Geschichte als erstes derartiges Fachkrankenhaus in Deutschland ein. Noch 1914 erfolgte auf einem weitläufigen Gelände am westlichen Stadtrand die Grundsteinlegung für die Chirurgische Klinik. An der Westseite des Blücherplatzes war 1866 das Weiße Kolleg abgerissen worden. An seiner Stelle ließ der Großherzog von Mecklenburg-Schwerin ein neues Universitätshauptgebäude nach Plänen des Oberhofbaumeisters Hermann Willebrand (1816-1899) errichten. Dieses prunkvolle Haus – in einer für mecklenburgische Staatsbauten jener Epoche typischen Nachempfindung der italienischen Renaissance, deshalb auch häufig »Johann-Albrecht-Stil« genannt – wurde am 27. März 1870 festlich eingeweiht.

Das geistliche Leben Rostocks bestimmten seit der Reformation in dominierender Weise lutherische Protestanten. Im Jahre 1902 lebten ca. 53100 von ihnen in Rostock und damit fast zehn Prozent aller mecklenburgischen Christen dieser Konfession. Die vier mittelalterlichen Kirchen der Stadt, ausgelegt für insgesamt ca. 14000 Gläubige, konnten den Ansturm neuer Gemeindeglieder nicht mehr bewältigen. Eine angemessene seelsorgerische Betreuung der Gemeinden stellte die völlig überlasteten Pastoren vor eine unlösbare Aufgabe. Die evangelische Kirche, zumal die Staatskirche in Mecklenburg, besaß durchaus das Potential, dieser Situation angemessen zu begegnen. Jedoch hatte der Rostocker Rat nicht gerade gering zu bezeichnende Pflichten aus dem Mittelalter übernommen, die aus seiner Stellung als Patron resultierten. Das bedeutete zum Beispiel, daß er Kirchenbauten und neue Pastorenstellen finanzieren mußte. Folglich wollte er bei Neuerungen im Gemeindesystem Rostocks mitreden und mußte Einigkeit mit dem Oberkirchenrat in Schwerin herstellen. Einer endgültigen Entscheidung bezüglich der in den letzten beiden Dekaden des 19. Jahrhunderts vehement vorgetragenen Forderungen nach Kirchenbauten für die neuen Vorstädte versuchte sich der Rat durch Verlagerung von Pfarrstellen an stärker frequentierte Gotteshäuser zu entziehen. Vor allem für die Kirchgemeinde St. Jakobi wuchs der Druck allerdings weiter. Da zwischen Rat, Bürgervertretung und Kirche keine Einigkeit erzielt werden konnte, reagierten die Betroffenen, Vertreter der Geistlichkeit und Bürger der Stadt, selbst. Sie gründeten am 2. Februar 1894 einen Kirchenbauverein, der zwischen Stadt und Kirche vermittelte und die Öffentlichkeit für die notwendigen Veränderungen mobilisierte. Allerdings brauchte es noch fünf Jahre bis Stadt und Kirche sich vertraglich einigten. Erst nach sechs weiteren, 1905, wurden Rostocks Kirchgemeindegrenzen verlegt und über den mittelalterlichen Stadtkern hinaus auf die Vorstädte ausgedehnt. Zudem rief man eine neue, die Heiligen-Geist-Gemeinde ins Leben, die der Kröpeliner-Tor-Vorstadt zugeordnet wurde. Ziel war eine deutliche Entlastung der St. Jakobi – Gemeinde. Im selben Jahr erfolgte auch der Spatenstich für den ersten Kirchenneubau auf Kosten der Stadt seit dem Mittelalter. Die mit 1000 Sitzplätzen ausgestattete Heiligen-Geist-Kirche an der Margaretenstraße, nach Plänen des Lübecker Kirchenbauspezialisten Prof. Dr. Johannes Adolf Vollmer (1845-1920) für eine Summe von ca. 439000 Mark errichtet, konnte am 26. April 1908 geweiht werden.

Den Anhängern katholischer Konfession standen im evangelisch geprägten Rostock in den Jahrhunderten nach der Reformation nur bescheidene Möglichkeiten zu, ihren Glauben zu praktizieren. Erst in der zweiten Hälfte des 19. Jahrhunderts verbesserten sich für sie die äußeren Bedingungen, so daß sie über einen losen Zusammenschluß hinaus 1872 wieder eine eigene Gemeinde gründen konnten. Jedoch fehlte ihnen eine Kirche als Zentrum der Gemeinde und als Raum für ihre Gottesdienste. Unter der Ägide des auf allen Gebieten katholischer Gemeindearbeit verdienstvollen Pastors Wilhelm Leffers (1871-1952) entstand 1906 eine Notkirche. Ein repräsentatives Gotteshaus der katholischen Christen Rostocks, erbaut nach Plänen des Doberaner Architekten Ludwig Möckel (1838-1915), wurde am 25. Oktober 1909 am Schröderplatz geweiht. Als im Norddeutschen Bund das Gesetz über die Freizügigkeit wieder die Ansiedlung von jüdischen Menschen in Rostock möglich machte, zog eine Reihe von Familien aus dem weiteren und näheren Umland in die alte

Hansestadt an der Warnow. Am 12. Januar 1870 erhielten sie die landesherrliche Erlaubnis, eine jüdische Gemeinde bilden zu dürfen. Negativ auf das Gemeindeleben, auf die religiöse Betätigung und die Glaubensunterweisung von Kindern wirkte sich auch für diese Gläubigen das Fehlen eine Gotteshauses aus. An das Aufbringen der notwendigen Finanzmittel konnte die zahlenmäßig recht kleine Gemeinde nicht denken, so daß eine testamentarische Stiftung des Kaufmanns Meyer Gimpel (1834-1897) von 80000 Mark für den Bau sowie für Torarollen und Kultgegenstände zur Einrichtung einer Synagoge mehr als gelegen kommen mußte. Sie ermöglichte die Weihe eines neu erbauten jüdischen Gotteshauses in der Augustenstraße am 14. September 1902. Die drei, sicher nicht nur zufällig in der ersten Dekade des 20. Jahrhunderts entstanden neuen Kirchenbauten Rostocks dokumentierten nicht nur symbolisch die gewachsene Vielfalt der Konfessionen in Rostock, sondern zeigten auch einen neuen Geist von Toleranz und Meinungsvielfalt, der auch in Rostock mehr und mehr Raum gewann. Die religiösen Gemeinschaften haben beim Aufbruch Rostocks in die Moderne auch auf den rein praktischen Gebieten ihrer Tätigkeit, wie etwa der Seelsorge, der Kranken- und Altenpflege, der Wohltätigkeit, der Kinderbetreuung oder des Schulwesens einen unübersehbaren Beitrag geleistet, ohne den eine ausgewogene Stadtentwicklung nicht möglich gewesen wäre.

Kultur und Freizeit

Städtische Prosperität bedeutete in jenen Jahren auch Entfaltung moderner und breiter kultureller Angebote sowie eine deutliche Steigerung des Freizeitwertes Rostocks für Bürger, Umlandbewohner und Gäste. Maßgeblich hierfür war jedoch nicht der Rostocker Rat, der eher eine regulierende und begleitende Funktion wahrnahm, aber so manches Mal auch tatkräftig unterstützte, zumal mit Geldern, sondern die Initiative und das Engagement der Bürger. Als Basis dafür müssen die zahlreichen Vereine und Initiativen angesehen werden, in denen Menschen mit gleichen Interessen zusammenkamen, die Ideen und Projekte entwickelten und ihre Umsetzung vorantrieben. Die ersten dieser Vereine waren bereits Ende des 18. Jahrhunderts entstanden. Geradezu massenhaft kamen sie jedoch in der zweiten Hälfte des 19. Jahrhunderts auf und kurz vor dem Ersten Weltkrieg erstreckte sich ihre Tätigkeit auf nahezu alle Felder des gesellschaftlichen Lebens in Rostock. Der Rostocker Kunstverein von 1841 und der 1883 gegründete Verein für Rostocks Altertümer engagierten sich beispielsweise für ein Museum. Aus bescheidenen Anfängen heraus gelang es, den Rat zu überzeugen, das repräsentative Gebäude der Societät vor dem Steintor im Jahre 1900 für derartige Zwecke anzukaufen und umzubauen. Am 4. Oktober 1903 eröffnete dort Rostocks Kunst- und Altertumsmuseum. Der Kunstverein hatte nun beste Bedingungen für die Ausstellung seiner wertvollen Gemälde- und Graphiksammlungen, der Altertumsverein Gelegenheit, an Hand zahlreicher Exponate die Geschichte Rostocks vorzustellen.

Rostocks reiche Theatertradition hatte 1786 mit dem auch Ballmeisterhaus genannten Schauspielhaus am Rosengarten eine feste, städtisch finanzierte Spielstätte erhalten. Als diese im Februar 1880 abbrannte, trauerten ihr jedoch wenige Rostocker nach: Der Bau war marode, die Einrichtung bedurfte dringend einer Modernisierung. Als Ausweichspielstätte kam das 1871 privatfinanzierte Thalia-Theater in der Steintor-Vorstadt in Betracht. Doch es war vorerst nur für die Sommerbespielung geeignet. Erst 1886 entschloß sich der Rat, das Gebäude so herzurichten, daß auch während der Winterzeit der Theaterbetrieb möglich war. Diese offenkundige Notlösung nährte bei vielen Rostockern die Hoffnung, daß der Rat bald die Geldmittel für einen Neubau bereitstellen würde. Neun Jahre sollten vergehen, bis am 5. Oktober 1895 das neue Stadttheater festlich eingeweiht werden konnte. Die Bau- und Einrichtungskosten, die der Stadt in Rechnung gestellt wurden, betrugen 609000 Mark, zu denen Bürger durch Spenden fast 113000 Mark beitrugen. Der prunkvolle Bau nach Plänen des wohl bedeutendsten Theaterarchitekten Deutschlands in jener Zeit, Heinrich Seeling (1852-1932), mit eintausend Sitzplätzen entstand auf einem großzügig angelegten Platz vor dem Steintor. Dieser entbehrte nun im Ensemble mit dem Museum und mit dem 1889 nach Plänen von Ludwig Möckel errichteten Ständehaus nicht einer gewissen Mondänität, die für die Kaiserzeit in Deutschland typisch war. Rostocks Theaterspielpläne galten als überaus abwechslungsreich, aber auch anspruchsvoll. Davon zeugen nicht zuletzt die fast 10000 Theaterzettel aus jenen Tagen, die im Stadtarchiv zu einer Sammlung zusammengefaßt worden sind. Das Ensemble wuchs mit seinen Aufgaben. Bereits 1854 stand Richard Wagners »Tannhäuser« auf dem Programm und in den 1860er Jahren wurden der »Fliegende Holländer« und »Lohengrin« aufgeführt. Der erste Direktor des neuen Stadttheaters Richard Hagen (1843-1905) entwickelte aus diesen bescheidenen Anfängen einer Rostocker Wagner-Pflege eine Tradition. Die Wagner-Aufführungen in der alten Hansestadt wurden bald mit denen Bayreuths verglichen. Wagners Werk gehörte bis in die Zeit des Zweiten Weltkrieges hinein zu den Schwerpunktbestandteilen der jährlichen Spielpläne. Entscheidenden Anteil an der Blüte des Musiktheaters und an einem Aufschwung des Konzertwesens hatte das unter dem Musikdirektor Heinrich Schulz (1864-1940) im Jahre 1897 ins Leben gerufene Städtische Orchester. Im Musikleben spielten auch die zahlreichen Gesangsvereine – 1913 gab es 14 öffentliche und dazu eine nicht zu benennende Zahl von Chören der Handwerksinnungen, der Berufsverbände und einiger Firmen – eine große Rolle.

Mehr und mehr Künstler fanden in Rostock eine Heimstatt. Nach dem Tode der beiden herausragenden Vertreter der neuzeitlichen niederdeutschen Literatur Fritz Reuter (1810-1874) und John Brinckman (1814-1870) führten in Rostock unter anderem die Brüder Friedrich (1819-1872) und Karl Eggers (1826-1900) sowie Adolf Brandt (1851-1910), der sich den Künstlernamen Felix Stillfried zugelegt hatte, und Johannes Trojan (1837-1915) die Tradition fort. Der renommierte Theatermann und Schriftsteller Adolf Wilbrandt (1837-1911), der zwischen 1871 und 1887 in Wien gelebt und dort als Direktor des Burgtheaters gearbeitet hatte, wirkte in seinen beiden letzten Lebensjahrzehnten wieder in Rostock, wo er große Popularität erlangte. Als Kunstmaler machte sich vor allem Paul Tischbein (1820-1874) um die Mitte des 19. Jahrhunderts einen Namen. Von Bedeutung für Künstler und das Verlagswesen Mecklenburgs schlechthin war die Existenz der lithographischen Anstalt von Johann Gottfried Tiedemann (1803-1850), die nach dessen frühen Tode von Verwandten fortgeführt wurde. In den Jahren des Ersten Weltkrieges ließen sich nach Lehre und Ausbildung oder beruflichen Wanderjahren die Maler Rudolf Bartels (1872-1943), Georg Kaulbach (1866-1945), Paul Martin Leonhardt (1883-1971), Egon Tschirch (1889-1948) und Paul Wallat (1879-1966) in Rostock, die einigen auch die Geburtsstadt war, nieder. Sie entwickelten zeitweise einen regen künstlerischen Austausch mit Kollegen und brachten es zu einer weit über die Grenzen Mecklenburgs hinaus anerkannten künstlerischen Meisterschaft.

Der Wunsch nach sportlicher Betätigung brachte zahlreiche Sportvereine hervor und gestattete die Anlage einiger Sportstätten in Rostock. Das Schützenwesen Rostocks, dessen Wurzeln in aus dem Mittelalter überkommenen Pflichten und Bräuchen lagen, war traditionell stark vertreten. Auch der Reitsport – vor allem Pferderennen – hatte viele Freunde. Eine erste Pferderennbahn war 1881 entstanden. Auf der neuen Rennbahn in den Barnstorfer Anlagen fanden ab 1906 Pferderennen statt. Segeln gehörte in der alten Hansestadt wie selbstverständlich zu den vom Publikum vielbeachteten sportlichen Aktivitäten, bei denen der Rostocker Yacht Club und der Großherzoglich - Mecklenburgische Yacht Club die Maßstäbe setzten. Dem Fußballsport widmeten sich schon 1900 insgesamt neun Vereine, aus deren Kreis der Rostocker Sport Club von 1895, der 1899 gegründete Rostocker Sportverein und später der Verein für Rasensport, der 1903 ins Leben gerufen worden war, als die erfolgreichsten herausragten. Zudem spielten Rudern, Tennis, Schwimmen, Turnen, Radfahren und Kegeln eine große Rolle und selbst exklusivere Sportarten wie alpines Wandern, Hockey, Golf und gar Eishockey fanden in jener Zeit eine breite Anhängerschaft. Als Sportflächen dienten in jenen Jahren die Rasenareale in den Barnstorfer Anlagen, die bald dafür entsprechend hergerichtet wurden, wie etwa die Plätze des Rostocker Lawn-Tennis-Clubs. Überhaupt wuchs in jenen Jahren die Bedeutung dieses Waldstücks um das Hospitaldorf Barnstorf für die Freizeitgestaltung der Rostocker. Nicht unwesentlichen Anteil daran hatte der um die Jahrhundertwende dort tätige Förster. Geschäftstüchtig entwickelte er sein Haus von einem konzessionierten Ausschank für Wanderer zur Ausflugsgaststätte »Trotzenburg«. In unmittelbarer Nähe des Restaurants richtete der Förster 1899 einen sogenannten Hirschgarten ein. Das rege Interesse der Rostocker an den zur Schau gestellten Tieren veranlaßte den Rostocker Rat, dort im Juni 1910 einen Tiergarten zu eröffnen, in dem vor allem einheimische Arten gezeigt wurden. In der Anlage wurden zudem zahlreiche, auch seltene und überseeische Gehölze angepflanzt, so daß mit diesem Park nicht nur ein zoologisches, sondern auch ein dendrologisches Kleinod Rostocks wuchs.

Den Freizeitwert bestimmten in jenen Jahren Kneipen und Gasthäuser in großer Zahl, die Zerstreuung jeder Art boten und wie selbstverständlich zur Hafenstadt Rostock gehörten. Es gab großartige Balltraditionen. In der Ballsaison, die in den Herbst- und Wintermonaten lag, hatten vor allem das Hotel de Russie und das Haus »Sonne« am Neuen Markt Konjunktur. Die feste Abfolge von Bällen, von denen der von Studenten ausgerichtete immer als Höhepunkt und gleichzeitiger Abschluß der Saison galt, war für viele, nicht nur für die bessergestellten Rostocker, eine willkommene Abwechslung. Im Apollosaal des Hauses »Sonne« wurden 1907 erste kinematographische Veranstaltungen durchgeführt. Darin hatten die nach dem Ende des Ersten Weltkrieges an gleicher Stelle eröffneten Kammerlichtspiele »Sonne« ihren Ursprung, die zu den ersten Kinos der Stadt gehörten.

Rostock erlangte im ausgehenden 19. Jahrhundert den Ruf einer Einkaufsstadt für das Umland. Maßgeblichen Anteil daran hatten die vielen kleineren und größeren Geschäfte, die sich oft schon viele Jahrzehnte in Familienhand befanden. Der Beginn des Wandels im Konsumverhalten – man kaufte den Mantel von der Stange, statt ihn beim Schneider in Auftrag zu geben – führte zu einer Konzentration leistungsfähiger und bald angebotsbestimmender Geschäfte in der Langen, Kröpeliner, Breiten und Steinstraße, auf dem Neuen Markt, am Doberaner Platz sowie in der Wismarschen und Doberaner Straße. Im Gegensatz dazu spielten Läden in der Altstadt sowie in den nördlichen Teilen der Mittel- und Neustadt nur noch für die Versorgung der dort wohnenden Bevölkerung mit Lebensmitteln und Waren des täglichen Bedarfs eine Rolle. In der Verkaufskultur hielt nach der Jahrhundertwende eine Neuerung Einzug, die mit den Namen Karstadt, Hertie oder Wertheim – übrigens alles mecklenburgische bzw. vorpommersche Gründungen – in Verbindung stand. In Rostock siedelten sich die Stralsunder Kaufleute Gustav Zeeck (1868-1921) und Georg Wertheim (1857-1939) in den 1880er Jahren mit bescheidenen Wäsche- und Konfektionsgeschäften in der Kröpeliner Straße an. Wertheim entschloß sich umliegende Grundstücke anzukaufen und 1903/04 Rostocks erstes Großwarenhaus zu errichten. Zeeck tat es ihm 1911/12 in unmittelbarer Nachbarschaft nach. Beide Kaufhäuser waren Filialen von in Ost- und Mitteldeutschland rasch expandierenden Warenhausimperien.

Warnemünde als Seebad

Die Verbesserung der Verkehrsanbindung Warnemündes – seit 1859 gab es eine Chaussee nach Rostock, 1886 war die Eisenbahnverbindung fertiggestellt – diente der Entwicklung des Kur- und Erholungsortes. Hatte man 1882 fast 4000 Badegäste gezählt, waren es 1900 schon über 14000 und 1905 fast 20000. Um den Gästen einen angenehmen Aufenthalt zu ermöglichen, investierten zahlreiche Gastwirte in moderne Hotelneubauten, wie das Hotel »Stralendorf« (1853/54), das Hotel »Hübner« (1853) oder das Hotel »Berringer« (1886). Der Anschluß des Ortes an das Stromnetz im Jahre 1895 und an das Rostocker Wassernetz acht Jahre später machten das Leben bequemer. Die Anlage von Parks, die Einrichtung von Ausflugsgaststätten, eine Strandbahn, die ab 1910 die Hohe Düne mit Markgrafenheide verband und ein Kurhaus, für das 1914 der Grundstein gelegt wurde, sollten ihren Beitrag zur Erhöhung der Attraktivität des Ortes für Urlauber und Sommerfrischler leisten.

Die Stadtentwicklung war auch an Warnemünde nicht vorübergegangen. Vor allem in den 1880er und 1890er Jahren wuchsen eine Reihe neuer Straßenzüge westlich des ursprünglichen Ortskerns. Eine neue Kirche konnte 1871 geweiht werden, nachdem das aus dem Mittelalter stammende Gotteshaus baufällig und für die anwachsende Gemeinde zu klein geworden war. Die

einschneidenste Veränderung für den Ort brachten jedoch der Bau einer sogenannten Trajektanlage, die es ermöglichte Züge auf Fähren zu verladen und
– damit verbunden – die Anlage einer neuen Warnowmündung. Zwischen
1900 und 1903 entstand wenige hundert Meter östlich des Alten Stroms, der
ursprünglichen Warnowmündung, die seit Menschengedenken auch als Hafen des Ortes diente, ein Kanal, der das Einlaufen größerer Schiffe in den
Flußabschnitt bis zum Rostocker Stadthafen ermöglichte. Die alte Mündung
wurde zu einer »Sackgasse«, blieb aber Hafen. Auf der Halbinsel zwischen
Altem und Neuem Strom errichtete man die Trajektanlage mit zwei Fährbetten.
Den Bahnhof, ebenfalls auf der neuen Halbinsel gelegen, und den Ort verband eine Drehbrücke. Die Eisenbahnfährlinie zwischen Warnemünde und
dem dänischen Gedser nahm am 1.Oktober 1903 im Beisein des Großher-
zogs von Mecklenburg-Schwerin und des dänischen Königs den Betrieb auf.
Zur Sicherung der Hafeneinfahrt wurde das System aus drei Molen modernisiert, ein 1898 errichteter Leuchtturm – fortan ein Wahrzeichen Warnemündes
– wies den Schiffen auch bei Nacht und schlechtem Wetter den Weg. Ein

Einweihung der Eisenbahnfährverbindung Warnemünde-Gedser, 1903

Zollamts- und ein Postgebäude ließen unschwer erkennen, daß Warnemünde zu einem nicht unbedeutenden Verkehrsknotenpunkt geworden war. Im Jahre 1899 konnte die Lotsenstation eingeweiht werden, auf der noch vier Jahre Warnemündes legendärer Lotsenkommandeur Stephan Jantzen (1827-1913) seinen Dienst tat, bevor er in den Ruhestand ging. Während seiner 37jährigen Amtszeit hatte er entscheidenden Anteil an der Rettung von 90 Schiffbrüchigen aus akuter Lebensgefahr gehabt und war dafür selbst international hochdekoriert worden. Den Lotsen stand bei ihren Rettungsaktionen ab 1867 die Deutsche Gesellschaft zur Rettung Schiffbrüchiger zur Seite, die damals in Warnemünde die erste Rettungsstation Mecklenburgs eröffnete.

Die »kleine« und die »große« Politik

Die sprunghafte Entwicklung der Hafen- und Universitätsstadt in der zweiten Hälfte des 19. und in den ersten Jahren des 20. Jahrhunderts mußte trotz verschiedenster Zwänge und trotz allen Handlungsdrucks gelenkt und geleitet werden. Es blieb keine Zeit, Spezialisten anzufordern oder bei anderen Kommunen anzufragen, ob es Erfahrungen über »Spätfolgen« der einen oder anderen Entscheidung gab. Und zudem darf nicht vergessen werden, daß in einem relativ kurzen Zeitraum für die Stadtentwicklung Gelder in einer Größenordnung benötigt wurden, die bis dahin in Rostock als nicht vorstellbar galt. Zentrale Finanzmittelzuweisungen gab es damals nicht. Freilich hatte die Stadt noch relativ eigenständige, meist aus dem Mittelalter überkommene Möglichkeiten der Geldbeschaffung und Entscheidungsfreiheiten für ihre Verwendung, doch das Mögliche mußte mit dem Notwendigen verantwortungsvoll in Einklang gebracht werden.

Die Entscheidungen – um die Jahrhundertwende waren jährlich fünf- bis sechstausend Sachen zu behandeln – hatte nach wie vor der Rat mit seinen umfassenden Vollmachten zu treffen. Allerdings war in den 1880er Jahren auf Veranlassung des liberalen Bürgertums eine erneute Diskussion über die Reform der Bürgervertretung entfacht worden, die auch eine bessere Einflußnahme der Bürger auf die Zusammensetzung des Rates und seine Arbeit ermöglichen sollte. Da sich Hundertmänner und Rat nicht einigen konnten, entschied der Landesherr. Die Reform wurde 1887 eingeführt und im Laufe der Jahre mehrfach ergänzt und verändert. Danach wählten jetzt die Rostocker Bürger die Repräsentierende Bürgerschaft mit sechzig Sitzen, die bis 1909 grundsätzlich nicht öffentlich tagte. Ein aktives oder passives Wahlrecht erlangte man jedoch nur, wenn man über ein bestimmtes Jahreseinkommen verfügte. Nach dessen Höhe wurden die Bürger in drei Wählerklassen eingeteilt, die aus ihrer Mitte jeweils zwanzig Bürgervertreter für eine Amtszeit von acht Jahren bestimmten. Im Jahre 1900 gab es unter den ca. 54000 Einwohnern Rostocks nur 1632 wahlberechtigte und wählbare Bürger. Der Rat setzte sich aus drei Bürgermeistern, einem Bevollmächtigten für Rechtsgeschäfte, dem sogenannten Ratssyndikus und zehn, später acht Senatoren zusammen. Zwei der Bürgermeister, der Syndikus und die Hälfte der Senatoren mußten das zweite juristische Examen nachweisen. Dem Rat gehörte man auf Lebenszeit an, nur dem Syndikus konnte gekündigt werden. Die Leitung der Ratsgeschäfte oblag dem worthabenden Bürgermeister. In der Wortführung wechselten sich die drei Bürgermeister vierteljährlich ab. Mußte der Rat ergänzt werden, durfte er der Repräsentierenden Bürgerschaft drei Kandidaten vorschlagen, von denen diese einen wählen mußte. Die Reform der Bürgerschaft schuf unter den Einwohnern Rostocks kaum ein Gefühl gewachsener Demokratie. Ihre übergroße Mehrheit durfte sich auch weiterhin nicht an der Meinungsbildung in der Kommune beteiligen. So war die eigentliche Aufgabe der Reform nicht gelöst worden. Im Vergleich zum früheren Hundertmännerkollegium, in das nur Kaufleute und Handwerksmeister gewählt werden konnten, hatten nur sieben Intellektuelle und ein Arbeiter einen Sitz in der Bürgerschaft errungen. Die übrigen Repräsentanten kamen nach wie vor aus den Kreisen der Kaufleute und Handwerksmeister. Frauen durften sich an den Wahlen nicht beteiligen und selbst die Warnemünder blieben ausgeschlossen. Erst 1909 war es Bürgern des Ostseebades erlaubt, sechs Abgeordnete zu wählen und sie in die Repräsentierende Bürgerschaft Rostocks zu entsenden. Die Revolution 1918 schuf erstmals die Möglichkeiten für allgemeine, freie, gleiche und geheime Wahlen zur Rostocker Bürgervertretung. So hatte also ein eher kleiner und festumrissener Kreis von Männern die Geschicke der Stadt in jenen Jahren in der Hand, aus dem auf Grund ihrer Leistungen im Amte und der Länge ihrer Dienstzeit die Bürgermeister Eduard Burchard (1819-1896), Ferdinand Crumbiegel (1800-1882), Magnus Maßmann (1835-1915) sowie Adolf Simonis (1823-1918) herausragten.

Es schien, daß die Parteienpolitik schon wegen der in Rostock recht eigenwilligen Wahlbestimmungen kaum Fuß fassen konnte. Dennoch gab es in der Stadt einflußreiche politische Gruppierungen, von denen sich die bürgerliche Nationalliberale Partei (NLP) und zunächst auch die liberale Deutsche Fortschrittspartei (DFP) durchsetzten. Der im mecklenburgischen Wahlkreis 5 (Rostock und Bad Doberan) zu vergebende Sitz im Deutschen Reichstag ging bis

1898 regelmäßig wechselnd an die Kandidaten dieser beiden Parteien. Unter den Arbeitern und Handwerksgesellen hatte sozialdemokratisches Gedankengut Einfluß gewonnen. Ein erster politischer Zusammenschluß von Vertretern der unteren Schichten der Rostocker Bevölkerung vollzog sich 1872 mit der Gründung einer Ortsgruppe des Allgemeinen Deutschen Arbeitervereins (ADAV). Trotz Sozialistengesetz wuchs auch in Rostock in den letzten beiden Jahrzehnten des 19. Jahrhunderts das politische Gewicht der Sozialdemokratie, deren Anhänger im Jahre 1890 erstmals den 1. Mai in der Stadt feierten. Seit 1892 verfügte die SPD über eine eigene Zeitung, die in Rostock gedruckte »Mecklenburgische Volkszeitung«. Bürgerliche Kreise abonnierten den »Rostocker Anzeiger«, der 1881 gegründet worden war und bald die Medienlandschaft in Mecklenburg und angrenzenden Teilen Vorpommerns beherrschte. Die Liberalen hielten hingegen zur traditionsreichen »Rostocker Zeitung«. Ihren ersten großen politischen Erfolg verbuchte die SPD 1898 für sich, als ihr Kandidat, der Berliner Rechtsanwalt Dr. Joseph Herzfeld (1853-1939) den fünften mecklenburgischen Reichstagswahlkreis gewann. Nachdem 1906 die Nationalliberalen siegten, konnte Herzfeld die Mehrheit der Rostocker und Doberaner Wähler 1912 erneut überzeugen, ihm das Mandat anzuvertrauen.

Die Vielfalt des gesellschaftlichen Lebens in Rostock und die gewachsene Ausstrahlungskraft der Stadt suchte auch die Verwaltung des Großherzogtums Mecklenburg-Schwerin und der Großherzog selbst für sich zu nutzen. Als im Vollzug der Reichsjustizreform die Rechtsprechung zur Staatsaufgabe wurde, mußte Rostock seine im Mittelalter erworbenen Privilegien für die Rechtsprechung aufgeben. Im Jahre 1879 wurde die Stadt Sitz eines Amts-, eines Land- und des Oberlandesgerichts und damit ein Zentrum der praktischen Rechtsprechung in Mecklenburg. In jener Zeit erfolgte auch die Stationierung des ersten und dritten Bataillons des Infanterie-Regiments Nr. 90. An der Ulmenstraße entstand ein großer Kasernenkomplex, ein Lazarett wurde am St. Georg-Platz errichtet. Die Stadt, die über Jahrhunderte ihre Verteidigung selbst organisierte und deren Bürger sich immer gegen die Einquartierung von Soldaten, gleich welcher Macht, oft wirkungsvoll und erfolgreich zur Wehr setzten, war Garnisionsstadt geworden. Die deutlichste Aufwertung in der mecklenburgischen Landespolitik erfuhr Rostock aber durch den Bau des Ständehauses am Rosengarten. Rostocks Sonderstellung im Ständesystem prädestinierte die Stadt als Standort, denn die permanenten politischen Unstimmigkeiten zwischen Ritterschaft, Landschaft, den Seestädten und dem Landesherrn verboten es geradezu, auch nur an einen Bauplatz in der Residenzstadt Schwerin zu denken. Bis 1918 durfte Rostock für sich in Anspruch nehmen,

Einzug der mecklenburgischen Truppen, 1871

einen, wenn auch kleinen und im politischen Leben des Landes weniger be-
achteten Teil der Hauptstadtfunktion zu erfüllen: Sitz und Tagungsort der
mecklenburgischen Stände zu sein, während Schwerin die Residenz und den
Sitz der Regierung aufzuweisen hatte.

Karsten Schröder

Rostock im Ersten Weltkrieg. 1914 bis 1918

Als am 28. Juni 1914 Schüsse in Sarajewo fielen, war Rostocks Geschäfts-
welt mit dem Sommerschlußverkauf beschäftigt und Konfektionsgeschäfte
warben bereits für die neue Herbst- und Winterkollektion. Daß die überaus
angespannte politische Situation auf einen Krieg hinführen mußte, war bald
vielen Bürgern bewußt. Aber, daß dieser Krieg wie keiner zuvor ihren Lebens-
alltag, ihr Land, ja die gesamte Welt verändern würde, schien wohl niemandem
vorstellbar. Die Mobilmachung im Deutschen Kaiserreich am 1. August 1914
sahen die meisten Rostocker dann auch als folgerichtige Reaktion auf die »er-
littene Schmach«. Am Tage darauf marschierten die in Rostock stationierten
Verbände des Füsilier-Regiments Nr. 90 »Kaiser Wilhelm« in Richtung Westen, wo sie noch im August beim Sturm auf die Festung Lüttich eingesetzt
wurden und große Verluste davontrugen. Die verwaisten Kasernen an der
Ulmenstraße dienten als Bereitstellungs- und Ausbildungsstandort immer neuer
Truppenverbände. Das Sommersemester an der Universität war beendet. Viele Studenten, aber auch achtzehnjährige und ältere Schüler Rostocker Gymna-
sien, für die in großer Hast ein »Notabitur« durchgeführt wurde, meldeten
sich zu den Waffen. Das Standesamt hatte zahlreiche »Kriegstrauungen« zu
vollziehen. Schließlich zogen allein in den ersten Monaten mehr als 600 junge
Rostocker und Studenten freiwillig an die Fronten. Doch genauso schnell, wie
nationale Euphorie und die Überzeugung, sehr bald einen glorreichen Sieg
erringen zu können, die Atmosphäre in der Stadt bestimmten, zeigte sich bei
den Bürgern eine große Verunsicherung. Der Rat der Stadt sah sich deshalb
am 3. August 1914 zu folgender Bekanntmachung veranlaßt: » Die Mobilmachung geht in aller Ruhe vor sich. Pflicht der Zivilbevölkerung ist es, nicht
durch unbegründete Besorgnis Störungen hervorzurufen. Der Einkauf von
größeren Vorräten an Lebensmitteln ist durchaus verwerflich. Er führt nur zu
einer unbegründeten Steigerung der Preise. Die Abhebung der Bankeinlagen
ist verkehrt. Das Geld ist bei den Banken sicher aufgehoben und als Privatei-
gentum jedem Zugriff des eigenen Staates sowie des Feindes entzogen. Papiergeld ist auch in Kriegszeiten dem gemünzten Gelde völlig gleich zu achten. Geschäfte, die die Annahme von Papiergeld ablehnen, sollten vom Publikum bei Einkäufen nicht berücksichtigt werden.« Extradepeschen des »Rost-

ocker Anzeigers« bejubelten jeden militärischen Erfolg. Rostocker Industriebetriebe stellten auf Rüstungsproduktion um. Auf der Neptunwerft entstanden Torpedoboote und Bauteile für U-Boote, gegen Ende des Krieges wurden zehn U-Boote auf Kiel gelegt. Die Maschinenfabrik Dolberg stellte unter anderm Lafetten für Geschütze und Lazarettfahrzeuge her. Der gerade fertiggestellte Flugplatz in Warnemünde ging an die Marine über, die dort Fliegerkräfte stationierte. Verbände der kaiserlichen Marine wurden in das Ostseebad verlegt, die in einigen Hotels des Ortes Quartier bezogen. Als der Herbst nahte, zeigte sich erstmals ein Arbeitskräfteproblem: Es fehlten Helfer für die Einbringung der Ernte. Und schon in den ersten Tagen des Winters 1914/15 wurde der Mangel der deutschen Kriegswirtschaft mit großer Härte für die Rostocker offenbar. Es fehlte an Heizmaterial, so daß manche Familie fror. Schulen wurden geschlossen, die vorhandenen Kohlen zur Beheizung einiger weniger genutzt, an denen man dann sowohl vormittags als auch nachmittags – quasi in Schichten – den Unterricht erteilte. Ende Januar 1915 mußte eine staatliche Getreidebewirtschaftung eingeführt werden, die in eine Rationierung von Brot und im August 1915 in die Ausgabe von Brotkarten mündete. Vor den Geschäften bildeten sich lange Schlagen. Der Mangel trieb die Preise in die Höhe, so daß für Butter, Eier, Fleisch, Obst, Gemüse, Kartoffeln, Marmelade, Milch, Zucker und Kaffee von den Behörden Preisspitzen festgelegt werden mußten, um den zahlreichen – häufig ohne den Haupternäher dastehenden – Familien mit Kindern überhaupt nOch eine Versorgung mit Lebensmitteln sichern zu können. Im Ergebnis der Festlegung von Höchstpreisen verschwanden die so kategorisierten Waren völlig aus den Regalen der Geschäfte. Zu schwindelerregend hohen Preisen wurden sie fortan unter dem Ladentisch gehandelt. Um den Bürgern überhaupt den Lebensunterhalt auf der Basis ihres meist kargen Lohnes zu sichern, mußten schließlich Registrierkarten und Bezugsscheine für Lebensmittel und andere Versorgungsgüter ausgegeben werden. Aber bald fehlte es an Fleisch, Fett und Kartoffeln. Doch hatte man 1915 die Kriegsbegeisterung der Rostocker für Rüstungszwecke nutzen können. Im September des Jahres war im Rathaus mit der Nagelung des »Eisernen Greifen« begonnen worden. Mit einer Geldspende erwarb man einen Nagel, dessen Größe mit dem Wert der Spende in einem Verhältnis stand – je mehr Geld desto größer der Nagel. Die in eine große Holztafel eingeschlagenen Nägel fügten sich zum Bild eines aufrecht schreitenden Greifen, Rostocks Wappentier, das so von der Opferwilligkeit der Hansestädter zeugte. Eine ähnliche Aktion, die die Kriegskassen füllen sollte, gab es 1916 unter dem Motto »Gold gab ich zur Wehr – Eisen nahm ich zur Ehr !« Doch

Abfahrt von Soldaten des Füsilier-Regiments Nr. 90 an die Front, August 1914

jeder Kriegsmonat machte die Not der Bevölkerung schlimmer, ihre Situation auswegloser. Im Jahre 1917 wurden die ohnehin schmalen Brotrationen drastisch gekürzt und »fleischlose Tage« eingeführt. Die Petroliumlieferungen blieben aus. Wer bis dahin auf Strom und Gas verzichtet hatte, um beim Gewohnten zu bleiben oder Geld zu sparen, forderte nun vom Elektrizitäts- und vom Gaswerk eine Lieferung. In der Folge wurden Gas und Strom in Rostock knapp. Die Situation verschärfte sich weiter, da der Energieträger Kohle in benötigter Qualität und Menge fehlte. Strom- und Gassperren waren die Folge. Die Straßenbeleuchtung wurde eingeschränkt. Die Geschäfte schlossen aus Mangel an Tageslicht in den Herbst- und Wintermonaten meist schon vor 17 Uhr und schließlich – in Erwartung eines Energiespareffekts – führte man 1916 die sogenannte Sommerzeit ein. Nach zwei Jahren Krieg waren Web-, Wirk-, Strick- und Wollwaren rar geworden. Fortan erhielt man sie nur über einen Bezugsschein. Die Treibriemen der Transmissionsmaschinen zahlreicher Betriebe lieferten Leder, benötigt für die Sohlen der Soldatenstiefel. Kinder wie Erwachsene sammelten Gummi, Korken, Flaschen, Papier oder Teppiche, die einer Wiederaufbereitung zugeführt wurden und den Mangel im Alltag überdecken halfen. Schließlich kamen die Druckereien mit dem Druk-

Goldaufkaufstelle im Fürstensaal des Rathauses, 1916

ken der Regierungserlasse zur Konfiszierung von Kupfer, Zinn, Messing, Nikkel, Eisen und Bronze bald nicht mehr nach. Die Münzen verschwanden aus dem Zahlungsverkehr, um im eingeschmolzenen Zustand den Rohstoff für die Herstellung von Waffen und Munition zu liefern. Der Landstrich nördlich der Bahnstrecke Wismar – Rostock – Ribnitz war zum Sondergebiet erklärt worden. Die Hafengelände von Rostock und von Warnemünde standen unter Aufsicht des Militärs. In diesem Gebiet wurde die Post geöffnet ausgeliefert, das Führen von Telefongesprächen war verboten. Das Ostseebad Warnemünde durften nur noch Personen besuchen, die über einen speziellen Ausweis verfügten. Besonders diese Bestimmung verursachte 1915 eine Reduzierung der Zahl der Badegäste um mehr als die Hälfte im Vergleich zum letzten Friedensjahr 1913. Wenngleich die Zahlen selbst in den folgenden schweren Jahren wieder stiegen, hatte das Warnemünder Beherbergungswesen durch den Krieg doch erhebliche Geschäftseinbußen hinnehmen müssen. In den Rostocker Betrieben nahmen immer mehr Frauen den Platz an den Werkbänken für ihre im Felde stehenden Ehemänner ein. In ungeheizten Gebäuden mußten sie häufig hungernd meist einen mehr als zwölfstündigen Arbeitstag hinter sich bringen. Nach Feierabend warteten die häuslichen Pflichten, die kaum bewältigt werden konnten, weil es am Notwendigsten fehlte. Mit den kargen Löhnen gelang es vielen Familien nicht mehr, den Lebensunterhalt zu sichern. Völlig geschwächt, verschlechterte sich der Gesundheitszustand vieler Rostocker, vor allem der Kinder, rapide. Im August und September 1917 starben fünfunddreißig Menschen an Typhus.

Die Frontnachrichten berichteten vom Stellungskrieg und massenmordenden Schlachten. Rostocker Zeitungen mußten Todesanzeigen in zunehmender Zahl drucken. Trotz allen Mühens, ein wenig Normalität im Kriegsalltag zu gewinnen, mußte der Rostocker Stadtarzt konstatieren: »So wie es jetzt steht, stehen wir am Rande des Abgrundes, denn es kann keinem Zweifel unterliegen, daß eine auch nur geringe Verschlechterung unserer Ernährung zum gesundheitlichen Zusammenbruch der Bevölkerung führen muß.« Es war nur eine Frage der Zeit, bis die katastrophale Züge annehmende Alltagssituation außer Kontrolle geraten mußte. Am 1. Juli 1917 begaben sich eine größere Zahl Rostocker Hausfrauen auf das Polizeiamt der Stadt und versuchten, die dort tätigen Beamten, zur Herausgabe von Brotzusatzkarten zu bewegen. Als die Frauen merkten, daß auf diese Weise kein Brot für ihre hungernden Familien zu erhalten war, begaben sie sich in einige Bäckerläden und nahmen sich, was sie brauchten. Als ein Fleschereigeschäft in der Augustenstraße von ihnen belagert wurde, forderte die Polizei Militär an. Dieses löste die Ansammlung auf und nahm einige der Frauen fest, die zu Gefängnisstrafen verurteilt wurden. Im Spätsommer hatten Arbeiter der Neptunwerft kürzere Arbeitszeiten und höhere Löhne gefordert. Da man dem jedoch kein Gehör schenkte, begannen sie am 21. September 1917 einen Streik, mit dessen Hilfe sie die Zahlung einer Beihilfe für den Kauf von Kartoffeln und eine Erhöhung der Aufschläge für Akkordlöhne erreichen wollten. Die Firmenleitung, die Rückstände bei der Produktion kriegswichtiger Güter befürchtete, lenkte umgehend ein und zahlte höhere Löhne.

Im Herbst 1917 kamen neben den ökonomischen und sozialen, politische Forderungen auf. In ihrem Zentrum stand der Ruf nach Beendigung des Krieges, der von immer mehr Menschen als sinnlos empfunden wurde. Daraus resultierte eine Politisierung des öffentlichen Lebens. Dies zeigte sich in der Stadt unter anderem in der Gründung von Ortsgruppen neuer Parteien. In nur wenigen Tagen des Herbstes 1917 entstanden in schneller Folge eine Rostocker Gruppe der Deutschen Vaterlandspartei (DVLP) mit etwa 500 Mitgliedern, der Liberale Verein, als Lokalorganisation der Fortschrittlichen Volkspartei (FoVP), aus der etwa ein Jahr darauf die in der Stadt sehr einflußreiche Deutsche Demokratische Partei (DDP) hervorging sowie eine Gruppe der Unabhängigen Sozialdemokratischen Partei Deutschlands (USPD), aus der sich später der revolutionär orientierte »Spartakusbund«, Vorläufer der Kommunistischen Partei Deutschlands (KPD), abspaltete. Nicht ohne Einfluß auf derartige Entwicklungen blieben die ersten spärlichen Nachrichten über die Oktoberrevolution in Rußland. Besonders der Wille der dort nun Herrschenden, einen kompromißlosen Frieden für Rußland zu schließen und damit den Weltkrieg an der Ostfront zu beenden, verfehlte seine Wirkung im linken politischen Spektrum, aber auch bei großen Teilen der notleidenden Bevölkerung nicht. Am 30. Januar 1918 fand im Rostocker Gewerkschaftshaus »Philharmonie« eine Frauenkundgebung für Frieden statt. Weitere derartige Zusammenkünfte folgten. Vor allem Vertreter der USPD, aber auch bürgerliche Parteien, freie Initiativen und Privatpersonen traten mit der Forderung nach der Beendigung des Krieges auf. Die öffentliche Meinung zum Krieg wandelte sich zusehens. Aber noch feierten am 13. März 1918 zahlreiche Bürger den aus Rostock gebürtigen Fregattenkapitän der kaiserlichen Marine Karl August Nerger (1875-1947) anläßlich eines für ihn ausgerichteten Empfanges des Rates. Nerger hatte mit einer fünfzehnmonatigen Kaperfahrt als Kommandant der SMS »Wolf« im Indischen und Atlantischen Ozean nicht nur in Deutschland für Aufsehen gesorgt. Die Stadt verlieh ihm die Ehrenbürgerschaft. Der Mannschaft der SMS »Wolf«, die zu dieser opferreichen Fahrt in die Ungewißheit abkommandiert worden war, setzte Theodor Plievier (1892-1955) mit seinem vielbeachteten Roman »Des Kaisers Kulis« ein literarisches Denkmal.

Den 700. Jahrestag der Bestätigung des lübischen Stadtrechts für Rostock zu begehen, hatten weder die Stadtoberen, noch die Bürger die Kraft. So fand am Johannistag 1918 lediglich ein Festgottesdienst in der Kirche St. Marien zum Gedenken an dieses Ereignis statt. Nach vier Jahren Krieg mit Millionen toter Soldaten sowie Not, Krankheit und Erschöpfung der Zivilbevölkerung war kein Ende absehbar, vielmehr stand ein wiederum harter Winter bevor. Trotz Androhung drastischer Strafen wuchsen deshalb Auflehnung und Widerstand. Als sich am 3. November 1918 in Kiel stationierte Marineeinheiten ihren Offizieren widersetzten, Kriegsschiffe in ihre Gewalt brachten und die Beendigung des Krieges forderten, sprang der Funke auf die Bevölkerung über. Die Revolution begann.

Bodo Keipke

Die Stadt in der Zeit der Weimarer Republik. 1918 bis 1933

Vom Kaiserreich zur Diktatur

Am Abend des 5. November 1918 liefen Torpedoboote mit Kieler Matrosen an Bord in Warnemünde ein, um die hier stationierten Mannschaften der 7. Torpedo-Halbflottille, der Vorpostenhalbflottille West und des Seeflugzeug-Versuchskommandos zu organisieren. An den Masten wehten rote Fahnen. Den Warnemünder Kommandeuren gelang es nicht mehr, den Befehl zum Auslaufen der ihnen unterstellten Torpedo- und Minenboote durchzusetzen. Die jüngeren Offiziere verließen mit dem letzten Zug Warnemünde in Richtung Rostock. Mit den älteren Offizieren wollten die Matrosen verhandeln, wenn sie sich mit ihnen solidarisch erklärten. Am Morgen des 6. November versammelten sich die Matrosen auf dem Platz hinter dem Warnemünder Friedhof. Sie forderten einmütig die Abschaffung der Grußpflicht, die gleiche Verpflegung für Offiziere und Soldaten, die Schließung des Offizierskasinos, die Freilassung der aus politischen Gründen verhafteten Soldaten sowie ein Mitspracherecht bei der Erstellung der Dienstpläne sowie bei Fragen der Verpflegung und Bewaffnung. Einige der Matrosen wurden zur Rostocker Garnison in die Ulmenstraße entsandt, um den hier stationierten Soldaten über die Versammlung in Warnemünde zu berichten. Am Abend versammelten sich etwa 1500 Infanteristen, Matrosen und Landsturmleute im Lindenhof in Gehlsdorf. Sie schlossen sich den Forderungen ihrer Warnemünder Kameraden an und beschlossen die Bildung eines gemeinsamen Soldatenrates. Zum Vorsitzenden wurde ein Sergeant Corth gewählt. Auf einer erneuten Versammlung der Garnison am nächsten Morgen auf der Rennbahn in Barnstorf wurden diese Forderungen noch einmal einstimmig bekräftigt. Anders als in anderen Städten Deutschlands zielten die Militärangehörigen zunächst nicht auf politische Veränderungen, sondern nur auf die Verbesserung ihrer Situation in Marine und Heer. In seiner Rede auf der Rennbahn betonte der Vorsitzende des

Soldatenrates, daß man keinen Umsturz und keine Revolution wolle, sondern daß es um die Bezwingung des »Übermilitarismus« gehe. In einem Telegramm an das Kriegsministerium in Berlin verpflichtete man sich, außerhalb des Dienstes keine Waffen zu tragen und die soldatische Pflicht in Ruhe und Ordnung zu erfüllen. Dennoch versuchte das Garnisonskommando zunächst, zur Unterdrückung der revolutionären Bewegung zusätzliche Truppen nach Rostock zu befehligen. Unter dem Druck der Ereignisse sahen sich die Offiziere jedoch gezwungen, von diesem Vorhaben Abstand zu nehmen, den Forderungen der Soldaten und Matrosen nachzugeben und sich ehrenwörtlich den Anordnungen des Soldatenrates zu unterstellen. Die Munitionsdepots gingen in die Verwaltung des Soldatenrates über. Nachdem auf einer erneuten Soldatenversammlung auf der Rennbahn am 9. November diesen Verhandlungsergebnissen die Zustimmung erteilt worden war, unterstellte sich am Abend auch der Rostocker Polizeidirektor Heinrich Altvater (1878-1940) ehrenwörtlich dem Soldatenrat.

Am Vormittag des 6. November hatten auch die etwa 1700 Arbeiter der Neptunwerft unter dem Eindruck der Nachrichten über die revolutionären Ereignisse spontan die Arbeit niedergelegt und sich in der Philharmonie, dem Rostocker Gewerkschaftshaus im Patriotischen Weg, versammelt. Sie bekundeten ihre Sympathie für die Kieler Matrosen, forderten jede Aktion, die den Krieg verlängern könnte, zu unterlassen und drängten auf die Einführung des allgemeinen, gleichen, geheimen und direkten Wahlrechts. Zur Verbesserung der angespannten Versorgungslage sollten durchgreifende Maßnahmen erfolgen. Die Führer der Rostocker Sozialdemokratie und der Gewerkschaften waren von der spontanen Versammlung überrascht worden. Der herbeigerufene Redakteur und Bürgervertreter Franz Starosson (1874-1919) hielt eine Ansprache. Als die Versammlung ihren Willen bekundete, zum Neuen Markt demonstrieren zu wollen, um dem Rat die Forderungen zu übergeben, versuchte Starosson, die Arbeiter davon abzuhalten, um Ruhe und Ordnung nicht zu gefährden. Die Forderungen der Arbeiter sollten der Bürgervertretung vorgelegt werden. Die Versammelten formierten sich dennoch zu einem Demonstrationszug durch die Stadt. Gegen Mittag legte man auch in der Munitionsfabrik Dolberg in der Bleicherstraße die Arbeit nieder und zog im geschlossenen Zug zur Philharmonie. Die Belegschaften weiterer Rostocker Betriebe folgten dem Beispiel. Bis in die Abendstunden fanden Versammlungen statt, am nächsten Morgen nahmen aber alle Fabriken die Arbeit wieder auf. Am 7. November entstand der Rostocker Arbeiterrat. Vertreter der Sozialdemokratischen Partei (SPD) und der Unabhängigen Sozialdemokratischen Partei

(USPD) hatten das Vertrauen erhalten. Den Vorsitz übernahm der sozialdemokratische Gewerkschaftssekretär Julius Asch (1875-1932). Noch am selben Tag fand ein Treffen mit dem Soldatenrat statt, auf dem eine Zusammenarbeit beschlossen wurde. Ein gemeinsamer Arbeiter- und Soldatenrat, der seinen Sitz in der Philharmonie nahm, entstand. Für den 10. November berief der Arbeiter- und Soldatenrat eine öffentliche Volksversammlung zur Rennbahn ein. Der Hauptredner Starosson, inzwischen Minister in der neuen Landesregierung, verkündete den Versammelten, daß der Volksstaat und die reine Demokratie auf dem Vormarsch seien und kündigte eine baldige Reform der Verfassung Mecklenburgs sowie freie Wahlen an. Öffentliche Einrichtungen, wie die Post und die Bahn wurden in den folgenden Tagen vom Soldatenrat besetzt, Telegramme und Telefongespräche einer Zensur unterworfen. Auch der Rat der Stadt erklärte sich zur Zusammenarbeit mit dem Soldatenrat bereit, um Ruhe und Ordnung aufrecht zu erhalten. Die Bürgervertretung wurde unter Aufsicht gestellt. Bei den Bürgerlichen herrschten Skepsis und Besorgnis. Zur Wahrung der eigenen Interessen bildeten sich mehrere größere Zusammenschlüsse, so ein Bürgerrat, dem Vertreter des Bürgertums angehörten, und ein Frauenrat, dem 21 bürgerliche Frauenvereine und Fürsorgevereine Rostocks beitraten, um für die Einbeziehung von Frauen in die Politik sowie für das Frauenwahlrecht zu streiten. Ein Bauernrat, der sich auf den Schutz der landwirtschaftlichen Betriebe orientierte, um die Basis der völlig darniederliegenden Ernährungswirtschaft zu sichern, entstand ebenso.

Bereits am 8. November war die mecklenburgische Regierung in Schwerin durch Großherzog Friedrich Franz IV. (1882-1945) entlassen und unter dem liberalen Reichstagsabgeordneten Dr. Hugo Wendorff (1864-1945) eine neue gebildet worden. Am dreizehnten desselben Monats erklärten die sozialdemokratischen Minister Heinrich Dethloff (1883-1963) und Franz Starosson im Rostocker Ständehaus den Engeren Ausschuß der Ritter- und Landschaft Mecklenburgs für aufgelöst. Die Stände, die seit 1523 die Geschicke des Landes maßgeblich beeinflußt hatten, waren bedeutungslos geworden. Einen Tag später, am 14. November 1918, dankte der Großherzog ab und begab sich zu Verwandten nach Dänemark. Mit politischem Druck, jedoch ohne Gewalt, war das alte halbfeudale Herrschaftssystem in Mecklenburg ein für allemal gestürzt worden. Auf dem Rathaus, dem Palais, dem Postamt und dem Ständehaus wehten in Rostock als äußeres Zeichen des Umsturzes die roten Fahnen der Arbeiterbewegung. Die politische Ordnung, die Zukunft des Landes und der Stadt hing nun von den Entscheidungen der Sozialdemokratie ab. In der mecklenburgischen SPD, die ihr Zentrum in Rostock hatte, war die reformerische Richtung, die Gewalt als Mittel der Politik ablehnte und eine parlamentarische Demokratie erstrebte, seit langem bestimmend. Die radikalen Kräfte in der USPD und im mitgliederschwachen Spartakusbund konnten sich mit ihrer Forderung nach einer Fortsetzung der Revolution auch in Mecklenburg nicht durchsetzen. Ein am 15. November 1918 veröffentlichtes Programm des Rostocker Arbeiter- und Soldatenrat ließ das deutlich erkennen. Gefordert wurden die völlige Demokratisierung der Verfassung Rostocks und für Mecklenburg die soziale Republik. Die Ablösung des Klassenstaates sollte sich in ruhigen Bahnen vollziehen. Von der neuen Regierung wurde darum unverzüglich eine Volkswahl für den Verfassungsgebenden Landtag auf dem Boden des allgemeinen, gleichen, geheimen und direkten Wahlrechtes angekündigt. In Rostock drängte der Arbeiter- und Soldatenrat vehement auf eine Änderung der rückständigen kommunalen Verfassungsverhältnisse. Besonders die Abschaffung des Dreiklassenwahlrechtes für die Bürgervertretung war in den zurückliegenden Jahren vom Rat immer wieder verhindert worden, um den Sozialdemokraten den Zugang zu diesem Gremium zu erschweren. Am 13. November erschienen Vertreter des Arbeiter- und Soldatenrates beim worthabenden Bürgermeister Johann Paschen (1852-1927) und verlangten, auch in Rostock auf Grundlage eines demokratischen Wahlrechtes eine verfassungsgebende Versammlung wählen zu lassen. Dieser Konstituante sollte alleine das Recht auf eine demokratische Reform der Stadtverfassung zustehen. Die Auseinandersetzung zwischen dem Rat der Stadt und dem Arbeiter- und Soldatenrat um die Wahl einer verfassungsgebenden Versammlung für Rostock entwickelte sich in den folgenden Wochen zum wichtigsten politischen Streitpunkt um die Gestaltung der kommunalen Machtverhältnisse. Der Rat mußte unterliegen, da die Bürgervertretung auf ihrer Sitzung am 14. November einstimmig den Forderungen des Arbeiter- und Soldatenrates gefolgt war und die Landesregierung den Streit durch Anordnung schließlich entschied. Die veränderten Machtverhältnisse waren auch bei der Wahl des ersten sozialdemokratischen Ratsmitgliedes in der Stadtgeschichte sichtbar geworden. Am 14. November 1918 wählte die Bürgervertretung den Parteisekretär Wilhelm Kröger (1873-1932) zum unbesoldeten Stadtrat, dem die Aufgabe zufiel, die anstehenden Wahlen zu organisieren und zu überwachen.

In Vorbereitung der Kommunalwahlen Ende Dezember 1918 sowie der Wahlen zum Verfassungsgebenden Landtag und zur Nationalversammlung im Januar 1919 begannen sich die politischen Parteien neu zu formieren. Vertreter des linksliberalen Bürgertums schlossen sich Ende November 1918 der Deutschen Demokratischen Partei (DDP) an. Zu den Gründungsmitgliedern des Landes- und Ortsverbandes gehörten der Chemiefabrikant Dr. Friedrich Carl Witte (1864-1938) und der Direktor der Rostocker Straßenbahn AG, Richard Siegmann (1872-1943). Gemeinsam mit ihnen setzten sich Männer wie der Universitätsprofessor Hans Winterstein (1879-1963), der Rechtsanwalt Dr. Hugo Sawitz (1885-1922), der Unternehmer Max Samuel (1883-1942) sowie die Eheleute Dr. Hans (1887-1944) und Edith Lindenberg (1887-1944) – übrigens gehörten jene, wie auch Siegmann, zur jüdischen Bevölkerung Rostocks – aktiv für den Aufbau der parlamentarischen Demokratie ein. Im Verlauf der folgenden zwei Monate entstanden ebenfalls Landes- und Ortsverbände der nationalliberalen Deutschen Volkspartei (DVP) unter Führung des Geschichtsprofessors Hermann Reincke-Bloch (1867-1929) und der konservativen Deutschnationalen Volkspartei (DNVP), deren herausragendste Persönlichkeit der bekannte Zahnmediziner Prof. Johannes Reinmöller (1877-1955) wurde. Auf Seiten der Arbeiterparteien bildete sich in den späten Januartagen des Jahres 1919 in einer Gastwirtschaft der Kröpeliner-Tor-Vorstadt eine Ortsgruppe der Kommunistischen Partei Deutschlands (KPD).

Im Gegensatz zu den anderen Städten und Gemeinden des Landes wählten die Einwohner Rostocks am 29. Dezember 1918 eine verfassungsgebende Versammlung. Um die 66 Mandate bewarben sich vier Parteien. Die Anwendung des allgemeinen, gleichen, geheimen und direkten Wahlrechts führte nicht nur zu veränderten Mehrheitsverhältnissen in der Bürgervertretung, sondern gab erstmalig auch sechs Frauen Sitz und Stimme. Die Sozialdemokraten zogen mit 31 Mandaten als stärkste Fraktion in die Bürgervertretung ein. Zweitstärkste Kraft wurde die DDP mit 23 Abgeordneten. Die DVP gewann zehn Sitze, die USPD erlangte zwei. Die Konstituierung der neugewählten Bürgervertretung am 6. Januar 1919 setzte eine entscheidende Zäsur in der Geschichte der Demokratie in Rostock. Die rote Fahne auf dem Rathaus wurde wieder eingeholt. Als wichtigste Aufgabe stand vor den Bürgervertretern zunächst die Ausarbeitung der Stadtverfassung, die nach der zweiten Lesung am 16. Juni 1919 verabschiedet wurde. Die Grundzüge des Gesetzes, als dessen geistiger Vater Hugo Sawitz galt, waren im starken Maße von den verfassungsrechtlichen Vorstellungen des bürgerlichen Liberalismus geprägt. Der radikale Bruch mit den rückständigen kommunalen Verfassungsverhältnissen von vor 1918 war vollzogen.

Wenige Tag nach Verabschiedung der Rostocker Stadtverfassung begannen im Verfassunggebenden Landtag in Schwerin die Beratungen über den Entwurf einer Städteordnung. Die politische Umwälzung hatte endlich den Weg frei gemacht, um das zersplitterte kommunale Verfassungsrecht im Freistaat

Mecklenburg-Schwerin zu vereinheitlichen. Bereits am 18. Juli 1919 erfolgte die Annahme des Gesetzes, das für alle Städte gleichermaßen galt. Damit war auch die gerade verabschiedete Rostocker Stadtverfassung wieder aufgehoben. Deren demokratische Intentionen blieben jedoch von Bestand, denn Städteordnung und Stadtverfassung gingen vom Prinzip des kommunalen Selbstverwaltungsrechts aus und wiesen in wesentlichen Punkten Übereinstimmung auf. Nach dem Willen der Städteordnung führte die Rostocker Bürgervertretung fortan die Bezeichnung Stadtverordnetenversammlung. In Ausführung des Gesetzes verblieb den Rostocker Abgeordneten nur noch die Verabschiedung einer Ortssatzung, in der man die zahlenmäßige Zusammensetzung des Rates sowie die Zahl der Stadtverordneten festlegte. Man blieb für letztere bei der gewohnten Stärke von 66 Abgeordneten, von denen sechs von den Warnemündern zu bestimmen waren. Der Rat sollte sich zukünftig aus einem Bürgermeister, acht besoldeten und sechs unbesoldeten Stadträten, die auf Zeit von der Stadtverordnetenversammlung gewählt wurden, zusammensetzen. Zum Bürgermeister wählten die Stadtverordneten den bürgerlichen Demokraten Dr. Ernst Heydemann (1876-1930), zuvor Senator in Altona bei Hamburg. In der entscheidenden Abstimmung konnte er sich knapp gegen Julius Asch von der SPD durchsetzen. Am 1. Juli 1919 wurde er in sein Amt eingeführt. In den Rat zogen entsprechend des Kräfteverhältnisses in der Stadtverordnetenversammlung sechs Stadträte der SPD und vier Stadträte der DDP neu ein. Nur vier Mitglieder des alten Rates verblieben im Amt. Eine Bürgerinitiative, die sich mit dieser Konstellation nicht abfinden konnte, versuchte vergeblich, mittels Volksbegehren die Wahl rückgängig zu machen und die Stadtverordnetenversammlung vorzeitig aufzulösen. Bis 1924 schieden die politischen Stadträte dann jedoch nach und nach wieder aus. Die Kräfte, die nach der Novemberrevolution die demokratische Entwicklung am stärksten befördert hatten, waren so mit ihrem Versuch gescheitert, einen nachhaltigen Einfluß auf den von Fachbeamten dominierten Rat zu erlangen.

Die Einführung der mecklenburgischen Städteordnung am 18. Juli 1919 und die Verabschiedung des Grundgesetzes des Freistaates Mecklenburg-Schwerin am 17. Mai 1920 hatten gravierende Auswirkungen auf die verfassungsrechtliche Stellung Rostocks. Die Privilegien und Sonderrechte, die teilweise aus dem Mittelalter überkommen waren und welche die Stadt über Jahrhunderte zäh gegenüber den Landesherren verteidigt hatte, gingen mit der Einordnung in das demokratische Staatsgefüge verloren. Der Landtag ging von der rechtlichen Gleichstellung aller Kommunen aus und sah daher keine Notwendigkeit, der größten Stadt im Lande weiterhin eine Sonderstellung einzuräumen. Der Landesgrundgesetzliche Erbvergleich verlor endgültig seine Bedeutung für das kommunale Leben Rostocks und das Verhältnis der Stadt zur Landesregierung. Als noch viel schwerwiegender sollten sich die Auswirkungen der von Minister Matthias Erzberger (1875-1921) in die Wege geleiteten Reform der Reichsfinanzen erweisen, betraf sie doch die Höhe der finanziellen Mittel, die Rostock zukünftig im Haushalt zur Verfügung stehen sollte. Unter dem Druck der erwarteten Reparationslast stellte man die Reichsfinanzverfassung in den Jahren 1919/1920 vom Kopf auf die Füße, indem die Steuerhoheit des Reiches begründet und damit den Gemeinden ihr Zuschlagsrecht zur Einkommenssteuer entzogen wurde. Auf diesem Zuschlagsrecht aber hatte bis dahin der maßgebliche Anteil der Gemeindefinanzen geruht. Ein komplexes System des Finanzausgleichs zwischen Reich, Ländern und Gemeinden entstand. Die Städte waren die politischen Verlierer der Reform. Auch Rostock entwickelte sich vom einstigen Steuersouverän zum Zuschußempfänger. Dauernde finanzielle Krisen waren vorprogrammiert. Der Handlungsspielraum der Stadt blieb dadurch stark eingeschränkt. Ein dauerhafter Spannungszustand zwischen dem Prinzip und der Realität der kommunalen Selbstverwaltung war die Folge.

Im Verlauf des Jahres 1919 hatten sich die Gegensätze zwischen den Vertretern der drei Arbeiterparteien in Rostock weiter vertieft. Sichtbares Zeichen dafür waren die getrennten Maikundgebungen von SPD und USPD. Die KPD begann sich organisatorisch zu formieren, präsentierte sich als Vorkämpferin des radikalen Klassenkampfes und der Rätediktatur. Nur im Zusammenhang mit dem Staatsstreich des Generallandschaftsdirektors Wolfgang Kapp (1858-1922) gegen die verfassungsmäßige Reichsregierung in Berlin kam es zu einer kurzfristigen Aktionseinheit der drei Parteien. Am 13. März 1920 hatten reaktionäre Militärverbände Berlin besetzt und versuchten, in allen Teilen Deutschlands mit Gewalt die politische Macht in ihre Hände zu bringen. Noch am selben Tag übernahm in Mecklenburg Generalmajor Paul von Lettow-Vorbeck (1870-1964) das Kommando über die im Land stationierte Reichswehrbrigade 9 und setzte die Regierung unter Dr. Hugo Wendorff ab. Die drohende Gegenrevolution der reaktionären Kräfte bewirkte, daß sich die drei zerstrittenen Arbeiterparteien in Rostock zu einer Gegenbewegung zusammenschlossen und am 14. März gemeinsam zum Generalstreik aufriefen. Das in Rostock stationierte Reichswehrbataillon zog auf Befehl von Lettow-Vorbeck nach Schwerin ab. In der Kaserne in Ulmenstraße versammelten sich bewaffnete Zeitfreiwillige, hauptsächlich Studenten, die von Professoren, wie dem Pathologen Prof. Ernst Schwalbe (1871-1920), angeführt wurden. Auch die

Rostocker Arbeiterwehr während des Kapp-Putsches, März 1920

Arbeiter bewaffneten sich. Etwa 700 ließen sich für die Arbeiterwehr aufstellen, deren Leitung Karl Otto (1891-?) übernahm. Strategisch wichtige Punkte der Stadt, wie Post, Telegrafenamt, Bahnhof, Banken wurden besetzt. Bei Nantrow in der Nähe von Neubukow baute die Arbeiterwehr eine Verteidigungslinie auf, um einen Marsch der Reichswehr auf Rostock abwehren zu können. Die übergroße Mehrheit der Rostocker begrüßte und unterstützte diese Maßnahmen. Die Ortsgruppe der DDP etwa gab durch öffentliche Anschläge bekannt, daß sie hinter dem Generalstreik stehe. Am 16. März zog eine Kompanie von Zeitfreiwilligen zum Flugplatz nach Warnemünde, um sich die dort lagernden Waffen zu sichern. Die Arbeiter hatten den Flugplatz aber bereits besetzt, so daß die Zeitfreiwilligen wieder abziehen mußten. Bei Schutow kam es einen Tag später zu einem Gefecht zwischen Zeitfreiwilligen und einer Hundertschaft bewaffneter Arbeiter. Pof. Schwalbe fiel während der Kämpfe. Nach kurzem Feuerwechsel wurden die Zeitfreiwilligen entwaffnet und festgenommen. Nachdem sich der Zusammenbruch des Putsches abzuzeichnen begann, zogen die Zeitfreiwilligen am 17. März in Richtung Bad Doberan ab. Auf dem Gut Katelbogen 7 km westlich von Bützow richteten sie schließlich ihr Quartier ein, wo sie am 19. März von Rostocker Hundertschaften gemeinsam mit Güstrower und Bützower Arbeitern gezwungen wurden, die Waffen niederzulegen. Am 18. März 1920 war der Putsch zusammengebrochen, Lettow-Vorbeck floh aus Mecklenburg. Die Rostocker Arbeiter stimmten auf einer Versammlung auf dem Vögenteichplatz am 21. März 1920 der Beendigung des Generalstreiks und der Waffenablieferung zu. Die sich anschließenden Verhandlungen über die Übernahme von bewaffneten Arbeitern in die mecklenburgische Sicherheitspolizei und die Rückkehr der Reichswehr nach Rostock zogen sich noch bis Mitte April hin. Auf Verlangen der Stadtverordnetenversammlung stellte der Rat Strafanzeige gegen einzelne Unterstützer des Putsches, unter ihnen der ehemalige Ratssyndikus Hans Linck (1863-1945) sowie die Professoren Rudolf Helm (1872-1966) und Gerhard Hilbert (1868-1936), die sich mit Handgranaten bewaffnet auf dem Telegrafenamt als Zensoren betätigt hatten. Das Reichsgericht verwarf eine Anklage jedoch als unzulässig, so daß die Beschuldigten straffrei blieben.

Ereignisse wie der Kapp-Putsch ließen die seit der Revolution entfachten politischen Leidenschaften nicht zur Ruhe kommen. Die ideologisch motivierten Auseinandersetzungen zwischen den Arbeiterparteien hielten an. Selbst unmittelbar nach der gemeinsamen Abwehr des Kapp-Putsches fanden am 1. Mai 1920 wieder getrennte Kundgebungen und Demonstrationen statt. Die linken Kräfte innerhalb der USPD schlossen sich in im November 1920 an die KPD an, die bei den Rostocker Arbeitern an Einfluß gewann. Bei den Betriebsrätewahlen auf der Neptunwerft erreichte sie im Oktober 1922 erstmals mehr Mandate als die Kandidaten der SPD. Die politischen Aktivitäten der Arbeiterbewegung wurden von den politischen Wirren der Weimarer Republik und der sich im Zuge der Inflation zunehmend verschlechternden Lebenslage bestimmt. Als Antwort auf den Mord an Walter Rathenau (1867-1922) riefen die Gewerkschaften am 27. Juni 1922 einen zwölfstündigen Generalstreik aus. 16000 Menschen demonstrierten zum Schutz der Republik sowie für den Erhalt der sozialen und demokratischen Errungenschaften der Revolution. Am 4. Juli 1922 kam es gleichfalls zu einer großen Kundgebung, verbunden mit Arbeitsniederlegungen, um der Forderung nach einem Gesetz zum Schutz der Republik Nachdruck zu verleihen. Die Krisen des Jahres 1923 widerspiegelten sich in einer Reihe großer Demonstrationen, in anhaltenden Streiks der Metallarbeiter und Bauhandwerker sowie in mehrstündigen Generalstreiks am 14. September 1923 und 20. Oktober 1923. Neben politischen Forderungen zur Sicherung der Demokratie wurden durchgreifende Maßnahmen zur Verbesserung der angespannten Versorgungslage und im Kampf gegen die Teuerung verlangt. Im Untergrund bildeten die Kommunisten im Herbst 1923 auch in Rostock bewaffnete Hundertschaften, die aber vergeblich auf ein Signal zum Umsturz warteten. Wegen illegalen Waffenbesitzes und der Vorbereitung zum Hochverrat erhielten maßgebliche Führer der Bewegung später Geld- und Zuchthausstrafen. Als Gegenpol zum Auftreten der Links-extremisten und ihrer radikalen weltrevolutionären Parolen hatten sich auch in Rostock rechtsradikale und völkische Gruppierungen formiert. So entfalte-ten der deutschvölkische Schutz- und Trutzbund und der Verband national-gesinnter Soldaten bis zu ihrem Verbot nach dem Rathenau-Mord im Juli 1922 eine rührige Versammlungs- und Propagandatätigkeit. Zum neuen Sammel-becken der rechtsradikalen Kräfte entwickelte sich seit Dezember 1922 die Deutschvölkische Freiheitspartei (DVFP), der sich in Mecklenburg auf Grund eines Verbotes auch die Nationalsozialisten anschlossen. In Rostock hatte die völkische Partei ein wichtiges Zentrum, denn hier verlegte man das Parteiblatt »Mecklenburger Warte« und in Dr. Kurt Blome (1894-?), Assistenzarzt an der Universitäts-Hautklinik, fand die Bewegung einen ihrer wichtigsten Organisa-toren. Unter seiner Führung wurden im November 1923 600 bewaffnete Zeit-freiwillige aufgestellt, die Adolf Hitlers (1889-1945) Putschversuch von Nor-den her abschirmen sollten. Getarnt als National-Soziale Vereinigung entstand am 5. März 1924 in Rostock die erste Ortsgruppe der NSDAP Mecklenburgs nach dem Novemberputsch. Sie zählte acht Gründungsmitglieder und wurde vom Maschinenschlosser Walter Stopperam (1891-?) geführt. Aus organisato-rischen und wahltaktischen Gründen schlossen sich die Nationalsozialisten in Mecklenburg aber wieder der DVFP an. Da sie in diesem Bündnis aber ihren Führungsanspruch nicht durchsetzten konnten, erfolgte seit Anfang 1925 der Aufbau einer eigenständigen Parteiorganisation.

Nach den kampferfüllten Jahren kam das politische Geschehen ab 1924 in ruhigere Bahnen. Zahllose Wahlen gaben den Parteien und politischen Grup-pierungen aber immer wieder die Möglichkeit, das eigene Programm in den Blickpunkt der Öffentlichkeit zu rücken und die Gegner zu attackieren. Die Wahlkämpfe entwickelten sich so zu wahren Wahlschlachten, die mit öffentli-chen Versammlungen, Demonstrationszügen, Anzeigenkampagnen und an-deren wirksamen Mitteln geschlagen wurden. Insgesamt waren die Rostocker zwischen Dezember 1918 und November 1932 acht Mal zur Wahl des Reichs-tages, zwei Mal zur Wahl des Reichspräsidenten, acht Mal zur Wahl des Land-tages und sechs Mal zur Wahl der Stadtverordnetenversammlung aufgerufen. Hinzu kamen die Abstimmungen über Volksbegehren und Volksentscheide. Das stetige Ansteigen der eingereichten Wahlvorschläge war Ausdruck einer zunehmenden Zersplitterung der Gesellschaft. Bei der Wahl zur Stadtverordnetenversammlung am 16. November 1930, die letzte vor der Machtergreifung der Nationalsozialisten, vermerkte der Stimmzettel 14 unterschiedliche Wahlvorschläge, von denen 11 den Einzug ins Parlament schafften. Die stabilste Wählerbindung konnte in Rostock noch die SPD aufbauen, aber auch deren Ergebnisse waren starken Schwankungen unterworfen. Ihr Anteil an den abgegebenen Stimmen bei den Wahlen zur Stadtverordnetenversammlung bewegte sich zwischen 46,54 Prozent (1919), 30,52 Prozent (1924) und 35,63 Prozent (1930). Die Sozialdemokraten stellten, da sie die größte Fraktion in der Stadtverordnetenversammlung bildeten, über Jahre auch die Vorsitzenden. 1919 war es Julius Asch, von 1919 bis 1922 Emil Werner (1873-1929), von 1923 bis 1924 Rudolf Puls (1879-?) und von 1928 bis 1930 Gustav Segnitz (1856-?). Große Wählerbewegungen hatten auch die bürgerlichen Parteien und Gruppierungen zu verzeichnen. Die DDP, die 1918 mit 30,07 Prozent noch zweitstärkste Kraft im Kommunalparlament geworden war, hatte 1930 noch 1,22 Prozent (1 Sitz) aufzuweisen. Die Zersplitterung des bürgerlichen Lagers nahm in dem Maße zu, in dem wirtschaftliche Interessengruppen sich zur Wahl stellten, da sie ihre Belange von den politischen Parteien nicht vertreten sahen. Bei der Kommunalwahl im Juli 1920 hatten sich trotz aller geübter Kritik mit Hausbesitzerverein und Wirtschaftlicher Vereinigung erstmals zwei solcher Gruppierungen zur Wahl gestellt und den bürgerlichen Parteien Wählerstimmen abgenommen. Die mahnenden Rufe nach Einheit, die immer wieder erhoben wurden, mußten angesichts der unterschiedlichen Interessenlagen ohne großen Erfolg bleiben. Nur zur Wahl der Stadtverordnetenversammlung im November 1924 gelang die Bildung eines breiteren Bündnisses unter der Bezeichnung Wirtschaftliche Arbeitsgemeinschaft, die dann auch einen Stimmenanteil von 29,87 Prozent erzielte und nach Anschluß der drei Abgeordneten der Wirtschaftlichen Vereinigung Warnemünde die stärkste Fraktion stellte. Mit dem Rechtsanwalt Dr. Friedrich Moncke (1873-?) von der DVP übernahm erstmals bis 1927 ein bürgerlicher Politiker den Vorsitz in der Stadtverordnetenversammlung, von 1931 bis 1933 folgte dann seine zweite Amtsperiode. Im Sog der Staats- und Wirtschaftskrisen gelang es auch den extremistischen Parteien, die Wähler zunehmend von ihren Parolen zu überzeugen. Die Kommunisten zogen erstmalig im November 1921 mit fünf Abgeordneten in das Stadtparlament ein. Die rechtsextremen Parteien profitierten besonders von den wirtschaftlichen Verwerfungen der Inflation 1923 und der Weltwirtschaftskrise ab 1929, die ihnen vor allem Wähler aus dem Mittelstand zuführten. Zwischenspiel blieben die sechs völkischen Abgeordneten, die im

November 1924 einen Sitz in der Stadtverordnetenversammlung eroberten. Mit einem Paukenschlag endete hingegen die Wahl zur Stadtverordnetenversammlung im November 1930. Mit 16 Abgeordneten zog die NSDAP in die Bürgervertretung ein und stellte nach der SPD die zweitstärkste Fraktion. Im Januar 1931 konnten die Nationalsozialisten einen ersten unbesoldeten Stadtrat in den Rat wählen lassen, im Oktober 1931 rückte mit dem NSDAP-Kreisleiter Walter Volgmann (1893-1945) ein zweiter Vertreter dieser Partei in den Rat auf.

Trotz der über die gesamte Zeit der Weimarer Republik zu verzeichnenden gesellschaftlichen und politischen Spannungen gelang es Rostocks Stadtoberhaupt Dr. Ernst Heydemann, eine sachbezogene Kommunalpolitik zu gestalten. Im März 1927 hatte die Stadtverordnetenversammlung ihm den Titel eines Oberbürgermeisters verliehen. Als zuständiger Dezernent für die Finanzverwaltung war es ihm zu verdanken, daß die Stadt Rostock trotz der permanenten Geldnot eine geordnete Haushaltsführung aufzuweisen hatte. Der von Grund auf unausgewogene, sich Jahr für Jahr zum Nachteil der Stadt verschlechternde Finanzausgleich zwischen dem Reich, dem Land Mecklenburg-Schwerin und den Gemeinden sowie die wirtschaftlichen und politischen Instabilitäten stellten jedoch jede geordnete langfristige Finanzplanung in Frage. Die Schwierigkeiten, ausgeglichene Haushaltsvoranschläge vorzulegen, wuchsen mit der beschleunigten Ausweitung der kommunalen Aufgaben, vor allem im sozialen Bereich. Der alte Schuldenbestand der Stadt, der im April 1919 noch bei 42,5 Millionen Mark gelegen hatte, war durch die Inflation auf rund 3 Millionen Mark zusammengeschmolzen. Nach der Währungsstabilisierung begann die Stadt ab Mitte der zwanziger Jahre wieder, in die kommunale Infrastruktur und in den Städtebau zu investieren und nahm dazu neue Kredite auf. Heydemann scheute dabei vor kühnen Finanzierungen und auch vor kurzfristigen Anleihen nicht zurück. Bis 1930 stieg die Höhe der neu aufgenommenen Schulden auf 10,47 Millionen Mark an. Mit seinem reichen Grundbesitz war und blieb Rostock aber für die Banken ein absolut sicherer Kreditnehmer. Nach Heydemanns plötzlichem Tod im Juli 1930 verschärfte sich die finanzielle Lage in Folge der Weltwirtschaftskrise dramatisch. Die Stadtverordnetenversammlung hatte am 6. Oktober 1930 den konservativen Dr. Robert Grabow (1885-1945), zuvor Oberbürgermeister im baltischen Memel, zum neuen Stadtoberhaupt bestimmt. Er konnte sich gegen einen sozialdemokratischen Bewerber aus Berlin durchsetzen. Grabow bemühte sich, den Kurs Heydemanns fortzusetzen, wenngleich die politischen, wirtschaftlichen und sozialen Rahmenbedingungen immer unbeherrschbarer wurden. Nach

Oberbürgermeister Dr. Ernst Heydemann empfängt Reichspräsident Paul von Hindenburg in Rostock, 24. Juli 1927

dem Zusammenbruch der deutschen Banken im Sommer 1931 entzogen die ausländischen Kapitalgeber der deutschen Wirtschaft ihre Kredite. Die kurzfristigen Anleihen der Stadt mußten in langfristige Verbindlichkeiten umgewandelt werden. Bis Anfang 1993 erhöhte sich der Stand an neuen Schulden auf 13,14 Millionen Mark. Der Haushaltsvoranschlag für 1933 mußte mit einer Deckungslücke von 1,43 Millionen Mark vorgelegt werden.

Die Machtlosigkeit der Politik gegenüber der wirtschaftlichen und sozialen Krise trieb immer breitere Kreise der Bevölkerung in Richtung der NSDAP. Bei den Landtagswahlen im Juni 1932 entfielen in Rostock 40,33 Prozent der abgegebenen Stimmen auf die Nationalsozialisten. Die Kreisleitung der Partei sorgte für eine entsprechende Propaganda, deren Höhepunkte zwei Wahlveranstaltungen mit Adolf Hitler als Redner darstellten. Auf der Rennbahn sprach der NSDAP-Führer am 29. Mai 1932 vor nahezu 40000 Menschen, am 25. Oktober 1932 dann in einer leerstehenden Halle der Neptunwerft vor 16000. Da die demokratischen und sozialistischen Kräfte, insbesondere SPD und KPD, sich zu keinem gemeinsamen Bündnis gegen die Nationalsozialisten zusammenfanden, geriet die parlamentarisch-demokratische Republik in existentielle Gefahr.

Wirtschaft in der Krise

Das wirtschaftliche Leben Rostocks wurde in seinen Grundzügen durch die geographische Lage der Stadt weiterhin in zwei Richtungen bestimmt. Zum einen war und blieb die Stadt durch ihre unmittelbare Nähe zur Ostsee ein wichtiger Standort für Schiffahrt, Hafen, Schiffbau und Fischwirtschaft. Im toten Winkel zwischen Hamburg und Stettin gelegen, hatte die maritime Wirtschaft aber einen immer offensichtlicher werdenden Bedeutungsverlust hinzunehmen. Zum anderen hatte sich der Großhandel und die Industrie der größten Stadt Mecklenburgs im starken Maße auf die Bedürfnisse des landwirtschaftlich geprägten Umlandes eingestellt. Rostocker Großhändler kauften agrarische Erzeugnisse wie Korn, Kartoffeln, Hülsenfrüchte. Im Gegenzug boten sie Futter- und Düngemittel, Maschinen und Baustoffe an. Zu den auf die Landwirtschaft ausgerichteten Firmen gehörten auch die Zuckerfabrik, Getreide- und Ölmühlen, Brennereien, Molkereien, Seil- und Planenfabriken.

Infolge des verlorenen Krieges und der damit verbundenen hohen Reparationsforderungen der Entente gewann die deutsche Wirtschaft nach 1919 nur zögerlich an Fahrt. Große Schwierigkeiten stellten sich der Umstellung auf die Friedensproduktion und dem Wiederaufbau entgegen. Von Betriebserweiterungen und Neuanlagen war man weit entfernt. Die Unternehmer kritisierten die nach der Revolution erlassenen gesetzlichen Vorschriften, wie die Einführung des Achtstundentages, die betrieblichen Mitbestimmungsrechte und die Sonntagsruhe im Handel, immer wieder als hemmende Vorschriften. Hinzu kamen gestiegene Material- und Lohnkosten sowie hohe steuerliche Belastungen, die vielen Fabriken, Handwerksbetrieben und Handelseinrichtungen einen schweren Stand bereiteten. Andauernde Tarifstreitigkeiten und zahllose Streikaktivitäten sorgten für zusätzliche Belastungen. Die Wirtschaft hatte lange unter den Stromabschaltungen zu leiden, die unumgänglich waren, da auf Grund der Ausfuhr der deutschen Kohle als Reparationsgut nicht genügend Brennstoffe für die Energieerzeugung zur Verfügung standen. Der Einzelhandel wurde durch den anhaltenden Mangel an Lebensmitteln und der damit verbundenen Rationierung stark eingeschränkt. Die Zwangsbewirtschaftung hatte zu einer starken Erhöhung der Preise geführt. Der Kampf gegen den Wucher und den Schleichhandel gehörte zu den vordringlichsten Aufgaben, um den sozialen Frieden zu wahren und Lebensmittelunruhen zu vermeiden. Im Frühjahr 1919 erhielt in Rostock eine Person pro Woche ein Pfund Rübensirup, ein Pfund Marmelade, fünf Pfund Kartoffeln sowie einhundert Gramm Fleisch auf Zuteilung. Butter, Zucker und Kunsthonig wurden nach Aufruf ausgegeben. Erst nach Verbesserung der Versorgungslage konnte ein Abbau der kriegsbedingten Zwangswirtschaft erfolgen. Es kam zu einer spürbaren Belebung des Einzelhandels, aber mit zunehmender Geldentwertung und sinkender Kaufkraft taten sich neue Hindernisse auf. Die Arbeitslosigkeit unmittelbar nach Kriegsende war im Februar 1919 mit über 2300 registrierten Arbeitsuchenden ungewöhnlich hoch. Die in die Wege geleiteten öffentlichen Notstandsarbeiten, insbesondere aber der erhöhte Arbeitskräftebedarf, der aus der Einführung des Achtstundentages resultierte, trugen dazu bei, daß die Zahl der Arbeitslosen bis zum Januar 1920 auf 940 sank.

Für viele Betriebe hieß es zunächst, sich auf die Bedürfnisse der Friedenswirtschaft einzustellen. Für die Rudolf Dolberg Maschinen und Feldbahnen AG etwa, die 1918 im In- und Ausland noch etwa 2000 Beschäftigte zählte und die während des Krieges in der Rostocker Fabrik hauptsächlich Munition hergestellt hatte, machten sich die fehlenden Aufträge seitens des Heeres ebenso wie das zurückgehende Geschäft mit Torfstechmaschinen negativ bemerkbar. Lediglich die Herstellung von Feldbahnen sicherte das bescheidene wirtschaftliche Überleben. Im Juli 1920 zerstörte ein Großbrand Teile der in der Bleicherstraße befindlichen Produktionshallen. Unter großen Anstrengungen wurden die Anlagen wieder aufgebaut, zu retten war die Fabrik aber nicht mehr. Die Aktienmehrheit übernahmen in der Inflationszeit die Berlin-Burger Eisenwerke AG, Rostock wurde Außenstelle des Konzerns. Im Sog der sogenannten Barmat-Krise, ausgelöst durch einen Kreditbetrug in bis dahin unbekanntem Ausmaß, stellte man die Produktion in Rostock 1924 ein. Im Ort verblieb nur eine Handelsniederlassung. Die Rostocker Dampferflotte, die 1914 noch 56 Frachtdampfer mit 73180 BRT aufzuweisen hatte, erreichte 1921 mit 18 Dampfern und 15169 BRT ihren Tiefststand. Die dramatische Abnahme der Zahl der Schiffe resultierte aus den Kriegsverlusten und der im Versailler Vertrag festgelegten Auslieferungspflicht. Prozentual hatten die Rostocker Reeder die schwersten Verluste im Ostseeraum hinzunehmen. Im Hafen bot sich den Zeitgenossen ein trostloses Bild. Besonders der Wegfall der billigen Seehafentarife der Eisenbahn traf den Hafen wegen seiner Abhängigkeit vom Schienenweg besonders hart. Ohne Erfolg endete der Versuch, in das internationale Fischgeschäft einzusteigen. Bereits im Frühjahr 1918 hatten mehrere Rostocker Unternehmer die Rostocker Hochseefischerei AG gegründet. Nach dem Krieg beteiligte sich auch die Landesbehörde für Volksernährung an dem Unternehmen, um bei der anhaltenden Fleischknappheit die Versorgung mit

Fisch zu gewährleisten. 1920 stellte die Gesellschaft die ersten neuerbauten Fischereidampfer in den Dienst. Die Stadt unterstützte das Unternehmen mit der Errichtung des Fischereihafens, der am zugeschütteten Kehrwiederhafen entstand. Im Oktober 1920 wurde hier die neue Fischversteigerungshalle in Betrieb genommen. Doch bereits im Dezember 1921 war man gezwungen, den Fischmarkt wieder zu schließen. Gegen die Konkurrenz aus den Nordseehäfen konnte sich Rostock als Fischereistandort nicht durchsetzen. Zunächst wurde die aus sechs Dampfern bestehende Flotte nach Geestemünde verlegt, dann übernahm eine Altonaer Importfirma die Aktienmehrheit, 1924 siedelte die Firma nach Bremerhaven um.

Auch die seit 1917 auf dem westlichen Ufer des Breitlings bestehende Werft Warnemünde der Flugzeugbau Friedrichshafen GmbH mußte sich fast völlig umstellen. Da der Bau von Flugzeugen untersagt war, befaßte sich der Betrieb mit der Herstellung von Möbeln, Fischkuttern und Motorbooten. Im Jahre 1920 wurde das Werk vom Stinnes-Konzern übernommen und gehörte fortan als Zweigniederlassung zu den Dinos-Automobilwerken Charlottenburg. In unmittelbarer Nachbarschaft, auf Hohe Düne, mußte nach dem Krieg auf Anordnung der Siegermächte das Seeflugzeug-Versuchskommando der Marine aufgelöst werden. Einen Teil der Hallen hatte man demontiert, ein anderer stand leer. Die Start- und Landebahn blieb erhalten. Die Luftverkehrs-Gesellschaft Sablatnig GmbH Berlin nutzte die Gegebenheiten am 19. März 1919 zur Eröffnung einer täglichen Flugverbindung zur Reichshauptstadt. Neue Routen kamen hinzu. So flog am 21. April 1919 eine Maschine von Warnemünde nach Dänemark und wenige Tage danach hob ein Flugzeug mit vier Passagieren in Richtung Stockholm ab. Auch die Deutsche Luft-Reederei bot Flugverbindungen über Warnemünde an. Die hoffnungsvollen Anfänge für den Zivilflugverkehr kamen jedoch Ende 1922 durch Flugverbote der Entente zum Erliegen.

Durchaus günstig gestaltete sich die Lage im größten mecklenburgischen Betrieb, der Neptunwerft. Auf Grund der Reparationsforderungen der Entente und der staatlich gestützten Ersatzbauten für die deutschen Reedereien konnten sich die Schiffbauer über mangelnde Arbeit nicht beklagen. So wurden 1919 die »Lennep« und 1920 die »Ansgir«, die »Marie Reppel« und die »Witram« an Großbritannien übergeben. Ab 1921 baute die Werft wieder Schiffe für deutsche Auftraggeber, unter anderem für die Deutsche Levante Linie und für die HAPAG in Hamburg. 1920 fanden 1830 Beschäftigte auf der Werft Arbeit, die bis dahin höchste Beschäftigungszahl in der Geschichte des Betriebes. Die wirtschaftlichen Ergebnisse gestalteten sich so bis 1923 gün-

Neptunwerft, I. Hälfte der 1920er Jahre

stig, der erzielte Reingewinn und die gezahlten Dividenden fielen erheblich aus. 1920 begann die Werft den Bau eines neuen Verwaltungsgebäudes. Auch die Folgen der Inflation trafen die Werft vorerst nicht so hart, wie die anderen Rostocker Betriebe. Aus Inflationsgewinnen wurde noch 1923 die Neptun-Sauerstoff AG gegründet, ferner der Bau moderner Metallguß- und Schweißanlagen beschlossen. Das weltweite Tonnageüberangebot und die am Boden liegende Wirtschaft verhinderten aber die Realisierung dieser Zukunftspläne.

Durch die ständige Geldvermehrung, hervorgerufen durch die ungehemmte Finanzierung der Staatsausgaben durch die Reichsbank, war die Inflationsrate bis 1922 bedenklich angestiegen. Die eigentliche Ursache der Inflation lag in der riskanten, weitgehend auf Anleihen gestützten Kriegsfinanzierung des Deutschen Reiches und nicht in den Reparationsbestimmungen des Versailler Vertrages, wie die meisten Zeitgenossen meinten. Die Konsolidierungsbemühungen der Wirtschaft mußten angesichts des Währungsverfalls, der sich mit der Besetzung des Ruhrgebietes durch französische Truppen im Januar 1923 auf ungeahnte Weise beschleunigte und im Herbst 1923 seinen Höhepunkt erreichte, ins Leere laufen. Besonders die Auswirkungen auf die Arbeitsmarktlage und die Lebenshaltung waren fatal. Die Zahl der Arbeitslosen stieg in Rostock von 1380 im Januar 1922 auf 1758 im März 1923, um sich dann bis Januar 1924 noch auf 3799 zu erhöhen. Die bodenlose Geldentwertung traf vor allem jene Menschen, die gehofft hatten, daß ihre Ersparnisse ihnen eine gewisse Sicherheit geben würden. Immer mehr Menschen mußten staatliche Fürsorge in Anspruch nehmen. Das Wohlfahrtsamt hatte zur Bedarfsdeckung Kleider, Schuhe und Wäsche aller Art und größere Vorräte an Nahrungsmitteln und Kohlen für die ständig wachsende Zahl von Bedürftigen bereitzustellen. Im November 1922 bildeten Behörden, Verbände, Vereine und Firmen in Rostock die sogenannte Notgemeinschaft, um gemeinsam den in Elend geratenen Menschen zu helfen. Zu einer der wichtigsten Aufgaben der Notgemeinschaft gehörte die Einrichtung und der Unterhalt der Notstandsküchen in der Stadt. Immer mehr Menschen, vor allem kinderreiche Familien, Klein- und Sozialrentner, Kriegsbeschädigte und Kriegshinterbliebene, fanden sich zu deren Speisungen ein. Der harte Winter 1923 – die Warnow war zugefroren, während der Weihnachtstage tobte ein Schneesturm – verschärfte die Situation, vor allem für die Bedürftigen und Obdachlosen. Von der Stadt erhielten die Ärmsten kostenlose Zuweisungen für einen Zentner Brikett, so daß angesichts der eisigen Kälte keine Todesopfer zu beklagen waren. Die Warenangebote wurden mit dem Verlust der Kaufkraft immer knapper, die schlechte Ernte des Jahres 1923 verschlimmerte die Situation weiter. Die Geldentwertung hatte zu einem sprunghaften Anstieg der Preise geführt. Im Dezember 1922 benötigte eine Familie für den notwendigsten Lebensunterhalt wöchentlich 25000 Mark. Im März 1923 waren die Preise bereits so angestiegen, daß sie 71000 Mark brauchte. Im Juni waren es über 200000 Mark, im Oktober zählte man nur noch nach Milliarden und Billionen. Anfang Juli 1923 kostete in Rostock ein Pfund Butter 28800, ein Liter Milch 3776, ein Ei 1600, ein Hähnchen 30000 und ein Salzhering 1800 Mark. Am 1. November 1923 bezahlte man für ein Pfund Brot 260 Milliarden, für ein Pfund Zucker 250 Milliarden, für ein Pfund Fleisch 3,2 Billionen und für ein Pfund Butter 6 Billionen Mark. Die Löhne und Gehälter blieben weit hinter dem Preisanstieg zurück. Gerade ausgezahlt, schrumpften sie im Laufe von Tagen, später von Stunden, auf ein Bruchteil ihrer ursprünglichen Kaufkraft zusammen. Kein Bereich blieb von der schwindelerregenden Geldentwertung verschont. Am 25. August 1923 gab die Rostocker Straßenbahn AG bekannt, daß eine Fahrkarte nun 100000 Mark kosten würde. 1919 hatten die Fahrgäste noch 20 Pfennig gezahlt. Die Fahrgastzahlen stürzten in die Tiefe, das Streckennetz wurde auf die Linien Hauptbahnhof – Werft, Schröderplatz – Barnstorf und Steintor – Weißes Kreuz reduziert. Der größte Teil der Aktien war zu Papiermarkwert an ein Konsortium gefallen, das sich mit der Absicht trug, den Straßenbahnbetrieb einzustellen und die Anlagen zu verschrotten. Abgewendet werden konnte dieses für die gesamte Bevölkerung nachteilige Vorhaben nur durch weitgehende Zugeständnisse der Stadt, wie die Senkung der vertraglichen Konzessionsabgabe und die Herabsetzung der Strompreise. Auch die Mieten stiegen ins Grenzenlose. Im Oktober 1923 teilte das Rostocker Mieteinigungsamt mit, das für 100 Mark Friedensmiete (Vergleichsjahr 1914) nun 57,9 Millionen Mark zu zahlen seien.

Die Lage begann sich erst mit Einführung der Rentenmark am 15. November 1923 zu stabilisieren. Durch Schuldverschreibung auf Vermögenswerte in Industrie und Landwirtschaft hatte man diese neue Währung geschaffen. Der Kurs der Rentenmark wurde mit 4,20 Goldmark oder 1 Billion Papiermark festgesetzt. In den ersten Monaten des Jahres 1924 stabilisierte sich die neue Währung. Am 30. August 1924 wurde schließlich die Reichsmark als neues Zahlungsmittel ausgegeben. Damit war die Inflation endgültig eingedämmt. Grundvoraussetzung für eine Gesundung der Wirtschaft war eine steigende Produktivität und eine maßvolle Lohn-, Preis- und Steuerpolitik. Die Stabilität der neuen Währung konnte nur gesichert werden, indem der Notenumlauf niedrig gehalten wurde und der Staat seine Ausgaben im wesentlichen aus den Steuern bestritt. Langsam begann sich so auch in Rostock die durch eine hohe Arbeitslosigkeit belastete Wirtschaft wieder zu erholen. Die Klagen über hohe Steuern, fehlende Kreditmittel und hohe Zinssätze sollten auch in den folgenden Jahren nicht verstummen. Die Unternehmer versuchten nun massiv, gegen den Widerstand der organisierten Arbeiter ihre Politik der niedrigen Löhne und die Abschaffung des Achtstundentages durchzusetzen. Einen Höhepunkt erreichten die Auseinandersetzungen im ersten Halbjahr 1924, als die Arbeiter der Neptunwerft 14 Wochen für Arbeitszeit- und Lohnforderungen streikten. Die neue Arbeitszeitverordnung der Reichsregierung hatte im Dezember 1923 zwar generell die Beibehaltung des Achtstundentages festgeschrieben, eine Fülle von Ausnahmemöglichkeiten gestattete jedoch die Verlängerung auf zehn Stunden. Um die Werftarbeiter zu unterstützen, streikten auch die Transportarbeiter, Maurer, Zimmerer und Bauarbeiter für den Erhalt des Achtstundentages. Die Werftarbeiter konnten letztlich höhere Lohnforderungen durchsetzten, die Arbeitszeit wurde jedoch auf 54 Stunden in der Woche festgesetzt. Nach den massiven Auseinandersetzungen des Jahres 1924 nahmen die Streikaktivitäten zwar ab, Lohn- und Sozialabbau wurden aber auch weiterhin nicht kampflos hingenommen. Auf Seiten der Arbeitgeber und der Arbeitnehmer bestand die Neigung, die Ursachen für die anhaltenden Schwierigkeiten in pauschalen Urteilen zu suchen. Die Unternehmer schoben die Schuld auf die überhöhten Forderungen der Arbeiter, die Arbeiter sprachen von einer Ausbeutung durch die Kapitalisten und von Handlangerdiensten des Staates. Das Mißtrauen in den Wirtschaftsegoismus des »anderen« saß tief.

Nach den Jahren des Tiefstandes erfuhren Hafenverkehr und Handelsschiff-fahrt in der Zeit der wirtschaftlichen und sozialen Stabilisierung bis 1929 eine Wiederbelebung, deren Ergebnisse an den Vorkriegsstand heranreichten. Im Vergleich zu den großen Küstenstädten im Ostseeraum, Stettin und Danzig, besonders aber zu denen an der Nordsee, hier vor allem Bremen und Hamburg, blieb die maritime Wirtschaft in Rostock aber weit zurück. Die zwölf Rostocker Reedereien konnten bis 1928 ihren Schiffsbestand auf 41 Dampfer mit 61229 BRT erhöhen. Die Kapitalknappheit der kleinen Rostocker Reederein bedingte aber, daß für den Wiederaufbau der Handelsflotte vor allem der Ankauf älterer Tonnage in Frage kam. Die Entschädigung des Reiches für die Kriegsverluste hatte den Reedern dazu die nötigen finanziellen Mittel in die Hand gegeben. Die Überalterungserscheinungen in der Rostocker Handels-flotte standen im völligen Gegensatz zur allgemeinen deutschen Flotten-entwicklung. Ausgenommen hiervon war die Reederei August Cords, die seit 1921 ihren Bestand ausschließlich durch Neubauten ergänzt hatte und in Ro-stock mit zehn Schiffen über die größte und modernste Flotte mit 14014 BRT verfügte. Weitere wichtige Reederein vor Ort waren Hugo Ferdinand (5 Schif-fe – 7800 BRT), Otto Zelck (5 Schiffe – 7224 BRT), Erik Larsen (4 Schiffe – 7238 BRT) und Erich Ahrens (4 Schiffe – 4526 BRT). Die Fahrgebiete der Dampfer lagen hauptsächlich in den kleinen nichtdeutschen Häfen im Nord- und Ostseeraum, die auf Grund geringer Hafentiefen und kleinerer Fracht-mengen von größeren Schiffen nicht angelaufen wurden. Da es an einer kon-tinuierlichen heimischen Befrachtungsbasis fehlte, suchten die Rostocker Reeder in Trampfahrten, auf denen sie vorrangig Kohle, Holz, Erze und Steine be-förderten, ihr Auskommen. Eine Hochkonjunktur brachte der englische Kohlenstreik im Jahr 1926. Die wirtschaftliche Lage der Reedereien blieb aber äußerst angespannt. Insbesondere die im Vergleich zu anderen Ostseehäfen hohen Gewerbesteuerforderungen führten seit 1924 zu massiven Auseinan-dersetzungen. Immer wieder drohten die Reedereien geschlossen damit, Meck-lenburg zu verlassen, wenn ihnen keine steuerlichen Entlastungen zugesichert werden könnten. Rostock hatte naturgemäß ein stärkeres Interesse als das Land am Erhalt der Reedereien, unterstützte deren Anliegen daher und setzte die kommunalen Zuschlagsrechte auf die Landessteuer schließlich soweit her-ab, daß es 1927 zu einem Ausgleich kam.

Im Rostocker Hafen konnte die Umschlagsleistung zwischen 1925 und 1929 bei der Einfuhr von 87978 Tonnen auf 118953 Tonnen und bei der Ausfuhr von 61721 Tonnen auf 125194 Tonnen gesteigert werden. Hauptbetätigungsfelder blieben der Export mecklenburgischen Getreides und die Einfuhr von nordischen Hölzern und Steinen sowie von englischen Kohlen. Der Güterumschlag blieb trotz dieser Steigerung weit hinter den bedeutenden Häfen zurück. Im Stettiner Hafen lag er etwa zehnmal so hoch, im Hamburger Hafen betrug er das Dreißigfache. Besonders nachteilig wirkte sich das Fehlen eines industriell entwickelten Hinterlandes aus. Das brennendste Problem, der Anschluß an das mitteldeutsche Wirtschaftsgebiet durch eine Binnenwasserverbindung nach Berlin, konnte trotz intensiver öffentlicher Diskussion nicht gelöst werden. Die geringe Fahrwassertiefe ließ für Rostock nur kleinere Schiffe mit einer Ladefähigkeit bis 3500 Tonnen zu. Auch die Lösch- und Lademöglichkeiten entsprachen nicht den technischen Anforderungen der Zeit. Für Getreide, dem wertvollsten Massenumschlagsgut, standen keine Lagerhäuser oder Silos zur Verfügung, für Holz gab es nicht genügend geeignete Stapel- und Lagermöglichkeiten. Leistungsfähige Kräne fehlten ebenso. Der Stadtverwaltung wurde immer wieder mangelnde Initiative bei der Entwick-

Kohleumschlag im Rostocker Hafen, um 1930

lung ihres Hafens vorgeworfen. Ab 1925 erweiterte man dennoch die Kaianlagen am Kabutzenhof, im gleichen Jahr errichtete die zum Krupp-Konzern gehörende Eisenfirma Druckenmüller zwei neuen Lagerstätten am Kehrwieder, 1927 siedelte sich ein Großtanklager der Rhenania-Ossag Mineralölwerke an, 1928 ging ein moderner Brückenkran mit 5 Tonnen Ladefähigkeit in Betrieb. Eine Besonderheit im Rostocker Hafenverkehr stellte die Trajektverbindung Warnemünde – Gedser dar. Die Fähren bescherten Rostock hohe Hafenfrequenzziffern, so daß die Stadt in der Statistik als fünftgrößter deutscher Verkehrshafen galt, was aber im Gegensatz zur tatsächlichen Situation stand. Denn der mit der Eisenbahn abgewickelte Durchgangsverkehr blieb für Rostocks Handel weitgehend ohne Bedeutung, nur das eingeführte dänische Vieh wurde aus sanitären Gründen in Rostock geschlachtet. Verschärfte Bestimmungen zur Abwehr von Seuchen machten schließlich den Bau eines neuen Seegrenzschlachthofes notwendig, der im Oktober 1929 in Bramow in Betrieb ging.

Zum Problemfall entwickelte sich seit Mitte der 1920er Jahre die Neptunwerft, in guten Zeiten mit über 1000 Beschäftigten der größte Arbeitgeber in der Stadt. Die Geschäftsführung hatte die soliden Ergebnisse in den Jahren der Schiffsbaukonjunktur nicht genutzt, um den Betrieb an das technische und technologische Niveau der deutschen Werftindustrie anzupassen. Im Gegensatz zu den Großwerften in Hamburg und Bremen etwa flossen in Rostock kaum Investitionen in die Anlagen und Weiterentwicklungen in der Schiffbautechnik kamen nicht im erforderlichen Maße zum Einsatz, so daß die Neptunwerft schließlich dem Konkurrenzkampf nicht gewachsen war. Als objektives Hindernis erwies sich die ungünstige Lage am Westufer der Warnow, 10 km von der Ostsee entfernt. Die Größe der Schiffe, die man bauen konnte, blieb durch die Fahrwassertiefe begrenzt. Finanzielle Verluste waren die Folge, die Arbeiter und Angestellten fanden nur entsprechend der Auftragslage Beschäftigung. Um den Betrieb aufrechtzuerhalten, machten sich seit Herbst 1924 die Inanspruchnahme von staatlicher und städtischer Unterstützung sowie die Aufnahme privater Kredite erforderlich. Die Hauptgläubiger, der Kölner Stahlkonzern Otto Wolff AG und die Girozentrale Hannover, schlossen die Neptunwerft im Januar 1928 schließlich an den größten deutschen Schiffbaukonzern, die Deutschen Schiffs- und Maschinenbau AG (Deschimag), an. Gerettet war mit diesem Anschluß allerdings nichts, denn dem Konzern war hauptsächlich daran gelegen, der Bremer Stammwerft AG Weser lukrative Aufträge zu sichern und die Kapazitäten der übrigen angeschlossenen Werften abzubauen. Im April 1928 streikte die Belegschaft der Neptunwerft gegen die beabsichtigte Stillegung ihres Betriebes. Da eine Besserung der wirtschaftlichen Lage nicht eintrat, mußte die Neptunwerft ab dem 6. Oktober 1928 dennoch für mehrere Wochen die Arbeit einstellen. Konsequenz für den Arbeitsmarkt: Von den 1138 Rostockern, die im September 1927 noch auf der Neptunwerft tätig waren, hatten Ende 1928 nur noch sechzehn eine Arbeit. Im Folgejahr waren es dann allerdings wieder etwa dreihundert Schiffbauer, die bei Reparaturarbeiten Beschäftigung fanden. Um die Reparatur größerer Schiffe zu ermöglichen, nahm die Werft im Oktober 1929 eine dritte Docksektion in Betrieb, die man durch Inanspruchnahme von öffentlichen Zuschüssen finanziert hatte.

Die wirtschaftliche Struktur Rostocks war durch Klein- und Mittelbetriebe von lokaler Bedeutung geprägt. Die Brauerei Mahn & Ohlerich konnte 1928 ihr 50jähriges Betriebsjubiläum feiern. Nach Krieg und Inflation war auch das traditionsreiche Unternehmen in eine komplizierte Situation geraten. Erst 1925 erreichte der Produktionsausstoß wieder den Vorkriegsstand. Dank des Aufkaufs ortsansässiger Produzenten, aber auch durch die Übernahme von Brauereien in Schwerin, Bützow und Bad Doberan, war eine Expansion möglich geworden. Mit seinen etwa 220 Arbeitern und Angestellten blieb der Betrieb im Vergleich zu Brauereien in München, Dortmund oder Leipzig aber eher klein. Auch die Rostocker Straßenbahn AG konnten nach den Wirren der Inflationszeit eine positive Entwicklung verzeichnen. Die Aktienmehrheit ging im Februar 1925 an die Allgemeine Lokalbahn- und Kraftwerke AG, die größte deutsche Straßen- und Eisenbahnbetriebsgesellschaft, über. Erhebliche Ausbauten und Erneuerungen wurden in den folgenden Jahren ausgeführt, moderne Straßenbahnwagen beschafft, 1926 der Autobusverkehr nach Warnemünde eröffnet und 1928 der Stadtautobusverkehr eingeführt. Etwa 230 Personen fanden 1931 in dem Verkehrsbetrieb eine Beschäftigung. Als weitere wichtige Arbeitgeber führt eine 1933 erstellte Statistik folgende Unternehmen auf: die Kaufhäuser Zeeck (664 Beschäftigte) und Wertheim (316), das Bahnbetriebswerk (118) und das Reichsbahnausbesserungswerk (362) die Zuckerfabrik (119) und die Margarinefabrik A.Hoyer (101), der Rostocker Anzeiger (244) und die Holzhandlung Jürß & Crotogino (165), die Reedereien August Cords (196) und Erich Ahrens (128), das E-Werk (242) und das städtische Gas- und Wasserwerk (179), das Telegraphenbauamt (199) und das Büro von Siemens-Schuckert (131), die Landwirtschaftliche Hauptgenossenschaft (137) und die Mecklenburgische Landesbrandkasse (100) sowie fünf Baufirmen mit über 100 Beschäftigten. Die Zahl der gewerblichen Niederlassungen lag bei insgesamt 6027 mit 24360 Berufstätigen. Der überwiegende Teil von ihnen arbeitete in Branchen des Handels und Verkehrs (51,75 Prozent), die Branchen in Industrie und Handwerk (43,39 Prozent) sowie in der Land-, Forst- und Fischwirtschaft (4,86) blieben dahinter zurück. Mit den Beschäftigten im öffentlichen und privaten Dienstleistungsgewerbe (6563) sowie denen im häuslichen Dienst (2726) betrug die Zahl der Personen, die in Rostock eine Arbeit fand, 33329 (Einwohnerzahl: 89990). Eine wichtige Rolle im wirtschaftlichen Leben fiel dem Fremdenverkehr zu. Nicht nur die Hotels, Pensionen, Gaststätten und Einzelhandelsgeschäfte in Warnemünde profitierten von den Sommergästen. Die Zahl der Badegäste hatte sich zwischen 1924 und 1932 von 17434 auf 29076 erhöht und damit den Vorkriegsstand weit überschritten. Eine Initialzündung zur Entwicklung des Bäderverkehrs bis zu den Ortschaften auf dem Darß hinauf sollte von der Mecklenburgischen Bäderbahn ausgehen, die am 1. Juli 1925 die Strecke zwischen Rövershagen und Graal-Müritz in Betrieb nahm. Es handelte sich um die erste nach dem Krieg erbaute Privatbahn in Deutschland, zu der auch die Stadt Rostock und ihre Kaufleute erhebliches Kapital beigesteuert hatten. Auch wenn sich die Hoffnungen nicht vollständig erfüllten, trug die neue Bahn doch erheblich zur Entwicklung der heimischen Ostseeküste zum Badestrand bei.

In Warnemünde konnten sich trotz der Beschränkungen, die Deutschland von den Siegermächten auferlegt worden waren, verschiedene luftfahrtsbezogene Wirtschaftsbetriebe etablieren. Die geheimen Rüstungspläne der Reichswehr hatten an dieser Entwicklung einen nicht unwesentlichen Anteil. Der Flugplatz Hohe Düne war 1923 in Eigentum des Deutschen Reiches übergegangen. Seit 1924 befand sich hier eine private Fliegerschule der Aero-Sport GmbH, die auch mit der Organisation publikumswirksamer Flugtage begann. Als getarnte Ausbildungsstätte der Marine nahm 1925 die Seeflug GmbH ihre Tätigkeit auf, die ab 1927 als Deutsche Verkehrsfliegerschule weitergeführt wurde. 1924/1925 versuchten die Junkers-Flugzeugwerke von Hohe Düne aus, Nachtpost-Fluglinien nach Skandinavien aufzubauen. Gravierender für ganz Rostock sollte jedoch die Entwicklung der Flugzeugbauindustrie in den Produktionsstätten der Arado- und der Heinkelwerke werden. Die Werft Warnemünde war 1925 an die neugegründete Hamburger Arado-Handels GmbH übergegangen. Das zum Stinnes-Konzern gehörende Unternehmen sollte sich mit dem Vertrieb von Heeresgeräten und Flugzeugen beschäftigen. Nach dem Tod von Hugo Stinnes (1870-1924) zerfiel der Konzern, der Berliner Konstrukteur Friedrich August Lübbe (1884-1940) erwarb als Hauptinhaber Arado mit der dazugehörigen Werft Warnemünde. Ab 1926 begann man hier den Bau von Flugzeugen eigener Konstruktion, bis 1933 blieb aber Arado ein Kleinbetrieb mit maximal 100 Beschäftigten. Größere Fortschritte konnte der junge Ingenieur Ernst Heinkel (1888-1958) erzielen, der auf Hohe Düne einige leerstehende Hallen gemietet und am 1. Dezember 1922 mit dem Bau von Sportflugzeugen in handwerklicher Einzelfertigung begonnen hatte. Um ein Überleben des Unternehmens zu sichern, wurden auch schwedische und japanische Aufträge zum Bau von Militärflugzeugen angenommen, obwohl dies nach den Bestimmungen des Versailler Vertrages verboten war. Einen beispiellosen Aufschwung erfuhren die Ernst-Heinkel-Flugzeugwerke nach dem Ende der Inflationszeit. Mit den Erfolgen ihrer Flugzeuge bei internationalen Flugwettbewerben machte die Firma auf sich aufmerksam. Die Aufträge, schnell, qualitativ hochwertig und zur Zufriedenheit des Kunden erledigt, festigten den Ruf. Jahr für Jahr stellten Heinkel-Flugzeuge Höhenflug- und Weitflugweltrekorde auf, allein fünf im Jahr 1929. Die Flugzeuge bewährten sich als Postflugzeuge, die im transatlantischen Schiffsverkehr von Schnelldampfern starteten, als »Presseflieger«, mit denen unter anderem der Ullstein-Verlag den deutschlandweiten Vertrieb seiner Zeitungen sicherte, oder bei der Rettung von Überlebenden des Luftschiffes »Italia«, das 1928 auf einer Nordpolexpedition verunglückte. Das Unternehmen, das mit 11 Beschäftigten gestartet war, verfügte 1925 bereits über 100, 1929 über 360 und 1932 gar über 1000 Arbeitsplätze. Garant für den Erfolg der Heinkel-Werke war neben dem Engagement des Chefs die Forschungs- und Entwicklungsabteilung. Das Büro bot nicht nur immer neuere, bessere Lösungen für Flugzeuge verschiedener Zweckbestimmungen, sondern brachte auch einige mit dem Flugwesen im Zusammenhang stehende technische Geräte auf den Markt. So wurden seit 1927 in Warnemünde erdachte Flugzeugkatapulte zum Einsatz auf Schiffen produziert. Auf diese Weise gelang es, Postverbindungen zwischen Europa und Amerika konkurrenzlos schnell zu machen. Im Jahre 1931 war es Ernst Heinkel gelungen, die Brüder Siegfried (1899-1969) und Walter Günter (1899-1937) für sein Projektierungsbüro zu gewinnen. Mit ihnen begann ein neues Kapitel in der Werkgeschichte. Im Jahre 1928 konnte Heinkel an eine Expansion des Werkes denken und mietete die leerstehenden Hallen der ehemaligen Dolbergschen Fabrik in der Rostocker Bleicherstraße, wo zunächst die Tischlerei eine Heimstatt fand. Später wurde das Gelände erweitert und modernisiert. Im Ergebnis der harten Aufbauarbeit gelang mit der He 70 der Bau eines zivilen Schnellflugzeuges, das schneller als die damaligen Militärflugzeuge war und am 1. Dezember 1931 in Rostock erfolgreich seinen Jungfernflug absolvierte. Der Durchbruch war erreicht. Die Ernst-Heinkel-Flugzeugwerke hatten sich zu einem der größten und bedeutendsten Flugzeugbauunternehmen

Deutschlands entwickelt und bestimmten bald entscheidend die weitere Entwicklung der Stadt Rostock.

Die am 29. Oktober 1929 einsetzende Weltwirtschaftskrise hatte auch die Rostocker Betriebe schwer getroffen. Ende Mai 1932 wurde die gesamte Rostocker Handelsflotte, die zuletzt aus 40 Schiffen bestand, aufgelegt, da gewinnbringende Fahrten nicht mehr erreicht werden konnten. Der Hafen glich einem Schiffsfriedhof. Der wirtschaftlich angeschlagenen Neptunwerft drohte der Konkurs. Ein Großauftrag aus der damaligen Sowjetunion über den Bau von drei Fischdampfern, drei Schleppern und einer Baggerschute sorgte zwar für Beschäftigung, konnte aber das finanzielle Überleben der Werft nicht sichern. Im Oktober 1932 erklärte sie ihre Zahlungsunfähigkeit. Das erneute Konkursverfahren und die drohende Liquidierung des Betriebes konnten nur durch eine staatlich geförderte Abwrackaktion, mit der die Reichsregierung den Schiffsneubau stimulieren wollte, verhindert werden. Von der Rostocker Handelsflotte gingen auf der Neptunwerft sieben Schiffe in die Verschrottung. Die Abwrackung sicherte allerdings nur neunzig Werftarbeitern ein Einkommen. Das Rostocker Wirtschaftsleben pendelte sich in den Jahren der Wirtschaftskrise zwischen 1930 und 1933 auf einem niedrigen Niveau mit hoher Arbeitslosigkeit ein. Viele bisher unternehmerisch selbständige Existenzen waren zusammengebrochen. Zum 15. Januar 1932 registrierte das Arbeitsamt mit 8666 Arbeitsuchenden in Rostock und Warnemünde einen Spitzenwert. Von den rund 40000 Erwerbspersonen, die in Rostock einer Arbeit nachgehen konnten und wollten, waren 21,66 Prozent ohne Anstellung. Die Arbeitslosigkeit erreichte damit in Rostock zwar nicht die dramatischen Ausmaße, die große Industriestädte zu verzeichnen hatten, stellte dennoch die Stadt und ihre Einwohner vor bisher nicht gekannte Anforderungen. Viele Erwerbslose waren »ausgesteuert«, hatten also keinen Anspruch mehr auf eine Auszahlung der staatlichen Arbeitslosenunterstützung bzw. der staatlichen Krisenunterstützung. Als sogenannte Wohlfahrtserwerbslose fielen sie und ihre Familien unter die Fürsorgepflicht der Stadt. Öffentliche Notstandsarbeiten boten wenig effektive Überbrückungsmaßnahmen für die Betroffenen. Weder Arbeitslosenversicherung noch Wohlfahrtspflege konnten verhindern, daß sich Verelendung und Not ausbreiteten. 1931 gaben die Notstandsküchen insgesamt 135655 Portionen Essen an die Bedürftigen aus. Ein großer Fundus an Bekleidung und Schuhen war durch Sammelaktionen, welche die Notgemeinschaft als sogenannte Wollwochen durchführte, aufgebaut worden. Nach Reinigung und Ausbesserung in der Nähstube konnten 1931 insgesamt 1625 Familien mit Bekleidungsstücken unterstützt werden. Die kommunalen Finanzen standen angesichts der schwierigen Lage vor dem Kollaps. Der Zuschuß für die Wohlfahrtsverwaltung belief sich im Haushaltsjahr 1932 auf 3,18 Millionen Mark – eine Summe, die einem Viertel des Gesamthaushaltes entsprach. Gegenüber 1919 hatte sich der Finanzbedarf zur Sicherung der materiellen Lebenslage der Bevölkerung verzehnfacht.

Stadtentwicklung zwischen Tradition und Moderne

Die Einwohnerzahl Rostocks stieg in den Jahren der Weimarer Republik zunächst nur langsam an, denn die Anziehungskraft der größten Stadt Mecklenburgs auf die Bewohner des ländlichen Umfeldes war auf Grund der schlechten wirtschaftlichen Lage erheblich gesunken. Zählte man im Oktober 1919 für Rostock 69104 und für Warnemünde 6213 Einwohner, so hatten es die Stadt und das Ostseebad bis zum Juni 1925 auf eine nur wenig darüber liegende Bevölkerungszahl von 71355 bzw. 6314 Einwohnern gebracht. Hauptsächlich resultierte diese geringfügige Steigerung aus der im Juli 1919 vollzogenen Eingemeindung der Ortschaften Barnstorf, Bartelsdorf, Bramow, Dalwitzhof, Damerow, Kassebohm und Riekdahl, mit der unmittelbar vor Bildung des Landkreises Rostock alle an das Stadtgebiet grenzenden Dörfer zu Stadtrecht gelegt worden waren. Erst in der zweiten Hälfte der 1920er Jahre kam es infolge der allgemeinen Stabilisierung wieder zu einem stärkeren Anwachsen der Bevölkerung. 1933 zählte man in Rostock 81850 Menschen, 8140 in Warnemünde. Diese Steigerung – die weitaus höher als in den Jahren vor dem Ersten Weltkrieg ausfiel – resultierte in erster Linie aus dem Wanderungsgewinn, den Rostock zu verzeichnen hatte. Die Zahl der Haushalte war in Rostock und Warnemünde von 18674 im Jahr 1919 auf 22705 im Jahr 1925 gestiegen, 1933 gab es in der Stadt schließlich 27748 Haushaltungen.

Die Ausgangslage im Bau- und Wohnungswesen gestaltete sich überaus schwierig. Schon vor 1914 hatte der Wohnungsbau in Rostock nicht Schritt mit der Entwicklung der Bevölkerung gehalten. Mit dem Ausbruch des Ersten Weltkrieges kam die Bautätigkeit dann völlig zum Erliegen. Auf dem Wohnungsmarkt trat ein Versorgungsnotstand ein, die Zahl der Wohnungssuchenden erhöhte sich drastisch. Mit behördlichen Eingriffen versuchte man, die Situation zu bewältigen. In ganz Deutschland wurde der Wohnungsbestand einer strengen Bewirtschaftung unterworfen und durch Schutzgesetze Rechtssicherheit für die Mieter geschaffen. Erst Anfang 1918 erfolgte eine Lockerung des kriegsbedingten allgemeinen Bauverbotes. Alle diese Maßnahmen hatten aber kaum zu einer Besserung geführt. Im November 1918 richtete die Stadt deshalb ein Wohnungsfürsorgeamt ein, um alle leerstehenden Räume, Zimmer und Wohnungen zu erfassen und für Wohnzwecke zur Verfügung zu stellen. Mit drastischen Zwangsmaßnahmen versuchte man im Verlauf des Jahres 1919, den Notstand in den Griff zu bekommen, denn insbesondere durch die Rückkehr der Soldaten hatte sich die Lage noch weiter verschärft. 900 wohnungssuchende Familien waren im Oktober 1919 durch das Wohnungsfürsorgeamt noch unterzubringen. Mietverträge durften nur noch mit städtischer Genehmigung abgeschlossen oder gekündigt werden, Eigentumsübertragungen an Häusern bedurften der amtlichen Zustimmung, der Zuzug unterlag der strengsten Kontrolle und in unterbelegte große Wohnungen – insbesondere waren solche in den Villen der Steintor-Vorstadt zu finden – erfolgten Zwangseinweisungen. Auch die Höhe der Miete unterlag einer Begrenzung, um es eigennützigen Hauseigentümer zu erschweren, die Wohnungsnot für ungerechtfertigte Steigerungen auszunutzen. Gegen erheblichen Widerstand, der sich in Rostock in erster Linie im Haus- und Grundbesitzerverein formiert hatte, gelang es so, den privaten Wohnungsmarkt unter staatliche Kontrolle zu bekommen und der Not entgegenzusteuern. Die Zahl der Wohnungssuchenden blieb über die Jahre jedoch konstant hoch, so waren im März 1925 insgesamt 3975 Rostocker in den Listen registriert. Zeitgenössische statistische Berechnungen ermittelten für das Jahr 1925 einen Fehlbetrag von ca. 3000 Wohnungen. Die Folge waren Wohnungsüberfüllungen, insbesondere in den Wohnstätten der Arbeiterfamilien in der Altstadt und in der Kröpeliner-Tor-Vorstadt. In den hier hauptsächlich anzutreffenden Ein- bzw. Zweiraumwohnungen lebten durchschnittlich 4 – 5 Personen. Infolge der Wohnungsnot stieg die Zahl der Tuberkulosefälle sprunghaft an. Die Zahl der Neuzugänge hatte sich etwa im zweiten Halbjahr 1924 von 421 auf 732 erhöht. Es zeigte sich, daß sich die Wohnungsfrage immer wieder für die politische Agitation benutzen ließ, nicht nur durch die Parteien. Als Gegenpol zu den organisierten Hauseigentümern hatte sich im August 1919 der Mieterverein gebildet, um gemeinsame Interessen gegenüber den Hausbesitzer durchzusetzen, aber um auch um Einfluß auf die kommunale Wohnungs- und Bodenpolitik zu gewinnen. Der Mieterverein stand unter der Leitung des Volksschullehrers Paul Mahnke (1886-?), der als links stehender Stadtverordneter und späterer Stadtrat seine Gegner wie kein anderer Rostocker Kommunalpolitiker zum Widerspruch reizte.

Die Bekämpfung des Wohnungsmangels konnte letztlich nur durch eine Wiederbelebung der Bautätigkeit Erfolg haben. In der Stadterweiterungskommitte des Rates, dem wichtigstem Beratungsgremium zu Fragen der städtebaulichen Entwicklung, hatten die anwesenden Ratsmitglieder, Bürgervertreter und städtischen Baumeister bereits am 5. Februar 1918 den Plänen zur Erweiterung der Stadt in Richtung Westen ihre Zustimmung gegeben und in diesem Zusammenhang angeregt, neue Wege zum beschleunigten Wohnungsbau zu gehen. Vorrangig sollten zunächst Kleinwohnungen mit zwei bis drei Zimmern errichtet, Baugenossenschaften besonders gefördert und Stadtrandsiedlungen angelegt werden. Die unsichere Lage auf dem Baumarkt erschwerte in den Nachkriegsjahren die Verwirklichung dieser Pläne erheblich. Dennoch gelangen hoffnungsvolle Neuanfänge. So konnte die Stadt mit der Dampfziegelei Heinrich Höppner aus Papendorf ein Großunternehmen gewinnen, daß ab 1919 am westlichen Rand der Kröpeliner-Tor-Vorstadt mit großzügiger Förderung 38 mehrgeschossige Häuser mit über 300 Kleinwohnungen errichtete. Unter Regie des städtischen Bauamtes begann man vor den Toren der Stadt ab 1919 mit der Errichtung von fünf Siedlungen. Der Siedlungsgedanke, eine Reaktion auf die schlechten Wohnverhältnisse in den Industriestädten, hatte auch in Rostock starken Auftrieb bekommen. Schon vor 1914 hatte sich eine Baugenossenschaft Gartenstadt gebildet, deren Pläne aber durch den Kriegsausbruch nicht weiter verfolgt werden konnten. Im Oktober 1919 gab die Stadt den Bebauungsplan für die Gartenstadt frei und stellte der Genossenschaft preisgünstiges Bauland auf dem Gelände des städtischen Gutes Barnstorf zur Verfügung. Unter kommunaler Regie begann im selben Jahr der Bau einer Kleinsiedlung im Damerower Gebiet nahe des Neuen Friedhofes. Die ersten acht Doppelhäuser waren im Juli 1920 bezugsfertig. Die in der Nähe auf dem alten Exerzierplatz gelegene kleine Siedlung Stadtweide wurde seit 1920 durch Privatunternehmer errichtet. Bis 1922 waren sechs Ein- und 15 Zweifamilienhäuser fertiggestellt. Im Zusammenhang mit dem Ausbau des Industriegebietes Bramow entstand seit Herbst 1919 unweit des Dorfes Schutow eine Siedlung, die den Namen Reutershagen erhielt. Die fünfte neue Siedlung entstand durch private Bautätigkeit im Südosten Rostocks auf der städtischen Gemarkung Kassebohm. Ausgangspunkt für dieses Wohngebiet, daß den Namen Brinckmansdorf erhielt, waren die zwischen 1920 und 1922 errichteten fünf Doppelhäuser der Kriegerheimstättenstiftung. Kinderreiche Kriegsgeschädigte sollten hier für eine geringe Miete ein dauerhaftes Zuhause bekommen. Die Ausführung all dieser Bauten konnte nur durch die Gewährung weitgehender Erleichterungen, etwa durch die Stellung billigen Baulandes

Neubauten Ecke Körnerstrae (heute Arno-Holz-Straße) / Am Röper, um 1930

oder durch die Zahlung von Baukostenzuschüssen, erfolgen. Für die von der Stadt errichteten Siedlungen wählte man als Haustyp das Doppelhaus in einfacher und vereinheitlichter Form. Die Massenherstellung gleicher Bauteile und die sparsame Verwendung der Baustoffe reduzierte die Kosten für die Häuser erheblich. Mit einer kleinen Anzahlung konnten die Siedler, die auf Grund der hohen Nachfrage ausgelost werden mußten, die Siedlerstellen erwerben. Planungen für eine weitere Siedlung in Dierkow trieb man vorerst nicht weiter voran, da die Finanzen für eine Erschließung des Gebietes nicht aufzubringen waren. Der Bau der Chaussee nach Gehlsdorf über Dierkow schuf bis 1922 zumindest die Voraussetzungen für eine spätere Bebauung dieses Gebietes.

Die Siedlungsprojekte alleine brachten allerdings nicht die nötige Entlastung des Wohnungsmarktes, denn der mehrgeschossige Wohnungsbau in der Stadt kam nur langsam voran. Die wirtschaftlichen und politischen Krisen in der ersten Hälfte der 1920er Jahre wirkten sich auch auf die Bauwirtschaft lähmend aus. Hinzu kam, daß durch die latente Geldknappheit der Stadt finanzielle Zuschüsse nur begrenzt zur Verfügung standen und sich auch die notwendigen Planungs- und Erschließungsarbeiten für neue Wohngebiete verzögerten. Um trotzdem Wohnraum zu gewinnen, mußten Notunterkünfte in

Form von Baracken geschaffen werden. Mit dem Ausbau von Dachgeschossen in der Kröpeliner-Tor-Vorstadt und mit einzelnen Lückenbauten konnte im geringen Maß zusätzliche Abhilfe geschaffen werden. Erst mit der Stabilisierung der Wirtschaft kam es ab Mitte der zwanziger Jahre wieder zu einer spürbaren Belebung der Bautätigkeit. Unter der Leitung von Gustav Wilhelm Berringer (1880-1953), der bereits 1913 in den Dienst der Stadt getreten war und ab 1923 das Amt des Stadtbaudirektors inne hatte, wurden zunächst die zum Stillstand gekommene Bebauung im Anschluss an bereits bestehende Gebiete vorangetrieben, so etwa am Westende der Ulmenstraße, an der Maßmannstraße, um den Ratsplatz, bei den Polizeigärten, auf dem Gelände von St. Jürgen und am südwestlichen Ende der Steintor-Vorstadt. Ab 1925 begann im Zuge der Westerweiterung der Stadt die Errichtung des neuen Wohngebietes in den Straßenzügen bei der Tweel. Hier kam für Rostock erstmalig das Umlegungsverfahren, bei dem die Eigentümer des zur Bebauung vorgesehenen Areals anteilig Bauland als Wertausgleich erhielten, in Anwendung. Die vorübergehende wirtschaftliche Prosperität führte zwischen 1927 und 1929 zu einem Höhepunkt der Bautätigkeit, der einen weitgehenden Verbrauch des geplanten Stadterweiterungsgeländes zur Folge hatte. Im März 1928 stellte das Bauamt daher einen neuen Bebauungsplan für ein Gebiet auf, daß sich westlich der Warnemünder Bahnlinie von der Parkstraße bis zum heutigen Holbeinplatz erstreckte. An der Dethardingstraße, im Klinikviertel und im Hansaviertel entstanden die ersten Straßenzüge und Häuser. Auch für Warnemünde wurden für das Gebiet südlich der heutigen Laakstraße Wohnungsbaupläne vorgelegt und die ersten Bauten in Angriff genommen.

Die Bebauung der neuerrichteten Wohngebiete erfolgte teilweise mit Typenhäusern, die von freien Architekten nach Berringers Vorgaben – etwa bezüglich der Zahl der Wohnungen je Aufgang, der Dachform und der Fassadengestaltung – projektiert worden waren. Die besten Entwürfe erwarb er für das Bauamt, so daß ein Katalog zur Verfügung stand, aus dem schnell und kostengünstig für einzelne Straßenzüge eine angemessene bauliche Lösung ausgewählt werden konnte. Bevorzugt wurden dreigeschossige Bauten, deren konventionelles Äußeres vom farbigen Putz und von Spitzdächern unterschiedlicher Form gekennzeichnet war. Die Einflüsse der Neuen Sachlichkeit zeigte sich in Rostock in einzelnen Wohnblöcken, die gegen Ende der 1920er Jahre errichtet wurden. Besonders die Wohnsiedlung um die Kosegartenstraße, die nach Entwürfen des Architekten Walter Butzek (1886-1965) ab 1929 entstand, wurde eines der markantesten Beispiele für diesen Baustil. Die Ausführung der Bauten übernahmen private Bauherren, gewerbliche Bauunternehmer oder

Baugenossenschaften. Zu erwähnen sind hier die 1925 vom Mieterverein gegründete »Gemeinnützige Mecklenburgische Wohnungsbaugenossenschaft«, die sich besonders in den Baublöcken zwischen Lauremberg- und Liskowstraße engagierte, und die »Gemeinnützige Wohnungsbaugesellschaft Rostock« des Allgemeinen Deutschen Gewerkschaftsbundes, die 1926 entstand und die im Gebiet an der Strempelstraße mehrgeschossige Wohnhäuser errichtete. Zwischen 1925 und 1932 entstanden in Rostock 1113 Häuser mit insgesamt 2939 Wohnungen neu. Der Aufschwung der Bautätigkeit stütze sich im starken Maße auf die städtische Unterstützung in Form von Hypotheken, Baudarlehen und Baukostenzuschüssen, denn die privaten und genossenschaftlichen Bauherren konnten in vielen Fällen nur einen Teil der Finanzierung aus eigenen Mitteln erbringen. Begünstigt wurde die Förderung des Wohnungsbaus durch die Einführung der Mietzinssteuer unmittelbar nach der Inflation. Das Aufkommen aus dieser reichsgesetzlichen Steuer stand zum großen Teil den Gemeinden zur Wohnungsbauförderung zur Verfügung.

Fehlende Beträge mußten durch Anleihen am inländischen und vor allem ausländischen Kapitalmarkt gedeckt werden. Die Kreditfinanzierung war überhaupt unumgänglich, um den Nachholbedarf an kommunalen Investitionen zu befriedigen. So entstand in der Parkstraße der Neubau der Gewerbeschule (1924-1926), auf dem Neuen Friedhof nahm das Krematorium den Betrieb auf (1927-1928), in Warnemünde wurde endlich das schon vor dem Weltkrieg begonnene Kurhaus fertiggestellt (1927-1928), schließlich konnte am Goetheplatz das weiträumige Schulgebäude für das Lyzeum und das Oberlyzeum übergeben werden (1927-1930). Diese Gebäude, die nach Entwürfen des Stadtbaudirektors Berringer entstanden, waren einer modernen Architektursprache verpflichtet und wurden, da sie für Rostock neue ästhetische Maßstäbe setzten, von vielen mit Skepsis und Kritik bedacht. Daneben setzte die Stadt erhebliche finanzielle Mittel für den Ausbau der Infrastruktur ein. Das städtische Gaswerk erweiterte sein Fernleitungsnetz 1925 bis nach Warnemünde und erneuerte 1928 das innerstädtische Rohrnetz. Auch in den neuen Wohngebieten mußten Straßen gebaut und Versorgungsleitungen verlegt werden. Die Entwicklung der Verkehrswege bedurfte der aktiven Förderung. So verlangte der Einzug des Autos als modernes Verkehrs- und Transportmittel in die engen Straßen regulierende Eingriffe, die Straßenbahn hatte dem Stadtwachstum Rechnung zu tragen und mußte ihr Netz erneuern und ausbauen, die Stadterweiterung machte die Errichtung von fünf Brückenbauten an den Eisenbahnlinien nach Wismar und Warnemünde erforderlich. Der Abriß der 1841 errichteten Wasserkunst auf dem Neuen Markt im Juli 1925 im Zuge des

Teepavillon und Leuchtturm in Warnemünde; Anfang der 1930er Jahre

Umbaues des Straßenzuges Kröpeliner Straße – Steinstraße, der einer Verbesserung des Straßenbahnbetriebes diente, wurde zum deutlichen Zeichen für
die einschneidenden Veränderungen im Verkehrsleben der Stadt.

Weitere Gebäude, die der Stadt ihr Gepräge gaben, entstanden. Erste größere Bauwerke waren das Verwaltungsgebäude der Neptunwerft (1920-1921)
und das Gebäude der Reichsbankfiliale in der Lindenstraße (1923-1924). Die
Rostocker Ortskrankenkasse übergab Ende 1925 das Greifenbad in der Feld-
straße an die Öffentlichkeit. Damit besaß die Stadt endlich wieder eine Warmbadeanstalt. Am Fuße des Leuchtturmes wurde im Juni 1926 der Teepavillon
– ein von Walther Butzek entworfener Rundbau im Stil der Moderne – eingeweiht, der zu einem Charakteristikum für das Warnemünder Ortsbild wurde.
Mit der Eröffnung des Sportpalastes in den Barnstorfer Anlagen stand seit
1926 die größte Veranstaltungsstätte Mecklenburgs für sportliche, politische
und kulturelle Veranstaltungen zur Verfügung. Eine Anzahl neuer Verwaltungsgebäude entstand mit dem Aufschwung der Bautätigkeit: am St.-Georg-Platz
(heute: Friedrich-Engels-Platz) für das Elektrizitätswerk (1927-1928), in der
Steinstraße für die Ritterschaftliche Brandkasse (1927-1928), am St.-Georg-
Platz für das Finanzamt (1929-1930), in der Friedrich-Franz-Straße (heute:

August-Bebel-Straße) für die Handwerkskammer (1931-1932). Schließlich führte auch das Land Mecklenburg die seit dem Ausbruch des Ersten Weltkrieges zum Stillstand gekommenen Arbeiten an den Klinikbauten in der Maßmannstraße weiter. Zwischen 1926 und 1930 entstanden am Westrand der Stadt mit Chirurgischer Klinik und Pathologischem Institut moderne Einrichtungen für die Universität.

In der relativ kurzen Zeit wirtschaftlicher Stabilität konnten so wichtige Bauvorhaben verwirklicht werden. Die immer wieder geforderte Errichtung von Schwimmhalle, Stadthalle und Ausstellungshalle konnte angesichts fehlender Gelder jedoch nicht in Angriff genommen werden. Infolge der Weltwirtschaftskrise kam es seit 1930/1931 zu einer deutlichen Minderung des Baugeschehens. Da sich die schwierige wirtschaftliche Lage weiter verschärfte, war an eine kommunal geförderte Bautätigkeit nicht mehr zu denken. Insgesamt hatte die städtebauliche Entwicklung in den Jahren der Weimarer Republik dazu geführt, daß die Entwicklung des Stadtgebietes von Rostock einseitig in Richtung Westen vorangetrieben wurde. Insbesondere der alte historische Stadtkern geriet dadurch in eine Randlage und verlor an Bedeutung. Im Auftrag des Altstädtischen Vereins, der sich besonders für die Belange dieses Gebietes engagierte, hatte der Karlsruher Städtebauprofessor Roman Heiligenthal (1880-1951) Ende 1931 ein Gutachten vorgelegt, in dem diese Entwicklung verurteilt und eine östliche Stadterweiterung entlang der Unterwarnow gefordert wurde. Diese Forderung mußte angesichts der finanziellen Situation, die den kommunalen Gestaltungsspielraum völlig eingeschränkt hatte, zunächst ohne nennenswerte Auswirkungen bleiben. Als das Bauamt 1932 jedoch mit Hilfe eines Kreditprogramms der Reichsregierung an die Planung für eine vorstädtische Kleinsiedlung für Erwerbslose ging, entschied man sich für die städtische Gemarkung Dierkow. Auch wenn dieses Areal bereits vor dem Ersten Weltkrieg für eine Gartenstadtsiedlung vorgesehen war, wird der Wille zur nunmehrigen Entwicklung des Siedlungsraums in Richtung Osten diese Entscheidung mit beeinflußt haben. Die Dierkower Siedlerstellen sollten den Erwerbslosen die Sicherung des Lebensunterhaltes erleichtern und so in absehbarer Zeit die öffentlichen Fürsorgelasten senken. Im April 1933 begannen in städtischer Regie die Arbeiten für die ersten 18 Häuser im heutigen Ludwig-Feuerbach-Weg.

Die Goldenen Zwanziger: Bildung, Kultur und Kunst

Die ewigen Finanzsorgen, die politischen Zerrüttungen, das übernervöse Zittern der Wirtschaftskonjunktur, die hohe Arbeitslosigkeit und die gewerblichen Existenznöte waren es nicht, die der Weimarer Republik den Namen der »Goldenen Zwanziger Jahre« gegeben haben. Vielmehr standen der Glanz einer lebendigen Stadtkultur, der neue Lebensrhythmus, die Befreiung von überlebten Konventionen sowie der Durchbruch von Kreativität und Individualismus für diese neue Kulturperiode, deren Einflüsse selbst in einer Stadt provinziellen Zuschnitts wie Rostock zu spüren waren.

Mit der Gründung der Weimarer Republik kam man den alten liberalen und sozialdemokratischen Forderungen nach gleichen Bildungschancen für alle Schüler ohne Unterschied von Vermögen und Herkunft der Eltern ein erhebliches Stück näher. Bereits mit Eröffnung des Schuljahres fiel im April 1919 die Zweiteilung in Volks- und Bürgerschulen. Es entstanden Schulbezirke für einheitliche Volksschulen, in Rostock fünf Knaben- und sechs Mädchenschulen, in Warnemünde jeweils eine für Jungen und eine für Mädchen. Hinzu kam die Marienschule in der Augustenstraße für schwachbegabte Kinder und die Seminarübungsschule in der Breiten Straße, an der Mädchen unterrichtet wurden. Die Klassenziffern der Volkschulen erfuhren eine Senkung, 1919 nahmen eine Schulpflegerin und ein Schularzt ihre Tätigkeit auf, eine Schulspeisung wurde eingeführt, seit 1920 erhielten Schüler mit schwacher Gesundheit im Sommer für sechs Wochen den Unterricht in der sogenannten Waldschule in den Barnstorfer Anlagen. Die weitere Reform des Schulwesens wurde durch die gesetzlichen Regelungen des Freistaates Mecklenburg-Schwerin, der die gesamte Schulaufsicht übernommen hatte, bestimmt. Demokratische Elemente hielten Einzug in die Schulorganisation. So übernahm ein kollegialer Vorstand, an dem auch Elternvertreter beteiligt waren, die Verantwortung für die Lehranstalten. Die Lehrerschaft erhielt ein weitgehendes Mitspracherecht bei der Berufung der Direktoren. Für die Volksschulen bestand generelle Lernmittel- und Schulgeldfreiheit. Das Volksschulwesen ging im April 1921 gänzlich in die Hände des Staates über. Die Übernahme der Lehrer in den Staatsdienst entlastete den kommunalen Haushalt erheblich, der Stadt blieben die Kosten für die Unterhaltung der Schulgebäude. Auch im höheren Schulwesen kam es zu einschneidenden Veränderungen. Bereits im Februar 1919 hatte die Bürgervertretung den Beschluß gefaßt, die privaten Vorklassen an den höheren Schulen, die eine Art Standesschulen für die Kinder von Besitzenden darstellten, abzubauen. Durch die Einführung einer einheitlichen vierjährigen Grundschulzeit wurde es für begabte Schüler aus weniger vermögenden Schichten nun einfacher, in die höheren Schulen zu wechseln. Da für die höheren Schulen weiterhin ein Schulgeld erhoben wurde, schuf man über Freistellen und Geschwisterkinderregelungen großzügigere Möglichkeiten, die diesen Schülern trotz fehlender finanzieller Mittel den Aufstieg gestatten sollten. In Rostock bestanden fünf höhere Schulen: für die Knaben gab es die Große Stadtschule als klassisches Gymnasium sowie das Realgymnasium und die Realschule; für die Mädchen stand das Lyzeum mit Studienanstalt, das zum Abitur führte, sowie das Lyzeum mit Oberlyzeum, das man als Lehrerin verließ, zur Verfügung. Auch das höhere Schulwesen ging in staatliche Hoheit über. Im April 1923 beschloß der Landtag in Schwerin ein entsprechendes Gesetz. Das Personal wechselte zum Land, der Stadt verblieben auch hier nur die Sachkosten. Damit endete die über 350 Jahre währende Schulhoheit der Stadt endgültig.

Mit der Verstaatlichung des Schulwesens fielen in Rostock vier Privatschulen, ausnahmslos sogenannte höhere Mädchenschulen, gänzlich weg. Eine weitere ging auf den Staat über und wurde als Mittelschule für Mädchen weitergeführt. In Warnemünde blieb die höhere Mädchenschule als Privatschule bestehen. Als Neugründung entstand 1929 aus konfessionellem Antrieb die private katholische Volksschule in der Lindenstraße. Bei den höheren staatlichen Schulen kam es im Laufe der Jahre zu einigen Veränderungen. Das Oberlyzeum bildete seit 1927 keine Lehrerinnen mehr aus, sondern wurde in eine allgemeinbildende, zur Hochschulreife führende Schule umgewandelt. Die Seminarübungsschule entfiel damit auch. Die Realschule erhielt 1928 ihre Anerkennung als Oberrealschule. Schließlich wandelte das Unterrichtsministerium 1932 auf Verlangen der Eltern die Friedrich-Franz-Knabenschule in der Wallstraße in eine Mittelschule für Jungen um. Die Eltern hatten die Schaffung einer Schule mit besseren Bildungsmöglichkeiten gefordert, da die wirtschaftliche Lage und verschärfte Ausleseverfahren ihren Kindern den Weg an die höheren Schulen zunehmend versperrten. Die Ausbildung von Lehrern für die Volks- und Mittelschulen war im April 1926 mit Eröffnung des Pädagogischen Instituts in Rostock auf eine höhere Stufe gehoben worden. Zwischen 1927 und 1932 unterhielt das Institut in der Augustenschule eine Versuchs- und Übungsschule, in der reformpädagogische Konzepte Umsetzung fanden.

Auch in der Erwachsenenbildung und der Berufsausbildung kam es zu erwähnenswerten Entwicklungen. In das Jahr 1919 fällt die Gründung der Volkshochschule. Wie in anderen Städten auch gab es in Rostock das starke Bedürfnis, die Kultur- und Ausbildungsdefizite aus den Kriegsjahren auszugleichen. Im März 1919 gründete sich daher ein Volkshochschulverein, der sich für die Sache einsetzte. Nach Bewilligungen durch den Landtag konnten am 15. November 1919 die Kurse beginnen. Es standen für das erste Semester 43 Dozenten zur Verfügung, die in 56 Veranstaltungen über staatsbürgerliche Gesinnung, persönliche und berufliche Bildung, Heimat und Volkstum, Philosophie, Kunst und Wissenschaft referierten. Die Kurse waren allgemeinverständlich gehalten und auch für Einkommensschwache erschwinglich. Das Interesse und Engagement ließ später zwar spürbar nach, aber die Volkshochschule blieb als wirkungsvolle und geachtete Institution bestehen. Von Bedeutung war auch das Wirken der städtischen Volksbücherei, die aus der Zusammenfassung der Bestände der Gewerkschaftsbücherei, der Bücher- und Lesehalle der Gemeinnützigen Gesellschaft und der Altstädtischen Volksbücherei des Volksbildungsvereins entstanden war und die im Oktober 1919 ihre Tätigkeit aufnahm. In der Berufsausbildung gelangen am Ende der 1920er wesentliche Verbesserungen. Im November 1926 konnte in der Parkstraße ein neuerbautes Gebäude für die städtische Gewerbeschule in Besitz genommen werden. Im Gegensatz zu den nebenberuflichen Lehrkräften früherer Jahre hatte die Schule nun festangestelltes Personal. Eine wesentliche Erleichterung für die Lehrlinge bedeutete der Übergang vom Abend- zum Tagesunterricht. Auch für die Handels- und Kaufmannsschule der Mecklenburgischen Handelskammer konnte mit der Anmietung des Verwaltungsgebäudes der Neptunwerft durch die Stadt eine befriedigende Lösung gefunden werden. Mit dem Lehrbeginn zu Ostern 1929 präsentierte sich die Berufsausbildung für die Rostocker Lehrlinge auf der Höhe der Zeit. Bedeutung für die Ausbildung von Landwirten aus ganz Mecklenburg erlangte das Thüneninstitut, eine von der Landwirtschaftskammer im Januar 1931 eröffnete höhere Lehranstalt.

Die mecklenburgische Landesuniversität blieb unter den deutschen Hochschulen eine der kleineren Einrichtungen mit einem ständigen Mangel an materiell-technischer Grundausstattung und auch mit deutlichen Grenzen in ihrer wissenschaftlichen Leistungsfähigkeit. An der geistigen Haltung vieler Professoren hatten weder der Weltkrieg noch die Revolution wesentliches geändert. Das Verhältnis zu den neuen politischen Verhältnissen war widersprüchlich. Deutlich zeigte sich das bei den Feierlichkeiten zum 500jährigen Universitätsjubiläum im November 1919, das in Deutschland große Beachtung fand, zumal eine der ältesten deutschen Universitäten an ihre Gründung erinnerte. Eine große Zahl in- und ausländischer Wissenschaftler erhielt die Ehrendoktorwürde der Universität. Einerseits befanden sich unter den Ge-

Festzug zum 500jährigen Jubiläum der Universität, 27. November 1919

ehrten international geschätzte Forscher, die humanistisch und liberal dachten, wie die Physiker Max Planck (1858-1947) und Albert Einstein (1879-1955), andererseits erhielt aber auch der schwedische Historiker und Geopolitiker Rudolf Kjellen (1864-1922) die Auszeichnung. Während der Feierlichkeiten machten zahlreiche Bekundungen in Wort und Tat – so wurden der ehemalige Großherzog von Mecklenburg-Schwerin und Generalmajor Lettow-Vorbeck als Repräsentanten der alten Ordnung mit Hochrufen bedacht, während die Mitglieder der neuen Regierung öffentlich Mißfallensbekundungen über sich ergehen lassen mußten – sichtbar, daß die Mehrzahl der Wissenschaftler und Studenten noch monarchistisch dachte. In den folgenden Jahren änderte sich die politische Haltung von Lehrkörper und Studentenschaft kaum, bestimmend blieben konservative Haltungen. Seit 1921 hatte es eine Diskussion um eine neue Universitätsverfassung gegeben. Ein Kernpunkt der Auseinandersetzungen mit der Landesregierung bildete das Maß der staatlichen Einflußnahme auf die Autonomie der Universität. Erst im Juli 1932 konnte die neue Verfassung, die hinsichtlich der Rechtsstellung der Universität ein Kompromiss darstellte, in Kraft gesetzt werden. Die Grundstruktur der Universität blieb durch die vier klassischen Fakultäten bestimmt. An der Theologischen Fakultät lehrten einige im wissenschaftlichen und politischen Leben als streitbare Protestanten auftretende Professoren. Das größte disziplinäre Spektrum entwickelte sich im Rahmen der Philosophischen Fakultät. 1924 wurde die Juristische Fakultät in eine Rechts- und Wirtschaftswissenschaftliche umgewandelt. Wachsende Bedeutung kam der Medizinische Fakultät zu, besonders nachdem 1930 die Klinikbauten fertiggestellt worden waren. Vergeblich bemühte die Universität sich um die Errichtung einer Landwirtschaftlichen Fakultät. Auf Grund der prekären finanziellen Situation war die Universität auf Stiftungen und Spenden angewiesen. Spenden sicherten etwa die Arbeit des Instituts für Völkerrecht, des Kriminalistischen Instituts und des Kunstgeschichtlichen Instituts. Die Universitätsbibliothek, die Klinik für Mund- und Zahnkrankheiten, das Niederdeutsche Seminar und andere Einrichtungen wurden mit Hilfe von Stiftungen ausgebaut. Zur finanziellen Förderung der Universität hatten Honoratioren im Januar 1925 die Mecklenburgische Landesuniversitätsgesellschaft gebildet, die ihr zufließenden Geldmittel blieben aber weit hinter denen in anderen deutschen Ländern zurück. Nur selten folgten namhafte Wissenschaftler einem Ruf an die Ostseeküste. Solche Professoren, wie der Physiker Otto Stern (1888-1969) und der Zoologe Karl von Frisch (1886-1982), beide Anfang der zwanziger Jahre in Rostock und später Nobelpreisträger, gehörten zu den Ausnahmen. Überhaupt blieben anerkannte Wissenschaftler kaum länger als ein bis zwei Semester in Rostock. Für viele junge Gelehrte galt Rostock als ein mögliches Sprungbrett für die Erlangung einer bedeutenderen Stellung an einer größeren Hochschule. Dennoch verdoppelte sich die Zahl der immatrikulierten Studenten zwischen 1919 und 1932. Im Sommersemester 1932 waren 2912 Studenten an der Universität eingeschrieben, 1422 an der Medizinischen Fakultät, 727 an der Philosophischen Fakultät, 490 an der Rechts- und Wirtschaftswissenschaftlichen Fakultät, 241 an der Theologischen Fakultät, hinzu kamen 32 Hörer. Die Studenten kamen vor allem aus Mecklenburg, dem deutschen Norden und auch aus dem Baltikum.

Die wichtigste kulturelle Einrichtung Rostocks blieb das Stadttheater. 1918 hatte mit Ludwig Neubeck (1882-1933) ein Meisterschüler Humperdincks sein Amt als Direktor angetreten. Seine Berufung war Programm, sollte er doch besonders das Opernschaffen zu einer neuen Blüte führen. Bei seiner Anstellung wurde ihm aber auch zur Pflicht gemacht, das bisher vernachlässigte Schauspiel zu fördern. Allerdings galt es zunächst, das Theater durch die Wirren der Nachkriegszeit zu bringen. Wie alle Direktoren vor ihm hatte er das Theater auf Grundlage eines Pachtvertrages übernommen und wirtschaftete auf eigene Rechnung. Die Stadt finanzierte zwar das Haus und das technische Personal, aber die Licht- und Heizungskosten, die Gagen für das Ensemble und den Direktor mußten durch den Kartenverkauf aufgebracht werden. Um die Einnahmen zu erhöhen, verlängerte man 1920 die Spielzeit von sieben auf zehn Monate. Auf Grund der wirtschaftlichen Existenzbedrohung des Theaters sah sich jedoch die Stadt auf dem Höhepunkt der Inflation gezwungen, in die Pflicht zu gehen. Neubeck wurde ab September 1923 städtischer Angestellter, die Zuschüsse zur Aufrechterhaltung des Theaterbetriebes beträchtlich erhöht. Neubeck gelang es trotz der desolaten Zustände, ein anspruchsvolles und farbiges Kulturtheater zu entwickeln. Als Neuerung führte er im Oktober 1919 die Morgenfeiern ein, auf denen sich einmal monatlich Kunst, Künstler und Publikum näher kamen. Im Oktober 1920 beging man das 25jährige Bestehen des Hauses mit einer groß angelegten Jubiläumswoche, in der das Ensemble mit einem reichhaltigen Programm eindrucksvoll seine Leistungskraft unter Beweis stellte. Trotz aller Bemühungen um ein vielfältiges Spielplanangebot, trotz umsichtiger und geschickter Führung des Theaters war auf Dauer jedoch nicht zu verhindern, daß das Haus in eine finanziell prekäre Situation geriet. Dafür gab es zwei wesentliche Ursachen: Angesichts der Notlage der Rostocker Bevölkerung mußte einerseits ein empfindlicher Besucherrückgang verzeichnet werden, die Landesregierung in Schwerin lehnte andererseits die Zahlung von Zuschüssen konsequent ab. Der städtische Zuschuß wuchs so stetig an und erreichte 1925/26 schließlich eine Höhe, die bei aller Opferbereitschaft die Möglichkeiten der Kommune weit überschritt. Ernstlich wurde daran gedacht, Sparten aufzugeben, das Theater vorübergehend zu schließen oder es mit benachbarten Theatern zusammenzuführen. Die Stadt nahm die Verwaltung der Kulturstätte schließlich völlig in eigene Hände. Mit der 1925 erfolgten Berufung von Ernst Immisch (1871-1935) zum Intendanten versprach sich die Stadt eine wirtschaftlich Besserung für das Theater, ging ihm doch der Ruf voraus, ein guter Geschäftsmann zu sein. Zum Erhalt des Theaters trug auch die Unterstützung des Publikums bei, das auf dem Höhepunkt der Diskussionen in einer überfüllten Versammlung in der Tonhalle im März 1926 auf das Schärfste gegen die Abbaupläne protestierte. Die Stadtverordnetenversammlung stimmte schließlich einer Fortführung des Theaters mit neun Monaten Spielzeit zu. Immisch gelang es, durch eine geschickte Preispolitik und verschiedenste Maßnahmen, die Auslastung des Hauses wieder zu verbessern. Hinzu kam ein allgemein gefälliges Repertoire mit interessanten Novitäten und Gastspielen. Keinen Augenblick verlor er trotz eines gekürzten Budgets das künstlerische Niveau aus den Augen.

Das städtische Orchester gewann nach dem Kriege unter Leitung des Musikdirektors Heinrich Schulz bald sein altes Leistungsvermögen zurück, das es schon 1919 unter Beweis stellen mußte, als anläßlich des 100jährigen Jubiläums der Rostocker Singakademie Händels Oratorium »Samson« zur Aufführung kam. Im Oktober 1922 bot das 25jährige Bestehen des Orchesters Anlaß zu einer Reihe von beachtlichen Jubiläumskonzerten. Bei der Organisation eines reichhaltigen Musiklebens war es zunächst noch der Konzertverein, der sich hervortat. Nach Eingliederung des städtischen Orchesters in das Theaterensemble übernahm ab 1924 zunehmend dessen Intendanz die Organisation. Das Wirken angesehener Chöre bereicherte das Musikleben zusätzlich. Der Musikverein von 1865 und der Bachchor etwa verschaffte den musikalisch Interessierten hervorragende Konzerterlebnisse. Besonders im Rahmen mehrerer Kulturwochen bot sich den Rostockern ein umfangreiches Programm an Theaterveranstaltungen, Konzertaufführungen, Ausstellungen und Vorträgen. Die im Februar 1922 erstmalig durchgeführte Rostocker Kulturwoche sollte sich nach dem Willen der Veranstalter zum Pendant der Kieler Kulturwoche entwickeln, fand aber keine kontinuierliche Fortsetzung. Einen Höhepunkt markierte im September 1931 die Rostocker Ostseewoche, eine Veranstaltungsreihe, die im Rahmen eines Werbejahres der Fremdenverkehrsverbände für die Bäder und Städte an der deutschen Ostseeküste ausgetragen wurde. Neben den Kulturveranstaltungen organisierte der Rostocker Verkehrsverein zu diesem Anlaß eine große Dahlienschau im Tierpark. Der Pflege der plattdeutschen Sprache und des heimatlichen Brauchtums widmeten sich mehrere Vereine, die sich in einer Arbeitsgemeinschaft zusammengeschlossen hatten. Gemeinsam gründete man 1920 die Niederdeutsche Bühne, veranstaltete plattdeutsche Volkstage, 1927 eine Plattdeutsche Woche. Für gern angenommene Unterhaltung sorgten Varietévorstellungen, für die sich als Veranstaltungsorte die »Wilhelmsburg«, das »Colosseum«, die »Baberina« und die »Philharmonie« etablierten.

Nach zaghaften ersten Schritten zur Einführung der Kinematographie, die noch in der Zeit vor dem Ersten Weltkrieg gemacht worden waren, erfreuten sich derartige Vorführungen einer stetig wachsenden Beliebtheit. Fünf Lichtspielhäuser boten ein vielfältiges Programm, das geprägt war von den Produkten der boomenden deutschen Filmwirtschaft. Neben den gängigen Unterhaltungsfilmen, die den breiten Publikumsgeschmack trafen, fanden auch belehrende Kulturfilme und große Werke der modernen Filmkunst eine gute Aufnahme beim Publikum. Als größtes Kino Mecklenburgs präsentierte sich das Palast-Kino in der Doberaner Straße. 1930 wurde hier der erste moderne

Plattdeutscher Volkstag auf der Alten Rennbahn, 1932

Tonbildstreifenapparat eingeführt. Neben dem Kino erfuhr der Rundfunk als zweites Massenmedium eine rasante Entwicklung. Im Februar 1924 hatte sich in Rostock ein Radioverein gegründet, der sich neben der Vermittlung allgemeiner Kenntnisse auch für den Bau einer Radiostation stark machen wollte. Eine erste Übertragung der Hamburger Norddeutschen Rundfunk AG ging im August 1928 aus Warnemünde unter dem Titel »Seebäderbummel« über den Äther. Die Ehrung des bekannten mecklenburgischen Volkskundlers Richard Wossidlo (1859-1939) zu seinem 70. Geburtstag in der Aula der Universität am 26. Januar 1929 war Anlaß für eine weitere Radioübertragung. Große Beachtung fanden die am 9. November 1930 gesendeten »Rostocker Kulturbilder«. Auf dem zweistündigen Programm standen Reportagen und Berichte aus dem Kulturleben der Stadt.

Aus der wirtschaftlichen Not heraus schlossen sich im Januar 1919 Maler, Bildhauer und Architekten zur »Vereinigung Rostocker Künstler« zusammen. Der Moderne zugewandt, setzten die Künstler sich vom bisher Gewohntem ab, ohne die Eigenarten ihrer Heimat zu verleugnen. Damit stand man im Gegensatz zu den traditionellen Naturalisten etwa vom Mecklenburgischen

Künstlerbund, aber auch zum bürgerlichen Publikumsgeschmack, den hauptsächlich der Rostocker Kunstverein mit seiner Sammlung repräsentierte. Mitglieder waren unter anderem die Maler Thuro Balzer (1882-1967), Rudolf Bartels, Bruno Gimpel (1886-1943), Dörte Helm (1889-1938), Hans Emil Oberländer (1885-1944), Rudolf Schmidt-Dethloff (1900-1971), die Architekten Walter Butzek und Heinrich Tessenow (1876-1950) sowie die Bildhauerin Margarete Scheel (1881-1969). Vor allem die fehlenden Ausstellungsmöglichkeiten erschwerten die Arbeit der Künstlervereinigung. Anläßlich der Frühjahrswoche 1922 zeigte man zusammen mit dem Mecklenburgischen Künstlerbund im Palais am heutigen Universitätsplatz eine Ausstellung, die weit über Mecklenburg hinaus Beachtung fand. Nach Jahren programmatischer und wirtschaftlicher Kämpfe brachte das Jahr 1926 den Umschwung. Mit den nun jährlich durchgeführten gemeinsamen Frühjahrsausstellungen im städtischen Museum brach die Vereinigung Rostocker Künstler der modernen Kunst in Rostock eine Bahn.

Unter der Leitung von Peter E. Erichson (1881-1963) wurde die Rostocker Zweigniederlassung von Hinstorff im Jahre 1925 zum Hauptsitz des bekanntesten mecklenburgischen Verlages. Noch im selben Jahr engagierte sich das Unternehmen für die »Mecklenburgischen Monatshefte«, die der Ludwigsluster Lehrer und Schriftsteller Johannes Gillhoff (1861-1930) und der dort ansässige Verleger Otto Kärst (1897-1965) ins Leben gerufen hatten. Bereits für das Aprilheft des ersten Jahrganges übernahm Erichson die verlegerische Verantwortung, was nicht nur aus wirtschaftlichen Erwägungen für das junge Projekt ein Glücksgriff war. Der Verleger ermunterte Gillhoff und nach dessen Tod den an seine Stelle getretenen Rostocker Kunsthistoriker Oskar Gehrig (1890-1948), die Monatshefte zu einer Umschau für Literatur und Theater, Kunstgeschichte, Kunstgewerbe, für Heimat-, Kultur- und Naturgeschichte, für Volkskunde, mundartliche Sprachpflege sowie handwerkliches Brauchtum in Mecklenburg zu entwickeln. Obwohl in besten Zeiten lediglich 3500 Exemplare der Hefte gedruckt wurden, gewann der Hinstorff Verlag für sie einen überaus breiten Leserkreis, der sich nicht nur unter Künstlern und Intellektuellen formierte, sondern auch in Arbeiter- und Landarbeiterfamilien, die die Hefte austauschten und weiterreichten. Dieses für den kulturellen Austausch, die Heimatpflege und die Volksbildung im Mecklenburg der 1920er und 1930er Jahre so bedeutsame Periodikum erlangte schnell eine Popularität, die über die Landesgrenzen hinaus in weite Teile des niederdeutschen Kulturkreises ausstrahlte. Darüber hinaus blieb Rostock der wichtigste Pressestandort des Landes. Zwar mußte die traditionsreiche liberale »Rostocker Zeitung« nach 211

Arbeitersportler ziehen durch die Parkstraße zur Einweihung ihres Stadions in den Barnstorfer Anlagen, Juli 1928

Jahrgängen 1921 ihr Erscheinen aus wirtschaftlichen Gründen einstellen, es verblieben mit dem »Rostocker Anzeiger« und der »Mecklenburgischen Volkszeitung« aber zwei wichtige Zeitungen von dauerhaftem Bestand. Dem bürgerlichen »Rostocker Anzeiger« kam als auflagenstärkste Zeitung Mecklenburgs eine wichtige Funktion bei der öffentlichen Meinungsbildung zu, die »Mecklenburgische Volkszeitung« als Organ der Sozialdemokraten übernahm eine maßgebliche Rolle in den politischen Auseinandersetzungen der Zeit.

In Rostock als dem Zentrum der mecklenburgischen Arbeiterbewegung prägte sich eine starke eigenständige Arbeiterkultur heraus, die sich besonders in der Jugendarbeit der SPD und der Gewerkschaften sowie in der Arbeitersportbewegung äußerte. Die Arbeiterkultur diente dabei vielfach als identitätsstiftendes Abgrenzungsmittel gegen die bürgerliche Gesellschaft. Ihre Heimstatt fand die proletarische Gegenkultur im Partei- und Gewerkschaftshaus »Philharmonie« im Patriotischen Weg. Die großzügigen Räumlichkeiten wurden nicht nur als politischer Versammlungsort genutzt, sondern es fanden hier auch zahlreiche Kultur- und Sportveranstaltungen, Feiern und Feste statt.

Seit 1921 nutzte die Rostocker Arbeiterjugend ein Waldhaus in der Rostocker Heide als Landheim, konnte hier ihrem Bedürfnis nach Natur und Geselligkeit nachgehen. Für den Arbeitersport bedeutete die Einweihung des Volksstadions am Trotzenburger Weg im Sommer 1928 einen wichtigen Schritt voran. Über fünf Jahre hatten die Arbeitersportler in freiwilligen Einsätzen an der Fertigstellung der Sportstätte gearbeitet.

Das Rostocker Stadttheater am Ende der 1930er Jahre und nach den britischen Bombenangriffen vom April 1942

Kerstin Urbschat

NS-Zeit und Zweiter Weltkrieg in Rostock. 1933 bis 1945

Der Machtantritt der NSDAP

Am Montag, dem 30. Januar, begann im Jahre 1933 nicht nur eine neue Woche. Die knappe Meldung der Mittagsstunden – »Hitler Reichskanzler« – schien alles zu verändern. Die Mitteilung der amtlichen Nachrichtenagenturen erreichte die Rostocker über den Rundfunk und die Aushänge der Zeitungsredaktionen. Sie sorgte für erhebliche Aufregung, verbreitete sich wie ein Lauffeuer und wurde Tagesgespräch. Die Reaktionen und Gefühle waren gemischt. Sie reichten von euphorischer Begeisterung und Zustimmung über Gelassenheit, Skepsis und Schock bis hin zu offener Ablehnung. Viele Rostocker aber schienen den Machtantritt der Nationalsozialisten zu begrüßen. Unter den Zuschauern, die am 30. Januar 1933 zahlreich die Straßen säumten, als die SA durch die Stadt marschierte und lautstark den Sieg der NSDAP verkündete, standen neben den Überzeugten und Sympathisanten viele Neugierige und auch diejenigen, die den Nazis aus Protest zustimmten.

Die folgenden Monate und Jahre sollten zeigen, was die NSDAP unter ihrer oft beschworenen Formel von der »nationalen Revolution« verstand. Unmittelbar nach dem Machtantritt verstärkten die Nationalsozialisten demonstrativ ihre Präsenz auf der Straße. Sie galt insbesondere den politischen Gegnern. Besonderer Aktivismus kam aus den Reihen der SA. Auf ihr Konto gingen in der Folgezeit auch Verhaftungen und Hausdurchsuchungen. Dabei handelten die nationalsozialistischen Trupps in der Regel willkürlich und unkontrolliert, oft ohne behördlichen Auftrag und zumeist jenseits der gesetzlichen Grundlagen. Aus ihrer Perspektive rechtfertigte allein die Machtergreifung das Vorgehen. Die Entwicklung begann sich zu verselbständigen. Die städtischen Behörden, offensichtlich durch die Amtsanmaßung der Nationalsozialisten verunsichert, schienen die Kontrolle über die Situation zu verlieren. Wie schnell die Gewalt unter diesen Bedingungen eskalieren konnte, zeigte der Fall des Doberaner Sozialdemokraten Ernst Wolff († 1933), der von SA-Angehörigen am 19. Februar 1933 während einer Demonstration in Bad Doberan erschossen wurde. Wolff war bereits das fünfte Todesopfer nationalsozialistischer Übergriffe in Mecklenburg-Schwerin seit dem Herbst 1931. Mut zum Protest fanden nur wenige. Er kam vor allem aus den Reihen der direkt betroffenen Sozialdemokratie. Die KPD reagierte mit dem illegal hergestellten Flugblatt »Blutbad in Doberan«, das wenige Tage nach dem Vorfall in der Stadt kursierte. Ende Februar 1933 nahmen die Überfälle der SA in Rostock zu. Am 23. Februar hatten Nazis das Gewerkschaftshaus, die Philharmonie im Patriotischen Weg, überfallen. Mit Sorge beobachteten auch die Liberalen die zunehmende Gewaltbereitschaft der Nationalsozialisten. So sah sich der Rostocker Demokrat Dr. Richard Moeller (1890-1945), ehemaliger Kultusminister und Landesvorsitzender der Deutschen Staatspartei, am 26. Februar 1933 zu einem Brief an den Reichspräsidenten Paul von Hindenburg (1847-1934) veranlaßt. Seine Bitte, allen Bürgern, unabhängig von der jeweiligen politischen Anschauung, den verfassungsmäßig garantierten Schutz des Staates gegen nationalsozialistische Willkürakte zu gewähren, blieb ungehört.

Die von Moeller im Einvernehmen mit seinen Parteifreunden erhobene Forderung wurde nahezu gegenstandslos, als die Verordnung des Reichspräsidenten zum Schutz von Volk und Staat nur zwei Tage später, am 28. Februar 1933, sämtliche demokratischen Rechte und Freiheiten der Weimarer Verfassung außer Kraft setzte. Der permanente Ausnahmezustand des Dritten Reiches war besiegelt. Die Auswirkungen spürte man bereits im Vorfeld der Reichstagswahlen vom 5. März 1933 deutlich. So wurden bis Anfang März bereits 21 Rostocker Kommunisten, vor allem Funktionäre und Stadtverordnete, in Schutzhaft genommen. Obwohl noch alle Parteien zur Wahl antreten durften, schränkten Presseverbote, Hausdurchsuchungen in den Organisationszentralen, Demonstrations- und Kundgebungsverbote den Aktionsradius der Linksgruppierungen erheblich ein. Im Gegensatz dazu zeigten sich die Nationalsozialisten der Bevölkerung in der Wahlvorbereitungsphase selbstbewußt und allgegenwärtig. Großen Zuspruch fand die NSDAP unter anderem, als sie am Vorabend der Wahlen auf dem Neuen Markt, dem Alten Markt und dem Margaretenplatz zeitgleich Kundgebungen abhielt. Den üblichen Ansprachen folgte auf allen Veranstaltungsplätzen mit der Übertragung der Hitler-Rede aus Königsberg ein technisches und organisatorisches Novum der nationalsozialistischen Propaganda in Rostock. Adolf Hitlers Absicht, sich auf dem Wege von formal freien Reichstagswahlen den Machtantritt nachträglich durch das Volk scheinbar demokratisch bestätigen zu lassen, ging auch in Rostock nur zum Teil auf. Zwar war die NSDAP (20718 Stimmen; 35,5 Prozent) wieder zur wählerstärksten Partei in der Stadt aufgestiegen, aber mit der hochgesteckten Erwartung, aus eigener Kraft überzeugende Mehrheiten zu erzielen, deutlich an der Realität vorbeigegangen. Lediglich im Verbund mit der deutschnationalen Kampffront Schwarz-Weiß-Rot (11875 Stimmen; 20,3 Prozent) meinte eine Mehrheit von rund 56 Prozent der Rostocker Wähler sich mit dem nationalsozialistisch-konservativen Kabinett unter Hitler als Regierungsmodell arrangieren zu können. Ein weitgehend stabiles Gegengewicht bildete nach wie vor das Potential der Arbeiterparteien. Während die KPD (5090 Stimmen; 8,7 Prozent) unter dem massiven Druck der Verfolgung bereits Verluste hinzunehmen hatte, konnten die Sozialdemokraten (18024 Stimmen; 30,8 Prozent) ihr Ergebnis vom November 1932 halten. Weiter offenbarte der Wahlausgang, daß die Nationalsozialisten in Rostock um mehr als zwölf Prozentpunkte hinter dem Resultat der Partei im Reichstagswahlkreis Mecklenburg-Lübeck zurückgeblieben waren. Um diese Tatsachen zu kaschieren, wertete die NS-Propaganda insbesondere den Fakt der wählerstärksten Partei auf und verkaufte ihn den Bürgern als Wahlsieg.

Stationen der Gleichschaltung

Die eigentliche Machtübernahme hingegen vollzog sich als Prozeß, der sich noch bis in das Jahr 1935 erstrecken sollte. Die schrittweise Aushebelung und Beseitigung der demokratischen Verhältnisse führte direkt in die NS-Diktatur. Die Nationalsozialisten prägten dafür den Begriff der Gleichschaltung. Der erste Eingriff in die Selbstverwaltungsbelange der Städte erfolgte bereits durch ein Gesetz vom 31. März 1933. Im Rahmen der sogenannten Gleichschaltung der Länder mit dem Reich sah es unter anderem die Aufhebung sämtlicher KPD-Mandate und die Neuzusammensetzung der Stadtverordnetenversammlungen vor. Letzteres geschah nicht wie sonst üblich durch Wahlen, sondern lediglich rein formal auf der Grundlage der jüngsten Reichstagswahlergebnisse. Gut getarnt, erhielt der handstreichartige Zugriff auf die parlamentarischen Körperschaften einen scheinbar demokratischen Anstrich. So wurde in Rostock zur Abwicklung des Vorgangs ein sogenannter zehnköpfiger Wahlausschuß gebildet, der die als Wahlvorschläge deklarierten Kandidatenlisten entgegenzunehmen und die Resultate der Reichstagswahl in eine entsprechende Mandatsverteilung für das künftige Stadtparlament umzuwandeln hatte. Während einige bürgerliche Gruppierungen die Wahlinszenierung boykottierten, übertrugen die DVP und der Christlich Soziale Volksdienst ihren Stimmenanteil an die NSDAP. Am 22. April 1933 wurde das Ergebnis bekanntgegeben. Danach entfielen auf die Nazi-Partei 15, auf die SPD 12 und auf die Kampffront Schwarz-Weiß-Rot 8 Sitze.

Parallel zur Gleichschaltung der parlamentarischen Körperschaft begann die Überprüfung der städtischen Beamten auf ihre politische Zuverlässigkeit. Die entsprechende Handhabe gab das Gesetz zur Wiederherstellung des Berufsbeamtentums vom 7. April 1933. Eine auf Ratsbeschluß eingesetzte Arbeitsgruppe empfahl die Entlassung von Bediensteten, deren Lebenslauf nicht den Vorstellungen der Nazis entsprach. Nach einem Bericht vom 25. Juli 1933 wurden insgesamt 31 Personen benannt, die den politischen Anforderungen der »neuen Zeit« nicht gerecht werden würden. Zu erheblichen Einschnitten kam es dabei in der Rostocker Feuerwehr, wo 14 Beamte, die als Mitglieder oder Sympathisanten der SPD bzw. der KPD galten, aus dem öffentlichen Dienst entfernt wurden. Im Bereich der Polizei griff das Gesetz in fünf Fällen. Die im Sicherheitsdienst freigewordenen Stellen wurden später mit zuverlässigen SA-Leuten, sogenannten »alten Kämpfern«, aufgefüllt. Die eindringliche Fürsprache hochrangiger NSDAP-Funktionäre und die Kooperationsbereitschaft der städtischen Behörden ebneten den Weg zur Versorgung von Nationalsozialisten mit lukrativen Posten und beförderten zugleich den systematischen Einstieg der Nazis in machtstrategisch wichtige Bereiche. So gelangten beispielsweise schon 1933 mit dem Schlosser Carl Dau (1900-?) und dem Arzt Dr. Hans-Eugen Sommer (1901-1952) zwei zuverlässige Nazis in den Polizeidienst. Sommer stieg Anfang 1938 gar zum Polizeipräsidenten der Stadt auf. Bis November 1934 war die Zahl der aus dem öffentlichen Dienst Entfernten mit insgesamt 39 Personen nur unwesentlich angestiegen. Damit hatte das Berufsbeamtengesetz nicht gravierend in den Personalbesatz der städtischen Verwaltung eingegriffen. Schließlich mangelte es der NSDAP in der Machtergreifungsphase noch an geeigneten Verwaltungsfachleuten mit entsprechendem Parteibuch, so daß man sich nahezu zwangsläufig weiter auf die alte Beamtenschaft stützen mußte. Eine Tatsache, die letztlich auch den Oberbürgermeister Dr. Robert Grabow noch vor einer Amtsenthebung bewahrte. Selbst massive Denunziationen aus seinem früheren Wirkungskreis in Memel, die ihn der Logenzugehörigkeit, der Untreue und der politischen Unzuverlässigkeit bezichtigten, brachten Grabow nicht zu Fall. Für den versierten Verwaltungsfachmann konservativer Prägung, der die Stadt durch die schwierigen Zeiten der Weltwirtschaftskrise manövriert hatte, gab es zu diesem Zeitpunkt keinen gleichwertigen Ersatz. Dr. Robert Grabow blieb – wie fünfzig

Prozent seiner mecklenburgischen Amtskollegen aus der Weimarer Zeit auch – zunächst weiter Stadtoberhaupt.

Während die Gleichschaltung im öffentlichen Dienst auf dem Verwaltungswege, im Hintergrund und nicht für jedermann sichtbar abgehandelt wurde, zeigten die neuen Machthaber in der Bekämpfung der politischen Gegner keinerlei Zurückhaltung. Nachdem die KPD außerhalb des Gesetzes gestellt war, richtete sich die Verfolgung nunmehr auch gegen die Sozialdemokratie. Zwischen dem 16. März und dem 10. April 1933 wurden sämtliche sozialdemokratische Verbände wie das Reichsbanner, die Eiserne Front, die Sport- sowie Kinder- und Jugendorganisationen mit Verboten belegt. Dies zog die Beschlagnahme des Organisationsvermögens nach sich. Am 20. März 1933 erfolgte dann die Verhaftung der in Rostock angesehenen Bezirksfunktionäre Wilhelm Jesse (1897-1971) und Albert Schulz (1895-1974). Deutlich gewarnt, brachte die SPD zum Schutz ihrer Anhänger die Mitgliederkartei in Sicherheit. Parallel zur Unterdrückung der politischen Gegner erfüllte auch der Antisemitismus von Anfang an eine wesentliche Funktion. Er ließ sich dauerhaft als Feindbild und bei jeder Gelegenheit als Rechtfertigungsstrategie mißbrauchen. So auch am 1. April 1933, als die Nationalsozialisten reichsweit mit dem Boykott jüdischer Geschäfte, Arzt- und Anwaltspraxen das erste antijüdische Pogrom organisierten. In Rostock nahmen die Aktionen bereits einige Tage früher ihren Anfang. Sie begannen am 30. März mit der Postierung von SA-Leuten vor Geschäften und setzten sich am Abend des 31. März 1933 mit einer großangelegten Kundgebung auf der Reiferbahn fort. Dr. David Thormann (1903-?), ein erst neunundzwanzigjähriger Rechtsanwalt und stadtbekannter Nationalsozialist, schwor die Anwesenden auf den bevorstehenden Tag ein. Ein in Umlauf befindliches Flugblatt gab die Handlungsorientierung zum Boykott. Dieser erfaßte am 1. April 1933 insgesamt 57 Rostocker Geschäfte, Arztpraxen und Anwaltskanzleien. Unter massiven Bedrohungen mußten die meisten Einrichtungen schließen. Die zuständigen Sicherheitsbehörden griffen nicht ein. Sie überließen der SA das Feld. Durch einen Erlaß Görings vom Februar 1933 in den Rang einer Hilfspolizei aufgestiegen, bestimmte die SA das Ausmaß der Verfolgung maßgeblich mit.

Die SA war auch Hauptakteur, als die Nationalsozialisten am 2. Mai 1933 den Angriff auf die Gewerkschaften, starteten. Noch einen Tag zuvor hatten die neuen Machthaber den 1. Mai als »Tag der nationalen Arbeit« feiern lassen. Allein die Tatsache, daß die Veranstaltung auf dem Rostocker Vögenteichplatz etwa 30000 Besucher zählte, zeigte, daß die Gleichschaltung der Gewerkschaften offenbar ohne Risiko einer Gegenwehr anlaufen konnte. Unter

Rostocker SA anlässlich ihrer Vereidigung als Hilfspolizei, 5. März 1933

dem Aufmacher »Der Nationalsozialismus übernimmt die Führung der Gewerkschaften« vermeldete der »Niederdeutsche Beobachter« in seiner Ausgabe vom 2. Mai 1933, daß binnen weniger Stunden im Raum Mecklenburg-Lübeck zweitausend Geschäftsstellen besetzt und zahlreiche prominente Gewerkschaftsführer verhaftet worden waren. In Rostock betraf dies unter anderem den Landesvorsitzenden des Allgemeinen Deutschen Gewerkschaftsbundes, den Bezirkschef des Allgemeinen freien Angestelltenbundes und den Gauvorsitzenden des Deutschen Landarbeiterverbandes. Das traditionelle und gut ausgestattete Rostocker Gewerkschaftshaus, die Philharmonie im Patriotischen Weg, wurde wenig später der Deutschen Arbeitsfront (DAF) unterstellt. Am 10. Mai 1933, dem Gründungstag der nationalsozialistischen Einheitsgewerkschaft DAF, brannten in Rostock wie vielerorts in Deutschland Scheiterhaufen. Öffentlich vernichtet wurden Bücher bürgerlich-humanistischer, marxistischer und jüdischer Autoren, die fanatische Mitglieder des NS-Studentenbundes in einer groß angelegten Durchsuchungsaktion aus sämtlichen Rostocker Bibliotheken und Büchereien zusammengetragen hatten. Vor der Universität stand ein Schandpfahl, an dem Studenten, für jedermann sicht-

Bücherschandpfahl vor der Universität, Mai 1933

bar, Beispiele angeblich zersetzender Literatur angeschlagen hatten. Die öffentliche Bücherverbrennung fand dann auf dem Rostocker Vögenteichplatz statt – er gehörte zu den bevorzugten Aufmarschplätzen der NSDAP. Einen Tag zuvor hatte man während der Stadtverordnetenversammlung vom 9. Mai 1933 seine Umbenennung beschlossen. Nun sollte er nach dem Gauleiter der NSDAP Friedrich-Hildebrandt-Platz heißen. Der Volksmund quittierte die Eilfertigkeit der neuen Herren auf seine ihm eigene Weise und verpaßte dem Gauführer mit »Fiete Vögenteich« einen neuen Namen. Erst am 27. April 1933 hatte das Stadtparlament den Beschluß gefaßt, dem Reichskanzler Adolf Hitler und dem Reichspräsidenten Paul von Hindenburg die Ehrenbürgerschaft der Stadt Rostock anzutragen.

Der Opposition waren infolge der Kräftekonstellation dabei faktisch die Hände gebunden. Immer mehr in die Defensive gedrängt, wurden die Sozialdemokraten in der Beratung vom 10. Mai 1933 bei der Neubesetzung der Ausschüsse von der Mitarbeit ausgeschlossen. Nur wenige Wochen später folgte am 22. Juni 1933 das reichsweite Verbot der SPD, das die Sozialdemokratie – gleich der KPD – in die Illegalität drängte. Im Stadtparlament war man nunmehr unter sich. Über die Änderung der Hauptsatzung organisierte die NSDAP den direkten Einstieg in die kommunale Selbstverwaltung. Durch eine zahlenmäßige Erweiterung der unbesoldeten Stadtratsstellen und deren Neubesetzung am 12. Juni 1933 wurde zunächst ein Gegengewicht zu den Festangestellten des Rates geschaffen. Auf die lukrativen Posten gelangten mit einer Ausnahme nur Nationalsozialisten. In einem zweiten Schritt griff die NSDAP nach einem besoldeten Stadtratsamt. Die per Ratsbeschluß am 13. November 1933 zusätzlich geschaffene Stelle erhielt der wohl in praktischen Verwaltungsdingen bis dahin erfahrenste Rostocker Nationalsozialist, der Kreisleiter Walter Volgmann. Kurze Zeit später stieg er zum Stellvertreter des Oberbürgermeisters auf. Aber Volgmann erfüllte mehr als nur eine Kontrollfunktion für die NSDAP. Er war Dr. Robert Grabow als Anwärter nachgeordnet und sollte seine Kenntnisse an der Seite des kompetenten Stadtoberhaupts ergänzen und erweitern. Damit kam der Rat der Stadt den neuen Mächtigen in vorauseilendem Gehorsam weit entgegen. So zeichnete sich schon ab, daß die Position des Oberbürgermeisters in absehbarer Zeit zur Disposition stehen würde. Diesen Zustand hielt man bis zum Frühjahr 1935 in der Schwebe. Die dann ab dem 1. April 1935 gültige Deutsche Gemeindeordnung veränderte alles. Das nationalsozialistische Kommunalverfassungsgesetz wertete das fortan nach dem Führerprinzip angelegte und mit weitreichenden Vollmachten ausgestattete Bürgermeisteramt weiter auf. Für die NSDAP bestand nun auch in Rostock

Empfang des Reichstatthalters im Rostocker Rathaus, 2. Juni 1933 (von links 2. Walter Volgmann; 7. Reichsstatthalter Friedrich Hildebrandt; 8. Dr. Robert Grabow)

akuter Handlungsbedarf, wollte sie sich nicht selbst um das von ihr beanspruchte Maß an Einflußnahme bringen. Deshalb betrieben die örtlichen und regionalen Parteiinstanzen seit Anfang April 1935 in hektischer Betriebsamkeit die Ablösung Grabows. Dem Drängen der Nationalsozialisten zurückzutreten, gab Grabow ohne Widerstand am 3. April 1935 nach. Das höchste kommunale Amt, der Posten des Oberbürgermeisters, gelangte an den bisherigen Stellvertreter, den Nationalsozialisten Walter Volgmann, der seinen Dienst offiziell am 17. April 1935 antrat. Damit war der seit 1933 noch offene Machtwechsel endgültig vollzogen. Volgmann empfahl sich aus Sicht der Nazis insbesondere wegen seiner geradezu makellosen Parteikarriere, die 1925 mit dem Eintritt in die NS-Bewegung und der Funktion des Ortsgruppenleiters früh begonnen hatte. Von Beruf Kaufmann blieb Volgmann trotz seiner Stadtratstätigkeit ein Quereinsteiger. Deshalb mußte ihm mit Dr. Robert Grabow ein juristisch gebildeter Verwaltungsfachmann als Bürgermeister zur Seite gestellt werden. Fachlich überfordert delegierte Volgmann in den folgenden Jahren die Sacharbeit weitgehend an Grabow und konzentrierte sich vor allem auf die Repräsentation des politischen Regimes.

Dem Oberbürgermeister waren Stadträte beratend zugeordnet, die nach der Deutschen Gemeindeordnung nun die Bezeichnung Beigeordnete führten. Von den elf haupt- und nebenamtlich bestellten Beigeordneten waren sechs Nationalsozialisten. Darüber hinaus beseitigte die Deutsche Gemeindeordnung das kollektive Entscheidungsorgan der Kommune, die Stadtverordnetenversammlung. An ihre Stelle traten dreißig Ratsherren, die als Gemeinderat lediglich ein Diskussions-, aber kein Beschlußgremium mehr bildeten. Sämtliche Ratsherren, die im Oktober 1935 berufen wurden, gehörten der NSDAP an. Allein 27 von ihnen zählten zu den »alten Kämpfern«, die schon vor der Machtergreifung zur Partei gekommen waren. Sie stammten in ihrer Mehrheit aus den Kreisen der Angestellten und Beamten und galten häufig als Amtsträger der NSDAP oder als Funktionäre von NS-Organisationen. Wie die Stadtverordnetenversammlung seit 1933 unterlag auch der Gemeinderat ab 1935 einer nicht unerheblichen Fluktuation seiner Mitglieder. Bis 1938 schieden immerhin acht Ratsherren zumeist aus beruflichen oder politischen Karrieregründen aus. Um den Einfluß der NSDAP auf die Kommunalverwaltung weiter zu verstärken, sah die Gemeindeordnung den Einsatz eines Beauftragten der Partei vor. Neben der politischen Aufsichts- und Kontrollfunktion stand ihm das entscheidende Mitspracherecht in Personalfragen zu. Diese Funktion oblag dem Kreisleiter der NSDAP Otto Dettmann (1907-1945). Mit der Umsetzung der Deutschen Gemeindeordnung fand die Machtübernahme der NSDAP in der Stadt Rostock im Herbst 1935 ihren Abschluß. Das nationalsozialistische Stadtregime war installiert. Die Struktur behielt – mit Ausnahme von weiteren Personalveränderungen zugunsten der NSDAP – bis 1945 ihre Gültigkeit.

Der Aufstieg der Rüstungsindustrie

Rostock, das schon immer eine Sonderstellung im agrarisch geprägten Mecklenburg einnahm, verzeichnete nach 1933 einen deutlichen wirtschaftlichen Aufschwung. Im Zuge der Aufrüstung und der Kriegsvorbereitung etablierte sich die Stadt zu einem wichtigen Standort der Rüstungsindustrie. Durch staatliche Kredite großzügig gefördert, entwickelten sich die in Rostock und Warnemünde bereits ansässigen Unternehmen des Flugzeug- und des Schiffbaus rasch zu modernen und leistungsfähigen Rüstungsbetrieben, die das gesamte wirtschaftliche und soziale Profil der Stadt nachhaltig prägten.

Das wichtigste Unternehmen dieser Art waren die Ernst-Heinkel-Flugzeugwerke, die die schweren Jahre der Weltwirtschaftskrise gut überstanden hatten. Sie kassierten 1933 den größten Anteil der vom Staat bereitgestellten ersten Rüstungsmillionen. Nachdem das Mietverhältnis auf dem Warnemünder Flugplatz im Herbst 1933 durch die Aero-Sport GmbH wegen Eigenbedarf gekündigt worden war, bekam Ernst Heinkel die 300 Hektar große Staatsdomäne Marienehe, wo er einen Betriebsneubau errichten ließ. Das am 3. Dezember 1934 eingeweihte Stammwerk, ursprünglich für 2100 Arbeitskräfte geplant, beschäftigte 1941 ca. fünfzehntausend Arbeiter und Angestellte. Heinkel, der in Rostock in der Bleicherstraße, in der Werftstraße und im Patriotischen Weg, in Oranienburg bei Berlin und Zuffenhausen bei Stuttgart sowie während des Krieges in Österreich und im besetzten Polen noch über weitere wichtige Produktionsstätten verfügte, realisierte umfangreiche Aufträge für die Luftwaffe. Dazu gehörte die in Reihe gebaute »He 70«, eine zum Aufklärungs- und Kurierflugzeug umfunktionierte Schnellverkehrsmaschine. Ab 1936 produzierte Heinkel mit der »He 111« den Standardbomber der deutschen Luftwaffe, der bereits in den Jahren 1936 bis 1939 durch den Einsatz im Spanienkrieg traurige Berühmtheit erlangte. Bis zum Kriegsbeginn lieferte die Firma als eine der Hauptproduzenten der Luftwaffe rund viertausend Kampfflugzeuge unterschiedlichster Typen. Mit dem verhängnisvollen Engagement zugunsten der Kriegsvorbereitung förderte Heinkel zugleich die technische Weiterentwicklung des Flugwesens. Er unterstützte Projekte und suchte die Kooperation mit der Universität. So besuchten Konstrukteure und Ingenieure des Unternehmens wissenschaftliche Spezialvorträge an der Rostocker Hochschule, die sich mit Problemen der Festigkeit im Flugzeugbau, der Mechanik und Aerodynamik befaßten. Heinkel, der Ende 1938 an der Universität eine Stiftung einrichtete, beanspruchte ein Mitspracherecht bei Personalentscheidungen, wie etwa bei der Besetzung der 1939 neu eingerichteten Professur für angewandte Mathematik. Zu den für die Geschichte des Flugwesens bahnbrechenden Spitzenleistungen des Heinkel-Unternehmens zählte der weltweit erste Start einer mit Flüssigkeitsraketenantrieb bestückten Maschine vom Typ »He 176« am 20. Juni 1939 sowie der Start einer »He 178«, des ersten Düsenflugzeugs der Welt, am 27. August 1939.

Eine ähnlich rasante Entwicklung nahmen die in Warnemünde angesiedelten Arado Flugzeugwerke. Auch hier ermöglichten Reichskredite die Erweiterung des bisher kleinen Unternehmens. Nach Aufspülung des sogenannten Neuen Landes in Warnemünde erfolgte 1934 der Bau neuer Werkhallen und die Anlage eines weiteren Flugplatzes. Neben der Fertigung werkseigener

Serienproduktion des Standardbombers He 111 im Ernst-Heinkel-Flugzeugwerk Rostock-Marienehe, 2. Hälfte 1930er Jahre

Flugzeugmodelle wie der 1936 entwickelten Mehrzweckmaschine »Ar 96« erwies sich für Arado die Lizenzproduktion einiger Fabrikate von Heinkel, Messerschmidt, Dornier und Fokker-Wulf als äußerst profitabel. Die günstige Auftragslage ließ die Beschäftigtenzahlen schnell ansteigen. So wuchs die Belegschaft von ursprünglich 100 Betriebsangehörigen 1933 auf ca. 3500 Arbeitskräfte in den Jahren 1937/38.

Die Flugzeugindustrie, die sich in den 30er Jahren in Rostock mit den beiden Großbetrieben Heinkel und Arado fest etabliert hatte, produzierte mit den modernsten Maschinen und Fertigungsverfahren. Fließband- und Taktstraßenarbeit, Schichtsystem und Wettbewerbe waren Bestandteil einer zunehmend effizienten Betriebsorganisation. Überdurchschnittliche Verdienstmöglichkeiten, Pausengestaltung durch Kantinenversorgung und Werkfunk, Betriebssportgemeinschaften sowie ein Netz umfangreicher Sozial- und Gesundheitsleistungen optimierten zudem die Auslastung der Arbeitskraft. Obwohl über das sprichwörtliche Arbeitspensum bei Heinkel und Arado unter der Rostocker Bevölkerung Witze kursierten, fühlten sich die Belegschafts-mitglieder aufs engste mit ihrem Unternehmen verbunden und demonstrier-ten dies selbstbewußt auf vielfältige Weise. In der Tat gehörten die Flugzeubauer, die mit 1,24 bis 1,28 Reichsmark pro Stunde für mecklenburgi-sche Verhältnisse Spitzenlöhne verdienten, zur Arbeiterelite in der Stadt Ro-stock.

Zu neuer Bedeutung gelangte ab Mitte der 30er Jahre auch die während der Weltwirtschaftskrise arg in Mitleidenschaft gezogene Neptunwerft. Durch staat-liche Regulierungsmaßnahmen 1934 vor dem Ruin bewahrt, wurde das wirt-schaftlich angeschlagene Unternehmen als GmbH wiederhergestellt. Gesell-schafter waren zu je gleichen Teilen das Land Mecklenburg, die Stadt Rostock und die Deutsche Schiffs- und Maschinenbau AG Bremen (Deschimag). Wäh-rend der Bereich Schiffsneubau zwischen 1934 und 1937 kaum kostendek-kend arbeitete, ermöglichten die zaghaften Anfänge der Rüstungsproduktion bereits wieder Gewinne. Unterstützung leisteten ab 1934 die Heinkel- und die Aradowerke mit Aufträgen zur Produktion von Eisenkonstruktionen für Han-gars und zur Herstellung von Vorrichtungen für den Bau der »He 111«. Der endgültige wirtschaftliche Durchbruch gelang in der zweiten Hälfte der 30er Jahre durch lukrative Vertragsabschlüsse mit der Wehrmacht, dem Oberkom-mando der Marine und dem Reichsluftfahrtministerium. Die Marine wirkte seit 1938 als Hauptauftraggeber der Werft, die Produktionsanlagen wurden systematisch für den Kriegsschiffbau umgerüstet. Mit der Spezialisierung nahm das traditionelle Rostocker Unternehmen fortan einen festen Platz in der Rüstungsproduktion ein. Auf der Werft, die 1933 lediglich 90 Belegschafts-mitglieder zählte, gab es 1938 wieder 1800 Arbeitsplätze.

Die drei Rostocker Großbetriebe der Rüstungsindustrie erfaßten 1939 mit mehr als 14000 Beschäftigten fast die Hälfte des in der Industrie und im Hand-werk der Stadt tätigen Arbeitskräftepotentials. Damit bestimmte der stark aus-gebaute Rüstungssektor wesentlich das wirtschaftliche Leben Rostocks. Na-hezu alle anderen Wirtschaftsbereiche ordneten sich diesen ökonomischen Gegebenheiten unter und brachten ihr Profil gewinnbringend in den von der Rüstung dominierten Wirtschaftskreislauf ein. Von der Rüstungsindustrie pro-fitierten deshalb auch eine Reihe mittelständischer Industrieunternehmen in Rostock, die sich auf die Zulieferung für den Flugzeugbau orientiert hatten. Zu diesen Betrieben gehörten das Ingenieurbüro Meincke, Elektromotoren-werk und Maschinenfabrik; die Drahtwarenfabriken Ferdinand Schulz, Carl Bremer und Norddraht sowie die Maschinen- und Feldbahnfabrik Konrad Jürges. Schließlich wurden auch die infrastrukturellen Rahmenbedingungen den neuen Gegebenheiten angepaßt. Dies betraf beispielsweise die Abdeckung des erhöhten Energiebedarfs durch eine stetige Modernisierung der Erzeugeranlagen wie im Falle des Kraftwerkes Bramow 1936 geschehen. Der Stromverbrauch von Heinkel, Arado und Neptun stieg rapide und erreichte im ersten Halbjahr 1939 rund 6,7 Millionen Kilowattstunden. Um die verkehrstechnische Anbindung der Rüstungsbetriebe zu gewährleisten, wurde 1936 die Straßenbahnlinie 2 um etwa vier Kilometer von der Doberaner Straße bis nach Marienehe verlängert. Die Inbetriebnahme der Strecke erfolgte am 17. November 1936. Auch die Strandbahn Warnemünde-Markgrafenheide, die sowohl Personal als auch Material für die Rüstungsproduktion beförderte, stellte sich auf das starke Fahrgastaufkommen ein und ging 1935 zum ganzjährigen Betrieb über.

Die Wirtschaft der Stadt befand sich durch die stark expandierende Rüstungsindustrie in einer Phase des Aufstiegs, von dem nahezu alle Branchen ihren Nutzen zogen, auch solche Unternehmen, die nur indirekt in diese Entwicklung einbezogen waren, wie die Brauerei Mahn & Ohlerich, die Margarinefabrik Hoyer oder die Rostocker Zuckerfabrik. Die Verarbeitung und der Umsatz von landwirtschaftlichen Produkten des agrarischen Umlandes gestalteten sich wieder rentabel. Im Jahr 1938 konnte ein neuer Schlachthof seinen Betrieb aufnehmen. Nicht zuletzt wegen des gut florierenden Getreidehandels bzw. -exports wurde 1935 mit dem Bau von Speichern im Rostocker Stadthafen begonnen. Der zuerst errichtete Speicher verzeichnete mit über 40 Metern eine stattliche Höhe und war weithin sichtbar. Selbst die zahlreichen kleinen Handwerksbetriebe und Handelsniederlassungen der Stadt waren in den wirtschaftlichen Aufschwung der 30er Jahre eingebunden, denn sie hatten sich auf die erhöhten Anforderungen der Versorgung einer rasch wachsenden Rostocker Bevölkerung mit Lebensmitteln, Konsumgütern und Dienstleistungen einzustellen.

Rostock wird Großstadt

Der Ausbau der Rüstungsindustrie beeinflußte die Stadtentwicklung nachhaltig. Insbesondere der Flugzeugbau zog junge Arbeitskräfte aus ganz Deutschland nach Rostock, die sich infolge einer gesicherten Perspektive bald dauerhaft in der Stadt niederließen und hier Familien gründeten. Zwischen 1933 und 1934 waren die Eheschließungen bereits um rund 42 Prozent angestiegen. Ähnliches zeichnete sich in der Geburtenrate ab. Die Zahl der Einwohner nahm stetig zu. Registrierte die Volkszählung vom 16. Juni 1933 noch 89990 Bürger, so lebten zum Jahresende schon 93530 Menschen in der Stadt. Die »magische Grenze« von 100000 wurde 1935 überschritten. Der einhunderttausendste Einwohner – Hans-Jochen Marott (1935-2001) wurde am 3. März 1935 geboren – brachte Rostock den prestigeträchtigen und für Mecklenburg einmaligen Status einer Großstadt. Die Statistik führte Rostock als die 54. Großstadt des damaligen Deutschen Reiches. Rostock, das sich seit 1936 zusätzlich mit dem Attribut »Seestadt« schmückte, verzeichnete in den 30er Jahren auch eine Erweiterung des Stadtgebietes. Im Zuge einer von der Landesregierung angestrebten Verwaltungsvereinfachung erfolgte im April 1934 die Eingemeindung der Orte Diedrichshagen, Gehlsdorf, Groß Klein, Lütten Klein, Marienehe, Schmarl und Schutow. Ein Umstand der sich in Anbetracht der weiter wachsenden Bevölkerung zudem als günstig erwies. Im Mai 1939 erreichte Rostock schließlich eine Einwohnerzahl von 121192. Damit war zwischen 1933 und 1939 eine Bevölkerungszunahme von mehr als 25 Prozent zu verzeichnen.

Lediglich ein gutes Drittel stammte aus Mecklenburg. Die Mehrheit kam aus Südwestdeutschland, Bayern und dem Rheinland. Dabei bewies der Fakt, daß die Belegschaft der Ernst-Heinkel-Werke vor Kriegsausbruch zu dreiundsechzig Prozent aus Nichtmecklenburgern bestand, nachhaltig das Hauptmotiv der Zuwanderung. Die Ausweitung des Rüstungssektors leitete auch sozialstrukturelle Veränderungen ein. Der Anteil der in der Industrie und im Handwerk Tätigen war seit Anfang der 30er Jahre deutlich gestiegen. Über die Hälfte der im nichtagrarischen Sektor erwerbstätigen Rostocker kam 1939 aus diesem Wirtschaftsbereich. Die Abteilung Handel und Verkehr erfaßte etwa ein Drittel der Beschäftigten, gefolgt von den öffentlichen und privaten Diensten, die gut zwölf Prozent der Erwerbspersonen ausmachten. Die industrielle Entwicklung Rostocks wurde darüber hinaus zum Indikator für ein tendenziell höheres Qualifikationsniveau der Arbeitnehmer. Die im Flugzeugbau tätige Arbeiterschaft bestand zur Hälfte aus Fachkräften. Mit 2311 technischen Angestellten verfügten Heinkel und Arado 1939 über ein erhebliches Potential an hoch qualifizierten Ingenieuren und Konstrukteuren. Die wirtschaftliche Aufwärtsentwicklung, die in unmittelbarem Zusammenhang mit der Kriegsvorbereitung stand, trug auch wesentlich zur Entspannung der Arbeitsmarktsituation bei, die am Ende der Weltwirtschaftskrise einen Großteil Rostocker Familien belastet hatte. Im Jahre 1939, am Vorabend des Zweiten Weltkrieges, verzeichnete die Stadt Vollbeschäftigung. Der positive Trend betraf auch das Baugewerbe, das in den 30er Jahren maßgeblich vom Bevölkerungswachstum durch die Rüstungsindustrie profitierte und das wie alle Branchen am wirtschaftlichen Aufschwung teilnahm.

Wohnungsbau und Stadterweiterung

Die in den 20er Jahren aufgelaufenen Wohnungsprobleme und der nach 1933 einsetzende Zustrom auswärtiger Rüstungsarbeiter hatten einen akuten Wohnungsnotstand hervorgerufen. Durch finanzielle Zuschüssen aus Reichs- und Landesmitteln förderte die Stadt ab 1933 insbesondere mit Arbeitsbeschaffungsmaßnahmen den Wohnungs- und den Straßenbau. Die behördliche Zuständigkeit lag zunächst weiter beim Stadtbaudirektor Gustav Berringer, der in der gesellschaftlichen Umbruchsphase die Fortführung der Projekte aus der Weimarer Zeit beaufsichtigte. Als Vertreter des von den Nazis abgelehnten Bauhausstils schon 1934 in den Ruhestand versetzt, ging die Kompetenz an den Direktor des Hafen- und Tiefbauamtes Hugo Kieker (1879-?) über. Im Bereich des Wohnungsbaus übernahmen die Nationalsozialisten weitgehend das Grundkonzept der 20er Jahre. Dies umfaßte sowohl den mehrgeschossigen Wohnungsbau als auch den Bau von Einfamilien- bzw. Doppelhäusern in Stadtrandsiedlungen. Anders verhielt es sich hingegen mit der Bauausführung. An die Stelle von farbigen Putzbauten mit Flachdach traten mehr und mehr die von den Nationalsozialisten als norddeutsche Bauweise bevorzugten Backsteinhäuser mit Satteldach.

Die Stadterweiterung der 30er Jahre erfolgte vor allem in Richtung Westen. Sie orientierte sich am Ausbau der Rüstungsindustrie und am Bevölkerungswachstum. Um den steigenden Bedarf abzudecken, entstanden völlig neue Wohnviertel in zumeist mehrgeschossiger Blockbebauung. So wurden 1933/34 zunächst größere Baulücken in der Park- und der Ulmenstraße sowie in der Strempelstraße geschlossen. Nahezu zeitgleich entstanden in der Dethardingstraße 42 Häuser mit 260 Wohnungen sowie ab Juli 1934 der Neubau der Sparkassenfiliale. Im Jahr 1937 wurde die Dethardingstraße 10 als Caféhaus mit Poststelle projektiert. In unmittelbarer Nachbarschaft zur Dethardingstraße erfolgte seit Mitte der 30er Jahre auch die Errichtung des sogenannnten Klinikviertels. Neben der Wohnbebauung entstanden hier weitere Teile des Klinikkomplexes. Dies betraf unter anderem den Bau der Universitätszahnklinik. Nach knapp zweijähriger Bauzeit wurde die seinerzeit modernste europäische Fachklinik für Stomatologie am 31. Mai 1938 in Anwesenheit von mecklenburgischer Partei- und Regierungsprominenz eingeweiht. Auch der Reichsminister für Wissenschaft, Erziehung und Volksbildung Bernhard Rust (1883-1945) war zur feierlichen Inbetriebnahme erschienen. Nur wenige Wochen später, am 4. Juli 1938, erfolgte die Grundsteinlegung zum Bau der Universitätskinderklinik. Durch den Krieg mehrfach unterbrochen, konnten bis 1945 mit dem Nord- und dem Mittelflügel nur Teile der Klinik fertiggestellt werden. Zu den großen Bauplätzen der 30er Jahre gehörte auch das Gebiet um die Danziger Freiheit (heute Dürerplatz). Hinzu kam ab 1935 das Hansaviertel mit ca. tausend geplanten Wohnungen und der Bereich um den Wilhelm-Gustloff-Platz (heute Thomas-Müntzer-Platz) mit etwa sechshundert Wohneinheiten. In Warnemünde wurden bis einschließlich 1934 45 Neubauten mit 174 Wohnungen errichtet. Die wohl umfänglichste Bebauung erfolgte dort in der Paschenstraße mit zehn neuen Häusern.

Neben der mehrgeschossigen Blockbebauung bildete die Siedlung – nach 1933 unter dem Vorzeichen der »Bindung an den Boden« propagiert – einen weiteren Schwerpunkt nationalsozialistischer Wohnungspolitik. Dabei nahmen die Nazis Siedlungsvorhaben aus den 20er Jahren wieder auf. Dies traf besonders auf das Siedlungsprojekt Dierkow zu. Bereits in der Weimarer Zeit

Siedlung Dierkow, um 1936

geplant und wegen zu hoher Erschließungskosten zurückgestellt, wurde Dierkow zwischen 1933 und Anfang der 40er Jahre in mehreren Bauabschnitten realisiert. Im Jahr 1933 mit 36 Häusern begonnen und ab August 1935 durch die Errichtung von 230 Objekten fortgesetzt, standen hier 1936 weitere 126 Einfamilien- bzw. Doppelhäuser in der Planung. Als Gegenstück der nach Westen ausgerichteten Stadterweiterung sollte Dierkow wieder stärker zur Belebung der Rostocker Altstadt beitragen. Das zweite Projekt dieser Art war Reutershagen. Um die Grundsteinlegung, die durch den Gauleiter Friedrich Hildebrandt (1898-1947) am 21. März 1934 vorgenommen wurde, veranstalteten die Nationalsozialisten einen erheblichen Propagandarummel, da der symbolische Baubeginn der Siedlung zugleich den Auftakt zur »Arbeitsschlacht« des Jahres 1934 in Rostock bildete. Bereits 1936 waren 270 Häuser fertiggestellt. In unmittelbarer Nähe zum Heinkelwerk in Marienehe gelegen, lebten in der Siedlung viele im Flugzeugbau beschäftigte Facharbeiter und technische Angestellte. So unterstützte Heinkel den Bau von billigem Wohnraum im Interesse seiner wachsenden Belegschaft. Beim Eigenheimbau übernahm das Unternehmen über die werkseigene Heinkel-Wohnbau GmbH beispielsweise die Eigenkapitalleistung und verrechnete sie mit dem Lohn bzw. dem Gehalt. Darüber hinaus beteiligten sich die großen Rüstungsunternehmen der Stadt an der Rostocker Wohn- und Siedlungsbau-Genossenschaft mbH – ab Mai 1939 »Neue Heimat« Gemeinnützige Wohnungs- und Siedlungsgesellschaft der DAF – , um das Stammpersonal mit Siedlungshäusern und mietgünstigen Werkswohnungen zu versorgen. Letztere entstanden ab 1937 unter anderem im Komponistenviertel entlang der Straßenbahnstrecke nach Marienehe. Gebaut wurden zunächst 76 Häuser mit insgesamt 483 modernen Zwei-und Drei-Raum-Wohnungen. Ab 1938 schloß sich die Wohnbebauung um den Wiener Platz an. Beide Wohngebiete waren durch eine 1938/39 angelegte zehn Hektar große Parkanlage mit dem Schwanenteich im Mittelpunkt weitläufig verbunden. Die Fassadengestaltung der Giebelfront eines der Lübecker Straße zugewandten Hauses, die einen zum Himmel aufblickenden Heinkelarbeiter darstellte, symbolisierte die enge Verbindung der im Komponistenviertel Lebenden mit dem Flugzeugbau. Obgleich die Nachfrage nach Wohnraum die Kapazitäten stets überstieg, zeichnete sich bis Anfang der 40er Jahre in der Wohnungsversorgung eine gewisse Entspannung ab. Rostock, das im Wohnungsbau 1936 laut Propaganda den ersten Platz unter den deutschen Städten einnahm, verzeichnete zwischen 1933 und 1939 einen Zugang von insgesamt 7034 Wohnungen.

Geistig-kulturelles Leben

Der Machtwechsel hinterließ auch in den Kultur-, Wissenschafts- und Bildungseinrichtungen der Stadt seine Spuren. Die Universität hatte sich rasch den neuen Verhältnissen angepaßt. Das hier vorherrschende konservative Klima und der Hang zu autoritären Machtstrukturen begünstigten eine zügige Beseitigung der akademischen Selbstverwaltung. Im Sog der Gleichschaltungswelle entschied sich die Hochschulleitung bereits am 21. Juni 1933 mehrheitlich und ohne behördlichen Druck für die Einführung des Führerprinzips. Nach Auffassung des amtierenden Rektors Prof. Paul Schulze (1887-1949) war die Rostocker Universität die erste deutsche Hochschule mit nationalsozialistischem Führungsstil. Radikal gebährdete sich der Nationalsozialistische Deutsche Studentenbund (NSDStB), der die Entfernung jüdischer Wissenschaftler aus der Universität forderte. Die Anfeindungen konzentrierten sich insbesondere auf den Direktor der Universitätszahnklinik Prof. Dr. Hans Moral (1884-1933) und den Leiter des Psychologischen Instituts Prof. David Katz (1884-1959). Während der am 8. April 1933 beurlaubte Katz nach Großbritannien emigrierte und später in Schweden seine Wahlheimat fand, war der Zahnmediziner Hans Moral den Angriffen der Nazis nicht gewachsen. Extrem unter Druck gesetzt, beging der alleinstehende und psychisch angeschlagene Moral am 6. August 1933 Selbstmord. Das erste Opfer antisemitischer Provokationen war jedoch der Medizinalpraktikant Dr. Gustav Posner (1905-1933), der am 8. Juli 1933 von den Nazis verfemt, den Freitod gewählt hatte. Schon im Sommer 1933 galt der Lehrkörper der Rostocker Universität als «arisiert». Der Antisemitismus war schließlich auch der Grund für fünfundzwanzig jüdische Studenten, im Frühjahr 1933 nicht mehr an die Hochschule zurückzukehren. Die Mehrheit der Rostocker Wissenschaftler nahm diese Entwicklung widerspruchslos hin. Zu den wenigen Ausnahmen, die sich der permanenten antijüdischen Stimmungsmache widersetzen, gehörte der Direktor der Poliklinik für Innere Medizin Prof. Georg Ganter (1885-1940). Ganter behandelte in seiner Klinik auch jüdische Patienten. Der Denunziation im Dezember 1935 folgte eine Untersuchung und schließlich die Versetzung in den Ruhestand zum 31. Mai 1937. Mut zum Widerspruch fand auch der Altertumswissenschaftler Prof. Kurt von Fritz (1900-1995), der Einwände gegen die Vereidigung auf Hitler erhob. Noch einige Zeit geduldet, wurde er 1935 aus dem Universitätsdienst entlassen. Im Gegensatz dazu bildete die Akzeptanz des Systems die Regel. Dies traf letztlich auch auf die fünf Rektoren zu, die die Geschicke der Hochschule zwischen 1933 und 1945 mit mehr oder weniger Distanz zur NS-Diktatur führten. Der Einfluß des Nationalsozialismus war allgegenwärtig, so auch bei den Lehr- und Forschungsinhalten, die mehr und mehr der NS-ldeologie folgten. Die sogenannten Ostlandfahrten, studentische Exkursionen an die deutsch-polnische Grenze, bedienten ab 1934 zum Beispiel gezielt die weit verbreiteten nationalistischen Vorbehalte gegenüber dem Versailler Vertrag. Auch wehrwissenschaftliche Themen gewannen zunehmend an Bedeutung. Die mathematisch-naturwissenschaftlichen Disziplinen kooperierten mit der Rüstungsindustrie. Die Einrichtung des Instituts für wirtschaftliche Raumforschung und des Instituts für Agrar- und Siedlungswesen 1934 und 1935 stand in direkter Verbindung zu den NS-Theorien vom »Volk ohne Raum« und von »Blut und Boden«. Ähnlich verhielt es sich mit dem Engagement in der Erbbiologie und in der Rassenhygiene. Mediziner waren für die Erbgesundheitsbehörden tätig sowie in die antihumanistische Zwangssterilisation und menschenverachtende Euthanasie verstrickt.

Wie die Universität erlagen auch die Schulen nach 1933 mehr und mehr dem Einfluß des NS-Staates. Im Jahre 1934 gab es in Rostock ca. 11000 schulpflichtige Kinder und Jugendliche, die einem zunehmend politisierten Unterricht ausgesetzt waren. Ihre Lehrer gehörten bereits mehrheitlich dem Nationalsozialistischen Lehrerbund (NSLB) an. Im Kreis Rostock waren Ende 1933 schon 95 Prozent aller Volksschullehrer, 75 Prozent der Philologen und die Hälfte der Gewerbe- und Berufsschullehrer der NS-Berufsorganisation beigetreten. Unter den in Lehrberufen tätigen Rostockern gab es im Sommer 1933 77 Mitglieder der NSDAP. Im Gegensatz dazu mußten Lehrer, die sich nicht der Ideologie beugen oder nicht in das politische Konzept der Nazis paßten, ihren Beruf aufgeben. Entlassen wurde unter anderen der Studienrat Dr. Richard Moeller vom Lyzeum mit Studiernanstalt. Als Landesvorsitzender der Deutschen Staatspartei und engagierter Nazi-Gegner wurde Moeller umgehend suspendiert. Der Volksschullehrer Hans Bernitt (1899-1954) mußte wegen seiner SPD-Zugehörigkeit den Dienst quittieren. Lehrer jüdischer Herkunft bzw. Glaubens wurden mit Berufsverbot belegt. Im Juni 1934 zwangen die Nazis die Jüdin Marie Bloch (1871-1943), ihre privat geführte und angesehene Kindergärtnerinnenschule zu schließen, womit die Entlassung von Lehrkräften verbunden war.

Parallel zur restriktiven Personalpolitik verschoben die Nationalsozialisten die Prioritäten in der inhaltlichen Ausrichtung der Schulbildung. In den Mittelpunkt rückten nun »Leibesübungen« und die »deutschkundlichen Fächer«– Deutsch, Geschichte, Erdkunde, Zeichnen und Musik – mit denen sich die NS-Weltanschauung einprägsam vermitteln ließ. Diesem Zweck diente auch das Lesebuch für mecklenburgische Kinder »Heini und Lene«, das 1935 erschien. Rostocker Schulen arbeiteten außerdem mit dem zwischen 1935 und 1939 herausgegebenen »Deutschen Lesebuch«, das in Mecklenburg mit einem Regionalteil zur »Blut und Boden«-Problematik ausgestattet war. Die stetige Indoktrination hinterließ Wirkung. Ausdruck dessen war unter anderem die Mitgliedschaft in der Hitlerjugend (HJ). Einen ausgesprochen hohen Organisationsgrad verzeichnete die HJ durchgängig an höheren Lehranstalten. So auch in Rostock, wo beispielsweise am Realgymnasium im Februar 1936 90 Prozent der Schüler der nationalsozialistischen Jugendorganisation angehörten. Demgegenüber fielen die Mitgliedschaften an Volks- und Mittelschulen, wo sich die Kinder aus dem Arbeitermilieu konzentrierten, mit 42,7 Prozent im Kreis Rostock wesentlich niedriger aus. Obgleich die Schülerzahl in der Stadt stetig wuchs – 1939 befanden sich ca. 20000 Mädchen und Jungen im schulfähigen Alter – wurde der Bau neuer Einrichtungen vernachlässigt. Bis 1945 entstand lediglich ein Schulneubau in Dierkow. Geplant war, die größte Volksschule Mecklenburgs zu errichten. Der Bau sollte 36 Klassen, vier Turnhallen und mehrere Sportplätze umfassen. Am 15. April 1941 konnten durch kriegsbedingte Schwierigkeiten lediglich Teile des ehrgeizigen Projekts für den Schulbetrieb übergeben werden.

Der Zugriff des Nationalsozialismus machte auch vor der Kunst und Kultur nicht halt. Die Vorgänge der Gleichschaltung blieben jedoch – abgesehen von den spektakulären Aktionen der Anfangszeit – weitgehend im Verborgenen. Der kulturell interessierte Bürger konnte« seinen Bedürfnissen in scheinbar gewohnter Weise nachgehen. An den von den Nationalsozialisten verfügten Tabus wurde kaum Anstoß genommen. Trotz unübersehbarer Vereinnahmung und der Tatsache, daß verstärkt NS-Organisationen ins Kulturleben drängten, erfreuten sich die Rostocker Einrichtungen einer ungebrochen positiven Resonanz. Das Stadttheater, das über die Landesgrenzen hinaus für die Wagner-Pflege bekannt war, erlag in der NS-Zeit jedoch zunehmend der zweckdienlichen Instrumentalisierung seiner traditionsreichen Vorliebe. Dem langjährigen Intendanten Ernst Immisch, der sich 1935 auf eigenen Wunsch aus seinem Amt zurückzog, folgte mit Dr. Friedrich Wacker (1901- ?) ein Theaterchef, der als systemkonform galt. Nach einem Umbau des Zuschauer- und des Orchesterraums in den Sommermonaten 1938 erfolgte am 1. September im Rahmen der fünften Rostocker Kulturwoche die Wiedereröffnung des Hauses. Die Kulturwochen gehörten zum festen Bestandteil des gesellschaftlichen Lebens der Stadt. Sie fanden seit 1934 jährlich – zuerst im Juni und ab Mitte der 30er Jahre Ende August / Anfang September – statt. Neben der üblichen Würdigung der NS-Kulturpolitik standen vor allem Musik- und Theaterveranstaltungen auf dem Programm, die zahlreiche Besucher anzogen. Zur Aufführung gelangten regelmäßig auch Laienspiele mit vordergründig ideologischer Botschaft. Die Initiative für die im Zuge der Kulturwochen veranstalteten Ausstellungen lag zumeist beim Rostocker Kunstverein, der nach der Machtübernahme um weitgehend unverfängliche Themen bemüht war, die zudem ein breites Publikum ansprachen. Dafür standen unter anderem Expositionen über das Schaffen einheimischer Künstler. So gab es im Sommer 1935 zum 50. Geburtstag des angesehenen Rostocker Malers Emil Oberländer eine Werkschau. Zur vierten Kulturwoche 1936 griff der Kunstverein auf das Thema »Stadtansichten aus 100 Jahren« zurück und im Jahr 1937 wurde der Dichter Adolf Wilbrandt mit einer Ausstellung bedacht.

Aufwendig restauriert wurde 1937/38 die wertvollste Rostocker Ansicht, die Vicke-Schorler-Rolle. Ein Jahr später erschien im Rostocker Hinstorff Verlag, der sich unter dem Verleger Peter E. Erichson verdienstvoll um die Publikation der Stadtansicht bemühte, die erste vollständige Ausgabe der historisch einzigartigen Darstellung. Den Einführungstext zum Druck hatte der ausgewiesene Kunsthistoriker Prof. Oscar Gehrig verfaßt. Die Stadt Rostock ließ Adolf Hitler 1939 aus Anlaß seines 50. Geburtstages ein prestigeträchtiges Sonderexemplar zukommen. Oscar Gehrig, der als bester Kenner der Vicke-Schorler-Rolle galt, hatte sich über Jahre hinweg auf vielfältige Weise für die Kultur in der Stadt engagiert. So war er beim Hinstorff-Verlag auch für die Redaktion der Mecklenburgischen Monatshefte verantwortlich. Seine Herausgeberschaft endete, als die Nationalsozialisten am 1. Oktober 1936 die beliebte Pulblikationsreihe zur mecklenburgischen Kultur- und Volkskunde der Redaktion ihrer Parteizeitung »Niederdeutscher Beobachter« unterstellten. Einem ähnlichen Schicksal erlagen auch andere Veröffentlichungen des renommierten Rostocker Verlages. So mußte die über 15 Jahre von Dr. Erich Schlesinger (1880-1956) redigierte »Mecklenburgische Zeitschrift für Rechtspflege, Rechtswissenschaft und Verwaltung« an den NS-Rechtswahrerbund übergeben werden. Einblicke in das städtische Leben der 30er Jahre, das historische Stadtbild sowie die Entwicklung gewährte auch ein über Rostock gedrehter Werbefilm, der im Auftrage der Presse- und Propagandastelle des Rates hergestellt wurde. Die Uraufführung des UfA-Kulturstreifens mit dem Titel »Die Stadt der sieben Türme« fand im September 1936 in Anwesenheit des Gauleiters Hildebrandt und zahlreich vertretener lokaler Parteiprominenz im Lichtspieltheater Sonne statt. Zwei Jahre später machte der Beitrag durch seinen Einsatz während der Weltausstellung in Paris auf sich aufmerksam. Zu einem kulturellen Höhepunkt entwickelten sich in Rostock die Musikwochen, die seit 1939 regelmäßig im Mai abgehalten wurden. Anliegen war die Pflege klassischer und zeitgenössischer Musik, wobei Konzerte von NS-Organisationen stets ein nahezu gleichstarkes Gegengewicht bildeten. Auch die Musikwochen unterlagen dem Einfluß des Nationalsozialismus. So wurde 1941 die ideologisch ausgerichtete Kantate »Ewige Mutter« uraufgeführt. Die Textvorlage lieferte Hans Frank (1879-1964) und die Musik stammte vom Rostocker Komponisten Carlfriedrich Pistor (1884-1969). Im Nachwuchsbereich trat die Städtische Musikschule hervor. Sie war im November 1938 gegründet worden, zählte 433 Schüler und fungierte später als Vorschule für das im Januar 1941 eingeweihte Konservatorium.

Propagandamaschinerie

Bis zum Ende der 30er Jahre hatten sich die Lebensverhältnisse in Rostock deutlich verbessert. Die Überwindung der Arbeitslosigkeit, die Verbesserung der Wohnverhältnisse und das geistig-kulturelle Leben vermittelten ein Bild, das über Jahre hinweg geprägt, schließlich bei der Mehrheit der Rostocker Bevölkerung eine zunehmende Identifkation mit dem NS-Staat beförderte. Das Postulat von der »Volksgemeinschaft« hatte für viele Rostocker Gestalt angenommen. Die Menschen hatten sich eingerichtet und begannen mehr oder weniger zu funktionieren. Eine perfekt inszenierte Propaganda transportierte die NS-Ideologie systematisch und auf vielfältigen Wegen in nahezu alle Bereiche des Alltags. Beim Rat der Stadt war bereits im Dezember 1933 eine Presse- und Propagandastelle eingerichtet worden, die die gesamte Öffentlichkeitsarbeit der Verwaltung abwickelte. Mit Walter Volgmann erhielt die neue Institution einen Nationalsozialisten zum Dezernenten, der die inhaltliche Arbeit umgehend auf die Interessen der NSDAP ausrichtete. Die Behörde gab regelmäßig Wochensprüche heraus, die plakativ nationalsozialistische Positionen verbreiten sollten. Über Zeitungsinserate oder Anschläge in Geschäften, Kinos, Betrieben und Schulen erreichten sie breite Bevölkerungskreise. Das wichtigste Instrumentarium der Beeinflussung bildeten jedoch die Medien. Dazu gehörte in erster Linie die lokale Tagespresse, insbesondere der «Niederdeutsche Beobachter«, das Organ der NSDAP. Nachdem die kommunistische »Volkswacht« und die »Mecklenburgische Volkszeitung« der SPD verboten und die Verlage der Arbeiterparteien beschlagnahmt worden waren, konzentrierten die Nationalsozialisten ihre Angriffe auf das auflagenstärkste mecklenburgische Blatt, den konservativen »Rostocker Anzeiger«. Der gegen den Inhaber Carl Boldt (1884-1968) seitens der NSDAP mit harten Bandagen geführte Verdrängungskampf um das uneingeschränkte Pressemonopol reichte vom Boykott über Erpressung und Freikauf schließlich bis zur mehrheitlichen Übernahme der Verlagsanteile durch eine NS-Auffanggesellschaft im April 1936.

Auch Sonderpublikationen, wie das 1935 auf Initiative des Oberbürgermeisters und der Kreisleitung der NSDAP erschienene Buch »2 Jahre! Rostocks Aufstieg zur Großstadt«, das die Machtübernahme als erfolgreichen Aufbruch in eine neue Zeit resümierte, verfehlten ihre beabsichtigte Wirkung nicht. Selbst die ab 1936 herausgegebene Kommunalpolitische Schriftenreihe, die über Entwicklungen in der Stadt unterhaltend informieren sollte, kam nicht ohne Propaganda aus. Regen Zuspruch verzeichnete die Volksbücherei mit ihrem Bestand von ca. 15000 Bänden. Nach durchsichtigen Behauptungen der NSDAP soll Hitlers »Mein Kampf« seinerzeit in Rostock zu den Bestsellern gehört haben. Als neues und zugleich effektivstes Massenmedium nutzten die Nationalsozialisten den Rundfunk. Der Volksempfänger, im Volksmund auch »Goebbelsschnauze« genannt, war bei einem Preis von 76 Reichsmark für das einfache Gerät für fast jede Familie erschwinglich. Im Jahr 1938 besaßen in Mecklenburg immerhin 58,7 Prozent aller Haushalte einen Rundfunkempfänger. Rostock, das bei der Ausstattung mit Radiogeräten statistisch über dem Reichsdurchschnitt lag, nahm nach Verlautbarungen der Nazis hinter den Städten Dessau und Stuttgart den dritten Platz ein. Auch das Kino, das als modernes Medium mehr und mehr zum festen Bestandteil der Alltagskultur wurde, erfüllte eine wichtige Funktion. Von den zehn Kinoneubauten, die in der zweiten Hälfte der 30er Jahre in Mecklenburg errichtet wurden, entstanden zwei in Rostock. Dies waren das Hansatheater in der Maßmannstraße und der Ufa-Palast in der Breiten Straße. Das Hansa-Kino, das 730 Zuschauern Platz bot, wurde am 10. Juli 1937 feierlich eingeweiht. Nur ein Jahr später folgte am 29. August 1938 die Eröffnung des UfA-Palastes. Der moderne und großzügig ausgestattete Neubau konnte im Parkett und Rang bis zu tausend Besucher fassen.

Eine im Rahmen der Propaganda nicht zu unterschätzende Bedeutung hatte die im Nationalsozialismus durchgängig praktizierte Heldenverehrung. Diese erfuhr mit der Ermordung des Landesgruppenleiters der NSDAP in der Schweiz, Wilhelm Gustloff (1895-1936), am 4. Februar 1936 eine neue Dimension. Da Gustloff gebürtiger Schweriner war, konnte Mecklenburg fortan auf einen »Helden« verweisen, der angesichts des jüdischen Attentäters zum Märtyrer hochstilisiert wurde. Rostock machte in dem um Gustloff inszenierten Kult Schlagzeilen, als die Stadt offensichtlich gegen den Willen der Reichsleitung der NSDAP am 14. November 1937 das erste Wilhelm-Gustloff-Denkmal Deutschlands auf dem gleichnamigen Platz (heute Thomas-Müntzer-Platz) einweihte. In den 30er und 40er Jahren gab es darüber hinaus eine Reihe weiterer Aktivitäten, die das Gemeinschaftsgefühl und die Einbindung der Menschen in die NS-Diktatur stärkten, wie etwa die sogenannten Eintopfsonntage auf dem Neuen Markt, die ausgiebig zelebrierten Erntedankfeste, die eindringlich an das Mitgefühl appellierenden Unterstützungsaktionen der NS-Volkswohlfahrt und des Winterhilfswerkes oder die preisgünstigen Urlaubs- und Kulturangebote der Organisation Kraft durch Freude.

Einweihung des Wilhelm-Gustloff-Denkmals auf dem gleichnamigen Platz (heute Thomas-Müntzer-Platz), 14. November 1937

Im Gleichschritt für den Führer

Obgleich sich der Sitz der Gauleitung der NSDAP und ihrer Gliederungen in der Landeshauptstadt Schwerin befand, nutzten die Nazis insbesondere Rostock ab 1933 als zentralen Veranstaltungs- und Aufmarschort. Einen ersten Höhepunkt bildete der 13. Oktober 1933, als die Landtage von Mecklenburg-Schwerin und Mecklenburg-Strelitz im Rostocker Rathaus die Vereinigung zum Land Mecklenburg vom 1. Januar 1934 an beschlossen. Ein Festakt im Ständehaus besiegelte schließlich die Gleichschaltungsaktion, die der Gauleiter der NSDAP Friedrich Hildebrandt seit Frühjahr 1933 systematisch vorangetrieben hatte. Als Reichsstatthalter verfügte der ranghöchste NS-Funktionär des Landes seit dem 26. Mai 1933 auch über weitreichende staatliche Vollmachten, was den Rat der Stadt und die örtlichen Parteihonorationen am 2. Juni 1933 zu einem offiziellen Empfang Hildebrandts in Rostock veranlaßte.

Zu den spektakulären Massenveranstaltungen, die die Parteizentrale in der Stadt abhalten ließ, gehörten die Gautage bzw. Gauparteitage der NSDAP. So zelebrierten die Nationalsozialisten während der am 24./25. Februar 1934 abgehaltenen Funktionärstagung mit einem großen organisatorischen und propagandistischen Aufwand die Vereidigung der sogenannten politischen Leiter der NSDAP Mecklenburgs in den stillgelegten Werkhallen der Neptun-Werft. Nach Verlautbarungen der Nazis leisteten ca. fünfzehntausend mecklenburgische NS-Funktionäre den Treueschwur auf den Parteiführer Adolf Hitler. Auch in den folgenden Jahren war die Stadt mehrfach Austragungsort großer Massenaufmärsche. Zu diesem Zweck hatten die Nationalsozialisten in Rostock entsprechende orte geschaffen. Dazu zählte unter anderem die »Thingstätte«, ein auf Betreiben der NSDAP als Freilichtbühne errichteter Versammlungs- und Theaterspielort im Barnstorfer Wald. In den 30er Jahren entstanden derartige Plätze vielerorts in Deutschland. Die Rostocker Anlage war seinerzeit die erste ihrer Art in Mecklenburg. Nach gut einjähriger Bauzeit – die Grundsteinlegung war am 21. März 1934 erfolgt – fand die Einweihung am 12. Mai 1935 in Anwesenheit des Gauleiters und des mecklenburgischen Regierungschefs statt. Für maximal 16000 Menschen geplant, diente die »Thingstätte« zur Aufführung nationalsozialistischer Massensingspiele. Darüber hinaus wurde sie auch häufig für die Austragung politischer Großveranstaltungen genutzt, wie im Falle des Gauparteitages 1937. Bereits 1936 hatten die Nationalsozialisten nördlich der Barnstorfer Anlagen mit dem Ausbau der alten Rennbahn zu einem gewaltigen Aufmarsch- und Sportgelände begonnen. Das Erscheinungsbild, insbesondere der Tribünenaufbau, war eindeutig dem Nürnberger Reichparteitagsgelände nachempfunden worden. Für 20000 Menschen gedacht, konnte das Gebiet, das sich zwischen der «Thingstätte» und dem ehemaligem Arbeiterstadion erstreckte, jedoch weit mehr Personen fassen. Während der 1939 zynisch als »Parteitag des Friedens« bezeichnete Reichsparteitag der NSDAP wegen des bevorstehenden Krieges am 26. August abgesagt wurde, fand der mecklenburgische Gauparteitag noch wie geplant vom 8. bis 11. Juni 1939 in Rostock statt. Die Massenveranstaltungen auf dem Aufmarschgelände zählten zeitweise über dreißigtausend Teilnehmer, von denen die Mehrheit aus allen Teilen Mecklenburgs nach Rostock angereist war. Nichts schien für die meisten auf den so unmittelbar bevorstehenden Krieg hinzudeuten.

Gautag der NSDAP auf dem Aufmarschgelände
(heute an der Kopernikusstraße), 1939

Widerstand, Opposition und Verweigerung

Wie in ganz Deutschland fanden sich auch in Rostock während der NS-Diktatur Menschen, die sich aus unterschiedlichsten Motiven dem NS-Regime widersetzten. Zu diesen Kräften zählten in erster Linie die Vertreter der Arbeiterbewegung, die sich der Gefahr einer nationalsozialistischen Machtübernahme seit Ende der 20er Jahre entgegengestellt hatten. Die Konfrontation zwischen den Linksparteien und der NSDAP, die bereits vor 1933 mit zunehmender Härte ausgetragen wurde, setzte sich nach dem Machtantritt der Nazis zwangsläufig unter veränderten Bedingungen fort. Während die Arbeiterparteien den Widerstand gegen das sich etablierende Gewaltregime aufnahmen, reagierten die neuen Machthaber mit der systematischen Verfolgung und Unterdrückung der politischen Gegner. Daß Rostock einen Schwerpunkt dieser Auseinandersetzung bildete, hatte verschiedene Ursachen. So gab es in der größten Stadt Mecklenburgs ein Potential an organisierter Arbeiterschaft, das für die neuen Machthaber schwer kalkulierbar war. Hier befanden sich zudem die Zentralen der Linksparteien und -organisationen. Tatsachen, die bei den Nationalsozialisten eine Gegenwehr erzeugten, die mit aller Schärfe auf die institutionelle und personelle Demontage der organisierten Arbeiterbewegung abzielte

Die in den Untergrund gedrängten Kommunisten hatten seit dem Machtantritt der NSDAP mit dem Aufbau illegaler Strukturen in der Stadt begonnen. In Rostock existierten verschiedene Gruppen, die im Widerstand gegen die NS-Diktatur standen. Zu den größten gehörte ein Kreis um den Kommunisten Alfred Weickert (1903-1943). Weickert nutzte seine illegalen Kontakte und Treffen mit Gleichgesinnten für die gezielte Vorbereitung und Koordination von Aktionen. Der NSDAP, der sowohl die lokalen als auch die regionalen Führungskräfte bekannt waren, gelang ein schneller Zugriff auf die aktiven Widerstandskämpfer. Ab Frühjahr 1933 setzte eine Flut von Verhaftungen und politischen Prozessen ein, die dem kommunistischen Widerstand dauerhaft wichtige Kräfte entzog. Im sogenannten Kommunisten-Prozeß, der ab dem 19. Januar 1934 in Bützow stattfand, wurden vierzehn führende Bezirksfunktionäre und Landtagsabgeordnete der KPD Mecklenburg wegen Hochverrats zu Haftstrafen verurteilt. Unter den Angeklagten befanden sich auch vier in Rostock ansässige Kommunisten: der Redakteur der »Volkswacht«, Wilhelm Eildermann (1897-?), der Stadtverordnete Hans Mahncke (1894-1967), der Geschäftsführer der »Volkswacht«, Paul Voigt (1901-?), und der Sekretär der KPD Mecklenburg, Johannes Warnke (1896-1984). Durch die systemati-

sche Perfektionierung des Unterdrückungsapparates hatten die Nationalsozialisten bis 1935 das Oppositionspotential der KPD in der Stadt weitgehend
zerschlagen. In den folgenden Jahren prägten Einzelaktionen sowie das Wirken kleiner und loser Gruppen den kommunistischen Widerstand. Viele, die
trotz massiver Verfolgung ihre Aktivitäten fortsetzten, überlebten das nationalsozialistische Gewaltregime nicht.

Opfer brachte auch die Sozialdemokratie, die ihre Kontakte und Verbindungen unter den Bedingungen der Illegalität neu ordnen mußte. Dabei bildeten die Geschäfte der ehemals führenden Parteifunktionäre der SPD, Albert
Schulz und Willi Jesse, wichtige Anlaufpunkte für Rostocker Sozialdemokraten. Über den Informationsaustausch entstanden Solidargemeinschaften, die
ehemaligen SPD-Mitgliedern Unterstützung und Schutz boten. Wilhelm Jesse,
einer der aktivsten sozialdemokratischen Widerstandskämpfer in Rostock,
nutzte im Einvernehmen mit seinen Parteifreunden die Tarnung als Lebens-
mittelhändler und fungierte bis 1938 als Kontaktmann zum Exilvorstand der
SPD in Prag. Im Krieg gehörte er zu denjenigen Mecklenburgern, die in die
Pläne eines Staatsstreiches gegen Hitler eingeweiht waren. Jesse, der die Strukturen und Ziele der Verschwörung vom 20. Juli 1944 kannte, war beim Gelingen des Umsturzes für eine politische Funktion in Mecklenburg vorgesehen.
Nach dem mißglückten Attentat gelang Jesse am 24. August 1944 die Flucht,
die ihn auf abenteuerliche Weise über Dänemark ins schwedische Exil führte.
Die Nationalsozialisten nahmen den 20. Juli 1944 zum Anlaß, um rigoros und
im großen Maßstab gegen Andersdenkende vorzugehen. Im Zuge der »Aktion Gewitter« inhaftierten die Nazis ab dem 22. August 1944 Hitlergegner
unterschiedlichster politischer Herkunft. In Rostock wurden 96 Personen in
Haft genommen. Unter ihnen befanden sich die Sozialdemokraten Wilhelm
Hörning (1890-1968), Albert Schulz und der Gewerkschaftsfunktionär Albert
Schmidt (1886-1944) sowie die Kommunisten Ernst Koch (1890-1945) und
Otto von Zschock (1875-1945).

Neben den Arbeiterparteien, die in Rostock den größten Anteil am Widerstand hatten, fanden sich auch in bürgerlichen Kreisen immer wieder Menschen, die in kleinen Gruppen oder zumeist als Einzelpersonen der nationalsozialistischen Diktatur mutig entgegentraten. Zu diesen Kräften, die nicht
dem organisierten Widerstand zuzurechnen waren, gehörten unter anderem
Vertreter der evangelischen und katholischen Kirche, die sich dem Hitlerregime
aus religiöser Überzeugung und humanistischer Gesinnung entgegenstellten
bzw. widersetzten. In Rostock opponierten an der Theologischen Fakultät der
Universität in den Jahren 1933/34 Professoren und Studenten gegen die Gleich-

schaltung der Evangelischen Kirche und den Führungsanspruch der Deutschen Christen, der Kirchenparteibewegung der NSDAP. Der Protest richtete sich gegen die Absicht der Nationalsozialisten, mit dem Militärpfarrer Ludwig Müller (1883-1945) einen Gewährsmann Hitlers in die Position des Reichsbischofs zu lancieren. Als im Herbst 1934 Theologen aus ganz Deutschland wiederholt den Rücktritt des seit September 1933 amtierenden Müller forderten, fanden sich auch die Unterschriften aller Rostocker Theologieprofessoren unter den Peditionen. Damit war die Rostocker Theologische Fakultät die einzige, die sich dem systemkonformen Reichsbischof geschlossen verweigerten. Die Professoren Friedrich Brunstädt (1883-1944), Friedrich Büchsel (1883-1945), Alfred Jespen (1900-1979), Gottfried Quell (1896-1976), Helmuth Schreiner (1890-1962) und Johannes von Walther (1876-1940) gehörten zur Bekennenden Kirche, die als innerkirchliche Oppositionsbewegung gegen eine Vereinnahmung der Kirche durch den NS-Staat aktiv war. Schreiner, der aus Sicht der Nazis als extrem widerständig galt, wurde 1937 in den Ruhestand versetzt. Im Frühjahr 1935 griffen die Nationalsozialisten die Vorgänge an der Theologischen Fakultät nochmals auf und konstruierten eine Verbindung mit dem gerade aktuellen Fall des katholischen Geistlichen Wilhelm Leffers. Der Prälat, der seit 1902 als Pfarrer in Rostock tätig war, hatte sich im April 1935 wegen Verstoßes gegen das »Heimtückegesetz« vor einem Sondergericht zu verantworten. Die Nationalsozialisten, denen Leffers Regimekritik nicht verborgen geblieben war, wollten den Geistlichen offiziell als Gegner des NS-Staates überführt haben. Auf Leffers wurden deshalb gezielt Mitglieder des NSDStB angesetzt, die als katholische Studenten getarnt, dem gutgläubigen Prälaten Mitte Januar 1935 in einem vertraulichen Gespräch die gewünschten Informationen entlockten. Der Denunziation bei der Gestapo folgten die Inhaftierung und der Prozeß. Das Strafmaß wurde auf eineinhalb Jahre Gefängnis festgesetzt. Auf Druck führender Kirchenkreise kam der bereits vierundsechzigjährige im September 1935 frei. Der Fall selbst sorgte über die Grenzen Rostocks und Mecklenburgs hinaus für erhebliches Aufsehen, da es sich bei Leffers seinerzeit um einen der ersten Sondergerichtsprozesse gegen einen katholischen Geistlichen in Deutschland handelte. Der Gauleiter Friedrich Hildebrandt, der mit dem Schauprozeß ein Exempel statuierte, drohte der gesamten kirchlichen Opposition mit einer unmißverständlichen Kampfansage. Im Jahr 1940 erneut denunziert, geriet Leffers ein zweites Mal in die Fänge nationalsozialistischer Justiz. Wegen des schlechten Gesundheitszustandes erfolgte Haftaussetzung. Leffers, der am 1. März 1941 auf sein kirchliches Amt verzichtete, wurde wenig später aus Mecklenburg ausgewiesen. Zu denjenigen, die den Geistlichen unterstützten, gehörte auch der Rostocker Rechtsanwalt Dr. Ludwig Jenss (1898-1942). Jenss war bereits mehrfach als Verteidiger von Regimegegnern in Erscheinung getreten. Der Rechtsanwalt, der den ranghöchsten Nazigrößen Mecklenburgs bei verschiedenen Gelegenheiten selbstbewußt entgegentrat, geriet zunehmend in Mißgunst. Insbesondere Hildebrandt sah sich durch das Auftreten von Ludwig Jenss direkt angegriffen. Um seiner habhaft zu werden, konstruierten die Nationalsozialisten 1941 den Vorwurf, er habe von einem Mandanten, der eine Molkerei besaß, ohne Bezugsschein widerrechtlich Lebensmittel bezogen. Der umgehenden Inhaftierung folgte Ende Dezember 1941 die Freilassung und schließlich am 1. Januar 1942 die erneute Festsetzung. Wenige Tage später, am 8. Januar 1942, fand man Jenss tot in seiner Zelle. Alles sprach gegen einen Selbstmord.

Verfolgt, vertrieben, vernichtet: die Rostocker Juden

Die staatlich legitimierte Verfolgung, die im Frühjahr 1933 begonnen hatte, erreichte in den folgenden Jahren mit der Entrechtung und Isolierung ein Ausmaß, das den jüdischen Bürgern systematisch die Existenzgrundlage entzog. Bereits 1933 verloren praktizierende jüdische Ärzte ihre Zulassung als Kassenarzt. Auf die Behandlung von Privatpatienten begrenzt, mußten immer mehr der Betroffenen aufgeben. Zu den wenigen, die den Praxisbetrieb aufrechterhalten konnten, gehörte der angesehene und als Armenarzt bekannte Dr. Hans Lindenberg. Auch zahlreiche Privatunternehmen entließen im Zuge der allgemein vorherrschenden antisemitischen Stimmung Juden aus ihren Stellungen. Eine Chance auf Wiederbeschäftigung bestand fast ausschließlich in jüdischen Betrieben. Trotz komplizierter Auftragslage nahm das größte jüdische Unternehmen der Stadt, die Emsa-Werke, aus Solidarität arbeitslos gewordene Gemeindemitglieder auf. Die Zahl der hier Beschäftigten stieg zwischen 1933 und 1936 von 55 auf 64 Arbeitnehmer. Von Entlassung betroffen war Ende 1935 auch der langjährige Direktor der Rostocker Straßenbahn AG Richard Siegmann, der seit 1898 an der Spitze des Betriebes gestanden hatte. Dies geschah insbesondere vor dem Hintergrund der auf dem Nürnberger Reichsparteitag der NSDAP 1935 beschlossenen Rassegesetze, die die jüdische Bevölkerung weiter ausgrenzten. Im Jahre 1938 erreichte die Verfolgung eine neue Dimension. Diffamierung und ökonomischer Druck bedrängten und gefährdeten nun auch die jüdischen Firmen in der Stadt. Maßnahmen wie überhöhte Steuerforderungen oder die Löschung aus dem Handelsregister zwangen jüdische Geschäftsinhaber zur Aufgabe ihrer Unternehmen. Der Verkauf erfolgte weit unter Wert. Betroffen waren unter anderen die Emsa-Werke von Max Samuel (1883-1942), die von einem Mitinhaber des Kaufhauses Zeeck »günstig« erworben, ab 1939 unter der Bezeichnung Voß-Werke KG weitergeführt wurden. Auch die zahlreichen kleineren Firmen wurden im Verlauf des Jahres 1938 systematisch ihrer Geschäftsgrundlage beraubt. Die Verdrängung jüdischer Unternehmen, die laut »Niederdeutschem Beobachter« Anfang 1939 in Rostock ihrem Abschluß entgegenstrebte, bezeichneten die Nationalsozialisten lakonisch als »Arisierung« des Wirtschaftslebens.

Isoliert und der materiellen Existenz beraubt, entschlossen sich ab Mitte der 30er Jahre immer mehr Rostocker Juden, Deutschland zu verlassen. Die Auswanderung war von den Nationalsozialisten beabsichtigt. Aus der Vertreibung der Juden zogen die Nazis noch Gewinn, indem sie die Ausreisenden mit einer sogenannten Reichsfluchtsteuer belasteten. Trotz massiver Unterdrückung war die von den Nationalsozialisten bewußt inszenierte Vertreibung der Juden deutlich hinter den Erwartungen zurückgeblieben. Dies veranlaßte die Machthaber im Herbst 1938 zu einer reichsweit durchgeführten Deportation von Juden polnischer Staatsangehörigkeit. In Rostock wurden am 28. Oktober 1938 im Rahmen dieser Aktion siebenunddreißig Juden verhaftet und nach Polen abgeschoben. Die in der Stadt verbliebenen Juden fanden Unterstützung im Kreis der jüdischen Gemeinde, die Ende des Jahres 1938 noch ca. einhundertdreißig Mitglieder zählte. Verordnungen und Gesetze hatten das Leben zusehens erschwert und die Diskrimminierung der jüdischen Bevölkerung weiter vorangetrieben. Berufsverbote bedeuteten nun für viele die völlige Mittellosigkeit. Wie der Arzt Dr. Hans Lindenberg, der fortan nicht mehr praktizieren durfte, verzogen auch andere Rostocker Familien zum Beispiel nach Berlin oder Hamburg, wo sie in der Anonymität der Großstadt Schutz erhofften. Ab Sommer 1938 gingen die Nationalsozialisten auf entwürdigende Weise zur lückenlosen Erfassung der jüdischen Menschen über. Dem Kennkartensystem für Juden und der Einführung der zusätzlichen Zwangsvornamen »Sara« und »Israel« konnte sich niemand der Betroffenen entziehen. Im Spätherbst 1938 erreichte der Antisemitismus das Stadium des offenen Terrors. Auch in Rostock brannte im Zuge des von den Nationalsozialisten entfesselten Pogroms am 10. November 1938 die Synagoge in der Augustenstraße. Sie war das größte jüdische Gotteshaus in Mecklenburg. Dem Brandanschlag folgte unmittelbar eine zügellose Welle der Gewalt, der viele Rostocker in ihrer Verblendung teilnahmslos gegenüberstanden. SA- und SS-Trupps besetzten Häuser, Wohnungen und Geschäfte, zerstörten Einrichtungs-

Brennende Synagoge in der Augustenstraße, 10. November 1938

gegenstände und tyrannisierten jüdische Bürger. Die vierundsechzig von der Gestapo verhafteten Juden wurden in die Strafanstalt Altstrelitz eingewiesen, wo sie erschwerten Haftbedingungen ausgesetzt waren. Ihre Entlassung war an die Bereitschaft zur Auswanderung gebunden. In ihrem bis zur Perversion betriebenen Antisemitismus verpflichteten die Nationalsozialisten die Juden per Verfügung vom 12. November 1938 zu einer als »Judenbuße« bezeichneten »Wiedergutmachung« für die in der »Kristallnacht« entstandenen Schäden. Diejenigen Rostocker Juden, die bei all den erlittenen Verlusten noch Mittel aufbringen konnten, wanderten aus. Der Vorsitzende der jüdischen Gemeinde Arnold Bernhard (1886-1944) unterstützte die Ausreise seiner Leidensgenossen mit finanziellen Hilfen aus dem Zwangsverkauf des Synagogengrundstückes.

Mit Kriegsbeginn gab es für die noch in Rostock lebenden 70 Juden keine Möglichkeit mehr, Deutschland zu verlassen. Die meisten von ihnen erlebten das Ende der NS-Diktatur nicht. Der Vernichtungspolitik des Nationalsozialismus ausgeliefert, wurden sie in die Konzentrationslager verschleppt und fanden den Tod. Belegt sind drei Transporte in die Todeslager. Am 10. Juli 1942 begann für 24 Rostocker Juden der folgenschwere Weg ins Vernichtungslager Auschwitz. Am 11. November 1942 folgte ein weiterer Transport, der 14 Juden, zumeist ältere Frauen, ins KZ Theresienstadt deportierte. Danach zählte die jüdische Gemeinde Rostocks, deren Auflösung bereits im Juni 1941 von den Nazis angeordnet worden war, noch etwa 25 Juden. Auch sie hatten seit September 1942 deutlich sichtbar den »Judenstern« zu tragen, was sie in der Öffentlichkeit jeglichen Angriffen schutzlos auslieferte. Ein Teil von ihnen wurde im Juni 1943 ebenfalls nach Theresienstadt verschleppt. Die jüdische Gemeinde Rostocks, die 1932/33 als ehemals größte israelitische Religionsgemeinschaft in Mecklenburg 358 Mitglieder gezählt hatte, existierte nicht mehr. Ein Großteil der Rostocker Juden – man schätzt etwa 200 Personen – hatte Deutschland bis zum Herbst 1939 verlassen. Die meisten derjenigen, die geblieben waren, wurden Opfer des Rassenwahns. Das Ende der nationalsozialistischen Gewaltherrschaft überlebten in der Stadt nur 14 jüdische Bürger.

Bomben auf Rostock

Für viele Rostocker begann mit dem 1. September 1939 bereits der zweite Krieg, den sie erlebten. Die Erinnerung an die folgenschweren Jahre 1914 bis 1918 schien jedoch durch die allgemein vorherrschende Euphorie sichtlich verdrängt. Andererseits bedeutete die Abkommandierung zum Fronteinsatz für viele Familien die erste direkte Konfrontation mit dem Krieg, der von nun an den Alltag maßgeblich bestimmen sollte. Nur wenige Tage nach Kriegsausbruch wurde das Lebensmittelkartensystem eingeführt, das die rationierte Abgabe von Nahrungsmitteln vorsah. Auch Bekleidung und Reinigungsmittel waren künftig nur noch über Bezugsscheine erhältlich. Die andauernden zunächst oft unkoordinierten Einberufungen führten anfänglich zu erheblichen Personalproblemen in den Verwaltungen und Betrieben, die den Dienst- bzw. Produktionsablauf über mehrere Wochen behinderten. Selbst die kriegswichtigen Rüstungsunternehmen der Stadt blieben von den massenhaften Rekrutierungen nicht verschont. So konstatierte die Neptunwerft ab Herbst 1939 angesichts fehlender Arbeitskrätfe die eingeschränkte Leistungsfähigkeit des Unternehmens. Im Falle der Heinkel-Flugzeugwerke, die ebenfalls betroffen waren, konnte bis Ende 1939 etwa die Hälfte der zur Wehrmacht eingezogenen Betriebsangehörigen wieder in die Produktion eingegliedert werden. Heinkel, der zwischen 1939 und 1943 insgesamt ca. 4900 Flugzeuge an die Luftwaffe lieferte, verfügte im Vergleich zu den anderen Rostocker Rüstungsunternehmen auch während des Krieges prozentual über das größte Potential an ausgebildeten Fachkräften. Im Jahre 1942, als bei Heinkel 16125 Menschen tätig waren, lag der Anteil des Stammpersonals bei rund 56 Prozent der Beschäftigten. Wie Heinkel hatte auch Arado bei Kriegsbeginn den massenhaften Ausfall von Arbeitskräften zu konstatieren. Als kriegswirtschaftlich wichtiges Unternehmen wurde es jedoch ähnlich den Heinkelwerken in den folgenden Jahren bevorzugt mit Arbeitskräften versorgt. Die Arado-Flugzeugwerke in Warnemünde zählten 1943 etwa 6000 Arbeiter und Angestellte. Die Rüstungsproduktion prägte Warnemünde unter den Bedingungen des Krieges stärker als je zuvor. So büßte Warnemünde sein Gesicht und Flair als Urlaubs- und Badeort vollständig ein. Der bis 1939 florierende Fremdenverkehr kam zum Erliegen. Die seeseitigen Hotels wurden mit einem Tarnanstrich versehen und vom Militär genutzt, Verkaufseinrichtungen schlossen. Alles folgte den Zwängen des Krieges. Dies dokumentierten auch zahlreiche wirtschaftliche Regulierungsmaßnahmen. Mittlere und kleinere Rostocker Industrie- und Handwerksbetriebe wurden danach in weit größerem Umfang als bisher in die Kriegsproduktion einbezogen. So waren beispielsweise die Firma Draht-Bremer mit Munitionsherstellung beauftragt und die Voßwerke wurden zu Lieferungen an das Wehrmachtsbeschaffungsamt verpflichtet. Massive Eingriffe mußten solche Betriebe hinnehmen, die sich nicht in die kriegswirtschaftlich wichtigen Produktionsbereiche einbinden ließen. Diesen Firmen drohte die

Schließung und die Umsetzung des Personals in die Rüstung. Von Januar bis September 1943 waren davon 79 Rostocker Handelsunternehmen betroffen. Das von den Nationalsozialisten auch als »Stillegungsaktion« bezeichnete Vorgehen resultierte ursächlich aus dem akuten Arbeitskräftebedarf in der beschäftigungsintensiven Rüstungsindustrie.

Parallel zu dieser restriktiven Maßnahme, die letztlich nicht den erwünschten Effekt brachte, konnten seit Anfang 1943 alle Jungen und Männer zwischen 16 und 65 Jahren sowie Mädchen und Frauen von 17 bis 45 nach der »Verordnung über die Meldung für die Aufgaben der Reichsverteidigung« dienstverpflichtet werden. Gleichzeitig wurden der Rüstungsindustrie verstärkt ausländische Arbeitskräfte – Zwangsarbeiter und Kriegsgefangene – zugeführt. Bei Heinkel war 1942 jeder dritte Arbeiter ein Ausländer. Die Neptunwerft zählte im Januar 1943 etwa tausend ausländische Arbeitskräfte. Daneben arbeiteten Kriegsgefangene und Zwangsarbeiter in zahlreichen anderen Rostocker Betrieben. Im Oktober 1943 waren insgesamt 14503 Ausländer in der Stadt registriert, was bei 122205 Einwohnern einem Anteil von immerhin 11,9 Prozent an der Gesamtbevölkerung entsprach. Ihre Unterbringung erfolgte fast ausschließlich in Lagern, von denen in Rostock mindestens 19 existierten. Sie waren zumeist in der Nähe der Einsatzorte errichtet worden. Die größten Lager befanden sich in Biestow, Dierkow, Evershagen und auf dem Betriebsgelände der Neptunwerft, wo die Zwangsarbeiter und Kriegsgefangenen zumeist unter katastrophalen Bedingungen leben mußten. Noch weitaus menschenunwürdiger gestaltete sich die Situation der etwa 2000 Häftlinge aus dem Konzentrationslager Ravensbrück, die ab Mitte 1943 in den Ernst-Heinkel-Flugzeugwerken zum Einsatz kamen.

Die Konzentration und Ausweitung der Rüstungsindustrie hatte für Rostock schon bald fatale Folgen. Im Juni 1940 fielen erstmals Bomben auf die Stadt. Hinterließen diese Angriffe kaum nennenswerte Schäden, so änderte sich die Lage in den beiden folgenden Jahren grundlegend. Als besonders verhängnisvoll erwies sich die neue Bombardierungstaktik der Engländer, die ihre Ziele jetzt nicht mehr nur nach rüstungswirtschaftlichen Prioritäten, sondern auch unter dem Aspekt der maximal möglichen Zerstörbarkeit durch flächendeckende Großangriffe mit verstärktem Einsatz von Brandbomben auswählten. Zu den 19 deutschen Städten, die unter diese Kategorisierung fielen, gehörte auch Rostock, das im September 1941 das erste größere Bombardement dieser Art verzeichnete. Die Katastrophe, die der Stadt und ihren Menschen bevorstand, war zu diesem Zeitpunkt jedoch kaum absehbar. Sie kam im Frühjahr 1942. In den »Bombennächten« zwischen dem 23./24. und

26./27. April 1942 erlebte Rostock vier schwere Angriffe. Die Absicht der britischen Luftwaffe, die Innenstadt und die Rüstungsbetriebe zu vernichten, war zu erheblichen Teilen aufgegangen. Die Bilanz: 221 Tote und 30000 bis 40000 Obdachlose. Über 17 Prozent aller Wohnungen waren total zerstört und mehr als die Hälfte des Wohnungsbestandes beschädigt. Neben vielen Wohnhäusern hatten auch kulturhistorisch wertvolle Gebäude großen Schaden genommen. So verlor die Petrikirche, einst Orientierungspunkt für Seefahrer, ihren Turmhelm, wurden die Jakobikirche sowie die Nikolaikirche stark in Mitleidenschaft gezogen und das Stadttheater weitgehend zerstört. Mit dem Ausfall von zahlreichen Verkaufs- und Versorgungseinrichtungen sowie durch die Störungen der Wasser-, Gas- und Energieversorgung waren die Lebensadern der Stadt empfindlich getroffen. Die Rüstungsbetriebe registrierten beträchtliche Zerstörungen und Produktionsverluste. Heinkel, der einen Gesamtschaden von 20 Millionen Reichsmark verzeichnete, meldete neben der Vernichtung von 150 Flugzeugen – was etwa dem Umfang einer Monatsproduktion entsprach – noch die Beschädigung von zehn Werkhallen. Arado verbuchte Schäden in Höhe von rund 490000 Reichsmark.

Die Altstadt nach den britischen Bombardements vom 24. – 27. April 1942

Rostock war zu diesem Zeitpunkt die am schwersten zerstörte Stadt Deutschlands. Die Stadt bot ein Bild der Verwüstung. Überall herrschten chaotische Zustände. Hitlers Äußerung, Rostock schöner als je zuvor wieder aufzubauen, verbreitete Zweckoptimismus und hinterließ bei vielen das Gefühl von Anteilnahme und Hoffnung. Auch die Behörden bemühten sich im Rahmen der Gegebenheiten um eine rasche »Normalisierung« des Lebens, um der Gefahr einer Demoralisierung der massiv verunsicherten Bevölkerung wirksam entgegenzutreten. So hatte Hildebrandt in seiner Funktion als Reichsverteidigungskommissar den Ausnahmezustand verhängt und am 28. April 1942 angeordnet, Kinder, Frauen und Alte in weniger gefährdete ländliche Gebiete zu evakuieren. Umgehend wurde unter Einsatz aller verfügbaren Kräfte damit begonnen, Straßen der stark zerstörten Innenstadt von Trümmern zu beräumen. Die ursprünglich für Mai geplante und bereits vorbereitete Musikwoche fand trotz erheblicher Schwierigkeiten vom 24. Juni bis 1. Juli 1942 statt. Musik- und Theaterveranstaltungen wurden in den Fürstensaal des Rathauses, in das Museum und auf die Freilichtbühne verlegt. Die Philharmonie, das ehemalige Gewerkschaftshaus, ließen die Nationalsozialisten zum Theater umbauen. Am 13. März 1943 eröffnet, erfolgte die endgültige Einstellung des Spielbetriebes auf Grund des Krieges bereits 1944. Die Bestände des Rostocker Stadtarchivs, durch einen Bombentreffer zum Teil beschädigt, sowie wertvolles Museumsgut wurden in Sicherheit gebracht. Infolge der Bombardements begannen auch die großen Rüstungsbetriebe der Stadt, Teile ihrer Produktion zu verlagern. Schon im Januar 1941 hatte Arado seine Endmontage nach Mannheim-Sandhofen verlegt. Im Jahr 1942 begann das Unternehmen zudem mit der Errichtung von Zweigstellen in kleineren mecklenburgischen Städten wie Malchin und Stavenhagen. Die Neptunwerft ging 1942 mit einem Teil ihrer Aufträge nach Dänemark und Heinkel zog Ende 1942 / Anfang 1943 mit seiner Konstruktions- und Entwicklungsabteilung nach Wien um.

Der Krieg diktierte das Leben in allen Bereichen – in zunehmendem Maße auch das der Kinder und Jugendlichen. So lag die Klassenstärke in den Schulen bei durchschnittlich 50 Schülern und das Pensum der Lehrer bei 36 Wochenstunden. Zahlreiche Schulgebäude wurden zweckentfremdet genutzt. Ein normaler Unterrichtsbetrieb war nicht mehr gewährleistet. Einen gravierenden Eingriff bedeutete die Verordnung des Reichserziehungsministers vom Januar 1943, wonach die Schüler der 6. und 7. Klassen aus den höheren und mittleren Schulen als Luftwaffenhelfer verpflichtet werden konnten. Die Einziehung begann im Februar 1943 und betraf in Rostock unter anderem die Große Stadtschule, die Schule bei den sieben Linden und die Blücherschule. Bei stark eingeschränktem Unterricht erhielten die Betreffenden eine kurze militärische Ausbildung, bevor sie zum Einsatz in Biestow, Bramow, Marienehe, Rostock, Sievershagen und Toitenwinkel kamen. Die Schüler der Geburtsjahrgänge 1926/27 versahen Dienst im Fernsprech- und Fernmeldebereich und mußten bei erheblicher physischer und psychischer Belastung an Scheinwerfern und Flakgeschützen die Bekämpfung von Tieffliegern übernehmen. Mit Fortdauer des Krieges erreichten die Entbehrungen und Belastungen für die Zivilbevölkerung ein unerträgliches Ausmaß. Ab 1943 konstatierten die zuständigen Sicherheitsbehörden einen Stimmungsumschwung in Mecklenburg. In Rostock war die Situation zum Beispiel wesentlich dadurch belastet, daß für zwei Drittel der Einwohner keine ausreichende Schutzmöglichkeit vor Bombenangriffen bestand. Die wenigen bombensicheren Bunker waren zumeist der NS-Führungselite vorbehalten, während dem Normalbürger in der Regel nur der Keller bzw. der Splittergraben als Schutz dienen konnte. Hinzu kamen Lebensmittelrationierungen, Einschränkungen in der Energie- und Wasserversorgung, Verzögerungen bei der Post, Beeinträchtigungen des öffentlichen Verkehrs, Urlaubssperren und Arbeitszeitverlängerungen.

Um einer »negativen Stimmungsmache« entgegenzuwirken, verstärkten die Nationalsozialisten ihre Repressivmaßnahmen gegen Hitler- und Kriegsgegner. Diesbezüglich vermerkte ein Bericht der SD-Hauptstelle Schwerin am 1. Juni 1943 zur Situation in der Neptunwerft, daß ein erheblicher Teil der Belegschaft nicht mehr an den »Endsieg« glaube. Diese Einschätzung stützte sich auf konkrete Vorfälle. Bereits im August 1942 hatten sich drei Arbeiter der Neptunwerft – Willi Bründel (1896-?), Hermann Flach (1891-1942) und Erich Quoss (1904-?) – wegen »heimtückischer« Angriffe gegen den NS-Staat und der Unterstützung von Kriegsgefangenen vor einem Rostocker Sondergericht zu verantworten. Ähnlich erging es dem Schlosser Willi Döbler (1897-1944). Der Sozialdemokrat, der offen seine Genugtuung über die militärischen Niederlagen Deutschlands kund tat, wurde denunziert und im März 1943 verhaftet. Die im Gefängnis erlittenen Mißhandlungen überlebte er nicht. Für Abschreckung sorgte am 2. September 1943 auch die Meldung des »Niederdeutschen Beobachters« über die Hinrichtung des vormals im Rostocker Kriegsschädenamt beschäftigten Dr. Theodor Korselt (1891-1943). Korselt, der unter dem Eindruck der verheerenden Bombenangriffe auf Hamburg und dem Sturz der Mussolini-Regierung in Italien während einer Straßenbahnfahrt erklärte, daß die Beendigung des Krieges nur über die Beseitigung der Hitlerregimes führe, war vom Volksgerichtshof am 23. August 1943 zum Tode verurteilt und zwei Tage später hingerichtet worden. Korselt war kein Einzelfall.

Von 78 Sondergerichtsverfahren endeten 1942 in Rostock 19 mit einem Todesurteil. Die Mehrheit der Todesstrafen wurde zwischen April und Juli 1942 verhängt. Sie standen in direktem Zusammenhang mit den Bombenangriffen. Besonders tragisch gestaltete sich das Schicksal der erst neunzehnjährigen und in Rostock dienstverpflichteten Marie-Luise Buckow (1923-1942), die in der Nacht vom 24. zum 25. April 1942 nach dem schweren Bombardement obdach- und mittellos durch die Rostocker Innenstadt irrte und sich in ihrer Not einer vergessenen Handtasche bemächtigte, um Geld für die Heimfahrt zu beschaffen. Wegen »Plünderung« zum Tode verurteilt, wurde das Mädchen am 28. April 1942 in Bützow-Dreibergen hingerichtet.

Im Februar und April 1944 wurde Rostock erneut Ziel schwerer Bombenangriffe. Wieder waren zahlreiche Tote unter der Zivilbevölkerung zu beklagen. Heinkel, Arado und Neptun registrierten Verluste in großem Umfang. Die Innenstadt verzeichnete weitere Zerstörungen. Schäden in der Hauptfeuerwache und die Unterbrechung der Wasserversorgung erschwerten die Löscharbeiten. Der Stimmungswandel erreichte nunmehr das Stadium verbreiteter Verzweiflung und Demoralisierung. Die Masse der Rostocker ertrug jedoch bis zuletzt die Strapazen des Krieges. Selbst dem Erlaß Adolf Hitlers vom 25. September 1944 zur Bildung des Volkssturms folgten noch viele, wenn auch häufig widerwillig. Trotz aussichtsloser Lage versuchte die NSDAP unter allen Umständen, die Fortsetzung des Krieges zu organisieren. Zur Jahreswende 1944/45 verbreitete Friedrich Hildebrandt im »Niederdeutschen Beobachter« vom 31. Dezember 1944 unter der Schlagzeile «Gau Mecklenburg entschlossener denn je« Zweckoptimismus und Durchhalteparolen. Im März 1945 verkündete er die sogenannte Brachlandaktion. Danach sollten infolge der komplizierten Versorgungssituation öffentliche Grünanlagen und Vorgärten zum Anbau von Gemüse genutzt werden. Fern jeder Realität stellte die Rostocker Stadtverwaltung Flächen zur Verfügung. Noch kurz vor Toreschluß glaubte der Gauleiter, wider besseren Wissens letzte Kräfte mobilisieren zu müssen. Unter der Überschrift »Wir werden die Krise meistern« suggerierte er am 3. April 1945 in einem Interview, das im Partei-Organ der NSDAP abgedruckt wurde, eine mögliche Kriegswende. Der Untergang des Nationalsozialismus stand jedoch direkt bevor. Ab dem 27. April 1945 wurde auch Mecklenburg Kriegsschauplatz.

Bodo Keipke

Die Stadt in der Nachkriegszeit. 1945 bis 1949

Das Kriegsende

Im Frühjahr des Jahres 1945 mußte auch dem Letzten in Rostock klargeworden sein, daß der Krieg verloren war und der Zusammenbruch der nationalsozialistischen Gewaltherrschaft unvermeidlich bevorstand. Das zeigten nicht nur die langen Flüchtlingstrecks, die sich durch die Straßen bewegten, sondern noch deutlicher die westwärts flutenden Wehrmachtsteile. Seit Ende März 1945 bereitete die NSDAP-Kreisleitung den Ausbau der Stadt zu einer improvisierten Festung vor. Wer den Spaten heben konnte, mußte vor den Toren der Stadt Gräben ausschachten und Panzersperren errichten. Die Warnowbrücken am Mühlendamm und Petridamm wurden zur Sprengung vorbereitet, ebenso alle lebenswichtigen Betriebe. Über Drahtfunk forderte der NSDAP-Kreisleiter Otto Dettmann die Bevölkerung allabendlich zur Verteidigung der Stadt und zum Durchhalten bis zum Äußersten auf. Polizei und Volkssturm sollten die hauptsächlichen Träger der Verteidigung sein. In der Stadt herrschten Angst und Chaos. Am Nachmittag des 30. April 1945 brach ein Tumult aus, als Rostocker Bürger begannen, die Lebensmittellager, aber auch Geschäfte und Läden zu stürmen, um sich mit Vorräten einzudecken. Auf der Bevölkerung lag die drückende Ungewißheit, ob die Stadt wie angekündigt verteidigt werden würde. Das wenige, was der Krieg verschont hatte, schien angesichts der selbstmörderischen Verteidigungsabsichten dem Untergang geweiht. Der Roten Armee ging ein furchteinflößender Ruf voraus. Das Schicksal der Städte Friedland und Demmin sowie Neubrandenburg, Penzlin und Malchin schien diese Befürchtungen nur zu bestätigen. Viele Rostocker verließen fluchtartig die Stadt. Aus dem Hafen liefen am 30. April und 1. Mai 1945 noch elf Schiffe aus, mit denen sich auch zahlreiche Größen aus der Partei, den Verwaltungen und der Wirtschaft in Richtung Westen absetzten.

Vor ihrem Abtritt plante die NSDAP eine letzte Abrechnung. Stadtbekannte Funktionäre der verbotenen Arbeiterparteien, aber auch Gegner des Regimes und Opponenten sollten vor dem Untergang noch ermordet werden.

Sie erhielten jedoch rechtzeitig eine Warnung und konnten sich verstecken. Als sich dann in den Vormittagsstunden des 1. Mai 1945 die Lage immer mehr zuspitzte, ergriff zunächst der Oberbürgermeister Walter Volgmann mit seiner Familie die Flucht. Er wollte in Richtung Rostocker Heide, kam aber aus der zur Verteidigung vorbereiteten Stadt nicht mehr heraus. Man fand ihn später mit seiner Familie vergiftet im Tiergarten in den Barnstorfer Anlagen. In seiner Wohnung nahm sich der Bürgermeister Dr. Robert Grabow zusammen mit seiner Frau das Leben. Gegen elf Uhr flohen Kreisleiter Dettmann und Polizeipräsident Dr. Sommer mit einem Troß von ungefähr achtzig führenden Nationalsozialisten über die Dörfer in Richtung Wismar. Die Alliierten fanden Dettmann später erschossen bei Wismar auf, Sommer konnte sich bis nach Hamburg durchschlagen. Die Befürchtungen um eine sinnlose Verteidigung der Stadt schienen zunächst gebannt. Der Stadtkommandant, ein Reserveoffizier, konnte sich jedoch nicht entschließen, Rostock zur offenen Stadt zu erklären. In den Mittagsstunden rückten sowjetische Panzer der 65. Armee der 2. Belorussischen Front mit aufgesessener Infanterie und angehängten Geschützen unter Befehl des Gardekapitäns Semjon Dimitrewski (* 1921) über die Tessiner Straße in die Stadt ein. An der ehemaligen Ausflugsgaststätte Weißes Kreuz wehte den Soldaten eine Hakenkreuzfahne entgegen, worauf das Haus beschossen und zerstört wurde. Als der an der Spitze fahrende Panzerspähwagen auf der Brücke am Mühlendamm angelangt war, zündete ein deutscher Polizeioffizier die Sprengladung unter der Brücke. Die Beschießung des angrenzenden Stadtgebietes setzte ein, wobei ein auf den Schienen stehender Munitionszug explodierte. Eine gewaltige Detonation erschütterte die Stadt.

An der Petribrücke hatte unterdessen der zur Verteidigung aufgebotene Feuerwehrmann Karl Lübbe (1903-1990) die vorbereitete Sprengung in letzter Minute verhindert. Da der Roten Armee der Weg über die Mühlendammbrücke genommen war, marschierten die Kampfeinheiten über den Verbindungsweg zur Petribrücke weiter. Über diesen Warnowübergang zogen die Soldaten in Rostock ein, ohne auf nennenswerten Widerstand zu stoßen. Noch am Nachmittag flogen deutsche Flugzeuge einen Angriff auf die Heinkel-Flugzeugwerke in Marienehe, um die dortigen Anlagen zu zerstören, da das Werk ohne die angeordneten Sprengungen in die Hände der Roten Armee gefallen war. Auf dem Rathaus und aus Häusern in der Stadt wehten weiße Flaggen. Die erwarteten massenhaften Ausschreitungen der Roten Armee gegen die Bevölkerung blieben aus. Vereinzelt kam es zu Plünderungen, Diebstählen und Vergewaltigungen. Am Abend zogen polnische Zwangsarbeiter durch die Stadt und steckten das Wäschehaus Ratschow am Hopfenmarkt, das Gebäude der heutigen Stadtbibliothek, in Brand. Da die Feuerwehrspritzen nach Wismar verlagert worden waren, konnten keine Löschversuche unternommen werden. Zum Glück beschränkte der Brand sich auf drei Häuser und griff nicht auf die Stadt über.

Der Neubeginn

Der Krieg war zu Ende, doch Hoffnung wollte sich bei den Menschen nicht einstellen. Die Erleichterung über das Ende der nationalsozialistischen Gewaltherrschaft und des totalen Krieges paarte sich mit Angst und Trauer. Man stand vor den materiellen und geistigen Trümmern, die zwölf Jahre Nationalsozialismus hinterlassen hatten, ohne zu wissen, was die Zukunft bringen sollte. In Rostock waren nur 69000 Menschen von den einstmals 124000 Einwohnern verblieben. Von den 10535 vorhandenen Wohnhäusern zählte man bei Kriegsende 2611 (24,7 Prozent) als völlig zerstört, 6735 (60,5 Prozent) galten als beschädigt. Durch die Bombenschäden verlor die Bevölkerung 9380 Wohnungen, über ein Viertel des Vorkriegsstandes. Ebenso zerbombt waren das Stadttheater, das Post- und Telegrafenamt, das Oberlandesgericht, das Amtsgericht, das Landratsamt sowie zwei Kliniken. Drei Schulen lagen völlig in Trümmern, fünf weitere hatten schwere Schäden erlitten. Zahlreiche kulturhistorische Bauten wie die Petri-, die Jakobi- und die Nikolaikirche, das Stein- und das Kuhtor standen nur noch als Ruinen. Der Zusammenbruch der Versorgung und des Verkehrswesens, die drohende Seuchengefahr und die ungewisse Zukunft verstärkten die Trostlosigkeit des Augenblicks.

Um dem drohenden Chaos in der Stadt entgegenzuwirken, nahm am 3. Mai 1945 eine Gruppe von Mitgliedern der von den Nazis verbotenen Parteien KPD und SPD unter Leitung des Kommunisten Hans Mahncke Kontakt zum sowjetischen Frontkommandanten, der im Hotel »Rostocker Hof« residierte, auf. Da es zunächst galt, die Lebensmittellager vor weiteren Plünderungen zu sichern, beauftragte Major Grommow sie mit der Aufstellung einer Wache, bestehend aus Rostockern, die durch sechzig sowjetische Soldaten verstärkt wurde. Gleichzeitig veröffentlichte das Ordnungskomitee, wie die Gruppe sich nun nannte, eine Bekanntmachung, in der man die Rostocker Bevölkerung zur Bewahrung von Ruhe und Ordnung aufrief und erste wichtige Regelungen zur Aufrechterhaltung des kommunalen Lebens traf. Am 5. Mai 1945 beendete die Rote Armee das Provisorium der Frontkommandantur. Der Stadtkommandant Oberst Prjadko erklärte in seinem Befehl Nr. 1 vom 5. Mai 1945 die NSDAP und ihre Organisationen, den gesamten Staats- und Verwaltungsapparat für aufgelöst. Der Befehl orientierte auch auf eine Normalisierung des Lebens in der Stadt und auf die Fortsetzung der Arbeit. Als neuen Oberbürgermeister führte die Stadtkommandantur am 9. Mai 1945 Christoph Seitz (1914-?) ein. Er stammte aus München und war als Frontbeauftragter des »Nationalkomitees Freies Deutschland«, einer von der sowjetischen Regierung gestützten Organisation deutscher Kriegsgefangener und kommunistischer Emigranten, mit der Roten Armee nach Rostock gekommen. Da er über keine Verwaltungserfahrungen verfügte, stellte man ihm am 18. Mai 1945 Dr. Heinrich Heydemann (1881-1973), in der Zeit der Weimarer Republik Stadtoberhaupt von Güstrow und deutschnationaler Landtagsabgeordneter, als Bürgermeister zur Seite. Nach dessen Wechsel in die Landesverwaltung Mecklenburg-Vorpommerns übernahm ab 1. Juli 1945 der Sozialdemokrat Otto Kuphal (1890-1946), bis zum Kriegsende Bürovorsteher in einer Rostocker Rechtsanwaltskanzlei, die Funktion des Bürgermeisters.

Im Vordergrund der Arbeit stand in den nächsten Wochen und Monaten die Wiederherstellung und Sicherung des alltäglichen Lebens in der Stadt. Viele dringende Maßnahmen mußten verwirklicht werden, während ein völlig neuer Verwaltungsapparat erst aufzubauen war. Der Neuaufbau zog die rigorose Entlassung des überwiegenden Teiles der Mitarbeiter der Stadtverwaltung nach sich, da sie der NSDAP angehört hatten. Gleichzeitig erfolgte die Einstellung von neuen Angestellten und Arbeitern, die in fachlicher Hinsicht häufig nicht die nötige Vorbildung mitbrachten. Um die Stadt verwaltungsmäßig durchdringen zu können, wurde sie in 26 Bezirke unterteilt. Was man zunächst tat, war von der Notwendigkeit der Stunde diktiert. Aufräum- und Entfestungsarbeiten, Sicherung der Ernährung und Versorgung, Stellung von Arbeitskräften für die Rote Armee, Einbringung der Ernte, Beschlagnahme und Sicherstellung von Möbeln geflohener NSDAP-Mitglieder, Unterbringung von Obdachlosen sowie von entwurzelten Kindern, Betreuung der Flüchtlinge und Heimkehrer waren die praktischen Forderungen des Alltags, denen man sich stellte. Langsam kam das Leben wieder in Gang. Am 10. Mai 1945, dem Himmelfahrtstag, fanden die ersten Gottesdienste statt; am Pfingstsonntag, dem 20. Mai 1945, gab das Theater vor ausgewähltem Publikum einen »Bunten Abend«. Lebensmittel auf Karte wurden zu Pfingsten erstmalig wieder ausgegeben. Die Bank- und Postschalter sowie die Gerichte nahmen im Verlauf des Sommers ihre Arbeit auf, die Straßenbahnen fuhren zunächst stundenweise, auch die Kinos öffneten. Am 1. Oktober 1945 begann nach umfangreicher

Befehl

des Wehrmachtkommandanten

Nr. 1

Seestadt Rostock   5. Mai 1945

Die siegreichen Truppen der Roten Armee sind in die Seestadt Rostock einmarschiert.

Dieser Einmarsch der Sowjettruppen in Deutschland ist ein Ergebnis des Krieges, den die Hitlerregierung durch den treubrüchigen Überfall auf die Sowjetunion begonnen hat.

Die Rote Armee setzt nach Zerschlagung der Hitlerarmee und Besetzung der Reichshauptstadt Berlin mit USA und Englands Armee den Krieg bis zur vollständigen Vernichtung des ganzen verbrecherischen Hitlerregimes fort, das die Welt in diesen blutigen Krieg gestürzt hat.

Ich befehle:

I.

1. Der gesamte vom Hitlerregime geschaffene Staats- und Verwaltungsapparat ist aufgelöst.

Alle nach dem 30. Januar 1933 erlassenen Gesetze sind außer Kraft gesetzt.

Der neue Bürgermeister der Seestadt Rostock Christoph Seitz, hat unverzüglich alle Akten und das Eigentum der Stadtverwaltung zu übernehmen und tritt sofort sein Amt an.

2. Die sogenannte NSDAP und alle angeschlossenen Organisationen sind aufgelöst und als gesetzwidrig erklärt.

Alle Leiter der Organisationen der NSDAP., SA., HJ., des NSKK., des NS-Studentenbundes, NS-Beamtenbundes, NS-Lehrerbundes, NS-Juristenbundes, BDM., der NS-Frauenschaft u. a. haben sich sofort bei dem Wehrmachtkommando der Seestadt Rostock zwecks Registrierung zu melden.

Unterlassung dieser Anmeldung wird als eine gegen die Rote Armee feindlich gerichtete Handlung geahndet, die gleichbedeutend mit Spionage und Sabotagetätigkeit ist.

3. Alle Angehörigen, Angestellten und Beamten der ss, Gestapo, SD., Feldgendarmerie und alle Gliederungen der Polizei haben sich unverzüglich bei dem Wehrmachtkommando der Seestadt Rostock zur Registrierung zu melden.

Personen, die dieser Meldepflicht unterliegen und ihr nicht nachkommen, sind festzunehmen.

4. Das Eigentum der obengenannten Partei und Staatsbehörden, namentlich Archive, Ausstattung, vorhandene Geldbeträge sowie das persönliche Eigentum flüchtiger Leiter und Angehörigen dieser Organisationen wird beschlagnahmt.

Personen, die versuchen, jegliche Art des obengenannten Eigentums zu verstecken, zu vernichten oder sich anzueignen, werden mit aller Härte der Kriegsgesetze bestraft.

5. Alle Angehörigen der Wehrmacht, des Volkssturms, des Arbeitsdienstes sowie der Organisation Todt haben sich unverzüglich bei dem Wehrmachtkommandanten der Seestadt Rostock zur Registrierung zu melden. Wer sich dieser Meldepflicht zu entziehen versucht, wird als Spion und Saboteur mit allen sich daraus ergebenden Folgen behandelt.

6. Alle Personen, die im Besitz von Feuer- oder blanken Waffen, Sprengstoff sowie Sendeanlagen, Empfangsgeräten und Multiplikationsapparaten sind, haben die aufgeführten Gegenstände bei dem Wehrmachtkommando der Seestadt Rostock unverzüglich abzugeben.

Herstellung, Aufbewahrung und Ankauf von Waffen aller Art, von Sprengstoff, Sende- und Empfangsgeräten werden nach den Kriegsgesetzen mit dem Tode bestraft.

7. Alle Einwohner der Stadt sind verpflichtet, zur Entlarvung aller Agenten des verbrecherischen Hitlerregimes und somit zur schnellen Beendigung des Krieges beizutragen.

Alle Personen, ohne Unterschied des Alters und Geschlechts, die denjenigen, die gegen die unter Ziffer 1, 2, 3, 4, 5 und 6 angeführten Anordnungen verstoßen, Aufnahme gewähren oder von denselben Kenntnis haben und keine Meldung erstatten, werden als Mittäter zur strengsten Verantwortung gezogen.

Bei Krankheit, Abwesenheit oder sonstigen Behinderungsfällen hat die Meldung der unter Ziffer 1—6 angeführten Personen durch nächststehende Angehörige sofort zu erfolgen.

II.

1. Meine Anordnungen sind für die Bevölkerung bindend und gelten als Gesetz. Nichterfüllung meiner Anordnungen wird als gegen die Rote Armee feindlich gerichtete Handlung geahndet.

2. Alle Arbeiter, Angestellte, Kaufleute, Gewerbetreibende und Handwerker sind verpflichtet, auf ihrem Posten zu bleiben und ihrer Arbeit nachzugehen. Leiter von Unternehmen, Privatfirmen, Werkstätten und dgl. sind für die reibungslose Fortsetzung der Arbeit verantwortlich.

Ein Herumdrücken vor der Arbeit und der gewohnten Beschäftigung wird als Sabotage betrachtet und entsprechend den Kriegsgesetzen bestraft. Das Eigentum derer, die sich der Sabotage schuldig gemacht haben, wird beschlagnahmt.

3. Die Ordnung der Lebensmittelversorgung und Lebensmittelzuteilung werden von der neuen Stadtverwaltung der Seestadt Rostock festgelegt.

In der Seestadt Rostock wird folgende Ordnung festgelegt:

a) Das Verlassen der Wohnungen durch die Zivilbevölkerung ist von 8.00 bis 20.00 Uhr mitteleuropäischer Zeit gestattet.

b) Für die peinlichste Einhaltung aller Regeln der Verdunkelung sind alle Hausbewohner und vor allem die Hauseigentümer verantwortlich.

c) Es ist strengstens untersagt, Militär- und Zivilpersonen ohne Genehmigung des Wehrmachtkommandanten der Seestadt Rostock Unterkunft zu gewähren.

d) Personen, die den Anordnungen der oben angeführten Buchstaben a) bis d) zuwiderhandeln, werden mit aller Strenge der Kriegsgesetze zur Verantwortung gezogen.

5. Dieser Befehl gilt bis auf weitere Anordnungen als Gesetz.

Wehrmachtkommandant der Seestadt Rostock

OBERST PRJADKO

Befehl Nr. 1 des sowjetischen Kommandanten der Stadt Rostock, 5. Mai 1945

Vorbereitung der Unterricht an den Schulen, eine ungeheure Anstrengung angesichts der Notwendigkeit der Demokratisierung des Schulwesens. Zu einem Höhepunkt des kulturellen Neubeginns wurde die Rostocker Kulturwoche, die der Kulturbund zur demokratischen Erneuerung Deutschlands und das städtische Kultur- und Volksbildungsamt vom 27. Oktober bis zum 4. November 1945 veranstalteten. Eine Aufführung des Stückes »Nathan der Weise« mit dem bekannten Schauspieler Paul Wegener (1874-1948) in der Hauptrolle bildete den Auftakt für die Festwoche. Das Museum zeigte Werke des im Dritten Reich verfemten Künstlers Ernst Barlach (1870-1938). Der Beginn des Lehrbetriebes an der Universität am 25. Februar 1946 war ebenfalls ein wesentliches Ereignis in der Phase der Erneuerung des geistigen Lebens der Stadt. Die Zahl der Einwohner hatte sich bis Dezember 1945 wieder auf 92000 erhöht. Trotz dieser Anzeichen für eine Normalisierung waren es harte Zeiten, in denen die alltägliche Sorge um Essen, Trinken, Kleiden, Wohnen und Wärmen den Alltag beherrschte. Unter besonderer Not litten die Heimatvertriebenen, die durch die Quarantänelager in Dierkow, Evershagen und Stadtweide geschleust wurden und deren berufliche und soziale Eingliederung zahl-

Konzert im Vertriebenenlager Dierkow, Juni 1946

reiche Probleme aufwarf. Insgesamt sollte die Stadt in den ersten Jahren nach dem Krieg etwa 33000 von ihnen als Neubürger aufnehmen.

Die leitenden Positionen in der neuen, unter Kontrolle der sowjetischen Kommandantur aufgebauten Stadtverwaltung besetzten Kommunisten, Sozialdemokraten und einige bürgerliche Demokraten. Nach Erlaß des Befehls Nr. 2 der Sowjetischen Militäradministration (SMAD) vom 10. Juni 1945 hatten sich die politischen Lager in den vier zugelassenen Parteien formiert. So entstanden in Rostock Ende Juni 1945 zunächst die Ortsgruppe der KPD unter Leitung des Installateurs Josef Schares (1887-1970) und die der SPD mit dem früheren Reichs- und Landtagsabgeordneten Albert Schulz als Vorsitzenden. Im August 1945 folgte die CDU mit dem Fabrikanten Dr. Siegfried Witte (1897-1961) an der Spitze, schließlich im November 1945 die LDPD unter dem Rechtsanwalt Dr. Paul-Friedrich Scheffler (1895-?). Eine wichtige Zäsur für die demokratische Legitimation und für die Stärkung der Autorität der neuen Stadtverwaltung markierte die Einrichtung des Stadtausschusses am 18. Dezember 1945, in dem jeweils drei Vertreter der Parteien beratend wirkten. Beim personellen Neuaufbau der Stadtverwaltung nahm die SPD eine zentrale Rolle ein. In ihren Reihen war eine große Anzahl von Mitgliedern mit kommunalpolitischen und verwaltungsspezifischen Erfahrungen, gesammelt in den Jahren der Weimarer Republik, organisiert, die nun leitende Fachaufgaben wahrnahmen. Die mitgliederschwächere KPD hingegen besetzte mit der Leitung von Polizei, Personalabteilung sowie Volksbildungs- und Kulturamt die Schlüsselressorts. An die Spitze der Stadtverwaltung trat nach dem Weggang von Christoph Seitz am 29. November 1945 der bisherige Bürgermeister Otto Kuphal, dessen Stelle das KPD-Mitglied Walter Petschow (1895-1970) einnahm. Kuphal erlag nach nur zwei Monaten Dienstzeit einem Herzinfarkt, so daß ein neuer Oberbürgermeister zu bestimmen war. Die Wahl der sowjetischen Militäradministration fiel auf den Sozialdemokraten Albert Schulz, der am 1. Februar 1946 in das Amt eingeführt wurde.

Albert Schulz gehörte zu den erfahrensten Politikern Mecklenburgs aus den Reihen der SPD. Innerhalb seiner Partei widersetzte er sich den immer offensichtlicher werdenden Absichten der sowjetischen Besatzungsmacht und der deutschen Kommunisten, deren gemeinsames Ziel in der schrittweisen Veränderung des gesellschaftlichen und wirtschaftlichen Systems im Sinne des stalinistisch geprägten Kommunismus bestand. Unmittelbar nach Kriegsende war die Vorgehensweise der KPD zunächst noch von praktischen Zwängen und bündnispolitischen Erwägungen geprägt gewesen. Vor dem Hintergrund des Nachkriegschaos und der Erfordernisse des Wiederaufbaus mußte für die

Kommunisten vorerst die Zusammenarbeit mit allen demokratischen Kräften im Vordergrund stehen. Bei der Umsetzung dieser in der sowjetischen Emigration ausgearbeiteten Taktik spielte die aus Moskau eingeflogene Initiativgruppe der KPD unter Leitung von Gustav Sobottka (1886-1953) eine entscheidende Rolle. Am 19. Mai 1945 hatte diese Gruppe die erste öffentliche Versammlung nach dem Krieg in Rostock durchgeführt, auf der Sobottka und der Schriftsteller Willi Bredel (1901-1964) den Versammelten im Kino »Capitol« erklärten, daß die gegenwärtige Aufgabe nicht im Aufbau eines sozialistischen Deutschlands bestehen kann. Unter dem Deckmantel der proklamierten antifaschistisch-demokratischen Einheitsfront ging die KPD aber schnell und zielstrebig dazu über, die eigene Machtposition auszubauen. Gegenüber den anderen Parteien setzte ein massiver Verdrängungsprozeß ein. Führungskräfte, die für eine erkennbar eigenständige Linie plädierten, wurden mit Unterstützung der Besatzungsmacht aus ihren Positionen gedrängt und gerieten nicht selten in die Mühlen der sowjetischen Geheimpolizei. Ihre Dominanz gegenüber den anderen politischen Parteien sicherte die KPD in Rostock wie überall in der sowjetischen Besatzungszone durch die Bildung eines Arbeitsausschusses mit der SPD am 19. Juli 1945 und durch den Zusammenschluß aller Parteien zum antifaschistisch-demokratischen Block Anfang September 1945 ab. Auf Seiten der beiden Arbeiterparteien setzte zudem ein von der KPD forcierter Prozeß ein, der mit der Begründung, daß die Spaltung der Arbeiterklasse während der Zeit der Weimarer Republik Nationalsozialismus und Krieg erst ermöglicht hatte, auf eine Vereinigung mit der SPD hinauslief. Unausgesprochen stand hinter den Einheitsbestrebungen der Kommunisten aber die Absicht, die Stellung der ungleich stärkeren sozialdemokratischen Partei zu paralysieren und Einfluß auf deren Mitglieder zu gewinnen. Die Mehrheit der Rostocker SPD-Mitglieder stand diesem Trachten ablehnend gegenüber. Auf einer Mitgliederversammlung am 6. Januar 1946 forderten sie unter Anerkennung der Notwendigkeit einer späteren Verschmelzung in ganz Deutschland eine Urabstimmung der gesamten Parteimitgliedschaft. Allerdings konnte dieser Beschluß die in der sowjetischen Besatzungszone vorangetriebene Entwicklung nicht aufhalten, zumal es auch in Rostock eine nicht einflußlose Fraktion von Befürwortern der Vereinigung gab. Auf getrennten Kreiskonferenzen am 23./24. März 1946 gaben beide Parteien der Vereinigung zur SED im Stadtgebiet schließlich ihre Zustimmung.

»Rostock baut auf«

Die kommunale Selbstverwaltung hatte im September 1946 durch die »Demokratische Gemeindeverfassung«, die im Zusammenhang mit den bevorstehenden Gemeindewahlen von der Landesverwaltung erlassen worden war, wieder ihr demokratisches Fundament zurückgewonnen. Die Gemeindeverfassung bestimmte die aus geheimer, gleicher und unmittelbarer Wahl hervorgegangene Stadtverordnetenversammlung zum obersten Beschlußorgan der Stadt. Exekutive zur Durchführung der Beschlüsse sollte für die Dauer einer Wahlperiode der Rat mit einem Oberbürgermeister und einem Bürgermeister an der Spitze sein. Bei den ersten freien Wahlen zur Stadtverordnetenversammlung am 15. September 1946 gab es in Rostock eine knappe Entscheidung. Die SED erhielt 48,87 Prozent der Stimmen (30 Sitze), die LDPD 27,7 Prozent (17 Sitze), die CDU 20,5 Prozent (12 Sitze) und der Frauenausschuß 1,98 Prozent (1 Sitz). Die Mehrheit der SED gegenüber den bürgerlichen Parteien wurde durch das Mandat des Frauenausschusses gesichert. Am 27. September

Mitglieder des Rates der Stadt (am Tisch sitzend von links Bürgermeister Walter Petschow und Oberbürgermeister Albert Schulz), 1947

1946 konstituierte sich die Stadtverordnetenversammlung und löste die Beratende Versammlung ab, die seit dem 16. Juli 1946 die Aufgaben einer Volksvertretung wahrgenommen hatte. Den Vorsitz in der Stadtverordnetenversammlung übernahm der aus der SPD kommende Alfred Starosson (1898-1957). Als Oberbürgermeister bestätigten die Abgeordneten Albert Schulz, als Bürgermeister Walter Petschow.

Die Gemeindeverfassung wie auch die am 15. Januar 1947 angenommene Verfassung des Landes Mecklenburg hatten das Prinzip der kommunalen Selbstverwaltung zwar festgeschrieben, unter den gegebenen Bedingungen konnten die Städte und Gemeinden dieses demokratische Prinzip aber kaum mit Leben erfüllen. Die beherrschende Stellung der Besatzungsmacht, die finanzielle Abhängigkeit von der Landesverwaltung und das Streben der Kommunisten nach der Macht bestimmten den kommunalpolitischen Alltag. Die Diskrepanz zwischen Verfassungsanspruch und Wirklichkeit zeigte sich in Rostock besonders deutlich, als im Verlauf des Jahres 1947 sowohl der Oberbürgermeister Albert Schulz wie auch der Stadtrat Hans Griem (1907-1969) verhaftet und mit fadenscheinigen Begründungen zu Haftstrafen verurteilt wurden. Hinter diesem Willkürakt verbarg sich die Absicht, die beiden ehemaligen Sozialdemokraten, die sich der Vereinigung von KPD und SPD widersetzt hatten und auch in der SED ihren Überzeugungen treu geblieben waren, mundtot zu machen. Einen bezeichnenden Einblick in die alltägliche politische Praxis unter den Bedingungen des Besatzungsregimes lieferte die Vorgehensweise gegen den Oberbürgermeister. Ein sowjetisches Feldgericht hatte das demokratisch legitimierte Stadtoberhaupt kurzer Hand zu zehn Jahren Zwangsarbeit verurteilt. Da es unter der Rostocker Bevölkerung aber zu einer zunehmenden Beunruhigung wegen des plötzlichen Verschwindens des Oberbürgermeisters gekommen war, ließen die sowjetischen Befehlshaber Schulz nach vier Monaten ohne Aufhebung des Urteils frei und setzten ihn wieder in sein Amt ein.

Bereits am 29. September 1946 hatte in den Räumen der »Wilhelmsburg« in der Blücherstraße und der Schule am Goetheplatz die Industrieausstellung »Rostock baut auf« eröffnet. Die über einhundertfünfzig Aussteller aus dem Stadt- und Landkreis Rostock wollten mit dieser Leistungsschau den Lebens- und Aufbauwillen in Industrie, Handel und Handwerk unter Beweis stellen. Im Rahmen der Ausstellung sprach der Architekt Heinrich Tessenow, der im Auftrag der Stadt einen Wiederaufbauplan erarbeitete, über seine von der Gartenstadtidee geprägten Vorstellungen zur Gestaltung des zukünftigen Rostock. Die eine Woche während Messe war mit einem anspruchsvollen

Kulturprogramm verbunden, zu deren Höhepunkten eine Käthe-Kollwitz-Ausstellung im Museum und die vorläufige Aufnahme des Lehrbetriebes an der neugegründeten Hochschule für Musik zählten. Diese auf Initiative der Stadt errichtete Lehranstalt galt als die erste Neugründung einer Hochschule in Deutschland nach dem Krieg und ging im März 1947 in die Trägerschaft des Landes über. Die Wirtschaft der Stadt stand zu diesem Zeitpunkt vor einem gewaltigen Umbruch. Während des Krieges waren die Rostocker Unternehmen zum größten Teil auf die Bedürfnisse der Kriegsindustrie ausgerichtet worden. Nach der Besetzung durch die Rote Armee beanspruchte die Sowjetunion nicht nur die wichtigsten Industriebetriebe, sondern auch zahlreiche Anlagen und Gerätschaften aus mittelständischen Firmen als Reparationsgut. So blieben von den Ernst-Heinkel-Werken in Marienehe nur Bruchstücke erhalten. Fünfundachtzig ehemalige Arbeiter der Werke, die zur Demontage eingesetzt waren, gründeten aus den Resten ihres Betriebes am 1. August 1945 die »Rostocker Industriewerke« als genossenschaftlichen Betrieb, dessen Produktion sich nach den unmittelbaren Bedürfnissen und Möglichkeiten der Nachkriegszeit richtete. Auf dem Produktionsprogramm standen Handwagen, Kohleherde, Haus- und Küchengeräte, Medizintechnik, Pflugschare und Eggen. Auch die Arado-Flugzeugwerke und die Bootswerft Kröger in Warnemünde unterstanden einem Demontagekommando. Nachdem die Betriebsanlagen weitgehend abgebaut waren, verfügte die sowjetische Fischereiaufsicht in Warnemünde am 21. Mai 1945, auf dem Gelände einen neuen Werftbetrieb zur Reparatur von Fischkuttern zu schaffen. Die Demontage der Neptunwerft hatte ebenfalls bereits begonnen, doch die Militäradministration entschied nach Verhandlungen mit den Arbeitern und mit der Landesverwaltung, die Arbeiten einzustellen und den Betrieb zu erhalten. Ab 1. Dezember 1945 begann die Werft, die sich zu diesem Zeitpunkt im Besitz des Landes, der Stadt und der Deutschen Schiffs- und Maschinenbau AG (Deschimag) befand, die Produktion für den zivilen Bedarf. Zum 1. November 1946 wurde die Neptunwerft schließlich in das Eigentum der UdSSR übernommen und als sowjetische Aktiengesellschaft (SAG) weitergeführt, die auf Reparationsrechnung vor allem Schiffsreparaturen erledigte. Das Geschehen im Rostocker Hafen bestimmte die im März 1946 gegründete Deutsch-Russische Transport AG (DERUTRA), der zunächst vor allem der Abtransport der Reparationsgüter oblag. Besonders gravierend wirkte sich auch der Abbau von Gleisanlagen der Deutschen Reichsbahn aus, so daß die ohnehin schlechten Verkehrs- und Transportverhältnisse sich weiter verschärften.

Am nachhaltigsten wirkten jedoch die Veränderungen in der Wirtschaft, die aus den Enteignungen in Industrie, Landwirtschaft, Handel, Handwerk und Gewerbe resultierten. Mit der Übertragung des stalinistischen Gesellschaftsmodells auf die sowjetische Besatzungszone setzte nicht nur der Kampf um die politische Macht, sondern auch um die Herrschaft über die Wirtschaft ein. Bereits im Herbst 1945 war mit der Durchführung der Bodenreform, die Rostock als Besitzerin großer landwirtschaftlicher Flächen besonders betraf, eine erste grundlegende Veränderung eingetreten. Ziel dieser von der Landesverwaltung angeordneten Reform war es, landlosen Bauern und Vertriebenen durch Landzuteilung den Aufbau eines kleinen Landwirtschaftsbetriebes zu ermöglichen. Am 12. Oktober 1945 gab die Stadt die Aufteilung der 18 Stadtgüter bekannt. 4000 Hektar Land und 300 Hektar Wald aus dem Besitz der Stadt gingen in den Bodenreformfonds ein. Den entscheidenden Einfluß auf die Veränderung der Wirtschaftsordnung gewann jedoch die rigoros vorangetriebene Entnazifizierung. Bereits im Juli 1945 hatte ein Bereinigungsausschuß für die Wirtschaftsbetriebe seine Arbeit aufgenommen, der herrenlose Betriebe und Geschäfte, aber auch solche, die von Personen mit NSDAP-Vergangenheit geführt wurden, mit Treuhändern besetzte. Auf Grundlage der SMAD-Befehle 124 und 126 vom 30./31. Oktober 1945 beschlagnahmte die von der Stadtverwaltung, allen Parteien und der neuen Einheitsgewerkschaft FDGB gebildete Sequestrierungskommission das gesamte Vermögen von Kriegsverbrechern, Nationalsozialisten und deren Nutznießern, um schließlich große Teile davon in den Jahren 1946 bis 1948 zu verstaatlichen. In Rostock wurden fünf Banken, sieben Versicherungsgesellschaften und 95 Betriebe bzw. Betriebsteile enteignet, darunter solch renommierte Rostocker Unternehmen wie die Kaufhäuser Gustav Zeeck und Rudolf Schlüter, die Brauerei Mahn & Ohlerich, die Reederei Hugo Ferdinand, der Zeitungsverlag des Rostocker Anzeigers, die Buchhandlung Leopold, die Maschinenfabriken Meinke, Lange und Eikelberger, die Kohlehandelsgesellschaft Glückauf, die Margarinefabrik Hoyer sowie die Möbelfabrik Klinkmann. Im Prozeß der Entnazifizierung hatte die Absicherung der gesellschaftlichen Umgestaltung die konkrete Aufarbeitung ehemaliger Verantwortlichkeiten im NS-Staat zusehends überlagert. Unter der Losung von der »Enteignung der Nazi- und Kriegsverbrecher« wurden die Grundlagen für den staatlichen Sektor in der Wirtschaft geschaffen und die Weichen für eine völlig neue Wirtschaftsordnung gestellt.

Da private Unternehmerinitiative unter diesen Voraussetzungen nur im beschränkten Maße möglich war, kam der Aufbau der Friedenswirtschaft zu-

Spendenaufruf zur Enttrümmerung und zum Wiederaufbau der Stadt Rostock, 1950

nächst nur langsam voran. Dennoch gelangen in der Stadt bemerkenswerte Neuanfänge. So wurde eine leistungsfähige Lebensmittelindustrie errichtet, die vor allem heimische Grundstoffe verarbeitete, um die schlechte Versorgungslage zu entspannen. Als neue Betriebe entstanden eine Zündholzwarenfabrik und eine Steinholzfabrik. Das Streckennetz der Straßenbahn wurde bis nach Dierkow erweitert, die zerstörte Mühlendammbrücke repariert, die Bahnstrecke nach Schwaan, deren Schienen als Reparationsleistung in die Sowjetunion gegangen waren, durch Jugendliche wiederhergestellt. Völlig neue Wege ging Rostock bei der Kulturverwaltung. Die Stadt hatte nach dem Krieg sämtliche Kinos in Pacht genommen. Diese wurden mit allen Kultureinrichtungen im April 1946 zu einem Eigenbetrieb zusammengefaßt. Den Überschuß, den die Kinos erwirtschafteten, nutzte man, um den Zuschußbedarf der übrigen Einrichtungen, vor allem des Stadttheaters, abzudecken. Auch der Aufbau des zerstörten Rostock rückte immer stärker in das Zentrum der Anstrengungen. Die Wiederherrichtung der stark beschädigten Christuskirche am Schröderplatz bis zum März 1948 vermittelte der Stadt nicht nur ein Hoffnungszeichen für die Zukunft, sie symbolisierte auch die Integrationsbereitschaft der in Rostock heimisch gewordenen Vertriebenen, die zu einem Drittel katholischen Glaubens waren. Im September 1947 schrieb der Rat einen Wettbewerb zum Wiederaufbau des Neuen Marktes. Mit der Wahl des zentralen Platzes knüpfte man demonstrativ am kulturell Überkommenen an und gab den Bürgern ein Signal zur Aktivierung des Aufbauwillens. Der Dresdener Architekt Wolfgang Rauda (1907-1971), der einen zweiten Preis in dem Wettbewerb erzielt hatte, erhielt den Auftrag zur Erarbeitung einer Wiederaufbaukonzeption für die Innenstadt. In der zweiten Jahreshälfte 1948 ging die Planungshoheit jedoch auf die Deutsche Wirtschaftskommission (DWK) über, so daß die stadteigenen Aufbaupläne nur schwer durchzusetzen waren. Da Investitionsmittel für den Wiederaufbau nur im begrenzten Umfang zur Verfügung standen, gründete die Stadt im Mai 1947 das Wiederaufbauunternehmen. Hier wurden die durch die Entnazifizierung in Rechtsträgerschaft übernommenen Vermögenswerte und Betriebe kaufmännisch zusammengefaßt, der erzielte Gewinn sollte dem Wiederaufbau zufließen. Im Juli 1949 konstituierte sich der Wiederaufbauausschuß, der die Bevölkerung und die Betriebe zu Spenden aufrief und die gesammelten Gelder vor allem für Enttrümmerungsarbeiten einsetzte.

Der Umbau der Gesellschaft nach sowjetischem Muster hatte gravierende Auswirkungen auf die Städte in der östlichen Besatzungszone, insbesondere hinsichtlich der zentralistischen Umstrukturierung des politisch-administrativen Systems und der Einführung der staatlichen Wirtschaftsplanung mit dem Zweijahrplan 1949/50. Der Zweijahrplan sah für Rostock den Ausbau als Hafen- und Werftstandort vor, hauptsächlich, um die nach wie vor hohen Reparationsforderungen der UdSSR auf diesem Gebiet erfüllen zu können. Die Werft in Warnemünde, bisher Zweigstelle der Schiffswerft in Wismar, sollte auf Befehl der SMAD zu einer großen Reparaturwerft ausgebaut werden. In der Lübecker Straße begann der Aufbau des Dieselmotorenwerkes (DMR). Auch die Neptunwerft und der Hafen erhöhten ihre Kapazitäten. Für den Aus- und Aufbau der Industriebetriebe verpflichtete man Arbeiter aus den verschiedensten Regionen, deren Unterbringung und Versorgung der Stadt große Schwierigkeiten bereiteten. Die Einwohnerzahl stieg bis Ende 1949 auf 134787 an. Die wenigen Wohnungen, die seit Mai 1949 in den zur nationalsozialistischen Zeit unvollendet gebliebenen Straßenzügen des Komponistenviertels als erste Neubauten nach dem Krieg errichtet wurden, entschärften die Lage nur unzureichend. Die Einführung der staatlichen Planwirtschaft war für die Städte mit einem weitgehenden Verlust der finanziellen Selbständigkeit verbunden. Hinzu kam die Beseitigung der wirtschaftlichen Selbständigkeit, die durch spezielle Erlasse der Deutschen Wirtschaftskommission (DWK) bewirkt wurde. Entsprechend einer solchen Verordnung mußten in der ersten Hälfte des Jahres 1949 alle kommunalen Dienstleistungs- und Versorgungsbetriebe sowie der Grundbesitz zu einem speziellen Kommunalwirtschaftsunternehmen (KWU) zusammengefaßt werden. Das Unternehmen erhielt den Status einer Anstalt öffentlichen Rechts, die man faktisch aus der Kommunalverwaltung herauslöste, um sie der DWK zu unterstellen. Gleichzeitig wurde das Rostocker Elektrizitätswerk aus der Verfügung der Stadt genommen und einem zentralen Energiebezirk zugeordnet. Der Rostocker Oberbürgermeister Albert Schulz und der zuständige Stadtrat, der ehemalige Sozialdemokrat Martin Müller (1891-1965), protestierten gegen die zentrale Unterstellung der Energiebetriebe und organisierten in Güstrow eine Versammlung betroffener Städte und Gemeinden. Daraufhin entzog der SED-Landesvorstand Albert Schulz das Mandat als Oberbürgermeister. Es spielte keine Rolle, daß es sich hier um einen gewählten Kommunalpolitiker handelte, der die Interessen der Stadt vertrat und dessen Mandat nicht durch einen Parteibeschluß aufgehoben werden konnte. Im Umfeld der fortschreitenden Stalinisierung der SED kam dem kommunistischen Flügel die Konfrontation mit dem ehemaligen Sozialdemokraten gerade zur rechten Zeit, um eine prinzipielle Auseinandersetzung mit sogenannten opportunistischen und sektiererischen Auffassungen in der Partei zu führen. Am 1. August 1949 erklärte

Albert Schulz seinen Rücktritt und ging, um weiteren Repressalien zu entgehen, in den Westen. Martin Müller hingegen wurde verhaftet und zu drei Jahren Gefängnis verurteilt.

Am 7. Oktober 1949 konstituierte sich die Deutsche Demokratische Republik. Der Übergang zur sozialistischen Ordnung im östlichen Teil Deutschlands nahm feste Gestalt an. Die veränderten Eigentumsformen und Sozialstrukturen, die neugeschaffenen Machtverhältnisse im Parteiensystem und im Verwaltungsapparat hatten die Voraussetzungen für eine Umformung der sowjetischen Besatzungszone geschaffen. Nicht wenige Rostocker hatten diese Entwicklung in der Hoffnung auf eine gerechte und friedliche Gesellschaft gestaltet und gefördert. In den Parteien und in der Wirtschaft, an der Universität und an den Schulen, im Kulturbetrieb und im öffentlichen Leben fand sich aber auch eine Vielzahl von mutigen Bürgern, die sich der radikalen Umgestaltung widersetzten und versuchten, sinnvolle Alternativen und eigene Vorstellungen in die Gestaltung der Nachkriegsverhältnisse einzubringen. Die neuen Machthaber antworteten auf dieses Engagement in der Regel mit Verleumdung und Verfolgung. Am Ende blieb vielen Rostockern nur die Flucht aus der Heimatstadt, um Schlimmerem zu entgehen. Das Schicksal des Jurastudenten Arno Esch (1928-1951) offenbarte, welchen Gefahren Gegner ausgesetzt waren. Esch war Mitglied einer Gruppe Rostocker Studenten und Bürger, die sich der Demokratie und dem Liberalismus verpflichtet fühlten und, von diesen Ideen ausgehend, geistigen Widerstand gegenüber der SED-Politik leisteten. Zusammen mit Freunden wurde Esch im Oktober 1949 von der sowjetischen Geheimpolizei verhaftet und von einem Militärtribunal auf Grund erpreßter Geständnisse zum Tode verurteilt. Weitere Verhaftungen und Prozesse führten den Menschen unmittelbar vor Augen, wohin die Opposition gegen die gesellschaftliche Umgestaltung führen konnte.

Bodo Keipke

Rostocks Entwicklung in der DDR. 1949 bis 1989

Bezirksstadt und maritimer Wirtschaftsstandort

Enorme wirtschaftliche Disproportionen, die aus der Spaltung Deutschlands und dem Verlust der Gebiete östlich der Oder herrührten, prägten die Ausgangslage der gerade gegründeten DDR. Bei dem aus der sowjetischen Besatzungszone hervorgegangenen Staat handelte es sich um den kleineren, an natürlichen Ressourcen ärmeren, vom Krieg stärker in Mitleidenschaft gezogenen Teil Deutschlands. Die wenigen Industriezentren waren zum größten Teil zerstört oder demontiert, darüber hinaus von den Verkehrswegen abgeschnitten. Hamburg und Stettin, die ehemals wichtigsten deutschen Häfen, lagen nun jenseits der Staatsgrenze. Der Aufbau einer eigenen industriellen Basis wurde so zu einer Existenzfrage der DDR. Als Vorbild und Modell für die angestrebte Industrialisierung diente die von der Sowjetunion übernommene zentrale Planwirtschaft. In diesem Zusammenhang wurde den Städten an der Ostseeküste im ersten Fünfjahrplan 1951-1955 eine wichtige Rolle auf dem Gebiet der Werftindustrie, des Fischfangs und des Handels auf dem Seewege zugewiesen. Insbesondere Rostock mit seinem Hafen, seinen relativ entwickelten kommunalen Strukturen sowie den vor Ort ansässigen Arbeitern mit ihren Erfahrungen im Schiffs- und Flugzeugbau sollte zum Zentrum der maritimen Wirtschaft ausgebaut werden. Diese zentral gesteuerte Entwicklung wirkte sich gravierend auf alle Lebensbereiche der Stadt aus. Auf wirtschaftlichem Gebiet vollzogen sich mit dem Aus- und Aufbau der maritimen Betriebe grundsätzliche Veränderungen in der ökonomischen Struktur. Der staatliche Sektor mit den sogenannten volkseigenen Betrieben (VEB) erlangte gegenüber den privaten Unternehmen vollends quantitative Überlegenheit und dominierte das wirtschaftliche Leben nun nahezu vollständig. Mit dem Zustrom von Arbeitskräften wuchs die Bevölkerungszahl in einem schnellen Tempo weiter und es kam nochmals zu grundlegenden demographischen Umschichtungen der Einwohnerschaft. Der Ausbau der Infrastruktur, die städtebauliche Entwicklung, das wissenschaftliche und kulturelle Leben – es gab kaum einen Bereich, der nicht von der extensiven Industrialisierung im Zuge des Aufbaus des Sozialismus betroffen war. So erfuhr die alte See- und Hafenstadt unter neuem Vorzeichen eine entschiedene Aufwertung – ihr wurde eine neue Blüte in Aussicht gestellt.

Als Machtinstrumente zur Durchsetzung dieser Entwicklung dienten der Parteiapparat der SED und die von ihm beherrschte Staatsmacht. Am 5. September 1949 hatte die Stadtverordnetenversammlung den bisherigen Oberbürgermeister der Stadt Greifswald, Max Burwitz (1896-1974), zum neuen Stadtoberhaupt gewählt. Obwohl auch ehemaliger Sozialdemokrat, bot er auf kommunaler Ebene doch die Gewähr dafür, sich der weiteren Übertragung des stalinistischen Gesellschaftsmodells nicht in den Weg zu stellen. Nach Gründung der DDR hatte der Kreiskommandant, Oberst Tschenzow, zwar sämtliche Verwaltungsfunktionen auf den Rat der Stadt übertragen, aber gerade in den Anfangsjahren der DDR besaß die sowjetische Besatzungsmacht noch genügend Gewicht und Einfluß, so daß ihre Position – zwar weniger sichtbar – noch lange erhalten blieb. Dafür stand ohnehin die SED ein, die das Mehrparteiensystem nutzte, um ihrer Vormachtstellung einen demokratischen Anschein zu geben. Die eigentliche Macht in der Stadt lag in den Händen der Stadtleitung der SED, deren 1. Sekretär von 1951 bis 1961 der gelernte Tischler Karl Deuscher (1917-1993) war. Als wichtiges Instrument zur Lenkung und Kontrolle der anderen politischen Kräfte hatte die SED seit Anfang 1950 systematisch die Nationale Front als Dachorganisation aller Parteien und Massenorganisationen ausgebaut, verbunden mit der Disziplinierung der bürgerlichen Parteien und einer letzten Abrechnung mit den sich widersetzenden Gegnern. Die Ortsvorsitzenden von CDU und LDPD, Dr. Walter Neumann (1888-1951) und Alex Hartmann (1892-?), mußten nach inszenierten Protestversammlungen und gezielten Verleumdungskampagnen im Februar 1950 zurücktreten. Die bereits zwei Jahre hinausgezögerten Wahlen zur Stadtverordnetenversammlung erfolgten am 15. Oktober 1950 dann erstmals im Zeichen der Einheitslisten der Nationalen Front, so daß das Ergebnis auf Grund fehlender Alternativen von vornherein feststand. Die Wahlbeteiligung lag bei 98,77 Prozent. Nach einem generellen Schlüssel, der auch bei den gleichzeitig durchgeführten Wahlen zur Volkskammer und zum Landtag Anwendung fand, erhielt die SED 15, die CDU und die LDPD je 9, die NDPD 5, die DBD 4 und die Massenorganisationen 18 Sitze in der Stadtverordnetenversammlung. Die Stimmenmehrheit der SED sicherten jene Abgeordneten der Massenorganisationen, die der Partei angehörten.

Als ein nächster Schritt zur Angleichung der staatlichen Formen an das Vorbild in der Sowjetunion galt die Verwaltungsreform vom 23. Juli 1952 – ein Ergebnis der 2. Parteikonferenz der SED, auf der offiziell der »Aufbau des Sozialismus« als Ziel verkündet worden war. Die DDR-Führung löste die fünf Länder auf und schuf statt dessen als neue Verwaltungseinheiten 15 kleinere Bezirke. Damit beseitigte man die letzten Reste von Föderalismus und Landestraditionen und machte den als »demokratisch« deklarierten staatlichen Zentralismus endgültig zum Dreh- und Angelpunkt des politischen Systems. Aus dem Land Mecklenburg entstanden die drei Bezirke Rostock, Schwerin und Neubrandenburg. Die Stadt Rostock wurde Sitz des neugebildeten Rates des Bezirkes. Die Einbindung der kommunalen Ebene in das zentralistische System erfolgte durch die am 8. Januar 1953 vom Ministerrat der DDR verabschiedeten Ordnungen über den Aufbau und die Aufgaben der Stadtverordneten- und der Stadtbezirksversammlungen. Die Stadt wurde in vier Stadtbezirke aufgeteilt, in denen ohne Durchführung einer Wahl eigene Bezirksversammlungen und Bezirksräte gebildet wurden. Auch die Stadtverordnetenversammlung und der Rat der Stadt konstituierten sich am 29. Mai 1953 neu, die Abgeordneten und Ratsmitglieder waren durch die Parteien und Massenorganisationen benannt worden. Auf eine Legitimierung durch Wahlen verzichtete man. Zur SED gehörten nun 39 Abgeordnete der Stadtverordnetenversammlung, 7 waren Mandatsträger der Massenorganisationen, die übrigen Parteien brachten es zusammen nur noch auf 17 Sitze. Offiziell wurden die radikalen Einschnitte als weitere Demokratisierung der Gesellschaft dargestellt, tatsächlich bedeuteten sie jedoch die Sicherung der neuen Herrschaftsverhältnisse. Zur Erfassung, Integration und Kontrolle der Bürger wirkten im Rahmen der Nationalen Front Tausende von Haus- und Straßenvertrauensleuten ehrenamtlich. Der Verwaltungsapparat blähte sich durch die Verwaltungsreform um ein vielfaches auf und die Stadtbezirke entwickelten ein starkes Eigenleben, so daß die gesamtstädtische Entwicklung negativ beeinträchtigt wurde. Darum löste man die Stadtbezirke mit der Einführung des Gesetzes über die örtlichen Organe der Staatsmacht vom 18. Januar 1957 auch wieder auf. Das Gesetz räumte den Städten und Gemeinden zwar wieder größere Mitbestimmungsrechte und Vollmachten ein, hatte aber wegen des bestimmenden Einflusses des Parteiapparates der SED keinen Einfluß auf die tatsächliche Machtverteilung. Am 23. Juni 1957 fand nach sieben Jahren wieder eine Kommunalwahl statt. Bei einer Wahlbeteiligung von 97,07 Prozent wurden erwartungsgemäß die Kandidaten der Nationalen Front gewählt.

Stapellauf der »Frieden« auf der Warnowwerft, 14. Januar 1956

Auf wirtschaftlichem Gebiet durchlief die Stadt seit Beginn der fünfziger Jahre eine rasante Entwicklung. Durch einen Regierungsbeschluß vom 14. Dezember 1950 war der Aufbau der Warnowwerft in Warnemünde zur Schwerpunktaufgabe erklärt worden – die Werft sollte sich von einer Reparaturwerft zur größten Neubauwerft der DDR entwickeln. Die Zahl der Belegschaft stieg bis 1953 auf über 9000 Beschäftigte an. Die 65 Meter hohe Kabelkrananlage, die auf einer Länge von über 300 Metern vier Hellinge und einen Vormontageplatz überspannte, wurde zum neuen Wahrzeichen Warnemündes. Bis Mitte der fünfziger Jahre bestimmten die im Rahmen der Kriegsentschädigung für die Sowjetunion zu leistenden Reparaturarbeiten das Profil des sich im Aufbau befindlichen Betriebes. Fast legendären Ruhm erlangte der erst 1960 fertiggestellte Umbau des einstigen Fracht- und Passagierschiffes »Hamburg« zum Walfangmutterschiff »Juri Dolgoruki«, mit dessen Fertigstellung dieses Kapitel der Werftgeschichte endgültig zu Ende ging. Der serienmäßige Neubau setzte 1953 mit fünfzehn Binnenfahrgastschiffen für die UdSSR ein. Am 13. Oktober 1954 wurde das erste 10000-Tonnen-Schiff vom Typ IV auf Kiel gelegt, eine Serie von insgesamt fünfzehn Schiffen folgte. Es waren die ersten größeren Neubauten der Werft, für die nun neben der Kabelkrananlage auch eine Schiffbauhalle von 20000 Quadratmetern zur Verfügung stand. Zwölf der Typ-IV-Schiffe gingen an die staatseigene Deutsche Seereederei Rostock (DSR), die bereits zum 1. Juli 1952 gegründet worden war. Dabei hatte es sich um einen eher symbolischen Akt gehandelt, denn an Schiffen stand zunächst nur die wiederinganggesetzte »Johann Ahrens« (Baujahr 1903) – die als »Vorwärts« am 13. Oktober 1950 die Seefahrt in der DDR begründet hatte – und der Seeleichter »Fortschritt« zur Verfügung. Erst mit der Errichtung einer leistungsfähigen Werftindustrie konnte die Staatsreederei einen Bestand an neuen Schiffen aufbauen. Auch auf der traditionsreichen Rostocker Neptunwerft gingen in der Zeit der Existenz als SAG-Betrieb erhebliche Veränderungen vor sich. Ein umfangreiches Programm des Wiederaufbaus und der Modernisierung wurde verwirklicht. Die Sowjetunion übergab die Werft schließlich zum 1. April 1952 neben anderen SAG-Betrieben der DDR. Auf Reparationsrechnung begann die Neptunwerft ab 1952 den Neubau von 3000-Tonnen-Frachtern der sogenannten Kolomna-Serie für die UdSSR. Dieser Serie entstammten die beiden Dampfer »Rostock« und »Wismar«, die 1954 der DSR als erste Neubauschiffe überhaupt zur Verfügung gestellt worden waren. Im Zusammenhang mit der Entwicklung des Schiffbaus waren die Umsiedlung des Dieselmotorenwerkes in das zerstörte Reichsbahnausbesserungswerk in der Schwaaner Landstraße (1950) und die Gründung der Schiffbautechnischen Fakultät an der Universität (1951) von besonderer Bedeutung. Auch dem Rostocker Hafen kam im Zuge des Aufbaus einer eigenen Seeverkehrswirtschaft ein hoher Stellenwert zu. Er sollte im ersten Fünfjahrplan zum größten Umschlaghafen der DDR ausgebaut werden. Als völlig neuer Betrieb entstand ab 1950 auf dem Gelände der ehemaligen Heinkelwerke in Marienehe das Fischkombinat.

Lange Straße und Nationales Aufbauwerk

Die mit dem Auf- und Ausbau der Industriebetriebe verbundene Ansiedlung von Arbeitskräften in Rostock mußte unweigerlich zu einer Verschärfung des ohnehin schon bestehenden Wohnungsnotstandes führen, der trotz strengster Reglementierungen kaum zu beherrschen war. Oberbürgermeister Burwitz nutzte im Dezember 1949 den Besuch des Präsidenten der DDR, Wilhelm Pieck (1876-1960), um auf die miserable Lage hinzuweisen. Der Staatspräsident sagte der Stadt die Unterstützung zu. Tatsächlich erklärte das am 6. September 1950 verabschiedete Aufbaugesetz Rostock neben acht weiteren

Städten der DDR zur Aufbaustadt, deren planmäßige Wiedererrichtung zentral zu leiten war. Als unumstößliche Richtschnur der Planungen galten die kurz zuvor beschlossenen »Grundsätze des Städtebaus«. Die sechzehn Grundsätze orientierten sich am Vorbild der Sowjetarchitektur und fanden gleich einem Rezeptbuch Anwendung für alle Aufbaustädte. Im Vordergrund stand vor allem die herausgehobene Bedeutung des Stadtzentrums, das als politischer Mittelpunkt mit Räumen für Demonstrationen und Großveranstaltungen sowie dem Sitz der wichtigsten politischen, administrativen und kulturellen Stätten galt. Was hier mittels der Baukunst Wertschätzung finden sollte, waren die eigene Ideologie und der Neuanfang im Zeichen der sozialistischen Gesellschaftsordnung. Der notwendige Wohnungsbau mußte zwangsläufig in die zweite Reihe rücken.

Damit waren sämtliche in den ersten Nachkriegsjahren in Rostock eigenständig ausgearbeiteten Pläne in weiten Teilen Makulatur geworden. Die städtebauliche Planung, die Wolfgang Rauda 1948 begonnen und in den folgenden Jahren präzisiert hatte, verschwand nun endgültig in den Schubladen. Von den Plänen kamen nur noch der unvollendet gebliebene Erweiterungsbau für das Rathaus und die Wohnhäuser im Gebiet um die Krämerstraße zur Ausführung, deren Bau 1950/51 begonnen hatte. Die Verantwortung für die weitere Planung des Wiederaufbaus Rostocks lag fortan in den Händen des staatlichen Entwurfsbüros für Mecklenburg, des VEB (Z) Projektierung in Schwerin. Die wichtigste und nachhaltigste Entscheidung, die hier auf Grundlage der baupolitischen Grundorientierungen getroffen wurde, betraf die Schaffung eines zentralen Platzes. Der zwischen Kröpeliner Tor und Stadthafen gelegene Platz sollte über die ausgebaute Lange Straße mit dem Neuen Markt verbunden sein. Am 28. August 1952 beriet die Regierung der DDR über ein vom Schweriner Entwurfsbüro vorgelegten Teilbebauungsplan für diesen zentralen Platz. Die Zeit drängte, denn zwei Jahre nach Verabschiedung des Aufbaugesetzes war man in Rostock immer noch nicht vorwärts gekommen. Es wurden endlich sichtbare Erfolge erwartet, zumal Rostock inzwischen als Bezirkshauptstadt einen repräsentativen Anspruch gewonnen hatte. Die Regierung bestätigte daher den vorgelegten Plan.

In den folgenden Wochen konzentrierten sich die Architekten aber nicht auf den zentralen Platz, vielmehr rückten die Planungen zur Langen Straße in den Mittelpunkt des Interesses. Der Anstoß dazu war von Hermann Henselmann (1905-1997), Institutsdirektor an der Deutschen Bauakademie, ausgegangen. Der Rat des Bezirkes Rostock schrieb im Oktober 1952 einen Wettbewerb über die künftige Bebauung der Langen Straße aus. Die drei im

Dezember prämierten Entwürfe lehnten sich eng an die Berliner Stalinallee, dem Paradebeispiel für die amtliche Architekturauffassung der DDR, an. Der 1. Preis ging an Werner Gundermann aus Stralsund. Auf Grund seiner Differenzen mit dem 1. Sekretär der Bezirksleitung der SED, Karl Mewis (1907-1987), kam Gundermann jedoch nicht zum Zuge. Die Hauptautoren der beiden anderen prämierten Entwürfe, Joachim Näther (* 1925) vom staatlichen Entwurfsbüro in Schwerin und der Rostocker Stadtarchitekt Albrecht Jaeger (1900-?), wurden daraufhin zu einer gemeinsamen Überarbeitung bewegt. Im Ergebnis kam es auf Anregung von Henselmann zur Abwandlung der ursprünglich klassizistischen Fassade zugunsten einer von der Gotik inspirierten Gestaltung. Das Zitat der gotischen Stilelemente, wie es in der Verwendung des Backsteins und der Ausstattung mit Ornamenten, Rosetten und Türmen zum Ausdruck kam, sollte jedoch der einzige Anknüpfungspunkt an

Wiederaufbau der Langen Straße, 1954

das gewachsene Stadtbild bleiben. Jegliche Rücksichtnahme auf die überkommenen Strukturen, auf historische Straßenfluchten und auf Verhältnismäßigkeit wurden mit der neuen Langen Straße aufgegeben. Städtebauliche Anschlüsse und übergreifende Pläne traten in den Hintergrund. Die vom Politbüro der SED auf 60 Meter festgesetzte Breite der Magistrale und die immense Höhe der Bauten verwandelten die ehemals schmale Straße mit ihren zwei- und dreigeschossigen Gebäuden in eine überdimensionierte Häuserschlucht.

Am 30. Januar 1953 legte Walter Ulbricht (1893-1973), 1. Sekretär des Zentralkomitees der SED und stellvertretender Ministerpräsident der DDR, den Grundstein für das ehrgeizige Bauvorhaben. Der geringe Planungsvorlauf führte zu teilweise chaotischen Zuständen auf der »sozialistischen Großbaustelle«. Erst am 20. August 1953 bestätigte die Regierung der DDR endgültig die neuen Entwürfe. Der Aufbau der Langen Straße zur ersten sozialistischen Straße der alten Hafen- und Hansestadt wurde zu einem Schwerpunkt des Städtebaus in der DDR. Kein anderes innerstädtisches Bauvorhaben jener Jahre prägte das Gesicht einer Stadt in Mecklenburg so nachhaltig. Bis 1959 folgte das Baugeschehen der beschlossenen städtebaulichen und architektonischen Gesamtkonzeption, obwohl diese nach der ersten DDR-Baukonferenz im Jahr 1955 in Kritik geraten war. Zu einer Verlangsamung des Bauablaufes kam es nur nach dem 17. Juni 1953, als parallel zum Aufbau der prestigeträchtigen Straße der Wohnungsbau wieder stärker in den Mittelpunkt gerückt werden mußte. In kürzester Zeit wurde für den Stadtrand von Rostock das Neubaugebiet Reutershagen I projektiert, das sich mit der klassizistischen Fassadengestaltung und den Blockinnenhöfen unverkennbar an den sowjetischen Vorbildern orientierte. Am 5. August 1953 fand die Grundsteinlegung für dieses erste nach dem Krieg errichtete Wohngebiet statt, im Jahr 1957 konnten die Arbeiten im wesentlichen abgeschlossen werden. Mehr als 6000 Einwohner bezogen hier eine neue Wohnung.

Am 20. Juni 1958 konnte am markantesten Gebäude der Langen Straße, dem 66 Meter hohen Hochhaus an der Nordseite, das Richtfest gefeiert werden. Die Stadtsilhouette war jetzt nicht mehr nur von den mittelalterlichen Stadtkirchen geprägt, auch die Bauten des Sozialismus gaben dem Fernbild Rostocks Gestalt. Der ideologisierte Aufbauwille des Arbeiter- und Bauernstaates forderte aber auch seine Opfer. Der V. Parteitag der SED im Jahr 1958 hatte die Forderung erhoben, bis 1962 die letzten Kriegsspuren in den zentralen Bereichen der Aufbaustädte zu beseitigen. So wurde die Ruine der Jakobikirche trotz starker Bedenken seitens der Kirche, engagierter Bürger und der Denkmalpfleger Stück für Stück abgerissen, bis schließlich in der ersten Jahreshälfte 1960 der noch verbliebene Turm folgte. Das Motiv hierfür lag auf der Hand. Selbst eine denkmalgeschützte Kirchenruine galt als ein sichtbares Symbol des Christentums, doch Religion und Weltanschauung der SED blieben unvereinbar. Deshalb war für die Kirchenruine in einem nach sozialistischen Maßstäben gestalteten Stadtzentrum kein Platz mehr. Auch die letzten Häuser an der Nordseite des Neuen Marktes, die der Bombenkrieg hatte stehenlassen, mußten im Frühjahr 1959 weichen, um die unverhältnismäßig breite Lange Straße überhaupt verkehrstechnisch anbinden zu können. Der geschlossene Charakter des Platzes ging damit endgültig verloren. Insgesamt machte es die Aufbaueuphorie und die Allmacht des SED-Apparates den verantwortlichen Denkmalpflegern schwer, ein Bewußtsein für die Bedeutung des historischen Stadtbildes zu entwickeln und ihre Forderungen durchzusetzen. Im Zeichen des Neunanfanges wurde häufig mit den Traditionen gebrochen, wie der nicht zu rechtfertigende Abbruch des Petritors am 27. Mai 1960 zeigte.

Neben der Langen Straße, die das Baugeschehen in den fünfziger Jahren maßgeblich bestimmte, wurden in der Stadt eine Reihe weiterer wichtiger Bauten fertiggestellt. Eine besondere Rolle spielte dabei das Nationale Aufbauwerk (NAW), eine von der Nationalen Front ab 1952 organisierte Form unentgeltlicher, außerhalb der Arbeitszeit zu leistender Tätigkeit. In den Betrieben gebildete Aufbaukomitees hatten die Aufgabe, möglichst viele Arbeiter und Angestellte als freiwillige Aufbauhelfer zu gewinnen. Manches wichtige Bauvorhaben konnte so, trotz der hohen Kosten für die Lange Straße, verwirklicht werden. Zum größten NAW-Objekt der Stadt entwickelte sich das Ostseestadion, das am 27. Juni 1954 eingeweiht wurde. Nach offiziellen Angaben erbrachten die Rostocker 236000 freiwillige Aufbaustunden zur Fertigstellung der Sportanlage. Damit besaß die Stadt nun zwar eines der schönsten Stadien im Osten Deutschlands, aber keine leistungsstarke Fußballmannschaft, um es zu bespielen. Darum warben Rostocker Partei- und Sportfunktionäre die erfolgreiche Fußballmannschaft Empor Lauter aus dem Erzgebirge ab, die fast vollständig an die Ostseeküste wechselte. Weitere wichtige Vorhaben, die man im wesentlichen im Rahmen des NAW verwirklichte, waren der Bau zweier Warnowfähren (1953-1955), der Wiederaufbau des Steintors (1953-1954), die Errichtung der Eiskunstbahn (1954-1955), die Umgestaltung des Schwanenteiches (ab 1954), des Platzes der Jugend (1956) und des Zoologischen Gartens (ab 1956). An bedeutenden öffentlichen Gebäuden entstanden in den fünfziger Jahren unter anderem der Schulbau in der Kuphalstraße (1950-1951), die Schwimmhalle in der Kopernikusstraße (1950-1955), die Studentenwohn-heime in der St.-Georg-Straße (1950-1953), das Katalyseinstitut in der Buchbinderstraße (1950-1952), das HO-Warenhaus in der Breiten Straße (1951-1952), die Hautklinik in der Augustenstraße (1952-1954), die Klinikgebäude in der Schillingallee und in der Ernst-Heydemann-Straße (1952-1962), die Ge-bäude der Schiffbautechnischen Fakultät am Südrand der Stadt (1952-1964), die Hauptpost am Neuen Markt (1953-1956), die städtische Poliklinik in der Paulstraße (1953-1955) und das Pflegeheim in Stadtweide (1955-1957).

Der 17. Juni 1953

Die Unzufriedenheit der Bevölkerung, die in den Aufstand vom 17. Juni 1953 mündete, hatte viele Ursachen. Nach der Proklamation des planmäßigen Aufbaus des Sozialismus durch die 2. Parteikonferenz der SED im Juli 1952 wurde offensichtlich, daß die politische Diktatur deutlichere Konturen anneh-men würde. Die SED erklärte, daß der Aufbau des Sozialismus nunmehr die wichtigste Aufgabe sei. Dazu müßte vor allem die Staatsmacht gefestigt wer-den, wobei eine »Verschärfung des Klassenkampfes« unvermeidlich sei und »feindliche Agenten unschädlich« gemacht werden müßten. Diesen Klassen-kampf trug man mit aller Härte aus. Private Gewerbetreibende wurden mit hohen Steuern in die Knie gezwungen. In Diedrichshagen, Toitenwinkel, Evershagen und Peez bildete man im Frühjahr 1953 gegen den Widerstand einzelner Bauern die ersten landwirtschaftlichen Produktionsgenossenschaf-ten (LPG). Mitglieder der Jungen Gemeinde und der Evangelischen Studen-tengemeinde wurden gezwungen, die Oberschule und die Universität zu ver-lassen. Die »Ostsee-Zeitung«, das Organ der SED-Bezirksleitung, widmete sich in zahlreichen Artikeln der Trockenlegung eines vermeintlich reaktionä-ren Sumpfes an der Medizinischen Fakultät der Universität. Aus Planungs- und Lieferschwierigkeiten resultierende Produktionsstörungen wurden zu Sa-botageakten des Gegners hochstilisiert. Beschäftigte gerieten schnell in den Verdacht, feindliche Agenten zu sein. Auch in der SED kam es unter der Paro-le vom »Kampf gegen den Sozialdemokratismus« zu Parteiausschlüssen von Mitgliedern, die nicht bereit waren, sich dem rigorosen Kurs anzupassen. Eine Verunsicherung machte sich in der Bevölkerung breit. Zudem begann im gan-zen Küstengebiet des Bezirkes Rostock in der zweiten Februarhälfte 1953 eine Enteignungswelle, die unter dem Decknamen »Aktion Rose« stand. Ihr Ziel war es, die Dominanz der privaten Hotels und Gaststätten in der Ostseeregion zu beseitigen. Die unter fadenscheinigen Gründen verstaatlichten Häuser sollten für den Ausbau eines kontrollierten Urlaubs- und Feriendienstes dienen. Eine große Zahl von Einwohnern verließ die Stadt, um in Richtung Westen zu gehen. Der Anteil der Rostocker an den Republikflüchtigen lag bis zur Schließung der Grenzen am 13. August 1961 jährlich zwischen 3000 bis 4000 Personen.

Die ideologische und ökonomische Repression von Teilen der Bevölkerung war verbunden mit einer zunehmenden Verschlechterung der sozialen Lage. Der Aufbau der Werftindustrie in der Stadt Rostock, insbesondere die Errichtung der Warnowwerft in Warnemünde, verursachte zahlreiche soziale Probleme. Vor allem fehlte es an Unterbringungsmöglichkeiten für die zugezogenen Arbeiter und ihre Familien, da der Industriebau nicht von einem angemessenen Wohnungsbau begleitet wurde. Seit dem Sommer 1952 hatte sich zudem die Versorgungslage mit Konsumgütern und Dienstleistungen erheblich verschlechtert. Dies äußerte sich in einer mangelhaften Brennstoff-, Kartoffel- und Brotversorgung. Frisches Gemüse und Fett waren schwer erhältlich, für Fleisch und Fett wurden oftmals Fisch und Zucker als Ersatz zum Verkauf angeboten. Die in den Betrieben eingeleiteten Maßnahmen zur strengsten Sparsamkeit im Umgang mit Material und anderen Ressourcen hatten handfeste Konsequenzen: Erschwerniszuschläge und ermäßigte Fahrpreise wurden gestrichen. Gleichzeitig erfolgte eine allgemeine zehnprozentige Normerhöhung in der Produktion. Da die Unzulänglichkeiten in der Arbeitsorganisation die Möglichkeit der Normerfüllung nur schwer zuließen, mußten viele Arbeiter Lohneinbußen hinnehmen, die mit den gleichzeitigen Preissteigerungen neuen Unmut erzeugten. Besonders verbittert waren die Rostocker über den Wegfall der Tagesrückfahrkarten für die Arbeiter, die den Zug nach Warnemünde zur Warnowwerft benutzten. Das Maß des Zumutbaren war längst überschritten, als die Regierung der DDR am 11. Juni 1953 auf Empfehlung des Politbüros der SED einen »Neuen Kurs« einleitete und versprach, das Lebensniveau der Bevölkerung zu verbessern und Überspitzungen in der Politik zurückzunehmen. Vor allem sollten die repressiven Maßnahmen gegen die Mittelschichten, Handels- und Gewerbetreibenden sowie privaten Bauern vermindert werden, um damit eine bessere Versorgung der Bevölkerung zu erreichen.

Erstmals hatten Partei und Regierung einen Fehler eingestanden und eine Korrektur versprochen. Der Kurswechsel löste viele Diskussionen aus und hatte einen großen Vertrauens- und Autoritätsverlust zur Folge. Da die Normerhöhung nicht zurückgenommen worden war, kam es auch in den Rostocker

Protestierende Arbeiter auf der Warnowwerft, 18. Juni 1953

Betrieben zu erregten Debatten. Im Dieselmotorenwerk fand am 17. Juni 1953 eine Belegschaftsversammlung statt, auf der die Arbeiter von der Betriebsleitung die Zusage erzwangen, die überspitzte betriebliche Normerhöhung von 22 Prozent zurückzunehmen. Sie forderten außerdem, die hohen Preise zu senken, die Löhne zu erhöhen, die Verwaltungs- und Personalkosten zu reduzieren und die Arbeitsbedingungen zu verbessern. Die überspitzten Normvorgaben in diesem Betrieb waren kein Einzelfall. Auf der Warnowwerft waren sie im Mai 1953 um 18 Prozent erhöht worden. Auch hier kam es am gleichen Tag zu einer Belegschaftsversammlung. Während der Zusammenkunft wurden neben der Normrücksetzung auch freie Wahlen in der DDR und die Auflösung der kasernierten Volkspolizei, dem Vorläufer der späteren regulären Armee, gefordert. Nach erregten Diskussionen mit dem Parteisekretär beendete man jedoch die kurze Versammlung. Am Abend des 17. Juni 1953 verhängte der sowjetische Militärkommandant der Stadt und des Bezirkes Rostock, Oberst Barinow, den Ausnahmezustand, um eine Ausweitung der Proteste zu verhindern. Jegliche Kundgebungen, Versammlungen, Ansammlungen und Verstöße gegen die öffentliche Ordnung waren bei Androhung der Bestrafung nach den Kriegsgesetzen verboten. Dennoch kam es am 18. Juni 1953 auf der Warnowwerft, auf der Neptunwerft und auf der Bootswerft Gehlsdorf zu erneuten Arbeitsniederlegungen und zu Demonstrationen auf dem Betriebsgelände. Die Präsenz von sowjetischen Soldaten und kasernierter Volkspolizei beschränkte die Protestbewegung jedoch auf diese Betriebe, die Organisation einer Demonstration durch die Stadt wurde unmöglich gemacht. In der Warnowwerft verhandelten der Minister für Transportmittel- und Landmaschinenbau der DDR, Bernd Weinberger (1904-1957), und das Mitglied des Zentralkomitees der SED, Adalbert Hengst (1905-1989), bis zum Nachmittag mit einer Delegation der Arbeiter. Einer der Wortführer der Protestierenden war der Schweißer Robert Dahlem, Sohn eines wenige Wochen zuvor in Ungnade gefallenen bekannten SED-Politbüromitglieds. Im Ergebnis der Verhandlungen wurden die Normerhöhung rückgängig gemacht und die Preise für das Werkessen herabgesetzt. Nun schien ein Teil der Belegschaft beruhigt, aber etwa 500 Demonstranten versuchten, das Werftgelände zu verlassen und nach Rostock zu marschieren, um sich mit den Arbeitern der Neptunwerft zu vereinen. Dieses Vorhaben verhinderten Volkspolizisten und Sowjetsoldaten, die den Betrieb abriegelten.

Die spontan ausgebrochene Protestbewegung blieb auf die großen Betriebe beschränkt. Trotz einer allgemeinen Unzufriedenheit über die Lebenslage sprang der Funke auf breitere Bevölkerungskreise nicht über. In den folgenden Tagen ging es weitgehend ruhig zu. Die Polizei suchte nach den Wortführern der Demonstrationen und nahm Verhaftungen vor. Der verhängte Ausnahmezustand blieb bis zum 25. Juni 1953 bestehen. Alle Veranstaltungen, wie etwa das traditionelle Formel-II-Rennen um den Osthafen, mußten verschoben werden. Noch Wochen nach Aufhebung des Ausnahmezustandes herrschte eine erregte Stimmung in der Stadt. Flugblattaktionen, Überfälle auf SED-Mitglieder und Angriffe auf Volkspolizisten kennzeichneten die angespannte Lage. In den Betrieben wurden in den folgenden Tagen Aussprachen zu den aufgestauten Problemen durchgeführt. Dabei zeigte sich deutlich, daß viele Arbeiter die offiziöse Einschätzung der Proteste als »faschistischen Putsch« ablehnten und die Rechtmäßigkeit ihres Handelns herausstellten. Eine generelle Diskussion über das Gesellschaftssystem und die Fehler der SED ließ man jedoch nicht zu, die bestehenden Machtverhältnisse und der Aufbau des Sozialismus durften nicht in Frage gestellt werden. Hengst und Weinberger, die Verhandlungsführer von Partei und Regierung auf der Warnowwerft, enthob man wegen »Kapitulantentums« ihrer Funktion.

Die eingeleiteten Verbesserungen beschränkten sich auf das Machbare. Die Stromsperren wurden aufgehoben, die Versorgung verbessert, die Renten und Löhne erhöht sowie die Fahrpreiserhöhung für die Züge nach Warnemünde rückgängig gemacht. Zum neuen Oberbürgermeister wählte die Stadtverordnetenversammlung den bisherigen Arbeitsdirektor der Warnowwerft, Karl Kasten (1909-1981). Dem Ingenieur, der schon vor 1933 in der KPD organisiert war, traute man auf Grund seiner Erfahrungen mit den Arbeitern auf der Werft wohl am ehesten zu, die kommunalen Probleme bewältigen zu können. Bis August 1953 wurden 76 Geschäfte an die ehemaligen Besitzer zurückgegeben. Die Betriebsleitungen begannen sich verstärkt, den Arbeits- und Lebensbedingungen der Beschäftigten zu widmen. Eines der Hauptprobleme, die ungenügende Wohnraumversorgung, wurde durch den Wohnungsbau in Reutershagen I und durch die Gründung der Arbeiterwohnungsgenossenschaft (AWG) der Warnowwerft, die erste AWG in der DDR überhaupt, in Angriff genommen. Die Protestbewegung in der DDR hatte auch der sowjetischen Führung eindrucksvoll vor Augen geführt, daß die volkswirtschaftliche Belastbarkeit des deutschen Satellitenstaates Grenzen hatte. Die Sowjetunion verzichtete daher zum Jahresende 1953 auf die Zahlung weiterer Reparationen, ein Umstand, der insbesondere große Bedeutung für die Werften hatte, die fortan ihre Schiffe als Exportleistung abrechnen konnten. Im Zuge der Übergabe der letzten SAG-Betriebe in deutsche Verwaltung wurde auch die DERUTRA zum 1. Januar 1954 in den staatlichen Speditionsbetrieb VEB Deutfracht umgewandelt. Damit verloren die sowjetischen Behörden ihren Einfluß auf den Hafen.

Nach den Ereignissen vom 17. Juni 1953 verlangsamte die Führung der DDR das Tempo der sozialistischen Entwicklung, die Produktion der Schwerindustrie wurde zugunsten der Erzeugung von Konsumgütern und Nahrungsmitteln gedrosselt. Die Übertragung des sowjetischen Modells ging jedoch weiter und nach der 3. Parteikonferenz im März 1956 wurde wieder ein härterer Kurs eingeschlagen. Auf die verbliebenen Privatunternehmer, auf Handwerker, Einzelhändler und selbständige Bauern übte man Druck aus, um sie entweder zur Einwilligung in eine staatliche Beteiligung, zur Bildung von Produktionsgenossenschaften (PGH), zum Abschluß von Kommissionsverträgen oder zum Zusammenschluß in landwirtschaftlichen Produktionsgenossenschaften (LPG) zu bewegen. 1956 entstanden in Rostock die ersten vier Genossenschaften des Bau- und Malerhandwerks – »Voran«, »Aufbau«, »Form und Farbe« und »Frieden« – deren Zahl sich bis 1960 auf 43 erhöhte. Im Jahr 1958 willigten die ersten drei privaten Betriebe in eine staatliche Beteiligung ein, und zwar die Chemische Fabrik Wilhelm Scheel, die Maschinenfabrik Bernhard Prager und die Feinmechanikwerkstatt Wilhelm Müller. Bis zum 22. Februar 1960 wurden alle in den ländlichen Stadtkreisen arbeitenden Bauern in Genossenschaften zusammengeschlossen.

Der Überseehafen – das Tor zur Welt

Die Zahl der Schiffe der Deutschen Seereederei hatte sich bis 1959 auf 34 mit insgesamt 101235 Bruttoregistertonnen erhöht. Die wachsenden Außenhandelsbeziehungen der DDR wurden zu einem erheblichen Teil über den Seeweg abgewickelt, etwa 20 Prozent der Import- und Exportgüter liefen über die Häfen Wismar, Rostock und Stralsund. Die DDR war sowohl wegen der geringen Tiefe der Hafenzufahrten als auch infolge der eingeschränkten Umschlagskapazitäten ihrer Häfen gezwungen, einen großen Teil des seewärtigen Güterverkehrs über den Hamburger Hafen abzuwickeln. So konnten im Rostocker Stadthafen nur Schiffe bis etwa 4000 Tonnen ihre Fracht löschen und laden. Die DDR hatte für den Umschlag im Hamburger Hafen jährlich zwischen 20 bis 25 Millionen D-Mark Devisen zu zahlen und war somit auf dem Gebiet des Außenhandels von der Bundesrepublik abhängig. Bereits seit 1952 wurde deshalb an Plänen für einen eigenen leistungsfähigen Hochseehafen in Rostock gearbeitet. Der zweite Fünfjahrplan für die Jahre 1956 bis 1960 machte den Ausbau Rostocks zum größten Hafen der DDR dann auch zu einer Hauptaufgabe der Wirtschaftspolitik. Am 16. Oktober 1957 faßte das Zentralkomitee der SED den Beschluß zum Bau eines Überseehafens. Als Standort wurde Petersdorf nordöstlich von Rostock festgelegt. Die Wahl dieses Platzes war das Ergebnis vielfältiger Überlegungen, denn zur Debatte hatte lange Zeit auch ein Außenhafen vor der Küste in der Höhe von Markgrafenheide gestanden. Für diese Variante sprach vor allem die wachsende Größe der Schiffe. Die Entscheidung fiel aber für einen Innenhafen, da er eine Reihe wichtiger Vorteile bot: Die besseren Anbindungsmöglichkeiten an das Straßen- und Schienennetz sowie an die Wasser- und Energieversorgung, die Nähe zu den Werften, die geringe Entfernung zum offenen Meer, die natürliche Funktion des Breitlings als Wendebecken und die späteren Erweiterungsmöglichkeiten zählten zweifellos zu den Vorzügen.

Nur zehn Tage nach der Beschlußfassung über den Überseehafen, am 26. Oktober 1957, vollzog der Oberbürgermeister von Rostock, Wilhelm Solisch (1910-1988) den symbolischen ersten Spatenstich. Petersdorf verwandelte sich in eine Großbaustelle, auf der etwa 2500 Arbeiter aus der ganzen DDR beschäftigt waren. Für die Errichtung des Hafens mobilisierte der Staat die Bevölkerung der gesamten DDR. Es wurden nach offiziellen Angaben 4,2 Millionen Mark gespendet, 500000 Aufbaustunden geleistet und 65000 Tonnen Feldsteine für die Errichtung der 530 m langen Ostmole gesammelt. Am 7. Oktober 1958 – 15 Monate früher als geplant -vollzog man den Durchstich

Bau des Überseehafens, 1959

für die neue Hafeneinfahrt, einen Monat später war der Gleisanschluß zum Überseehafen fertiggestellt. Die Inbetriebnahme erfolgte nach nur zweieinhalb Jahren am 30. April 1960. Während eines Staatsaktes, an dem Walter Ulbricht teilnahm, machte das 10000-Tonnen-Schiff »Schwerin« am ersten fertiggestellten Liegeplatz des Pier I fest. Mit Sonderzügen, mit Bussen und Booten hatte man 20000 Rostocker zur Einweihung des Überseehafen gebracht. Anfangs besaß der Hafen nur zwei Liegeplätze, vier Kräne sowie eine Kaihalle, so daß in den nächsten Jahren vor allem der weitere Aufbau das Geschehen im Hafen bestimmen sollte. Bereits im Sommer 1960 nahmen der Ölhafen und die Schüttgutanlage den vorläufigen Betrieb auf. Im April 1963 begannen die Umschlagsarbeiten an der im ersten Bauabschnitt fertiggestellten Pier II, im Juni 1968 nahm man schließlich den Containerumschlag auf. Die Zahl der Beschäftigten stieg bis 1970 auf 3084 an, die eine Umschlagleistung von 10,1 Millionen Tonnen im Jahr erbrachten.

Die Inbetriebnahme des Überseehafens markierte sowohl in der Entwicklung der See- und Hafenwirtschaft der DDR als auch in der Geschichte Rostocks einen wichtigen Meilenstein. Der 1950 begonnene Ausbau der Stadt zum wichtigsten maritimen Standort Ostdeutschlands fand mit Errichtung des Überseehafens seinen Höhepunkt. Rostock gehörte in den sechziger Jahren zu den wirtschaftlich aufstrebendsten Städten in der DDR – ein Erfolg, der seine tiefe Begründung in der Teilung Deutschlands fand. Rostock wurde für die DDR schlechthin das »Tor zur Welt« – ein Tor allerdings, das den nicht zur See fahrenden Einwohnern wie allen Bürgern der DDR verschlossen blieb. Schiffahrt und Hafen brachten zwar eine gewisse Internationalität an die Warnow, man war jedoch unter den gegebenen Bedingungen weit davon entfernt, das Flair einer weltoffenen Hafenstadt auszuprägen.

Schaufenster des Sozialismus: Die Ostseewochen

Das nationale und internationale Ansehen der Stadt sollte in den sechziger Jahren durch eines der zentralen Großereignisse der DDR – die Ostseewochen – noch weiter anwachsen. Die Ostseewochen entstanden als ein Produkt des Kalten Krieges. Mit der Einbeziehung der beiden deutschen Staaten in die NATO bzw. in den Warschauer Pakt im Jahr 1955 war die deutsche Spaltung zementiert worden. Die von der Sowjetunion propagierte Politik der friedlichen Koexistenz zwischen kapitalistischen und sozialistischen Ländern schloß die Abkehr von der deutschen Wiedervereinigung ein. Im September 1955 übertrug die UdSSR der DDR in einem Vertrag über die gegenseitigen Beziehungen die volle Souveränität. Die Regierung der BRD beanspruchte die Alleinvertretung aller Deutschen für sich und hielt sich, um der Anerkennung der DDR als eigenen Staat durch andere Staaten entgegenzuwirken, an die sogenannten Hallstein-Doktrin. Diese außenpolitischen Grundsätze, die besagten, daß die Bundesregierung die Beziehungen zu jenen Staaten aufkündigt, die diplomatische Beziehungen zur DDR aufnehmen, waren vom Staatssekretär im Auswärtigen Amt, Walter Hallstein (1901-1982), formuliert worden. Als Professor hatte er von 1930 bis 1941 an der Universität Rostock Staats- und Rechtswissenschaften gelehrt.

Um die außenpolitische Blockade im Ostseeraum zu durchbrechen – nur Finnland erkannte den Alleinvertretungsanspruch der BRD nicht an und unterhielt in beiden deutschen Staaten Handlungsvertretungen -, initiierte die DDR-Regierung ab Sommer 1958 die Ostseewochen, die zwar im ganzen Bezirk Rostock durchgeführt wurden, aber in der Stadt Rostock ihren eigentlichen Veranstaltungsort fanden. Die Ostseewoche zog man bewußt als Gegenstück zur traditionellen Kieler Woche auf, und die Auseinandersetzung mit der Politik und dem Alltag in der Bundesrepublik spielte im Programm immer

Eröffnung der 1. Ostseewoche, 5. Juli 1958

eine wesentliche Rolle. Das sommerliche Ereignis entwickelte sich nach der Leipziger Messe zu der wichtigsten Großveranstaltung der DDR mit außenpolitischem Akzent. Bis 1975 fand es jährlich unter dem immer gleichen Motto »Die Ostsee muß ein Meer des Friedens sein« vor der Kulisse der Stadt Rostock statt. Die Regierung der DDR hoffte, mit den Ostseewochen einen Zugang zu den nordischen Ländern und damit die diplomatische Anerkennung zu erreichen. Als Gäste waren Vertreter aus den verschiedenen Ostseeanrainerstaaten eingeladen: aus den sozialistischen Staaten UdSSR und Polen, aus den NATO-Mitgliedsländern Dänemark, Norwegen und Island, aus den neutralen Staaten Schweden und Finnland. Als Privatpersonen reisten vereinzelt auch Vertreter aus der Bundesrepublik an. Die Zahl der ausländischen

Besucher stieg von 1700 im Jahr 1958 auf etwa 20000 zum Ende der sechziger Jahre an, wobei die DDR den Gästen durch zahlreiche Vergünstigungen entgegenkam, um neue Interessenten zu gewinnen. Trotz der gestiegenen Besucherzahlen stieß man in den skandinavischen Staaten außerhalb von kommunistisch bzw. DDR-freundlich gesinnten Kreisen nur langsam auf größere Resonanz.

Der hohe politische Stellenwert, den man der Ostseewoche über Jahre beimaß, zeigte sich an der Teilnahme der Spitzen von Partei und Staat der DDR und den Besuchen von offiziellen Staatsdelegationen aus der UdSSR und aus Polen. Walter Ulbricht hatte die Schirmherrschaft über die Schau übernommen und eröffnete sie in der Regel mit einer außenpolitisch ausgerichteten Rede. Das Rahmen- und Veranstaltungsprogramm wurde von Jahr zu Jahr größer. Während zu den ersten Ostseewochen noch die vom Volkstheater Rostock unter Mitwirkung von tausenden Laienkünstlern gestalteten pathetischen Festprogramme zu den eigentlichen Höhepunkten zählten, reichte die Palette später von offiziellen Kundgebungen und Demonstrationen über Tagungen und Seminare bis zu sportlichen Wettkämpfen und Kulturveranstaltungen. Zum festen Rahmen gehörten unter anderem die Arbeiterkonferenzen der Gewerkschaftsfunktionäre, die Treffen der Parlamentarier, die Seminare der Juristen, die Frauenforen, die Ostseemessen, die Sporttreffen mit der internationalen Segelregatta als Höhepunkt, die Schlagerfestivals, die Buchbasare und die Ostseebiennalen. So wurde die Ostseewoche zu einem Sammelbegriff für eine große Zahl politischer, sportlicher und kultureller Veranstaltungen, wobei allerdings die Politik und die propagandistische Selbstdarstellung unübersehbar im Mittelpunkt standen. Zu einem herausragenden Ereignis in der jährlichen Abfolge gestaltete sich das Jahr 1968, als in Rostock gleichzeitig das 750jährige Stadtjubiläum begangen wurde. Neben den Stadtoberhäuptern der baltischen und polnischen Hansestädte besuchten die Oberbürgermeister der Städte Kopenhagen, Oslo, Stockholm, Helsinki und Antwerpen sowie zwanzig weitere Bürgermeister und Stadtdirektoren aus Skandinavien Rostock, um der Stadt ihre Reverenz zu erweisen. Rostock erwuchs mit dem Besuch der ausländischen Gäste und Journalisten die Aufgabe, sich als Schaufenster des Sozialismus zu präsentieren. Das hieß vor allem: Sport- und Kulturstätten mußten errichtet, neue Häuser gebaut, Baulücken geschlossen, Häuserfassaden gestrichen, Grünanlagen gepflegt werden. In den Auslagen der Geschäfte fanden die Einwohner plötzlich Produkte, die sonst kaum zu haben waren. Die Ostseebiennale bescherte Rostock 1969 die Kunsthalle am Schwanenteich – der erste Museumsneubau der DDR. In die Stadt zog für kurze Zeit ein Hauch von Freimütigkeit und Gelassenheit ein; ein Gefühl, auf welches die Einwohner unter den Bedingungen der geschlossenen Grenzen und der ideologischen Indoktrination allzu oft verzichten mußten. Die politische Funktion der Ostseewoche ging mit der Normalisierung der Beziehungen zwischen der BRD und der DDR in den Jahren 1971/72 zunehmend verloren. Der Prozeß der weltweiten diplomatischen Anerkennung der DDR war durch die Annäherung der beiden deutschen Teilstaaten erheblich beschleunigt worden, auch die skandinavischen Staaten hatten schließlich diplomatische Beziehungen zur DDR aufgenommen. Die letzte Veranstaltung im Sommer 1975 ging daher auch ohne herausragenden politischen Stellenwert und ohne Teilnahme von Prominenz über die Bühne. Aus Kostengründen stellte die Regierung der DDR die Ostseewoche dann ein.

Rostocks Ruf als aufstrebende Industriestadt an der Ostseeküste fand seine ökonomische Begründung in der maritimen Wirtschaft vor Ort: Hier waren die größten Werften der DDR, die Deutsche Seereederei als einziger Reedereibetrieb im Osten Deutschlands, das Fischkombinat und der Überseehafen beheimatet. Die stürmische Nachkriegsentwicklung wurde nicht nur im eigenem Land zur Kenntnis genommen, sondern fand nicht zuletzt wegen der Ostseewochen auch im Ausland vielerorts Beachtung. Zu einer Reihe von Städten im östlichen wie im westlichen Lager nahm Rostock Kontakte auf. Die erste Städtepartnerschaft kam 1957 mit Szczecin in Polen zustande, 1959 folgte Turku in Finnland. Bis 1966 unterzeichnete man mit acht weiteren Städten partnerschaftliche Vereinbarungen.

Zusätzliche Aufwertung erfuhr das Ansehen der Stadt durch das Wirken des Volkstheaters und der Universität sowie durch die Entwicklung Warnemündes zu einem gefragten Kur- und Erholungsort. Das Volkstheater hatte sich unter der Generalintendanz von Hanns Anselm Perten (1917-1985), der die Spielstätte seit 1952 leitete, zu einer der profiliertesten Bühnen der DDR entwickelt. Zusammen mit dem Chefdramaturgen Kurt Barthel (1914-1967), der von 1956 bis zu seinem Tod am Volkstheater wirkte, bot Perten ein politisches Theater, dessen didaktische und programmatische Ausrichtung auf eine Interpretation der Wirklichkeit im Sinne des Sozialismus abzielte. Der Rang der Theaterarbeit gründete sich hauptsächlich auf einen breiten, zur Offenheit tendierenden Spielplan, der neben der zeitgenössischen DDR-Dramatik, Gegenwartsstücke aus der Sowjetunion, klassisches Erbe und auch Stücke »progressiver« Autoren aus dem Westen und Lateinamerika beinhaltete, ohne sich allerdings von dem politischen und ideologischen Antrieb zu lösen. Besondere Aufmerksamkeit erregte das Volkstheater durch die produktive Zusammenarbeit mit dem Dramatiker Peter Weiss (1916-1982). Einen Höhepunkt markierte die DDR-Erstaufführung des Stückes »Die Verfolgung und Ermordung Jean Paul Marats dargestellt durch die Schauspielgruppe des Hospizes zu Chareton unter Anleitung des Herrn de Sade«, das am 26. März 1965 Premiere hatte und mit dem Perten auch international Anerkennung fand.

Die Lehr- und Forschungstätigkeit an der Rostocker Universität hatte sich vor allem auf die vier Praxisbereiche Seewirtschaft und Schiffbau, Landwirtschaft und Agrartechnik, Volksbildung und Gesundheitswesen ausgerichtet. Einen gravierenden Einschnitt brachte die III. Hochschulreform der DDR in den Jahren 1968/69, die eine weitere Abkehr von den bewährten Traditionen der deutschen Universitäten und eine umfassende zentralistische Straffung der Einrichtungen bewirkte. Die im November 1969 begangenen Feierlichkeiten zum 550jährigen Gründungsjubiläum standen ganz im Zeichen dieser Reform.

Schließlich hatte sich Warnemünde auf Grund der Nähe zur Ostsee zu einem der beliebtesten Kur- und Ferienorte der DDR entwickelt. Neben den Reizen des Ortes und des Umfeldes war diese Tatsache natürlich den fehlenden Reisemöglichkeiten in der DDR geschuldet. Die Beherbergung lag fast völlig in den Händen des Feriendienstes des Freien Deutschen Gewerkschaftsbundes (FDGB). Auf die Zuweisung der preiswerten Urlaubsplätze an der Ostsee in den Saisonzeiten mußten die DDR-Bürger mitunter Jahre warten. In den Jahren 1970 und 1971 bauten schwedische Bauleute das neunzehnstöckige Renommierhotel »Neptun«, gedacht für devisenbringende Skandinavier und Bundesbürger. Das Politbüro der SED entschied dann aber anders und öffnete achtzig Prozent der Hotelbetten für FDGB-Urlauber, die besondere Verdienste in der Arbeit und im gesellschaftlichen Leben vorweisen mußten, um in den Genuß eines solchen Urlaubsplatzes zu kommen.

Städtebau zwischen neuen Wohngebieten und historischem Zentrum

Die städtebauliche Entwicklung seit Ende der fünfziger Jahre ist nur zu verstehen, wenn man sich die Ausgangsbedingungen in der Stadt vor Augen führt. Die Einwohnerzahl war bis Ende 1957 auf 150000 Einwohner angewachsen, das Durchschnittsalter lag bei nur 34 Jahren. Unzweifelhaft stand fest, daß der fortgesetzte Aufbau der maritimen Industriebetriebe sowie des Überseehafens und der zu erwartende jährliche Geburtenzuwachs zu einer weiteren Erhöhung der Bevölkerungszahl führen würde. Doch bereits jetzt hatten die Einwohner unter der seit Kriegsende vorherrschenden Wohnungsnot zu leiden. Während im DDR-Durchschnitt auf jeden Bürger 11 Quadratmeter Wohnraum kamen, mußten die Rostocker sich mit nur 7,6 Quadratmeter begnügen. Die Kinder waren gezwungen, den Schulunterricht in zwei Schichten zu besuchen. Die Aussicht auf eine grundlegende Verbesserung der Situation zeichnete sich erst im Oktober 1958 ab, als vor dem Hintergrund staatlicher Kurskorrekturen auch in Rostock der Wohnungsbau in den Vordergrund der Bemühungen gerückt wurde. Bis 1965 sollten fünf neue Wohngebiete für 75000 Menschen mit Schulen, Kindergärten, Verkaufsstellen, Gesundheits- und Kultureinrichtungen entstehen. Gleichzeitig plante man, den Aufbau des Stadtzentrums bis 1965 abzuschließen. Auch wenn die Erfüllung der ehrgeizigen Pläne in dem angepeilten Zeitraum völlig unrealistisch war, zeigte sich in der Planung ganzer Wohngebiete an der Peripherie der Stadt die neue Tendenz. Die großräumigen Wohngebiete sollten mit Hilfe industrieller Bautechnologien errichtet werden, denn nur so konnte man die schnelle und effektive Versorgung der Bevölkerung mit Wohnraum absichern.

Im Anschluß an das Wohngebiet Reutershagen I hatten bereits 1958 die Arbeiten an Reutershagen II begonnen. Es war das erste Wohngebiet in Rostock, in dem die staatlich verordnete Wende zur Industrialisierung Anwendung finden sollte. Während im nördlichen Komplex versuchsweise noch mit Großblockbauteilen aus Schaumbeton gearbeitet wurde, nutzte man in den beiden südlichen Abschnitten bereits die Plattenbauweise zur Errichtung der Häuser. In unmittelbarer Nähe entstand ein transportables Plattenwerk, in dessen Errichtung dänische und französische Erfahrungen einflossen. Am 9. April 1959 wurde hier die erste Versuchsplatte gegossen. Die Plattenbauweise beschränkte zwar die Gestaltungsmöglichkeiten für die industriell hergestellten Häuser, führte aber zu einer erheblichen Erhöhung des Bautempos. Trotz des Primats der Technologie entstand in Reutershagen II durch die Ausführung kurzer Hauszeilen und kleinräumiger Straßenzüge ein aufgelockertes Wohngebiet für etwa 10000 Einwohner. Neu war das umfangreiche und bis ins Detail berechnete Programm für ein Stadtteilzentrum mit gesellschaftlichen Einrichtungen und Verkaufsstellen, das allerdings – wie es in den folgenden neuen Wohngebieten üblich werden sollte – auf Grund ökonomischer Zwänge nur bruchstückhaft verwirklicht wurde. Als letzte größere Baumaßnahme, deren Planung in die späten fünfziger Jahre fällt, wies die von 1961 bis 1965 realisierte Südstadt den Weg, den der Städtebau in den folgenden Jahrzehnten beschreiten sollte. In unmittelbarer Nachbarschaft des neuen Universitätsgeländes und des Bezirkskrankenhauses (1961-1965) entstanden drei räumlich großzügig angelegte Wohnkomplexe für mehr als 20000 Einwohner. Überwiegend fand der in Rostock entwickelte und hinsichtlich seiner Qualität stark kritisierte Plattentyp P 1 für die vier- und fünfstöckigen Wohngebäude Verwendung. Mit einer Schmalspurbahn wurden die Platten zunächst vom Werk in Reutershagen in das neue Wohngebiet transportiert, ab 1963 fanden dann Platten aus dem fertiggestellten Werk in Marienehe Verwendung. Auch in der Südstadt fiel die geplante Zentrumsbebauung den Zwängen des Wohnungsbaus zum Opfer. An Stelle eines großzügig konzipierten Zentrums mit Geschäften, Kinos und Restaurants trat lediglich der Gaststättenkomplex »Kosmos« in Hyperschalenkonstruktion (1968-1970).

Mit dem Bau der Südstadt endete die Phase der fast nahtlosen westlichen bzw. südlichen Ergänzung des Stadtgebietes auf Arealen, die schon in den Erwägungen der dreißiger Jahre eine zentrale Rolle gespielt hatten. Beginnend mit der Errichtung des Wohngebietes Lütten Klein ab 1965 erfolgte in den sechziger und siebziger Jahren auf Grund der topographischen Bedingungen eine konsequente Weiterentwicklung des Siedlungsraums in Richtung Warnemünde. Die Konzentration der Bautätigkeit auf den Nordwesten bot die Möglichkeit, die Kapazitäten des Tief- und Hochbaus massiv und über einen langen Zeitraum hinweg an einen eng umrissenen, bisher landwirtschaftlich genutzten Standort einzusetzen. Es entstanden die Wohngebiete Lütten Klein (1965-1974), Evershagen (1971-1974), Lichtenhagen (1974-1976), Schmarl (1976-1979) und Groß Klein (1979-1983). Das Stadtzentrum rückte durch die perlenförmige Aneinanderreihung der Wohngebiete im Nordwesten zunächst in eine Randlage, die erst durch die Weiterführung des Wohnungsbaus im Nordosten aufgehoben wurde. Auf der gegenüberliegenden Seite der Warnow wuchsen ab 1983 das Wohngebiet Dierkow und ab 1987 das Wohngebiet Toitenwinkel. Im Ergebnis von drei Jahrzehnten industrieller Plattenbauweise entstanden so neun neue Stadtteile mit rund 54000 Wohnungen, in denen weit mehr als die Hälfte aller Rostocker lebte. Auf jeden Einwohner kamen nun durchschnittlich 22 Quadratmeter Wohnraum.

Die Verantwortung für die Planung und Ausführung des sogenannten komplexen Wohnungs- und Gesellschaftsbaus lag im wesentlichen bei zwei Einrichtungen. Das Anfang 1964 aus mehreren Baubetrieben und Betonwerken gebildete Wohnungsbaukombinat Rostock, dem auch ein Betriebsteil für Hochbauprojektierung angeschlossen war, entwickelte die Erzeugnisserien und setzte deren Bau um. Das 1969 gegründete Büro für Stadtplanung, welches bis 1972 unter Leitung des Stadtarchitekten Dr. Wolfgang Urbanski (1928-

Erster Spatenstich für die Erschließung des Wohngebietes Lütten Klein,
2. November 1962

1998), danach von Prof. Dr. Rudolf Lasch (1930-1993) stand, erarbeitete die Pläne für die bauliche und räumliche Entwicklung Rostocks. Zu den Stärken der Rostocker Stadtplanung gehörte ein hohes Maß bewußter Kontinuität. Mit dem ersten Generalbebauungs- und verkehrsplan von 1967 lagen weitgehend verbindliche Langzeitperspektiven vor, die zwar ständig aktualisiert wurden, aber die Stadt vor der landesüblichen Kampagnenorientierung mit ihren unreparablen Planungs- und Entwicklungsschäden bewahrte. Bei der Lösung der Aufgaben hatten über viele Jahre die ökonomischen und technologischen Aspekte des industriellen Bauens vorrangige Bedeutung. Die Fragen der architektonisch-räumlichen Gestaltung der wie Pilze aus dem Boden wachsenden Wohnkomplexe standen demgegenüber zunächst an zweiter Stelle, drängten sich aber mit den städtebaulichen Resultaten zwangsläufig auf. Die in Reutershagen II und in der Südstadt noch anzutreffende weitläufige und offene Bebauung hatte siedlungsartige Wohnkomplexe mit einer geringen Einwohnerdichte entstehen lassen. Ökonomische Prämissen führten seit dem Bau von Lütten Klein zu der Forderung, die Größe des Wohngebietes und die Bebauungsdichte erheblich zu steigern. Darum erhöhte man die Zahl der Geschosse und die Länge der Häuserblocks. Die für das Wohngebiet in Ansatz gebrachte geradlinige Zeilenbebauung hatte jedoch zu einer nicht zu verbergenden Monotonie geführt, so daß die Architekten in den folgenden Wohngebieten stärker zu einer geschlossenen, hofbildenden Bebauung übergingen. Die zu Mäanderstrukturen formierten, abgeknickt oder in kurviger Schwingung ausgeführten langen Häuserzeilen betonten wieder stärker die Raumgrenzen und die Straßenzüge. Einer der Fortschritte bestand in der Verwendung von Klinkern, Fassadenmustern und besonderen Bausegmenten, mit deren Hilfe die riesigen Baumassen aus ihrer Erstarrung gelöst und Individualität erzeugt werden sollte. Einzelne Lösungen, wie der Park zwischen Lütten Klein und Evershagen, der Boulevard in Lichtenhagen, Wohngebietsgaststätten sowie Atelier- und Terassenwohnungen zeigten das Bemühen der Rostocker Architekten, keine monotone »Schlafstadt«, sondern lebendige Stadtteile zu erbauen. Der politische und ökonomische Druck ließ die Spanne zwischen den Wunschvorstellungen der Architekten, den ausgearbeiteten Plänen und der umgesetzten Realität aber deutlich größer werden. Nicht nur der Ausstattungsgrad, die Größe und bauliche Qualität der Wohnungen wurden immer geringer, auch die mitgeplanten Gemeinschafts- und Versorgungseinrichtungen – mit unfreiwilliger Ironie zutreffend als »Nachfolgeeinrichtungen« bezeichnet – wurden gar nicht oder mit jahrelangem Verzug errichtet. Die Monotonie der zentrumslosen Wohngebiete, die nicht proportional mitentwickelte Infrastruktur, die teilweise unbefriedigenden Verkehrslösungen und die unzureichende Entwicklung der Freiräume und Grünflächen schränkten die Lebensqualität in den neuen Stadtteilen erheblich ein. Identität und Heimatgefühl gingen in den eigenschaftslosen Stadtteilen zunehmend verloren oder konnten sich bei den Zugezogenen nur schwer ausprägen.

Im Stadtzentrum hatte der Aufbau 1959 mit der Fertigstellung der Langen Straße einen gewissen Abschluß gefunden, ohne daß allerdings der zentrale Platz als westlicher Auftakt des Straßenzuges realisiert worden wäre. Zur Weiterführung der zentralen Bauvorhaben in den kriegszerstörten Städten hatte der Ministerrat der DDR am 4. Mai 1961 einen Beschluß über elf Aufbaustädte gefaßt, zu denen weiterhin auch Rostock zählte. Seine Grundsätze standen in Kontinuität zu den ideologisierten Vorstellungen von der Bedeutung des sozialistischen Stadtzentrums am Beginn der fünfziger Jahre, orientierten aber auch für diesen Bereich auf industrielle Baumethoden. Am westlichen Eingangsbereich der Langen Straße entstanden abweichend von den früheren gestalterischen Grundgedanken für diese Straße das Haus der Schiffahrt (1959-1962), das Reisebüro (1964-1966) und das Interhotel Warnow (1964-1967) in einem von Sachlichkeit, Funktionalität und Wirtschaftlichkeit geprägten Baustil. Auch die Wohnhochhäuser am östlichen Eingangsbereich (1959-1960) bzw. auf der westlichen Nordseite (1966-1968) der Langen Straße spiegelten diese Tendenz wieder. Am Neuen Markt, der nun Ernst-Thälmann-Platz hieß, errichtete man das Seemannshotel »Haus Sonne« (1967-1968). Auf dem Gelände des im Krieg zerstörten Stadttheaters in der Richard-Wagner-Straße entstand als markantes Gebäude der Verlags-, Redaktions- und Druckereikomplex von Ostsee-Zeitung und Ostseedruck (1960-1965).

Nach einem längeren Stillstand erreichte die Planungstätigkeit für die Weiterführung des Aufbaus des Stadtzentrums zwischen 1968 und 1970 einen neuen Kulminationspunkt. Unter Leitung von Wolfgang Urbanski wurde für Rostock wie für alle Bezirksstädte ein in jeder Hinsicht maßloses Bauprogramm erarbeitet, das im Bereich zwischen Goethe-, Schröder- und Saarplatz zu einer durchweg vielgeschossigen Bebauung mit zahlreichen Hochhausdominanten ohne Rücksicht auf die gewachsenen Strukturen geführt hätte. Die Kernstücke dieser neuen Zentrums-Bebauungskonzeption stellten das von Hermann Henselmann, einem der einflußreichsten Architekten der DDR, angeregte Haus der Wissenschaft, Bildung und Kultur am Warnowufer und die Nord-Süd-Achse mit Brücke über die Warnow dar. Die Hochhäuser am Vögenteichplatz und in der August-Bebel-Straße (Baubeginn 1969 bzw. 1970) zeugen von den überzogenen Projekten, denen jegliche ökonomische Fundierung fehlte und die nach den Kurskorrekturen des VIII. Parteitages der SED, der das Wohnungsbauprogramm wieder stärker in den Mittelpunkt rückte, aufgegeben werden mußten. Für die katholische Christuskirche am Schröderplatz kam dieser Kurswechsel im Juni 1971 allerdings zu spät. Die starken Proteste inner- und außerhalb Rostocks hatten den im Zusammenhang mit der Zentrumsbebauung geplanten Abriß der Kirche zwar nicht verhindern können, es gelang aber, einen ursprünglich nicht vorgesehenen Ersatzbau am Borenweg durchzusetzen. Nach der Weihe der neue Christuskirche sprengte man das Gotteshaus am 12. August 1971. Mit dem verfügten Ende für das gigantische Bauprogramm mußte Rostock wieder einmal die Hoffnung auf die Neubauten für ein Theater und für eine Veranstaltungshalle aufgeben. Entgegen den zentralen Vorgaben gelang es auf örtlicher Ebene aber, den Bau der Sport- und Kongreßhalle am Südring doch noch durchzusetzen (1975-1979).

Die Ausrichtung der Städteplanung auf die Umgestaltung der Stadtzentren unter sozialistischem Vorzeichen bedingte lange Zeit erhebliche Widerstände hinsichtlich der ideellen und materiellen Aneignung des baulichen Erbes. Bestimmend war der Wunsch, das Alte durch Neubauten abzulösen – ausgenommen einige denkmalgeschützte Einzelobjekte- , weil nur in diesen der architektonische Ausdruck der neuen Gesellschaft gesehen wurde. Der im Zusammenhang mit der Zentrumsbebauung geplante Abriß der gründerzeitlichen Bausubstanz in der Kröpeliner-Tor-Vorstadt war die logische Konsequenz aus der Überlegung, daß der enorme Instandsetzungsbedarf auf Jahre nicht zu bewältigen gewesen wäre, innerstädtischer Wohnraum in Plattenbauweise aber vergleichsweise unproblematisch geschaffen werden konnte. Darüber hinaus mußte die Bindung der Baukapazitäten in den Neubaugebieten zwangsläufig zu einer sträflichen Vernachlässigung der älteren Häuser in der Innenstadt führen. Dennoch kann für Rostock festgehalten werden, daß die Vorstellungen zur Neugestaltung des Stadtzentrums immer mit einer größeren Bereitschaft zur Bewahrung des historischen Gefüges im eigentlichen Stadtkern erfolgte, als dies bei manch anderer Bezirksstadt der Fall gewesen war. An einigen handverlesenen Baudenkmalen begannen sogar Sanierungsarbeiten. Als wichtigsten kriegszerstörten Sakralbau setzte man von 1954 bis 1965 in einem schleppenden Tempo die Petrikirche notdürftig instand, ohne allerdings den charakteristischen hohen Turmhelm wiederaufzubauen. Auch das Kuhtor (1962-1963), das Kröpeliner Tor (1966-1968), das Mönchentor (1968) und der Barocksaal (1963-1968) kamen in den Genuß denkmalpflegerischer Rekonstruktions- und Wiederaufbauarbeiten. Ein bedeutsames Vorhaben stellte die Umwandlung der Kröpeliner Straße in eine Fußgänger- und Einkaufszone dar. Schon 1961 konnten die Straßenbahngleise aus dem engen Straßenraum in die Mitte der Langen Straße verlegt werden, ein Schritt, der politisch umstritten blieb, war die Magistrale ursprünglich doch für Aufmärsche konzipiert gewesen. Zwischen 1967 und 1969 wurde die Kröpeliner Straße als erster, durch komplexe Rekonstruktion einer Altstadtstraße entstandener Fußgängerboulevard in der DDR hergerichtet.

Eine generelle Trendwende in der Einstellung gegenüber der historischen Bausubstanz setzte sich aber erst ab Ende der siebziger Jahre durch. Den Auftakt für einen behutsamen, das historisch gewachsene Stadtbild respektierenden Wiederaufbau der Innenstadt, die an wichtigen Stellen noch immer von den behelfsmäßigen Barackenbauten der Kriegs- und Nachkriegszeit geprägt war, gab der Bau des »Café Rostock« (1977-1979) in der Kröpeliner Straße. In industrieller Bauweise entstand in diesem Kernbereich der Innenstadt ein Giebelhaus, das beispielhaft die Anpassungsmöglichkeiten der Plattenbauweise demonstrieren sollte. Auch die Nachbarhäuser im Quartier wurden einer umfassenden Rekonstruktion unterzogen, auf dem nahegelegenen Universitätsplatz entstand der Brunnen der Lebensfreude (Einweihung: 27. Juni 1980). In diese Zeit fiel auch der Beginn der Umbauarbeiten am Kloster zum Heiligen Kreuz zum kulturhistorischen Museum, die Rekonstruktion der barocken Fassade und des Festsaales im Rathaus sowie der Wiederaufbau der Nikolaikirche. Mit der Rekonstruktion der Hansastraße in der Kröpeliner-Tor-Vorstadt unternahm man ansatzweise auch den Versuch, Bausubstanz in den um die Jahrhundertwende entstandenen Mietskasernenviertel zu erhalten. Für das heruntergekommene Hafenviertel nördlich der Langen Straße war es aber bereits zu spät. Da die Sanierung der zerfallenen Häuser außerhalb des Machbaren lag, fiel die Entscheidung zugunsten einer sogenannten »Flächensanierung«. Das bedeutete nichts anderes als totaler Abriß und Neubebauung. Im Jahr 1974 begannen die Abbrucharbeiten im Viertel, zwei Jahre später schrieb die Stadt einen Architekturwettbewerb zur Neugestaltung dieses Gebietes aus. Die Vorschläge reichten von der totalen Begrünung bis zur Errichtung von Hochhäusern. Es sollte noch eine geraume Zeit vergehen, bis die Vorstellungen zum Wiederaufbau der nördlichen Altstadt endgültig gereift waren.

Wichtige Erfahrungen sammelten die Stadtplaner während eines internationalen Seminars zur Gestaltung des Alten Marktes im September 1979, das man initiiert hatte, um das Interesse auf die übrige Altstadt zu lenken und das Stadtgebiet vor dem Abriß zu bewahren. Die Ergebnisse flossen in die Pläne

Am »Café Rostock« in der Kröpeliner Straße wird das letzte Giebelelement gesetzt, 22. September 1977

für den Wiederaufbau des Viertels nördlich der Langen Straße ein, der im Jahr 1980, sechs Jahre nach dem Abriß, endlich begann. Die an der Ostseite der Wokrenter Straße zunächst praktizierte Wiedererrichtung historisch belegter Giebel- und Traufhäuser in traditioneller Bauweise mußte bei den vorgegebenen ökonomischen Normen und den eingeschränkten Baukapazitäten aber die Ausnahme bleiben. Ab Dezember 1983 setzte daher die Bebauung des Umgestaltungsgebietes in modifizierter Plattenbauweise ein. Kennzeichnend für diesen Komplex wurden die weitgehende Anpassung der Plattenbauten an das historische Stadtbild, die Wahrung der Quartier- und Straßenstrukturen sowie die künstlerische Ausgestaltung des Freiraumes. Den Höhepunkt in der baulichen Umgestaltung des historischen Stadtkerns stellte die Fertigstellung des aufwendigen Fünf-Giebel-Hauses am Universitätsplatz in den Jahren 1984 bis 1986 dar. Es folgten weniger stattliche Lückenbauten im Innenstadtbereich. Die gesammelten Erfahrungen, verschiedene Architekturwettbewerbe und -werkstätten sowie Aktivitäten in der Weltkonferenz des Internationalen Rates für Denkmale und Denkmalbereiche (ICOMOS) ebneten schließlich den Weg zu einer im Oktober 1986 bestätigten städtebaulichen Leitplanung für die östliche Altstadt, die bis dahin weitgehend unberührt von den Sanierungsbemühungen geblieben war. Hier setzten die Städteplaner auf die weitmögliche Erhaltung der Bausubstanz und räumten auch privaten Initiativen zur Sanierung einen breiteren Raum ein. Damit war eine vernünftige Lösung gefunden, die zwar keine Chance auf unverzügliche Realisierung hatte, aber eine akzeptable Alternative zur »Flächensanierung« nach dem Beispiel der nördlichen Altstadt darstellte.

Die nördliche Altstadt, der Universitätsplatz und die in der östlichen Altstadt verfolgten Ambitionen fanden unter Fachleuten, Besuchern der Stadt und vor allem auch den Rostockern vielfach Zustimmung. Besser als anderenorts gelang es in Rostock, Stadtbildprägendes zu erhalten und Neues im Bemühen um Harmonie hinzuzufügen. Daneben stand aber auch der völlig unzureichende Erhaltungszustand der Häuser in der Kröpeliner-Tor-Vorstadt, in der Steintor-Vorstadt und in den anderen älteren Stadtgebieten. Die seit 1982 postulierte Einheit von Wohnungsneubau, Modernisierung und Erhaltung war wie überall in der DDR kaum mehr als eine Phrase, da der Anteil an Rekonstruktionen auf Grund fehlender Arbeitskräfte und Materialien nur unbedeutend bleiben konnte.

Im Zeichen des »realen Sozialismus«

Auf dem VIII. Parteitag der SED im Juni 1971 hatte der neugewählte Parteichef Erich Honecker (1912-1994) die später immer aufs neue beschworene Einheit von Wirtschafts- und Sozialpolitik verkündet. Die Hauptaufgabe sollte fortan in der Erhöhung des Lebensniveaus der Bevölkerung auf der Grundlage eines hohen Entwicklungstempos der Produktion bestehen. Mit der deutlichen Abgrenzung von den früheren überzogenen Plänen versuchte die Parteiführung nun, realistische Ziele anzugehen und die Lebenslage der Menschen endlich spürbar zu verbessern. Die offizielle Parteipropaganda begann, von der entwickelten sozialistischen Gesellschaft zu sprechen, in der die grundlegenden Voraussetzungen für den Übergang zum Kommunismus zu schaffen waren. Das sozialpolitische Engagement und das Bemühen um wirtschaftliche Effizienz rührten jedoch nicht an der politischen Allmacht der SED.

Es war dieser von oben gesetzte gesellschaftliche Rahmen, der die Entwicklung der Stadt Rostock in den siebziger und achtziger Jahren bestimmte. Zu Instrumenten für die Durchsetzung der Partei- und Staatspolitik wurden die Stadtverordnetenversammlung und der Rat der Stadt. In ihrem Selbstverständnis definierten sich beide Körperschaften als Organe der sozialistischen Staatsmacht. Der eigene Gestaltungswillen bewegte sich daher in den engen Grenzen, welche das politische System setzte. Die wichtigsten Funktionen im Rat übten SED-Mitglieder aus, die gegenüber der Kreisleitung der Partei rechenschaftspflichtig waren. Wesentliche kommunale Beschlußvorlagen mußten erst die Zustimmung des Sekretariats der Kreisleitung der SED gefunden haben. Der Oberbürgermeister Dr. Henning Schleiff (* 1937), der seit 1975 an der Spitze der Stadt stand, erhielt seine Arbeitsrichtlinien direkt in den Sitzungen des Sekretariats der Kreisleitung, an denen er als Mitglied regelmäßig teilnahm. Sein unmittelbarer Vorgesetzter auf der Parteiebene war der 1. Sekretär der Kreisleitung, Heinz Kochs (* 1929), der von 1968 bis 1975 selbst als Oberbürgermeister die Stadt geleitet hatte. Neben dieser Abhängigkeit von der örtlichen Parteileitung unterstand der Rat der Stadt unmittelbar dem Rat des Bezirkes, der im Rahmen der Fünfjahrpläne sowie der jährlichen Volkswirtschaftspläne die staatlichen Aufgaben und die notwendigen Geldmittel an die Kommune weitergab. Die Stadt hatte bei der Ausarbeitung der Pläne zwar ein Mitsprache-, aber kein Entscheidungsrecht. Der Rat des Bezirkes wiederum unterstand der Bezirksleitung der SED und dem Ministerrat der DDR. Der zentralistische Aufbau von Partei und Staat führte so zu einer Kette von hierarchisch aufeinander bezogenen Machtabhängigkeiten, die vom Stadtkreis über den Bezirk bis zur Zentrale nach Berlin aufstiegen und die konkrete Arbeit in Rostock unweigerlich erschwerten.

Die Einwohnerzahl Rostocks war bis zum März 1971 auf 200000 angestiegen und erhöhte sich bis zum Mai 1987 weiter auf 250000. Die Zahl der ständig Berufstätigen stieg in dieser Zeitspanne von 131956 auf 147138, wobei der Anteil der Frauen sich von 41,9 Prozent auf 46,1 Prozent erhöhte. Das größte Beschäftigungsfeld lag im Bereich der Industrie und des produzierenden Handwerks, wo 30,7 Prozent der Bevölkerung im Jahr 1989 einer Arbeit nachgingen. Der Anteil des nichtproduzierenden Bereiches lag bei 23,7 Prozent, gefolgt vom Verkehrs-, Post- und Fernmeldewesen mit 21,2 Prozent, dem Handel mit 13,0 Prozent und der Bauwirtschaft mit 6,5 Prozent. Knapp 98 Prozent der Beschäftigten übten eine Tätigkeit im sogenannten volkseigenen Sektor aus. Die größten Betriebe vor Ort waren 1979 die Deutfracht / Deutsche Seereederei mit 12280 Arbeitern und Angestellten, gefolgt vom Fischkombinat (7913), der Neptunwerft (6927), der Universität mit ihren Kliniken (6688), dem Wohnungsbaukombinat (6513), der Warnowwerft (6381) und dem

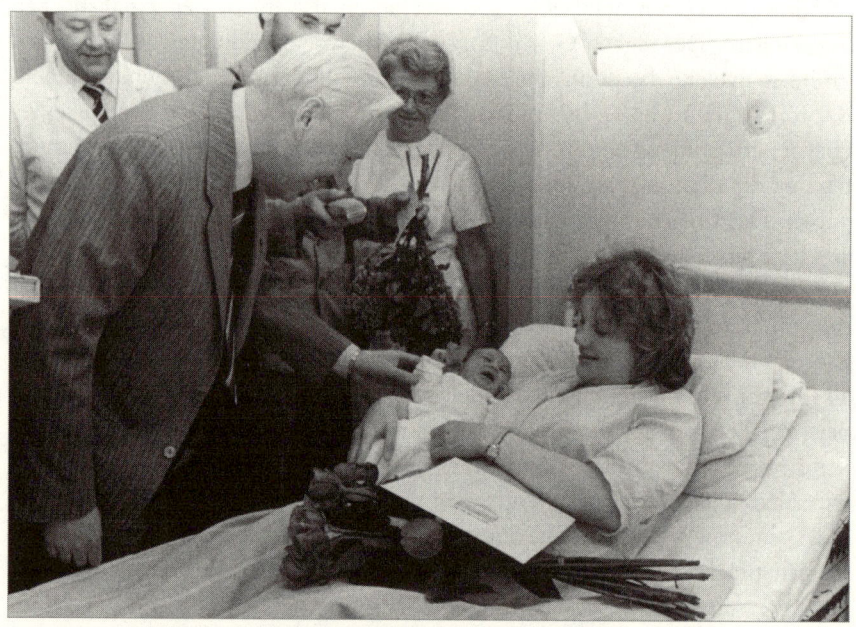

Oberbürgermeister Dr. Henning Schleiff begrüßt Franziska Schwarz als 250000. Einwohnerin Rostocks, Mai 1987

Überseehafen (4546). Die letzten privaten und halbstaatlichen Betriebe hatte man bereits im März 1972 in Staatseigentum überführt. Die sechs damals noch existenten Privatbetriebe (151 Beschäftigte) sowie die 25 Betriebe mit staatlicher Beteiligung (1028 Beschäftigte) standen nach offizieller Lesart im Widerspruch zu den sozialistischen Produktionsverhältnissen und bildeten die Basis für eine rückwärtsgewandte Lebens- und Arbeitsauffassung. Darum mußten sie verschwinden. Mit der Umwandlung in volkseigene Betriebe hatte man den letzten großen Schritt bei der Veränderung der ökonomischen Basis getan. In Rostock lag die industrielle Produktion nun ausschließlich in staatlicher Hand und war in das Gefüge der administrativen Wirtschaftsführung eingebunden. Die strukturbestimmenden Industriebetriebe unterstanden den zuständigen Ministerien der DDR, die regional bedeutsamen dem Rat des Bezirkes. Die Stadt trug die Verantwortung für die örtlichen Versorgungs- und Baubetriebe sowie für die Handels- und Verkaufseinrichtungen. Auch hier galt der Zentralismus als Leitungsprinzip, der es der SED garantierte, die Wirtschaftspolitik zu bestimmen. Zentrale wirtschaftspolitische Erwägungen führten zur Ansiedlung von zwei völlig neuen Betrieben in und um Rostock. Zwischen 1976 und 1978 entstand in Schmarl ein Bekleidungshersteller. Der VEB Jugendmode sollte dazu beitragen, die verstärkte Nachfrage nach modischer Jugendbekleidung in der DDR abzudecken. Vor den Toren der Stadt, in Poppendorf, nahm 1983 das Düngemittelwerk Rostock die Produktion auf. In den aus Frankreich importierten Produktionsanlagen wurde Stickstoffdünger hergestellt, der nicht nur für den Einsatz in der heimischen Landwirtschaft, sondern auch als Devisenbringer für die DDR-Wirtschaft gedacht war.

Alle Betriebe unternahmen in den siebziger und achtziger Jahren große Anstrengungen, um die Arbeitsproduktivität mittels Intensivierung und Rationalisierung zu erhöhen. In der Produktion wurde verstärkt Schichtarbeit eingeführt, man forderte drastische Einsparungen von Energie und Material, aber nur ansatzweise hielten moderne Fertigungstechnologien Einzug. Auch wenn man von Jahr zu Jahr große wirtschaftliche Erfolge verkündete – der Wert der industriellen Warenproduktion wuchs nach offiziellen Angaben von 4,4 Milliarden Mark im Jahr 1970 auf 9,6 Milliarden Mark im Jahr 1988 -, so konnten die zahlreichen Schwierigkeiten nicht über den wahren Zustand des Systems hinwegtäuschen. Mangelhafte Qualität, Materialnöte, Lieferausfälle und veraltete Ausrüstungen führten dazu, daß die Wirtschaft nicht die nötige Produktivität und Effektivität erreichte. In den wichtigsten Rostocker Betrieben konnte die Produktion in einigen Bereichen nur durch den Einsatz von Vertragsarbeitern aus Polen, Algerien, Mocambique, Kuba und Vietnam ab-

gesichert werden. Große Anstrengungen wurden unternommen, um nichtbe-
rufstätige Frauen für den Arbeitsprozeß zu gewinnen. Über 90 Prozent der in
Frage kommenden Rostockerinnen gingen schließlich einer Arbeit nach. Die
wirtschaftlichen Funktionsschwächen führten zu permanenten Schwierigkeiten in der Versorgung der Bevölkerung mit Dienstleistungen, Konsumgütern
und Lebensmitteln. Deshalb versuchte der Staat ab Ende der siebziger Jahre,
den Wirtschaftsalltag der Menschen durch die verstärkte Hinzuziehung von
Handwerkern, Gewerbetreibenden und Händlern zu erleichtern. In den 34
Produktionsgenossenschaften des Handwerks blieb die Anzahl der Beschäftigten (1988: 2389) zwar konstant, die Gesamtleistung konnte aber beträchtlich erhöht werden. Die Zahl der Zulassungen für private Handwerks- und
Gewerbebetriebe stieg von 451 im Jahr 1975 (1527 Beschäftigte) auf 622 im
Jahr 1988 (2136 Beschäftigte). Auch wenn die ideologisch bedingten Restriktionen gegenüber den Selbständigen auf Grund der wirtschaftlichen Zwänge
gelockert worden waren, so blieben die Funktionäre jedoch mißtrauisch und
bemühten sich, das Tor zu privaten Wirtschaftsformen nicht zu weit aufzu-
stoßen.

Die wirtschaftlichen Anstrengungen bildeten die Basis für die Verwirkli-
chung einer Reihe von sozialpolitischen Maßnahmen, die zu einer relativen
Verbesserung des Lebensstandards der Bevölkerung führten, letztlich die öko-
nomische Kraft der DDR aber überforderten. Kernstück der propagierten
Einheit von Wirtschafts- und Sozialpolitik war das Wohnungsbauprogramm.
Nach der Verkündung des Programms auf dem VIII. Parteitag der SED wurden in Rostock bis Ende 1988 52750 Wohnungen gebaut bzw. modernisiert.
Die Löhne und die Zahl der Urlaubstage waren angestiegen, die Renten und
Leistungen der Sozialfürsorge hatte man erhöht, berufstätige Mütter konnten
großzügige soziale Regelungen in Anspruch nehmen. Auch der Ausstattungs-
grad der Haushalte mit Konsumgütern hatte sich langsam verbessert. Dennoch blieb die Lebenslage für breite Kreise der Bevölkerung bescheiden. Die
Zahl der Wohnungssuchenden lag konstant hoch, so daß herangewachsene
Jugendliche, aber auch junge Familien häufig zunächst bei ihren Eltern wohnen bleiben mußten. Die Preise für die Grundnahrungsmittel und für die Mieten
blieben zwar gering, stiegen für langlebige Wirtschaftsgüter und modische
Textilien aber zunehmend an. Hinzu kamen das schmale Sortiment, die dau-
ernden Versorgungsengpässe und die langen Lieferfristen. Zwangsläufig verglichen die Menschen ihre Lebensverhältnisse mit denen in der Bundesrepublik. Besonders über die westlichen Rundfunk- und Fernsehprogramme konnte
ein halbwegs realistisches Bild über die Probleme in der Welt und auch im

eigenen Land gewonnen werden. Hatte die staatliche Seite zunächst noch versucht, den Empfang der Programme zu unterbinden, so zwang die Macht des Faktischen schließlich zum Einlenken. Auf den Häuserdächern hatten sich wahre Antennenwälder gebildet, die die Sicherheit der Gebäude erheblich gefährdeten und das architektonische Gesamtbild stark beeinträchtigten. Da jeder Haushalt sich seine eigene Antenne aufstellte, wurden beträchtliche Ressourcen gebunden. Ab 1978 begann die Stadt deshalb, in den Neubaugebieten eine Kabelversorgung für den Fernsehempfang aufzubauen, in die stillschweigend auch die Westprogramme eingespeist wurden. Damit aber war das Meinungsmonopol der SED endgültig durchbrochen. Den offiziellen Verlautbarungen, die auch in den lokalen Tageszeitungen ihren Niederschlag fanden, schenkte die Bevölkerung immer weniger Glauben. Unter den in Rostock beheimateten Tageszeitungen nahm die »Ostsee-Zeitung« als Organ der Bezirksleitung der SED eine absolute Vormachtstellung ein. Die materiell und personell bessere Ausstattung, aber auch die Papier- und Abonenntenkontigentierung sicherten ihre Dominanz gegenüber den Zeitungen der Blockparteien »Norddeutsche Neueste Nachrichten« (NDPD), »Demokrat« (CDU) und »Norddeutsche Zeitung« (LDPD). Trotz staatlich überwachter Nachrichten- und Informationspolitik schufen sich die kleinen Tageszeitungen in der lokalen Berichterstattung einen kleinen Spielraum, der sie abhob vom offiziellen Verlautbarungsstil der SED-Presse. Man rückte auf den Regional- und Lokalseiten, häufig in ungezwungener Schreibweise, private Handwerker und Gewerbetreibende in den Mittelpunkt, berichtete über das kirchliche Leben. Die angestrengten Bemühungen von Partei und Staat um die ideologische Beeinflussung der Bevölkerung wurden angesichts der Orientierung auf den Westen und der Mühen des alltäglichen Lebens immer widersinniger. Letzten Endes führten die stetigen Indoktrinationsversuche, die sich von der Schule, über die Lehre, das Studium, die Arbeitsstelle bis zu den Parteien und Massenorganisationen fortsetzten, eher zu einem Rückzug der Menschen in das Private als zu der gewünschten Akzeptanz und Identifizierung mit dem System.

Zu einem Ausdruck für die Orientierung am Privaten wurden die Kleingärten, die die Landschaften zwischen den Wohngebieten füllten. Jeder achte Haushalt in Rostock verfügte schließlich über eine Parzelle (1989: 15509). Die Gärten erfüllten eine wichtige Funktion bei der Schließung von Versorgungslücken mit frischem Obst und Gemüse. Für die Gestaltung der Freizeit kam den Sportgemeinschaften eine herausgehobene Bedeutung zu. Für den Breitensport stand eine Reihe von Vereinen zur Verfügung, die von Betrieben und Institutionen getragen und gefördert wurden. Da waren zunächst die großen

Betriebssportgemeinschaften mit einem vielfältigen Angebot an Sektionen. Hinzu kamen die Schulsportgemeinschaften, die Hochschulsportgemeinschaften der Universität und der Ingenieurhochschule für Seefahrt in Warnemünde, verschiedene Fachschulsportgemeinschaften, der Sportverein Dynamo der Volkspolizei und der Armeesportverein. Der Leistungssport konzentrierte sich auf drei Sportklubs. Die breiteste Palette bot Empor Rostock mit seinen 7 Sektionen. Vor allem die Leichtathleten, die Schwimmer, die Wasserspringer sowie die Handballer standen für hervorragende Resultate im nationalen, aber auch im internationalen Rahmen. Die Handballmannschaften der Männer und der Frauen gewannen wiederholt die DDR-Meisterschaften und die nationalen Pokalwettkämpfe, die Handballer errangen 1982 den Europapokal der Pokalsieger. Die Läuferin Marita Koch (* 1957) zählte zu den erfolgreichsten Leichtathletinnen der Welt. Der Armeesportklub Vorwärts widmete sich der Förderung der Sportarten Segeln und Rudern. Am publikumswirksamsten agierte der Fußballklub Hansa, der 1966 aus dem Sportklub Empor herausgelöst worden war. Die sportlichen Ergebnisse des FC Hansa blieben in den siebziger und achtziger Jahren aber schlecht. Die Mannschaft belegte nur noch Plätze in der unteren Tabellenhälfte der DDR-Oberliga, stieg 1975, 1977, 1979 und 1985 sogar in die Liga ab.

Die Entwicklung von Kunst und Kultur in der Stadt bewegte sich zwischen der unvermeidlichen ideologischen Instrumentalisierung für das politische System einerseits und der spezifischen geistigen Verfassung der Stadt andererseits. Es galt wie überall in der DDR das Prinzip, daß Kunst und Kultur einen wirksamen Einfluß auf die Entwicklung »sozialistischer Persönlichkeiten« und auf die Ausprägung einer »sozialistischen Lebensweise« zu nehmen hatten. Die Anstrengungen um die »Anhebung des Kulturniveaus der Werktätigen« trafen in Rostock auf Kulturideale, die traditionell von bodenständigen, mitunter kleinbürgerlichen Mustern geprägt waren. Die akademische und technische Intelligenz, die Ärzte und Lehrer stellten die gehobenere Kulturschicht, deren äußere Lebensform im Spannungsfeld von Neubauwohnung, Kleingarten und Autoanmeldung sich zwar nur wenig von der der Arbeiter unterschied, die aber Kunst und Kultur bewußter zur sozialen Abgrenzung nutzten. Da das soziale Spektrum keine extremen Ränder kannte, gruppierte die Gesellschaft sich um eine kulturelle Mitte, die alle Schichten und Gruppen einschließen sollte. Der Staat lenkte, förderte und überwachte die künstlerische und kulturelle Entwicklung. Eine Subkultur konnte sich so nur ansatzweise herausbilden, zumal in Rostock der Nährboden dafür weitgehend fehlte.

Das Volkstheater behauptete mit Ur- und Erstaufführungen von Stücken der Dramatiker Peter Weiss und Rolf Hochhuth (* 1923) sowie des Komponisten Hans Werner Henze (* 1926) aus der Bundesrepublik seine Stellung als eine der wichtigsten Kulturstätten der Stadt. Eine enge Zusammenarbeit entwickelte sich zu dem bekannten DDR-Dramatiker Claus Hammel (1932-1990), der seit 1969 als künstlerischer Berater am Volkstheater wirkte und eigene Stücke zum Programm beisteuerte. 1974 begann die aus politischen Emigranten aus Chile bestehende Schauspielgruppe »Teatro Lautaro« mit ihrer Arbeit im Haus. Generalintendant Hanns Anselm Pertens von kommunistischen Idealen geprägter Anspruch an die Theaterarbeit brachte dem Volkstheater zwar ein hohes Ansehen in der DDR ein, verdroß aber auch Teile der Rostocker Zuschauer, die diesen politisch-moralischen Ansprüchen nicht folgen wollten. Aus den im Sinne Pertens gutgemeinten »Lehrstücken« wurden schon mal »Leerstücke«, da die Besucher ausblieben. Trotz des hohen Ansehens des Volkstheaters gelang es nicht, den immer wieder aufgeschobenen Theaterneubau durchzusetzen. Als Minimalvariante einigte man sich schließlich auf die Rekonstruktion des Großen Hauses und auf die Errichtung eines Anbaus mit neuem Eingangsbereich und Theatercafé (1975-1977). Das Volkstheater konnte nach Pertens Tod im Jahr 1985 die hohe künstlerische Leistungskraft und die politische Ausstrahlung nicht halten. Zu übermächtig wirkte das Vermächtnis des Mannes, der die Spielstätte über 30 Jahre geleitet hatte.

Der DDR-typischern Popularität des Buches trug in Rostock der Hinstorff Verlag auf besondere Weise Rechnung. Das Verlagsprogramm wurde kontinuierlich weiterentwickelt. Traditionell verlegte das Unternehmen auch weiterhin regionale Autoren, aus deren Kreis der mit seinem Roman »Die Heiden von Kummerow« international bekannt gewordene Ehm Welk (1884-1966) oder auch Fritz Meyer-Scharffenberg (1912-1975) herausragten. Die »Hinstorff Bökerie« widmete sich den niederdeutschen »Klassikern«. Aufmerksamkeit und Anerkennung erlangte der Verlag weit über die engeren Grenzen der Region hinaus durch seine Arbeit mit deutschen Gegenwartsautoren, wie Jurek Becker (1937-1997), Franz Fühmann (1922-1984), Fritz Rudolf Fries (* 1935), Ulrich Plenzdorf (* 1934), Klaus Schlesinger (* 1937), Rolf Schneider (* 1932) und vielen anderen. Im gesamten deutschsprachigen Raum entwickelte sich Hinstorff zu dem Verlag, der sich am systematischsten der skandinavischen Literatur widmete. Buchpremieren vor großen Publikum, Schriftstellerlesungen in den Betrieben der Stadt, die vom Verlag 1979 ins Leben gerufene Veranstaltungsreihe »Hinstorff Maritim«, ein jährliches Literaturfest und an-

Stand des Hinstorff Verlages auf dem Rostocker Buchbasar, 1986

dere öffentliche Aktivitäten zeigten, daß sich der Hinstorff Verlag nicht nur als Buchproduzent sah, sondern als Bestandteil der Kulturlandschaft Rostocks.

Weitere Institutionen prägten das kulturelle Leben der Stadt. Die Museen und die Kunsthalle, das Stadtkabinett für Kulturarbeit und der Veranstaltungsdienst, die Konzert- und Gastspieldirektion und die Kinos sorgten für ein mehr oder weniger breites Angebot. Die seit 1978 jährlich durchgeführten Sommerfesttage setzten eine Reihe von kulturellen Veranstaltungen fort, die schon während der Ostseewochen stattgefunden hatten. Insbesondere der Buchbasar auf der Kröpeliner Straße erfreute sich großer Beliebtheit, bot er doch die Möglichkeit, Schriftsteller persönlich zu erleben und im Handel nur schwer erhältliche Bücher buchstäblich zu erstehen. Das internationale Schlagerfestival »Menschen und Meer«, der Musikantentreff Ostsee, das Warnemünder Sommerfest und die Kunstbiennale der Ostseeländer, Norwegens und Islands gehörten zu den festen Programmpunkten der Sommerfesttage. Das jährliche Pressefest der »Ostsee-Zeitung« im Barnstorfer Wald, das Solidaritätsfest der Journalisten des Bezirkes Rostock im Zoo und die Wohngebietsfeste in den Stadtteilen sorgten alljährlich in den Sommermonaten für Abwechslung bei den Rostockern und den zahlreichen Urlaubern.

In der Kulturlandschaft kam auch den Betrieben und Massenorganisationen eine wichtige Funktion zu. Dem Kulturbund war eine Vielzahl von Interessengemeinschaften und Zirkeln angegliedert. Er unterhielt den »Heinrich-Mann-Klub« in der Steintor-Vorstadt und den »Wossidlo-Klub« in Schmarl als Stätten der Kommunikation und des Gedankenaustausches, richtete in diesen Räumen Kulturtage, Vorträge, Konzerte und Ausstellungen aus. Fast jeder Betrieb war in das kulturelle Leben eingebunden, sei es durch die Unterhaltung von Klubhäusern oder durch die materielle und finanzielle Unterstützung von Arbeitsgemeinschaften, Malzirkeln, Musik- und Chorgruppen. So konnte sich ein breites Volkskunstschaffen entwickeln. Die Jugendorganisation »Freie Deutsche Jugend« (FDJ) war Träger der zahlreichen Jugendklubs, die verstärkt seit Mitte der siebziger Jahre in allen Stadtteilen entstanden waren. Zu einem gutbesuchten Veranstaltungsort für Konzerte und Diskotheken entwickelte sich beispielsweise das Zentrale Jugendklubhaus in der Blücherstraße, im Volksmund »Mau« genannt. Die SED und die Jugendorganisation, die sich als Kampfreserve der Partei sah, versuchten, die Heranwachsenden auf die Ideale des Sozialismus einzuschwören und eine feste Verbundenheit zum Staat aufzubauen. Besondere Wirksamkeit versprach man sich von propagandistischen Großveranstaltungen, wie dem Freundschaftstreffen mit der kubanischen Jugendorganisation im August 1980 oder den FDJ-Pfingsttreffen des Ostseebezirkes, die in Rostock stattfanden. Besonders im Bereich der Jugendkultur zeigte sich aber – wie in anderen Großstädten der DDR auch – ein immer stärker werdender Gegensatz zur staatlich verordneten Konformität. Kleidung, Äußerlichkeiten und Vorlieben für bestimmte Musikrichtungen dienten als Zeichen einer eigenen Identität. In der zur Schau gestellten Lebenshaltung mischte sich der Wille zum Anderssein häufig mit jugendlicher Hemmungslosigkeit und Übermut. Als Treffs dienten einschlägige Lokale, wie das »Schweizerhaus« in der Tessiner Straße, das »Riga« in Lütten Klein und der »Kosmos« in der Südstadt. Durch die stetige Einflußnahme von Schule, Lehrbetrieb und Arbeitsstätte, durch das rigorose Vorgehen von Polizei und Justiz hielten sich Jugendkriminalität und Gewaltbereitschaft jedoch in Grenzen. Nur einmal, am 18. August 1978, kam es auf dem »Platz der Jugend« zu einer ernsthaften Eskalation, als ein Konzert der Rockgruppen »City«, »Berluc« und »Exzentra« wegen Regens kurzfristig abgesagt wurde. Etwa dreihundert Jugendliche erstürmten die Bühne, skandierten Sprechchöre, beschädigten Autos und Anlagen, entzündeten schließlich ein Feuer. Der Einsatz der Polizei beendete den Krawall. In den achtziger Jahren differenzierte sich die Jugendkultur noch stärker aus. Sogenannte Punker, Grufties, Skins und Schwarz-

Warnemünder Umgang, 1983

mieter tauchten auch in Rostock auf. Die FDJ mußte der Entwicklung der Jugendkultur Rechnung tragen. Sie tat es, indem sie beispielsweise in der Sport- und Kongreßhalle Musik-Großveranstalungen organisierte, Rockgruppen förderte und im April 1989 ein unkonventionelles Musikmagazin unter dem Titel »Rock me« herausgab.

Rostock entwickelte sich für eine Reihe von bildenden Künstlern zu einem wichtigen Betätigungsfeld. Vor allem die zielgerichtete Auftragspolitik, die besonders mit der Entstehung der neuen Wohngebiete im Nordosten und Nordwesten, aber auch mit der Umgestaltung der Innenstadt forciert wurde, verschaffte den Künstlern gesicherte Wirkungsmöglichkeiten. Das Bemühen um die Synthese von Architektur und Kunst verfolgte das Ziel, den Stadtteilen und den Bauwerken einen spezifischen Charakter zu geben und ein menschliches Wohnmilieu zu schaffen. Die künstlerischen Aussagen der Werke bezogen sich in ihrer thematischen Vielfalt immer wieder auf das Wesen, auf die Werte und Vorzüge der vermeintlich besseren Ordnung, die in der DDR entstanden war. Die Spannbreite reichte von eindeutig propagandistischen Arbeiten mit klaren politischen Aussagen bis zu Stücken, in denen die Widersprüche zwischen Ideal und Wirklichkeit in der Gesellschaft Andeutung fanden. Die Künstler bedienten sich zumeist einer realistischen Formensprache, die als eine Bedingung für die Kommunikation zwischen den Werken und dem Publikum galt. Im Stadtbild, in den öffentlichen Gebäuden, in den Ausstellungen der Kunsthalle und der Galerie am Boulevard fanden die Einwohner immer wieder Werke von in und um Rostock beheimateten Künstlern, wie den Bildhauern Wolfgang Eckardt (1919-1999), Reinhard Dietrich (* 1932), Wolfgang Friedrich (* 1947) und Jo Jastram (* 1928) sowie den Malern und Grafikern Rudolf Austen (* 1931), Karlheinz Kuhn (1930-2001), Lothar Mannewitz (* 1930), Johannes Müller (* 1935), Armin Münch (* 1930), Ronald Paris (* 1933) Jürgen Weber (* 1936) und Heinz Wodzicka (* 1930). Die Künstler wirkten jedoch nicht nur in Rostock. Sie schufen ebenso Werke für andere Städte, stellten in verschiedenen Kunstausstellungen aus und fanden mit ihren Werken Eingang in mehrere Kunstsammlungen der DDR.

Von Nonkonformismus bis Opposition

Als einzige autonome Organisationen in der Gesellschaft waren die Kirchen und Religionsgemeinschaften verblieben. Die aus dem Glauben abgeleitete Weltsicht, die eigenen Wertvorstellungen und Lebensmaximen standen auf vielen Feldern im Gegensatz zur vorherrschenden Ideologie und machten ihre Mitglieder unempfänglicher gegenüber den allerorts praktizierten Indoktrinationsbemühungen. Die evangelisch-lutherische Kirche zählte in Rostock 1976 noch 85825 Mitglieder, allerdings lag die Zahl der Kirchensteuerzahler nur bei knapp 19000. Zur römisch-katholischen Kirche rechnete man 14353 Einwohner, zu den kleinen Religionsgemeinschaften 2850. Diese Zahlen waren bei allen Konfessionen wegen des staatlichen Drucks und des allgemeinen Säkularisierungstrends schon seit Jahren rückläufig. Argwöhnisch achtete der Staat auf die Zahl der Taufen, Konfirmationen, kirchlichen Eheschließungen sowie Beerdigungen und versuchte, die Bürger auf die ideologisierten weltlichen Riten festzulegen. Besonders schwierig gestalteten sich die Arbeitsmöglichkeiten der großen Kirchen in den Neubaugebieten, in denen zwar der überwiegende Teil der Bevölkerung lebte, wo aber von staatlicher Seite keine Genehmigungen für neue Kirchenbauten zu erhalten waren. Erst mit dem Bau der katholischen Thomas-Morus-Kirche in Evershagen (1983-1985) und des

Kirchentag unter dem Motto »Vertrauen wagen« in Rostock, Juni 1983 evangelischen Gemeindezentrums Brücke (1986-1988) in Groß Klein verbesserte sich die Situation.

Die Baugenehmigungen für diese beiden Kirchen resultierten ebenso wie das Entgegenkommen bei der Durchführung der beiden evangelischen Regionalkirchentage im Juni 1983 und im Juni 1988 in Rostock aus der inzwischen flexibleren und aufgeschlosseneren Haltung, die sich nach den zentralen Gesprächen zwischen Staat und Kirche im Jahr 1978 in der DDR ausgeprägt hatte. Während bei früheren regionalen Kirchentagen (1966, 1976) alles daran gesetzt worden war, um die Kirche aus der Öffentlichkeit zu verdrängen, stand hinter der nunmehrigen Aufgeschlossenheit die Absicht, den Veranstaltungen möglichst die politische Brisanz zu nehmen und einen ruhigen Verlauf zu garantieren. Denn die evangelischen Kirchgemeinden in Rostock hatten sich schon seit geraumer Zeit zum Sammelbecken für das ständig gewachsene Potential an politischer und sozialer Gegenkultur entwickelt. Hier fanden die vorwiegend jungen Leute, die sich kritisch mit den Problemen der DDR-Gegenwart, den fehlenden Menschenrechten, der Friedensbedrohung und der Umweltzerstörung auseinandersetzen wollten, ein schützendes Dach. In der evangelischen Studentengemeinde hatte sich bereits 1979 ein erster Friedenskreis gebildet. Seit 1981 fanden regelmäßig Friedensgottesdienste in der Heiligen-Geist-Kirche statt, die sich zu einem festen Bestandteil der alljährlich im Herbst stattfindenden Friedensdekade der evangelischen Kirche in Rostock entwickelten. Zeitgleich entstand in der Mecklenburgischen Landeskirche eine »Arbeitsgruppe Frieden«, die das Wirken der Gruppen im Land koordinierte und in Rostock ihr Zentrum hatte. Aus der Arbeit dieser Kreise erwuchs eine Reihe von Aktivitäten, die für Aufregung im staatlichen Machtapparat sorgten. So kam es zwischen Herbst 1981 und Frühjahr 1982 wiederholt zu ernsten Auseinandersetzungen mit Schülern und Lehrlingen, die ihr Bekenntnis zu Pazifismus und Frieden mit dem Aufnäher »Schwerter zu Pflugscharen« zum Ausdruck brachten. Großes Mißtrauen erregten kirchliche Wehrdienstberatungen und Verabschiedungs- und Ermutigungsgottesdienste für die Einberufenen. Als am 31. Oktober 1981 eine ausgedehnte Zivilverteidigungsübung in der Südstadt durchgeführt wurde, protestierten zweihundert Menschen in einem Brief an den Oberbürgermeister gegen Kriegsspiele solcher Art. Am 11. November 1983 veröffentlichte die Gruppe »Rostocker Friedenskreis« einen Appell, in dem sie gegen die Aufstellung von sowjetischen Kurz- und Mittelstreckenwaffen in der DDR protestierte. Die zweite wichtige Säule der kirchlichen Basisbewegung waren die Umweltgruppen. Ein erstes Zeichen setzte eine im Oktober 1980 durchgeführte Baumpflanzaktion im Neubaugebiet Lütten Klein. Damit sollte nicht nur auf die trostlose Situation in diesem Wohnviertel hingewiesen, sondern auch das Umweltbewußtsein geschärft werden. Die Baumpflanzaktion fand in den Folgejahren Fortsetzungen in anderen Stadtteilen. Verbunden damit waren Diskussionen zur Umweltproblematik und Familiennachmittage. Die seit 1987 bestehende »Gruppe Umwelt« an der St. Petri-Nikolai-Kirche beschäftigte sich nicht nur mit ökologischen Fragen, sondern organisierte 1988 auch Fürbittandachten für die Demonstranten, die man in Berlin verhaftet hatte, als sie sich mit der Losung »Freiheit ist immer die Freiheit der Andersdenkenden« der offiziellen Liebknecht-Luxemburg-Demonstration anschließen wollten.

Auch außerhalb der Kirche hatten sich verschiedene institutionelle oder informelle Zusammenschlüsse gebildet, die sich kritisch mit den gesellschaftlichen Krisen- und Stagnationserscheinungen auseinandersetzten. Deutliche Konturen nahm vor allem die Arbeit der 1980 im Rahmen des Kulturbundes gegründeten »Gesellschaft für Natur und Umwelt« an. In den Arbeits- und Stadtteilgruppen »Stadtökologie« sammelten sich engagierte Umweltschützer, die deutlich den Konflikt der Natur mit der Wirtschaft sahen. Mittels Eingaben und Hinweisen an staatliche wie betriebliche Leitungen versuchten sie, Einfluß auf Bauvorhaben zu nehmen und Umweltsünden von Betrieben zu unterbinden. Man führte Landschaftstage durch und schärfte mit Veröffentlichungen das Umweltbewußtsein der Einwohner. Einen der größten Erfolge konnte die Rostocker Gruppe gemeinsam mit den kirchlichen Umweltaktivisten verbuchen, als es 1988 gelang, den geplanten Bau einer Verbindungsstraße über den als Park genutzten Alten Friedhof zu verhindern. Auch am Beispiel des Pionierschiffes »Vorwärts« zeigte sich, daß viele Menschen nicht mehr bereit waren, Entscheidungen von oben einfach nur hinzunehmen. Anfang 1986 hatte die Bezirksleitung Rostock der SED beschlossen, das 1903 erbaute und seit 1957 durch die Pionierorganisation »Ernst Thälmann« als Freizeitzentrum für Kinder genutzte Handelsschiff nicht einer kostspieligen Generalinstandsetzung zu unterziehen, sondern es zu verschrotten und dafür als Ersatz ein ausgedientes Schiff neuerer Bauart bereitzustellen. Nachdem diese Absicht in der Öffentlichkeit bekannt geworden war, setzten sich einzelne Bürger, aber auch Betriebe und Institutionen vehement für den Erhalt des einmaligen technischen Denkmals ein. Vergeblich, denn Anfang 1989 wurde die »Vorwärts« trotz der Proteste und Eingaben verschrottet.

Da das gesamte politische System sich nicht auf die Pluralität unterschiedlicher Meinungen gründete, war es nahezu unmöglich, eigene, von der offiziellen Linie abweichende Positionen in die Öffentlichkeit einzubringen. Diese Erfahrung mußte sogar die parteitreue »Ostsee-Zeitung« im April 1984 machen. In dem Blatt war ein Artikel des Soziologen Peter Voigt (* 1939), Professor an der Universität Rostock, erschienen, in dem er die konsequente Durchsetzung des Leistungsprinzips in der Wirtschaft anmahnte, um die Sozialpolitik absichern zu können. Nachdem der Inhalt des Artikels von westlichen Journalisten aufgegriffen und zitiert worden war, mußte das gesamte Sekretariat der Bezirksleitung Rostock der SED vor dem Politbüro erscheinen. Unmißverständlich gab man den Rostocker Genossen zu verstehen, daß man eine Fehlerdiskussion nicht zulassen werde. Voigt und die verantwortlichen Redakteure erhielten wegen »parteischädigenden« Verhaltens Parteistrafen oder verloren ihre Posten.

Nach dem Kurswechsel in der UdSSR hin zu einer Reform des Sozialismus erfaßte die Desillusionierung über die politischen und wirtschaftlichen Verhältnisse in der DDR immer größere Teile der Gesellschaft. In den Blockparteien und Massenorganisationen gewannen kritische Stimmen zunehmend Auftrieb. Selbst in der SED machte sich ein wachsender Vertrauensschwund gegenüber der Spitze bemerkbar, zaghaft äußerte sich Kritik an der Politik der Partei- und Staatsführung. Es war nur noch eine Frage der Zeit, bis die allgemeine Verdrossenheit in öffentlichen Protest umschlagen würde.

Bodo Keipke

Die Wende und das Ende der DDR in Rostock. Oktober 1989 bis Oktober 1990

Zeit der Krise

Die politische und ökonomische Krise der DDR hatte seit Mitte der achtziger Jahre nahezu alle Lebensbereiche erfaßt. Die wachsende Unzufriedenheit der Rostocker ließ sich an der von Jahr zu Jahr steigende Zahl der Ausreiseanträge und der Eingaben ablesen. Das Fehlen von politischer Demokratie, von Rechtssicherheit, Meinungs- und Reisefreiheit in der DDR veranlaßte immer mehr Einwohner, trotz der zu erwartenden Repressalien die Übersiedlung in die Bundesrepublik Deutschland zu beantragen. Den von der offiziellen Propaganda beschworenen Vorzügen des Sozialismus schenkten die Antragsteller schon lange keinen Glauben mehr. Im Dezember 1987 lagen bei der Abteilung Genehmigungswesen des Rates der Stadt 470 Ausreiseanträge vor. Mit den dazugehörigen Familienangehörigen lag die Zahl derer, die für immer die DDR verlassen wollten, bei 1013 Personen. Bis zum Dezember 1988 erhöhte sich die Zahl der Ausreiseanträge auf 554 für insgesamt 1197 Menschen. Die Staatsmacht versuchte mit Drohungen und Schikanen, die Rücknahme der sogenannten Übersiedlungsersuchen zu erzwingen, lehnte die Anträge über Jahre hinweg ab. 1988 genehmigte man so nur 75 Anträge, 151 zumeist im Rentenalter stehende Bürger verließen die Stadt in Richtung Westen. Die ständige, an der eigenen Person erlebte Diskrepanz zwischen Anspruch und Wirklichkeit war auch der Beweggrund, sich mit Eingaben an den Rat der Stadt, an die SED-Kreisleitung und – wenn das nicht half – an den Staatsrat zu wenden. Ein Hauptproblem blieb die Wohnungsfrage, die trotz des enormen Neubauprogrammes nicht gelöst werden konnte. Von der Einlösung des Versprechens, das Wohnungsproblem als soziales Problem bis 1990 zu lösen, war man noch meilenweit entfernt. 14000 Wohnungsanträge warteten 1989 noch auf ihre Erledigung. Im Kontrast zu den auf der grünen Wiese errichteten Wohngebieten boten die Altstadt, die Kröpeliner-Tor-Vorstadt und die Steintor-Vorstadt ein marodes Bild. Wichtige Felder der Kritik waren die Engpässe in der Versorgung, die fehlenden Plätze in den Kindertagesstätten, die Zulassungsbeschränkungen für die Abiturklassen, die Versagung von Gewerbegenehmigungen sowie die ökologischen Frevel in der Stadt. Hinzu kam, daß die Wirtschaft der DDR in einer tiefen Krise steckte. Kennzeichnend waren die niedrige Arbeitsproduktivität, das sinkende Investitions- und Reproduktionsaufkommen, die Veralterung der Technik und der Technologien, die enormen Schwierigkeiten bei der Rohstoff- und Materialversorgung. Überall wurde improvisiert und von der Substanz gezehrt, die Qualität der Arbeit dadurch nicht mehr abgesichert. Die niedrige Produktivität der Wirtschaft korrespondierte mit einem viel zu hohen Aufwand, mit der Verschwendung von Material, Energie und menschlicher Arbeit.

Die Abgrenzungspolitik gegenüber den Reformansätzen in der Sowjetunion sowie die schroffe Weigerung, in der DDR ebenfalls Maßnahmen gegen die erstarrten, undemokratischen Strukturen einzuleiten, führten bei vielen zum endgültigen Bruch mit diesem Staat. Weder der Ausbau des Überwachungsapparates mit flächendeckender Kontrolle noch die Verfolgungen durch das Ministerium für Staatssicherheit (MfS) brachten die gewünschte Stabilität. Die Bezirksverwaltung des Ministeriums in der August-Bebel-Straße, für die 858 inoffizielle Mitarbeiter im Stadtkreis Rostock im Jahr 1989 tätig waren, registrierte durch Spitzelberichte, Telefonüberwachung und Abhöraktionen, durch Postkontrollen und aus anderen Quellen zwar die wachsende Unzufriedenheit, konnte in den Berichten an die SED-Bezirksleitung aber auch nur das starre Festhalten an Macht und Ideologie sowie das offensive Zurückdrängen der angeblich feindlichen Tendenzen als Gegenmittel empfehlen. Der Partei-, Staats- und Überwachungsapparat der DDR verfügte nicht mehr über die Fähigkeit, die tiefe Systemkrise zu beheben.

»Der Norden wacht auf«

Die politische Krise der DDR trat besonders deutlich bei den Kommunalwahlen am 7. Mai 1989 zutage. Nach dem offiziellen Ergebnis, das von oppositionellen Kräften angezweifelt wurde, wies Rostock mit 98,85 Prozent die niedrigste Wahlbeteiligung für eine Stadt im Bezirk Rostock auf. Von den 192638 Wahlberechtigten hatten 2209 nicht an der Wahl teilgenommen, hinzu kamen 1148 Gegenstimmen zum gemeinsamen Wahlvorschlag der Nationalen Front.

Damit wurden seit den Wahlen in den fünfziger Jahren erstmals wieder weniger als 99 Prozent Ja-Stimmen in Rostock registriert.

Die Fluchtwelle von DDR-Bürgern über die geöffneten Grenzen Ungarns, die im August einsetzte, erschütterte den Arbeiter- und Bauern-Staat wie kein anderes Ereignis seit dem 17. Juni 1953 und leitete den Zusammenbruch ein. Auf die ersten Demonstrationen, die Mitte September 1989 in Leipzig begannen, reagierten die Sicherheitsorgane mit Härte. In Reaktion auf die dortigen Verhaftungen organisierten Mitglieder der »Gruppe Umwelt« der Rostocker St. Petri-Nikolai-Gemeinde in Absprache mit Pastor Henry Lohse (* 1949) und dem Kirchgemeinderat eine erste Fürbittandacht für den 5. Oktober 1989, einen Donnerstag. Um die Petrikirche zogen Bereitschaftspolizei und Sicherheitskräfte auf, trotzdem nahmen 600 bis 700 Menschen an der Andacht teil. Davon unberührt feierte das offizielle Rostock den 40. Jahrestag der Gründung der DDR gerade so, als wäre alles in seiner gewohnten Ordnung. Auf der Festveranstaltung in der Sport- und Kongreßhalle postulierte der 1. Sekretär der SED-Bezirksleitung, Ernst Timm (* 1926), vor geladenen Gästen nochmals das »Wohl des Volkes als oberstes Gebot«. Auf der Unterwarnow wurde mit einer Flottenparade der Volksmarine Stärke demonstriert. Am Abend des 7. Oktober, dem Tag der Republik, fand jedoch in der Petrikirche auch eine »Andacht der Betroffenheit« statt. 609 Teilnehmer unterzeichneten einen Appell an die Stadtverordnetenversammlung, in dem eine demokratische Erneuerung der Gesellschaft gefordert wurde. Vor dem Rathaus versammelten sich nach der Andacht einige Jugendliche mit Kerzen, verließen den Platz aber, als die Polizei anrückte.

Obwohl der Rat der Stadt und die Sicherheitskräfte angekündigt hatten, derartige Veranstaltungen nicht mehr zu dulden, setzten die Initiatoren an den folgenden Donnerstagen die Fürbittandachten fort, auf Grund des großen Zulaufes nun auch in der Marienkirche und in der Michaeliskirche. An der Universität, in den Betrieben und Schulen, überall, selbst in den SED-Parteiorganisationen brachen die Menschen aus ihrer jahrelang geübten Passivität und Gleichgültigkeit auf, wurden Forderungen nach Demokratie, Erneuerung und Wahrheit laut. Am 19. Oktober 1989 formierten sich nach der Fürbittandacht zum ersten Mal etwa 2000 Teilnehmer zu einem Demonstrationszug durch die Stadt. Hinter einem selbstgefertigten bunten Schmetterling mit der Aufschrift »Gewaltfrei für Demokratie« zogen nun bis Mitte Dezember Donnerstag für Donnerstag immer mehr Menschen mit Kerzen in den Händen durch Lange Straße und August-Bebel-Straße, vorbei an der Bezirks- und Kreisverwaltung des Ministeriums für Staatssicherheit, zum Rathaus am Neuen

Markt. Auch der im Vergleich zum Süden »kühle« Norden war nun endgültig erwacht. Die Straßen und Plätze der Stadt blieben für Wochen Schauplatz zahlreicher Demonstrationen und Kundgebungen, und bis zu 40000 Rostocker kamen, um mit Transparenten und Spruchbändern oder einfach nur durch ihre Anwesenheit von der wiedergewonnenen Mündigkeit Gebrauch zu machen. Die Demonstrationen entwickelten sich zur wichtigsten Institution der von den Bürgern eroberten neuen Öffentlichkeit. Menschen, wie der Pastor Joachim Gauck (* 1940), wurden in dieser bewegten Zeit zu Integrationsfiguren der aufgewühlten Menschen.

Die demokratische Erneuerung

Im Oktober und November 1989 hatten sich aus den Reihen der Bürgerbewegung neue Parteien und Organisationen in der Stadt gegründet. Zunächst entstanden die Gruppen des Neuen Forums und der Sozialdemokratischen Partei (SDP), wenig später folgten Demokratischer Aufbruch, Demokratie jetzt, Vereinigte Linke, die Grünen, die Vereinigte Bürgerinitiative für einen neuen Sozialismus und der Unabhängige Frauenverband. Den Vertretern der bisherigen Staatspartei blieb nichts anderes übrig, als diese Vielfalt zu dulden. Das Herrschaftsmonopol der SED war dadurch aber längst noch nicht gebrochen, Stück für Stück mußten die neuen Parteien und Bürgerinitiativen eine Beteiligung an der Macht ertrotzen.

Als endgültig Klarheit darüber bestand, daß der Kurs in der gesamten DDR nicht auf Konfrontation sondern auf Dialog hinauslief, versuchte der Rat der Stadt, die Initiative zurückzugewinnen und den Massenprotest zu neutralisieren. Auf den Fürbittandachten vom 19. Oktober 1989 verlasen Mitglieder des Rates einen offenen Brief, in dem man den Einwohnern einen Dialog zu allen Fragen anbot. Bis Mitte November fanden daraufhin 14 Veranstaltungen zu Themen wie Stadtentwicklung und Umweltschutz, Medien- und Informationspolitik, Parteienpluralismus und Bürgermitbestimmung, Warenangebot und Versorgung statt. Die Veranstaltungen entwickelten sich zu Tribunalen der Anklage gegen die städtischen und gesellschaftlichen Mißstände. Allzuoft offenbarte sich im Disput der Einwohner mit den Funktionären deren Inkompetenz und Hilflosigkeit. Auch auf der vom Sender Rostock übertragenen außerordentlichen Tagung der Stadtverordnetenversammlung, bisher nicht als Ort freier Meinungsäußerung bei den Rostockern bekannt, kam es am 6. November 1989 zu einer lebhaften Debatte über die eigene Arbeit und den gesellschaftlichen Aufbruch. Die Teilnahme von Vertretern des Neuen Forums an der Sitzung signalisierte, daß die SED der wachsenden Bedeutung der Opposition Rechnung tragen mußte. Der Oberbürgermeister Henning Schleiff gestand der Versammlung im Namen des ganzen Rates ein, daß man in der Vergangenheit nicht die Kraft und den Mut hatte, zu den erkannten Problemen unüberhörbar Stellung zu nehmen. Doch sowohl das Angebot zum Dialog als auch die Einsicht der eigenen Versäumnisse kamen zu spät.

Zwischen Dezember 1989 und Januar 1990 versuchten die Bürgerbewegungen in Rostock, Schritt für Schritt ihre in der Öffentlichkeit erkämpfte Position durch die Schaffung eigener Zeitungen und neuer demokratischer Institutionen abzustützen. Die neugegründeten Blätter »Bürgerrat«, »plattForm« und »Mecklenburgische Volkszeitung« erwiesen sich als wichtiges Mittel für eine unabhängige Informationspolitik, wobei aber nicht zu verkennen war, daß sich auch die traditionellen Rostocker Tageszeitungen aus dem engen Korsett staatlicher Verlautbarungen gelöst hatten. Die Einsetzung eines Gerechtigkeitsausschusses durch die Stadtverordnetenversammlung stellte einen wichtigen Schritt auf dem Wege zur Konstituierung demokratischer Organisationsformen dar. Dem Ausschuß, der die Rechtsverletzungen von Funktionären und Schutz- und Sicherheitsorganen überprüfen sollte, gehörten neben Abgeordneten auch Vertreter der Kirchen und Bürgerbewegungen an. Die Leitung des Ausschusses übertrug man Pastor Arvid Schnauer (* 1937) von der Ufergemeinde Groß Klein. Anfang Dezember 1990 konstituierte sich der Bürgerrat, der den Rat der Stadt sowie die Ständigen Kommissionen der Stadtverordnetenversammlung unterstützen und kontrollieren sollte. Es wurden kommunalpolitische Kommissionen gebildet, in denen die Bürger mitarbeiten konnten. Aber erst mit der Einrichtung des Runden Tisches am 9. Dezember 1989 erreichten die neuen Parteien und Bürgerbewegungen eine qualitativ neue Stufe der demokratischen Kontrolle. Bis zu diesem Zeitpunkt war das Machtmonopol der SED im Rathaus noch weitgehend unangetastet geblieben. Der Runde Tisch übernahm die Aufgabe, bis zur Kommunalwahl dem Rat und der Stadtverordnetenversammlung Hinweise zu geben und diese zu kontrollieren. Beide städtischen Gremien durften ihre Entscheidungen nur noch in Übereinstimmung mit den Positionen des Runden Tisches treffen. An der ersten Sitzung nahmen Vertreter von fünfzehn Parteien, Vereinigungen, Organisationen, Bürgerinitiativen und Kirchen teil, die unter Leitung des Landessuperintendenten Dr. Joachim Wiebering (* 1934) die zukünftige Arbeitsweise sowie einen Aufruf zur Gewaltlosigkeit und zum Abbau von Feindbildern berieten. In den nun wöchentlich stattfindenden Beratungen, an de-

Donnerstags-Demonstration, 9. November 1989

nen im April 1990 schließlich Repräsentanten von 27 Parteien, Organisationen und Institutionen mitwirkten, standen alle Themen, die das tägliche Leben der Rostocker Einwohner unmittelbar betrafen, auf der Tagesordnung. Es war eine Zeit der Doppelherrschaft zwischen Rundem Tisch auf der einen und Rat und Stadtverordnetenversammlung auf der anderen Seite.

Auch wenn sich hier abzeichnete, daß die einstige Vormachtstellung von SED und Staat abzubröckeln begann, so blieb mit der Bezirks- und Kreisverwaltung des Ministeriums für Staatssicherheit das wichtigste Instrument des Unterdrückungs- und Überwachungsapparates noch unangetastet. Durch eine wohldosierte Informationspolitik hatte der Staatssicherheitsdienst zwar versucht, den Protesten entgegenzuwirken, das Mißtrauen blieb jedoch bestehen. Daß die Zweifel durchaus berechtigt waren, zeigte sich, als sich in den ersten Dezembertagen des Jahres 1989 der Verdacht bestätigte, daß sich im nahen Kavelstorf ein geheimes Waffenlager der IMES GmbH, die zum Bereich »Kommerzielle Koordinierung« des MfS gehörte, befand. Von hier aus gingen Waffenlieferungen in die Krisengebiete der Welt. Als man in der Zentrale der Staatssicherheit in der August-Bebel-Straße dazu überging, die eigene

Tätigkeit durch die Vernichtung von Beweismaterial zu vertuschen, brach die Empörung erneut los. Am 4. Dezember 1989 zog vor dem Haupteingang des Dienstgebäudes eine Mahnwache des Neuen Forums auf, um gegen die Aktenvernichtung zu protestieren sowie die Auflösung des Bezirksamtes und die Einsetzung eines unabhängigen Untersuchungsausschusses zu fordern. Sehr bald sammelte sich eine größere Anzahl von Bürgern, die sich dem Protest anschlossen und die Zugangswege blockierten. Unter dem Druck der Demonstranten ließ man am späten Abend schließlich 15 Bürger ein, die mit dem Chef der Bezirksverwaltung, Generalleutnant Rudolf Mittag (* 1929), über die Übergabe des Gebäudes und die Berufung eines unabhängigen Untersuchungsausschusses verhandeln sollten. Die Verhandlungen, an denen auch der Bezirksstaatsanwalt und der Leiter der Bezirksbehörde der Volkspolizei teilnahmen, standen unter Leitung von Landessuperintendent Wiebering und Rechtsanwalt Hans-Joachim Vormelker (* 1924). Mittag akzeptierte die Forderungen nur widerwillig. Alle anwesenden MfS-Mitarbeiter mußten das Haus verlassen. Sämtliche Diensträume und Panzerschränke wurden bis in den Morgen hinein versiegelt, die Polizei übernahm die Bewachung. Etwa zur gleichen Zeit besetzten Mitglieder des Neuen Forums auch das Außenobjekt Waldeck, in dem Überreste von vernichteten Akten gefunden wurden. Sie forderten vom Bezirksstaatsanwalt die Verhaftung des Generalleutnants Mittag, was auch halbherzig geschah. Noch am Abend bildete sich im Büro des Rechtsanwaltes Vormelker der von den Demonstranten geforderte Untersuchungsausschuß, der sich am nächsten Tag offiziell konstituierte.

Das Ende der sozialistischen Ära

Die Losung »Wir sind das Volk«, mit welcher die Demonstranten im Herbst 1989 auf die Straße gegangen waren, schlug nach Öffnung der Grenzen am 9. November 1989 bald in den Ruf »Wir sind ein Volk« und »Deutschland einig Vaterland« um. Es wurde offensichtlich, daß die große Mehrheit der Bevölkerung keine »andere« DDR, sondern die Einheit Deutschlands wollte. In den Donnerstagsdemonstrationen tauchten seit Ende November 1989 immer häufiger Losungen nach einem einheitlichen Deutschland auf. Aber nicht alle schlossen sich der Massenstimmung nach rascher wirtschaftlicher und politischer Vereinigung an. In den Bürgerbewegungen ging man nach wie vor davon aus, daß die DDR reformierbar sei und deshalb die staatliche Eigenständigkeit gewahrt werden könnte. Aus diesem Grund rief das Neue Forum auch zur Beteiligung an der Menschenkette auf, die am 3. Dezember 1989 unter dem Motto »Ein Licht für unser Land« stattfand. Eine Woche später kam es zu einer ersten Demonstration gegen die Wiedervereinigung. Doch der Wunsch nach einem geeinten Deutschland bahnte sich unaufhaltsam einen Weg. Viele Bürger hofften, damit in Kürze den Lebensstandard der Bundesrepublik erreichen zu können, andere befürchteten, daß plötzliche Veränderungen in der Sowjetunion die einmalige Chance zunichte machen könnten. Als am 6. Dezember 1989 der Ehrenvorsitzende der SPD, Altbundeskanzler Willy Brandt (1913-1992), auf Einladung der Rostocker SDP-Gruppe in der Marienkirche sprach, schlug ihm eine große Welle der Sympathie entgegen. Tausende Rostocker in- und außerhalb der Kirche folgten seinen Ausführungen, in denen er eine Vertragsgemeinschaft zwischen beiden deutschen Staaten anregte. Auf kommunaler Ebene kam es seit Anfang des Jahres 1990 zu einer verstärkten Zusammenarbeit zwischen den Partnerstädten Rostock und Bremen. Es war aber nicht nur die materielle und ideelle Unterstützung aus Bremen, die die Menschen zusammenführte. Eine Rostocker Bürgerinitiative organisierte an einem Wochenende im Januar 1990 ein Volksfest in der Stadt, zu dem 20000 Gäste aus der Weserstadt kamen. Damit sollte den Bremern für ihre Gastfreundschaft im Herbst 1989 gedankt werden, als viele Rostocker die Öffnung der Grenzen zu einem Besuch in dieser Stadt genutzt hatten. Das Kulturhistorische Museum eröffnete die vielbeachtete Hamburger Ausstellung »Die Hanse – Lebenswirklichkeit und Mythos«, im Ostseestadion spielte Werder Bremen gegen den FC Hansa Rostock in einem Freundschaftsspiel.

Während der Weihnachtsfeiertage und des Jahreswechsels hatten keine Demonstrationen in der Stadt stattgefunden. Ab Mitte Januar 1990 riefen die Bürgerbewegungen dann wieder zu Andachten und Kundgebungen auf. Die bis Mitte Februar durchgeführten Veranstaltungen thematisierten vor allem die notwendige konsequente Erneuerung der Gesellschaft. Dieses Ziel schien durch die nach wie vor bestehende Vormachtstellung der zur Partei des demokratischen Sozialismus (PDS) gewendeten SED und durch die weitgehende Beibehaltung der alten Machtstrukturen gefährdet. Am Runden Tisch kam es immer häufiger zu Kritik an der Behinderungstaktik des Rates der Stadt und es mußte festgestellt werden, daß wichtige wirtschaftliche und politische Weichenstellungen an ihm vorbeiliefen. Nach einer Andacht bildeten Tausende Rostocker eine Menschenkette um das Rathaus und forderten den Rat zum Rücktritt auf. Auf Antrag des Neuen Forums faßte der Runde Tisch am 16. Februar 1990 den Beschluß, sechs Ratsmitglieder ohne Geschäftsbereich zu wählen, die fortan den alten Rat kontrollieren und auf die Durchsetzung der

Beschlüsse des Runden Tisches drängen sollten. Das Mißtrauen gegenüber dem alten Rat eskalierte zu einer offenen Auseinandersetzung um die Macht in der Stadt, als undurchsichtige Praktiken bei der Einstellung von Pädagogen an den Rostocker Schulen bekannt wurden. Die Demokratisierung des Bildungswesens hatte sich zu einem wichtigen Schwerpunkt in der Arbeit des Bürgerrates und des Runden Tisches entwickelt. Als sich nun herausstellte, daß der Stadtschulrat Gustav Bendlin (* 1945) ehemalige hauptamtliche Mitarbeiter der SED, der FDJ, des Staatsapparates und des MfS als Lehrer einstellte, forderten der Runde Tisch und der Bürgerrat wiederholt den Rücktritt des Stadtschulrates. Der Runde Tisch band seine Weiterarbeit an die Erfüllung dieser Forderung. Auf einer außerordentlichen Stadtverordnetenversammlung am 15. März 1990 stimmte die Mehrheit der alten Abgeordneten aber für den Verbleib des Stadtschulrates. (Angemerkt sei, daß in dieser Sitzung auch beschlossen wurde, Rostock den Zusatz »Hansestadt« zu geben.) Noch während der Tagung der Stadtverordnetenversammlung erklärte Christoph Kleemann (* 1944) vom Neuen Forum den Rücktritt des Runden Tisches. Auf einer außerordentlichen Sitzung am nächsten Tag stimmte der Runde Tisch der abgegebenen Erklärung zu und beendete seine Arbeit. Die Vertreter der PDS, des Kulturbundes und des Demokratischen Frauenbundes enthielten sich der Stimme. Gleichzeitig erklärte der Runde Tisch sich aber bereit, die Verantwortung für die Stadt zu übernehmen, wenn der Oberbürgermeister und der Stadtschulrat zurücktreten. Für den 22. März 1990 rief der Runde Tisch zu einer Protestkundgebung vor dem Rathaus auf, an der 10000 Rostocker teilnahmen. Als sich daraufhin nichts tat, organisierte das Neue Forum am 26. März 1990 ein »sit-in« im Rathaus. Erst jetzt konnte Henning Schleiff zum Rücktritt gezwungen werden. Der Runde Tisch nahm seine Arbeit wieder auf. Als neuen, bis zur Kommunalwahl amtierenden Oberbürgermeister wählte er einstimmig seinen bisherigen Sprecher und Stadtrat ohne Geschäftsbereich, den Theologen Christoph Kleemann. Gleichzeitig zogen 18 Stadträte der Bürgerbewegungen und neuen Parteien in das Rathaus ein.

Unter dem Einfluß der bevorstehenden Volkskammerwahl am 18. März 1990 und der Kommunalwahl am 6. Mai 1990 konzentrierten sich die Parteien und Bürgerbewegungen im Frühjahr 1990 auf den Wahlkampf. Das Parteiensystem in der DDR hatte sich bis zu diesem Zeitpunkt schrittweise an das der Bundesrepublik angepaßt. Die Sozialdemokratische Partei orientierte sich erkennbar an den Vorstellungen ihrer Schwesterorganisation in der Bundesrepublik. Auf liberaler Seite gab es eine enge Bindung zur FDP, unter deren Einfluß ein Wahlbündnis aus neugegründeter FDP und Blockpartei LDPD

Besetzung des Rathauses, 26. März 1990

unter dem Namen »Bund freier Demokraten« aufgestellt wurde. Die drei konservativen Parteien – die Blockpartei CDU, der Demokratische Aufbruch und die Deutsche Soziale Union – lehnten sich an CDU und CSU an und schlossen eine »Allianz für Deutschland«. Auch die Grünen und der Unabhängige Frauenverband bildeten ein Wahlbündnis. Außerhalb des Parteienspektrums der Bundesrepublik standen auf der einen Seite die PDS, auf der anderen Seite die Bürgerbewegungen Neues Forum, Demokratie jetzt und Initiative Freiheit und Menschenrechte, die das »Bündnis 90« gebildet hatten. Im emotionsgeladenen Wahlkampf sprachen auf den öffentlichen Wahlveranstaltungen in Rostock unter anderem die ehemaligen Bundeskanzler Willy Brandt und Helmut Schmidt (* 1918) von der SPD, der Bundesaußenminister Hans-Dietrich Genscher (* 1927) von der FDP und der Bundeskanzler Helmut Kohl (* 1930) von der CDU. Im Vorfeld der Volkskammerwahl erregten besonders die MfS-Kontakte des Vorsitzenden des Demokratischen Aufbruchs, des Rechtsanwaltes Wolfgang Schnur (* 1944) aus Rostock, die Gemüter. Schnur mußte als Parteivorsitzender und Spitzenkandidat des Demokratischen Aufbruchs zurücktreten. Der hohe Sieg der »Allianz für Deutschland« (DDR gesamt: 48,1 Prozent) bei der Volkskammerwahl kam für viele überraschend, war aber erklärbar. Die Allianz trat eindeutig für die deutsche Einheit ein und plädierte für die sofortige Einführung der sozialen Marktwirtschaft und der D-Mark. Wählerstärkste Partei in Rostock wurde allerdings die SPD mit 31,2 Prozent (DDR gesamt: 21,9 Prozent), gefolgt von der PDS mit 27,7 Prozent (DDR gesamt: 16,4 Prozent) und der CDU 24,5 Prozent (DDR gesamt: 40,8 Prozent). Ähnlich gestaltet sich das Ergebnis bei der sieben Wochen später durchgeführten Kommunalwahl. Als stärkste Partei zog mit 28,1 Prozent der Stimmen die SPD in die neue Bürgervertretung ein (37 Mandate), es folgten PDS (22,85 Prozent – 30 Mandate), CDU (22,71 Prozent – 30), Bündnis 90 (10,2 Prozent – 13), Bund freier Demokraten (4,62 Prozent – 6), Grüne (3,22 Prozent – 4) und Volkssolidarität (1,97 Prozent – 3) sowie sieben kleine Gruppierungen mit jeweils einem Sitz.

Ende Mai 1990 stand nach den Koalitionsverhandlungen fest, daß in Rostock eine Große Koalition aus Sozialdemokraten, Christdemokraten, Liberalen und Vertretern der Bürgerbewegungen die Geschicke im Rathaus lenken würde. Auf der konstituierenden Sitzung der Bürgerschaft am 31. Mai 1990 wählte man Christoph Kleemann vom Bündnis 90 zum Präsidenten der Bürgerschaft. Neuer Oberbürgermeister der Hansestadt wurde der Sozialdemokrat Dr. Klaus Kilimann (* 1938), Physiker an der Universität Rostock, Bürgermeister der bisherige Sekretär des Bezirksvorstandes der CDU, der Lehrer Wolfgang Zöllick (* 1946).

Zwischen Währungsunion und Wiedervereinigung

Noch am 15. April 1990 hatte der Runde Tisch der Öffentlichkeit den »Entwurf der vorläufigen Kommunalverfassung der Hansestadt Rostock« vorgestellt. In diesen Entwurf waren die Erfahrungen des Runden Tisches mit bürgernaher Kommunalpolitik ebenso wie die Vorstellungen der Bürgerbewegungen von einer unmittelbaren Beteiligung der Einwohner an den Entscheidungsprozessen eingeflossen. Der Entwurf blieb aber ohne nennenswerten Einfluß auf spätere Diskussionen um die Ausgestaltung der Verfassung der Hansestadt. Den rechtlichen Rahmen für das Wirken der Stadt setzten vielmehr die von der Volkskammer im Mai 1990 verabschiedete Kommunalverfassung und das Kommunalvermögensgesetz, welche auch der Stadt Rostock die kommunale Selbstverwaltung und ihr kommunales Vermögen zurückgaben. Trotz der rechtlichen Absicherung glich die Situation der Städte und Gemeinden der »eines Pferdes, das sich im Galopp befindet, während es beschlagen werden muß«, wie es auf der ersten DDR-Bürgermeisterkonferenz im Sommer 1990 ausgedrückt wurde. Vor allem die dramatische Finanzsituation, hervorgerufen durch die noch völlig unentschiedene Aufteilung der staatlichen Einnahmen, und die ungeklärten Eigentumsrechte an Grund und Boden banden der Stadt Rostock lange Zeit die Hände, um den Aufbau und nötige Investitionen in Gang zu bringen. Dennoch wurden mit der Bildung der Stadtwerke AG, der Rostocker Straßenbahn AG, der Stadtentsorgung GmbH und der WIRO GmbH ab Sommer 1990 wichtige organisatorische Weichenstellungen für die kommunalen Wirtschaftsbetriebe getroffen.

Der neue Rostocker Senat hatte in seiner Antrittserklärung vom 18. Juni 1990 das Ziel formuliert, die Stadt mittelfristig zu einem blühenden Zentrum von Industrie, Handel, Kultur und Wissenschaft zu entwickeln. Die Wirtschaftspolitik richtete sich daher besonders auf die Ansiedlung von neuen Industriebranchen und von mittelständischem Gewerbe sowie auf den Ausbau des Dienstleistungssektors. Die geographische Lage der Stadt, die vor Ort ansässige Universität und das relativ entwickelte Kultur- und Geistesleben sollten sich als wirtschaftsfördernde Faktoren erweisen. Vergeblich bemühten sich indes Senat und Bürgerschaft, die Entscheidung über die Landeshauptstadt für das im Oktober 1990 gebildete Land Mecklenburg-Vorpommern zugunsten Rostocks zu beeinflussen. Die Mehrheit der Kreise und kreisfreien Städte der Bezirke Rostock, Schwerin und Neubrandenburg sprach sich bei der Abstimmung im August 1990 für Schwerin als Landeshauptstadt aus. Auch die 40000 Unterschriften für Rostock als Landeshauptstadt, die die Rostocker Initiative »Mündige Bürger« vorlegte, konnten an dieser Entscheidung nichts mehr ändern.

Der Rahmen für den notwendigen ökonomischen Strukturwandel wurde durch die Wiedervereinigung Deutschlands und die Einführung der sozialen Marktwirtschaft bestimmt. Mit der Einführung der D-Mark am 1. Juli 1990 hielt die soziale Marktwirtschaft in Rostock Einzug. Über Nacht wurde in den Kaufhäusern und -hallen, in den Geschäften und Läden das bisherige Sortiment durch westliche Konsumgüter ersetzt. Das war aber nur die eine Seite der Medaille. Auf der anderen Seite begann für viele Betriebe die Suche nach einem existenzsichernden Weg in einem völlig neuen Wirtschaftssystem. Die ehemals volkseigenen Betriebe standen seit März 1990 in Verwaltung der Treuhand, die die Aufgaben der Entflechtung, Privatisierung und Stillegung übernommen hatte. Die Konzentration des wirtschaftlichen Lebens in Rostock auf den Schiffbau, auf Seeverkehrs- und Hafenwirtschaft sowie auf den Fisch-fang sollten sich als das gravierendste Problem für die Zukunft der Stadt herausstellen. Bei der Seereederei und im Fischkombinat begann der Verkauf, häufig auch das Abwracken der Schiffe. Immer öfter blieben auch die Kais im Überseehafen leer. Die Rentabilität der Werften war durch die einseitige Orientierung auf die Absatzmärkte in der UdSSR stark gefährdet. Die wirtschaftliche Umbruchsituation bewirkte bald die Freisetzung von Arbeitskräften. Arbeitslosigkeit, ein bisher unbekanntes Phänomen, wurde für viele Einwohner Rostocks zu einer persönlichen Erfahrung. Im September 1990 registrierte das Arbeitsamt 9833 Arbeitslose in Rostock, 36700 standen in Kurzarbeit. Der Abbau von Arbeitsplätzen, die vergleichsweise geringen Löhne und die sozialen Ängste waren die Gründe für eine Welle von Demonstrationen, die im Sommer und Herbst 1990 in Rostock stattfanden.

Dennoch begrüßten die Einwohner der Stadt mehrheitlich die Vollendung der deutschen Einheit am 3. Oktober 1990. Gemeinsam mit zahlreichen Gästen aus der Partnerstadt Bremen, der Stadt, aus der seit dem demokratischen Umbruch wertvolle materielle, finanzielle und menschliche Hilfe in die Stadt an der Warnow geflossen war, beging das Gros der Rostocker den Tag in einem Gefühl von Dankbarkeit und Hoffnung. In der festlichen Bürgerschaftssitzung, an der auch der Präsident der Bremer Bürgerschaft und der Bremer Oberbürgermeister teilnahmen, betonten die Sprecher der Fraktionen vor allem die Verantwortung und die Chancen des geeinten Deutschlands. In der überfüllten Universitätskirche fand ein Gottesdienst unter dem Motto »Einigkeit und Recht und Freiheit und der Zukunft zugewandt« statt. Die Teilnehmer errichteten im Altarraum die Umrisse eines Hauses aus brennenden Kerzen als Zeichen des Dankes und der Hoffnungen sowie aus Steinen als Symbol der Belastungen und der Verletzungen. Damit umrissen sie gleichnishaft das Spannungsfeld der Gefühle nahezu aller Rostocker in dieser ereignisreichen und unüberschaubar viel Neues bringenden Zeit.

Hans-Werner Bohl

Anhang

Name und Ersterwähnung

Der Name »Rostock« bedeutet soviel wie »Auseinandergehen, -fließen« eines Flusses und stammt aus dem Slawischen. Slawische Stämme, seit dem 6. Jahrhundert unserer Zeitrechnung an der Südküste der Ostsee zwischen Elbe und Oder ansässig, bewohnten eine Burg und Siedlung dieses Namens am östlichen Ufer der Warnow – dort, wo sich der Fluß unvermittelt von etwa 50 auf über 600 Meter verbreitert. 1160 oder 1161 zerstörten die Kriegsleute des Dänenkönigs Waldemar auf ihrem Eroberungszug gegen die Slawen auch besagte Burg mit Siedlung Rostock. Der dänische Geschichtsschreiber Saxo Grammaticus – damals im Gefolge Waldemars – hielt die Ereignisse Jahrzehnte später in einer Chronik fest, in der auch der Name Rostock für die zweite Hälfte des 12. Jahrhunderts schriftlich belegt ist. Das älteste Siegel, auf dem der Name Rostock auftaucht, ist das Reitersiegel des Fürsten Nikolaus von Rostock (Enkel des Obotritenfürsten Niklot) aus dem Jahre 1189. Die Umschrift lautet NICOLAVS DE ROZTOC. Das Siegel befindet sich an einer Schenkungsurkunde des Fürsten für das Kloster Doberan.

Siegel

Das älteste überlieferte Siegel der Stadt Rostock zeigt in der Mitte einen gekrönten Stierkopf. Die links verbleibende Fläche ist mit einem Zweig und einem Stern, die rechte mit einem Zweig und einer Mondsichel versehen. Die Siegelumschrift lautet SIGILLVM BVRGIENSVM DE ROZSTOK. Noch Anfang des 18. Jahrhunderts war das Siegel in Gebrauch, obwohl Rostock längst ein anderes Symbol, den Greifen, verwendet hatte. Stier und Greif waren Symbole der Landesherrschaft und es war durchaus üblich, daß Städte Siegel und Wappensymbole ihrer Herren übernahmen. Das Wappensymbol der Herren von Rostock war der Greif, das der Fürsten von Mecklenburg und von Werle-Güstrow der Stierkopf. Daß das älteste Rostocker Siegel den Stier-kopf statt des Greifen zeigt, ist aus der landesherrlichen Erbfolge zu erklären. Als 1229 das Fürstentum Mecklenburg unter den Söhnen Heinrichs von Ro-stock geteilt wurde, übernahm Fürst Nikolaus von Werle die Vormundschaft über den minderjährigen Borwin III. Da Nikolaus den Stierkopf als Zeichen führte, kam er in das Stadtsiegel Rostocks. An einer Urkunde aus dem Jahre 1307 tritt erstmals der Greif als Siegelbild auf. Das zuerst nur einseitig gepräg-te große Stadtsiegel (Sigillum) mit dem Stierkopf erhielt nun ein Rück- oder Kontrasiegel, dessen Bild anders sein sollte. So wählte man den goldenen Greifen, den die fürstlichen Herren von Rostock im blauen Feld als Wappen führten. Mit dem Kontrasiegel siegelten Bürgermeister oder Ratsherren und beglaubigten damit Ausfertigung und volle Gültigkeit einer Urkunde. Noch in der zweiten Hälfte des 14. Jahrhunderts erhielt das Greifensiegel die Funktion eines selbständigen Ratssiegels und blieb fortan in Gebrauch. Seine Umschrift lautet: SECRETVM BVRGENSIVM DE ROSTOC. Ein weiteres Rostocker Siegel mit der Umschrift SIGNVM DE ROZSTOK von 1367 weist erstmalig den dreigeteilten Schild mit aufrecht stehendem Greifen im oberen Feld auf. In jener Zeit hatten sich die Hansestädte, die der Kölner Konföderation ange-hörten, gewalttätiger Übergriffe des dänischen Königs zu erwehren. Zur Fi-nanzierung des Krieges erhoben sie eine Hafenabgabe. Die ausgegebenen Quittungen sollten mittels eines Siegelstempels, der sich vom Stadtsiegel un-terscheiden sollte, bestätigt werden. Das auch als hansisches Signet oder als Ratswappen bezeichnete Siegel wurde in verbesserter Form Ende des 17./ Anfang des 18. Jahrhunderts zur Grundlage des Rostocker Wappens.

Stadtwappen und Stadtflagge

Das Rostocker Stadtwappen ging aus dem Signum der Stadt Rostock von 1367 hervor. Es zeigt einen dreigeteilten Schild in den Farben blau, silber (weiß), rot. Im oberen blauen Feld schreitet ein nach rechts (vom Schildträger aus gesehen) gewendeter goldener Greif. Der Greif, ein bereits im Altertum bekanntes Fabeltier, das Löwe und Adler in sich vereinigt, wurde wahrschein-lich durch phönizische Händler bis an die Ostsee verbreitet. Der Greif war das Wappentier der pommerschen Fürsten, aber auch den Fürsten von Ro-stock diente er auf blauem Grund als herrschaftliches Zeichen. Silber und Rot sind die Farben der Hanse und somit stellt das Rostocker Stadtwappen eine Zusammenführung zweier ehemals selbständiger heraldischer Symbole dar.

Eine erste Nachricht über die Rostocker Flagge gibt eine Quelle von 1418. Dabei handelt es sich um eine Abrechnung von Ausgaben für 44 Ellen roter, blauer und weißer Leinwand für ein hansisches Handelsschiff. Bei der damaligen Festlegung der Farbenfolge wird sicherlich schon das Stadtwappen berücksichtigt worden sein. Blau über weiß und rot scheint für das Ende des 17. Jahrhunderts verbürgt zu sein. Etwas über hundert Jahre danach tauchte eine weitere Flagge auf, die einen roten Greifen, mal steigend, mal schreitend, auf gelbem Grund hatte. Sie erhielt bei den Rostocker Schiffern Bedeutung, als in der zweiten Hälfte des 18. Jahrhunderts die blau-weiß-rote Fahne Rostocks auch Mecklenburgs wurde. 1803 legte der Rostocker Rat fest, daß ein schwarzer Greif die gelbe Flagge zu zieren habe. So waren auch Verwechslungen mit den holländischen oder gar französischen Schiffen ausgeschlossen. Bis 1867 fand die Flagge in der beschriebenen Form Verwendung, später wurde dann die rechteckige Entsprechung des Rostocker Wappens, wobei der Greif gegen den Mast gerichtet ist, als Stadtflagge genutzt. Vor dem Inkrafttreten der Hauptsatzung der Hansestadt Rostock am 3. Juli 1991 wurde die Fahne in dieser Gestalt schon 1936 und 1946 zur Stadtflagge bestimmt.

Gerichtsbarkeit

Das Recht auf uneingeschränkte volle Gerichtsbarkeit war ein besondere Merkmal bürgerlicher Unabhängigkeit sowie kommunaler Selbstverwaltung und daher ein Hauptziel der mittelalterlichen städtischen Politik Rostocks. Gerichtsherr der Stadt war anfänglich der Fürst der Herrschaft Rostock als gleichzeitiger Herr des Grund und Bodens, sein Vertreter war der Vogt (advocatus). Das fürstliche Vogteigericht, in dem die Stadt nur durch zwei Ratsherren als Beisitzer vertreten war, urteilte über alle Kriminalfälle. Die Zivilgerichtsbarkeit (Wirtschafts-, Erbschafts-, Besitzangelegenheiten) wurde dagegen schon sehr früh von der Stadt wahrgenommen. Das 14. Jahrhundert ist durch schrittweisen Erwerb der vollen Gerichtsbarkeit – sowohl der höheren als auch der niederen – innerhalb des gesamten städtischen Herrschaftsbereichs geprägt. Der Abschluß dieses Prozesses ist mit dem 29. November 1358 urkundlich belegt. An die Stelle des fürstlichen Vogteigerichtes trat nun ein Stadtgericht mit vom Rat bestimmten Ratsherren als Gerichtsherren. Der Vogt war ab 1358 kein Richter mehr. Das gesamte Gerichtswesen blieb über Jahrhunderte städtisches Privileg. Noch 1865 führt das Rostocker Adreßbuch das Obergericht und unter der Rubrik »Obrigkeitliche und Justiz – Departements« das Ehegericht, das Kriminalgericht, das Gericht (erste Instanz in allen Zivilsachen geringen Wertes), Kämmerei, Gewett, Waisengericht und Stadtbuchbehörde Körperschaften der kommunalen Niedergerichtsbarkeit an. Große Veränderungen brachte nach der Reichseinigung von 1871 das Gerichtsverfassungsgesetz vom 27. Januar 1877. Es entstanden die staatlichen Amts-, Land- und Oberlandesgerichte. Oberste Instanz wurde das Reichsgericht. Bei der Stadt Rostock verblieb aber zunächst die freiwillige Gerichtsbarkeit, deren allerletzte Reste – zum Beispiel das Vormundschafts- und Nachlaßgericht – erst im Jahre 1945 Eingliederung in das staatliche Gerichtswesen fanden.

Münzrecht

Die Münzhoheit als Teil der landesherrlichen Hoheitsrechte war auch in Rostock ursprünglich fürstliches Recht. Bei den Bestrebungen der Stadt um Autonomie und Unabhängigkeit vom feudalen Stadtherren bemühte sich der Rat recht bald um den Erwerb der Münzgerechtigkeit und die Kontrolle der Münzprägung. Infolge der chronischen Geldverlegenheit des Fürstenhauses gingen schon Mitte des 13. Jahrhunderts wesentliche Teile der Münzgerechtigkeit in die Hände des Rates. Am 13. Dezember 1325 erwarb die Stadt Rostock vom Fürsten Heinrich von Mecklenburg für tausend Mark das alleinige Münzrecht im Bereich der Herrschaft Rostock, die Rostocker Münze sowie das Nutzungsrecht für deren Erträge. Die Rostocker Mark – aus einem Pfund Silber geprägt – entsprach einer Kölner Mark oder drei Mark lübisch. Bis 1361 prägte man noch unter fürstlichem Namen, dann galt die uneingeschränkte Münzfreiheit. Über fünfhundert Jahre – bis zum 14. Juni 1864 – besaß die Stadt Rostock das Münzrecht und übte es aus. In der Münze wurden Kupfer- und, allerdings nicht bis zuletzt, Gold- und Silbermünzen mit dem Bild des steigenden Greifen geschlagen. Das heute noch erhaltene Doppelgiebelhaus Am Ziegenmarkt 3 wurde vom 16. Jahrhundert bis 1778 von der ehemaligen Rostocker Münze benutzt.

Rathaus

Das Rostocker Rathaus – heute ältester Profanbau der Stadt – entstand ab Mitte des 13. Jahrhunderts (Hauptbauzeit 1270-1290) als zweigeschossiges Doppelhaus mit Gewölbekeller. Im Obergeschoss befand sich u.a. ein größerer Versammlungsraum, vorgelagert die Laube. 1484 wurde das »Neue Haus« als städtisches Festhaus südlich an das Rathaus angebaut. Laube und Schauwand erhielten eine Verlängerung. Im Mittelalter war das Rathaus vor allem »Kophus«. In den großen, hallenartigen Räumen des Erdgeschosses hatten Gerber, Pelzer und Wollenweber ihre Verkaufsplätze. Das Obergeschoss war den Ratsgeschäften vorbehalten. Von der Ratslaube verlas der worthabende Bürgermeister den auf dem Markt versammelten Bürgern die »Bursprake«, die städtischen Bekanntmachungen und Verordnungen. Gericht wurde in der Gerichtslaube gehalten, für Delinquenten gab es im Keller die Folterkammer und sechs Verließe. In den großen Kellergewölben lagerten Wein und Bier. Ein Teil der Keller war für den öffentlichen Ausschank vermietet. In der ersten Hälfte des 18. Jahrhunderts gab es grundlegende Veränderungen am Rathausgebäude. Der 1718 durch Sturm schwer beschädigte gotische Laubenvorbau wurde von 1727 bis 1729 nach Plänen des sächsischen Baumeisters Zacharias Voigt durch den barocken, heute noch vorhandenen Vorbau ersetzt. Ab 1731 ließ Baumeister Joseph Petrini aus Lübeck zwei der drei hinter der siebentürmigen Schauwand stehenden Häuser um drei Meter erhöhen. So entstanden die noch heute existierende Diele im ersten Stock und der heutige Festsaal, der anfangs Kaisersaal und ab 1828 Fürstensaal hieß. 1840 bis 1860 kam es zu neogotischen Einbauten im Erdgeschoss. Nach der Restaurierung der Schauwand 1901 folgte 1907 mit der Errichtung des Stadthauses »Hinter dem Rathaus« die wesentlichste Erweiterung des Rathauskomplexes. Bis auf den Ratsstubenanbau au der Zeit um 1500 über dem Durchgang vom Neuen Markt zur Großen Scharrenstraße überstand das Rathaus den Bombenkrieg. Es erhielt Anfang der fünfziger Jahre einen Anbau an der linken Seite, der jedoch nie so recht ins Bild des Neuen Marktes gepasst hat. Ein Dachstuhlbrand 1973 mit großen Wasserschäden war Anlass für eine umfangreiche Rekonstruktion des Hauses. Neben umfangreichen Sicherungsarbeiten an Dach- und Deckenkonstruktion erfuhr vor allem der in den barocken Farben gold, weiß, blau und gelb gehaltene Festsaal eine Erneuerung. Bedeutende Errungenschaften der 90er Jahre sind vor allem die Einrichtung des Bürgerschaftssaales und die Rekonstruktion des Stadthauses. 2002 konnte die Sanierung des historischen Rathauses abgeschlossen werden. Einbauten wurden entfernt, und die ursprüngliche Struktur bei Bewahrung von Zeugnissen aller Bauepochen herausgearbeitet. Im Mai 2002 wurde auch der völlig rekonstruierte Ratskeller wiedereröffnet. Zur gleichen Zeit begann die Rekonstruktion des nördliche Rathausanbaus aus den 1950er Jahren.

Kirchen, Klöster, Hospitäler und Stadttore im Mittelalter

Kirchen

St. Petri, St. Nikolai, St. Marien, St. Jakobi

Klöster

Franziskanerkloster St. Katharinen
Dominikanerkloster St. Johannis,
Fraterhaus der Brüder vom Gemeinsamen Leben (St. Michaelis)
Zisterziensernonnenkloster Zum Heiligen Kreuz
Karthäuserkloster Marienehe

Hospitäler

St. Georg (St. Jürgen)
Heiligen Geist
St. Gertruden

Landtore (nach der Stadtkarte des Hospitalmeisters J.M. Tarnow 1780-90)

Petritor
Mühlentor
Kuhtor
Steintor
Schwaansche Tor
Kröpeliner Tor
Bramower Tor

Strandtore (nach der Stadtkarte des Hospitalmeisters J.M. Tarnow 1780-90)

Wendentor
Faules Tor
Lazarettor
Mönchentor
Koßfelder Tor
Burgwalltor

Lagertor
Wokrentertor
Schnickmanntor
Badstübertor
Grapengießertor
Fischertor

Brüche

Küterbruch
Gerberbruch
Fischerbruch (kein »Bruch« im Mauerring)

Handwerksämter im Mittelalter

Die Aufzählung der Rostocker Handwerksämter folgt einer Aufstellung aus der Mitte des 15. Jahrhunderts im Willkürbuch, in der die Bewaffneten, die von den Ämtern für die Stadtverteidigung zu stellen waren, festgehalten wurden.

schomakere	(Schuhmacher)
smede	(Schmiede)
beckere	(Bäcker)
kremer	(Krämer)
peltzer	(Pelzer)
knokenhouwere	(Knochenhauer)
boddekere	(Böttcher)
remensnydere	(Riemenschneider)
kannegetere	(Kannengießer)
haken	(Kleinhändler)
scroder	(Schneider)
gerwer	(Gerber)
wullenwever	(Wollenweber)
lynnenwever	(Leinenweber)
goltsmede	(Goldschmiede)
bartscherer	(Bartscherer)
klippekenmakere	(Klippenmacher, Holzschuhmacher)

patynenmakere	(Pantinenmacher, Hersteller von Holzschuhen, Pantoffeln, besonders für Frauen)
sedelere	(Seiler)
repere	(Reifer)
wantschere	(Gewandschneider)
kistenmakere	(Kistenmacher)
murlude	(Maurer)
tymerlude	(Zimmerleute)
glasewerter und malere	(Glaser und Maler)
vorlude	(Fuhrleute)
visschere	(Fischer)
netelere	(Nadler)
gruttemakere	(Grützmacher)
koelhaken	(Kohlhändler)
solthaken	(Salzhändler)
witgerwer	(Weißgerber)
appelhaken	(Apfelhändler)
armborster	(Armbruster)
dregher	(Träger)
louwentsnydere	(Leinwandschneider)
swertfegere	(Schwertfeger, Waffenschmied)
dreyer	(Drechsler)
hotfiltere	(Hutmacher)
oltscrodere	(Altschneider)
kledersellere	(Kleiderhändler)
specksnyder	(Speckschneider)
bekermakere	(Bechermacher)
oltleppere	(Altflicker)

Innungen und Ämter um 1900

Bruchfischer
Straßenfischer
Bäcker-Innung
Barbier-, Friseur- und Perrückenmacher-Innung
Amt der Böttchermeister
Buchbinder-Amt

Drechsler- und Blockmacher-Innung

Glaser-Innung

Klempner-Innung

Korbmacher-Innung

Lohgerber-Amt

Maler-Innung

Maurer- und Zimmermeister-Innung

Müller-Innung

Sattler-Innung

Schlachter-Innung

Schlosser-Innung

Schmiede-Innung

Schneider-Innung

Schuhmacher-Amt

Stellmacher-Innung

Tapezier-Innung

Tischler-Amts-Innung

Töpfer-Innung

Rostocker Bürgermeister

Grundlage für die Aufstellung ist die von Max von Falkenhayn 1927 veröffentlichte Liste der Rostocker Bürgermeister. In den mittelalterlichen Quellen taucht die Bezeichnung Bürgermeister (proconsules) erstmalig 1289 auf. Davor ist in den Urkunden nur von Ratsherren (consules) ohne Benennung der Funktion die Rede. Einzelne Ratsmitglieder kehren jedoch bevorzugt wieder, vielfach an der Spitze einer längeren Reihe von Namen. Falkenhayn schloß daher auf eine hervorragende Position im Rat. Das Bürgermeisteramt läßt sich daraus aber nicht zwingend ableiten. Im alten Rostock gab es zudem gleichzeitig mehrere Bürgermeister, von denen einer der »Wortführende« war. Erst ab 1919 gab es nur noch einen Bürgermeister, der ab 1927 den Titel Oberbürgermeister führte.

1218	Faber, Heinrich
1218	Pramule, Heinrich
1252-1264	Reimbert
1252-1275	Lore, Gerhard

1252-1259	von Wittenburg, Heinrich
1252-1267	Mönch, Johann
1252-1267	Rode, Dietrich
1252-1283	von Apeldorbek
1252	de Lüneburge, Ludolfus
1259-1278	Witt, Hermann
1260-1280	Rufus Thiedericus
1261-1300	Wiese, Albanus
1262	von Wokrent, Reiner
1262-1283	von Baumgarten, Engelbert
1262-1279	von Koesfeld, Gerlach
1262-1282	Heinrich, Sohn des Ratsherrn Adolph
1264-1287	von Kröpelin, Heinrich
1265	Segefridos, Johannes
1266-1300	Reinecke, Reimbertos Sohn
1278-1309	Spießnagel, Albrecht
1279-1298	Mönch, Heinrich
1280-1298	von der Möhlen, Nicolaus
1283-1289	Nachtrabe, Eberhard
1284-1303	Rode, Johann
1286	von Ribnitz, Marquard
1286-1298	Kogghemeister, Toderich
1295-1314	Runge, Hinrick
1296	Schnakenburg, Albert
1296	Rensow, Curd
1296-1300	Rensow, Niklas
1296-1300	Witt, Johann
nach 1300	Meinrichs, Heinrich
1314	Wilde, Goswin
1314-1323	von Selow, Ortbert
1318-1325	Frese, Dietrich
1323-1335	Kopmann, Arnold
1335	von Wokrent, Hermann
1339-1359	Töllner, Johann
1339-1351	Rode, Heinrich
1350	Frese II, Heinrich
1353-1384	von der Kyritz, Johann
1350-1386	von Kröpelin, Arnold

1350-1371	Witte, Lambert
1351	von Gothland, Ludolph
1351-1358	Holloger, Dietrich
1357	Koggemester, Thiedericus
1359	Lyse, Hermann
1359	de Pomerio, Johannes
1372	Wilde, Gerwin
1374	Beseler, Eberhard
1374-1395	Kruse, Ludwig
1374-1414	von der Aa, Johann
1361-1403	Kröpelin, Arnd
1381-1408	Witte, Hinrich
1381-1421	Katzow, Hinrich
1381-1400	von der Kyritz, Johann
1390-1398	Kirchhoff, Berthold
1391	Rode, Heinrich
1394	Biel, Johann
1394-1402	Baggel, Winold
1384-1398	Kopmann, Bernhardus
1398	von Wokrenten, Harmen
1398	Pape, Johann
1398	von Lehmhuhsen, Hermann
1398	Wilde, Borwin
1398	von Bohmgarten, Engelbrecht
1408	Horn, Johann
1410	Storm, Nicolaus
1410	Kroger, Johann
1410	Tule, Johann
1412	Giscow, Hinrick
1412	Spotding, Nicolaus
1414	Cröpelin, Johann
1414	Reynerdes, Nicolaus
1417	Grulle, Ullrich
1417-1458	Bueck, Hinrich
1427	da Zeinen, Friedrich
1427-1458	Otbrecht, Johann
1417-1469	von der Tzepen, Vicko
1427-1428	von der Aa, Johann

1428	Wiemann, Gerhard
1427	Slorf, Stephanus
1427-1431	Berends, Hinrich
1429	von Alen, Bernhard
1436	Hannemann, Peter
1445	von de Broke, Hermann
1452	de Buckholt, Gherd
1458	de Lubecke, Clawes
1460	Kröpelin, Lambert
1461	Kruse, Bernhard
1469-1495	Schlorf, Steffen
1469	Buk, Gottschalk
1473-1499	Kirchhoff, Barthold
1478	Kone, Konrad
1480-1507	Buchholtz, Gerhard
1480-1504	von Hervorden Vicke, Hans
1482-1496	Hasselbeck Arend, Arnold
1487	Buscack, Rudeloff
1487	Bonnfeld, Gerhard
1487-1513	Wilcken, Johann
1487	Büsing, Rudolf
1488-1518	Crohn, Hinrich
1489-1503	Boldewan Dietrich, Hinrich
1489-1490	Heger, Johann
1490	Tybes, Hermann
1509	Lange, Niclaus
1507-1538	Hasselbeck, Arndt
1516	Gerdes, Hinrich
1515	Möller, Mattheus
1516	Goldenitz, Hinrich
1516-1555	Kirchhoff, Bartelt
1524	Hagemeister, Berend
1526-1547	Crohn, Bernhard
1530-1534	Murmann, Bernd
1531	Waren, Hinrich
1527-1556	Boldewan, Hinrich
1534	Oldenborch, Vith
1542	Gützow, Hinrich

1552-1565	von Hervorden, Hans
1552-1558	Brümmer, Peter
1557-1573	Goldenitz, Hinrich
1561-1579	Pawels, Berendt
1562-1580	Dr. Gerdes, Thomas
1567	Gule, Baltzer
1574	Bützow, Christoph
1581	Bröcker, Hans
1583	Dr. Lembcke, Jacob
1583	Dr. Runge, Hinrich
1591	Dr. Hein, Friedrich
1592	Kellermann, Johannes
1599	Dr. Stallmeister, Heinrich
1600	Korff, Johann
1605	Scharffenberg, Bernhard
1606	Schmidt, Bartelt
1613	Schilling, Hermann
1616	Tank, Marcus
1621	Schütt, Joachim
1622	Gladow, Vincentius
1623-1657	Luttermann, Johann
1631-1648	Clinge, Bernhardus
1632-1651	Dr. Scharffenberg, Nicolaus
1638	Peträus, Johannes
1649	Vieregge, Caspar
1652	Kleinschmidt, Joachim
1653	Stindt, Vollhardus
1657	Dr. Krauthoff, Christoph
1661	Suter, Theodorus
1662	Dr. Liebeherr, Caspar
1674	Dr. Fischer, Daniel
1675	Eggerß, Peter
1682	Wolfrath, Dietrich
1691	Dr. Lembcke, Jacobus
1693	Dr. Redeker, Christoph
1694	Dr. Schweder, Georg
1699	Diestler, Matthias
1702	Stever, Christian Michael

1706	Dr. Tielcke, Johann Joachim
1708	Beselin, Johann Joachim
1719	Möller, Gabriel
1724	Michelsen, Andreas
1726	Dr. Jörcke, Johann Joachim
1731	Dr. Petersen, Johann Christian
1731	Krauel, Joachim
1732	Dr. Beselin, Valentin Johann
1748	Dr. Mantzel, Christian Anton
1751	Danckwardt, Joachim Christian
1754	Dr. Balecke, Jacob Heinrich
1756	Pries, Joachim Hinrich
1756	Dr. Nettelbladt, Heinrich
1761	Dr. Burgmann, Georg
1765	Westphal, Christian Friedrich
1779	Dr. Neukranz, Bernhard Friedrich
1782	Dr. Engelcken, Heinrich
1782	Dr. Schröder, Jacob Christopher
1784	Koppe, Johann Christian
1793	Dr. Wiese, Andreas David
1794	Hülsenbeck, Johann Friedrich
1796	Dr. Behm, Christian Ludwig
1801	Dr. Schultze, Joachim Friedrich
1803	Dr. Zoch, Joachim Friedrich
1803	Schrepp, Johann Ludwig
1805	Dr. Prehn, Michael
1819	Dr. Taddel, Johann
1820	Koch, Joachim
1826	Hill, Christian
1830	Dr. Saniter, Christian
1830	Dr. Brandenburg, Joachim
1834	Stever, Johann
1834	Hülsenbeck, Franz
1836	Dr. Karsten, Dethloff
1839	Schrepp, Johann
1840-1863	Bauer, Johann
1844-1863	Dr. Bencard, Ernst
1846-1872	Dr. Petersen, August

1861-1882	Dr. Crumbiegel, Ferdinand
1863-1871	Janentzky, Christian
1863-1880	Dr. Zastrow, Hermann
1871-1874	Passow, Eduard
1876-1878	Paetow, Ernst
1879-1895	Burchard, Eduard
1880-1889	Dr. Giese, Wilhelm
1882-1907	Dr. Simonis, Adolph
1889-1914	Dr. Maßmann, Magnus
1896-1907	Burchard, Johann
1907-1919	Clement, Albert
1907-1919	Dr. Becker, Adolf
1914-1919	Paschen, Johann
1919	Dr. Heydemann, Ernst (parteilos)
1930	Dr. Grabow, Robert (parteilos)
1935	Volgmann, Walter (NSDAP)
1945	Seitz, Christoph (parteilos/KPD)
1945	Kuphal, Otto (SPD)
1946	Schulz, Albert (SPD/SED)
1949	Bürwitz, Max (SED)
1952	Heyden, Rudolf (SED)
1953	Kasten, Karl (SED)
1954	Röther, Hans, amtierend (SED)
1955	Schmidt, Bruno (SED)
1956	Solisch, Wilhelm (SED)
1960	Ritter, Werner, amtierend (SED)
1961	Fleck, Rudi (SED)
1968	Kochs, Heinz (SED)
1975	Dr. Schleiff, Henning (SED)
1990	Kleemann, Christoph, amtierend (Neues Forum)
1990	Dr. Kilimann, Klaus (SPD)
1993	Prof. Dr. Schröder, Dieter (SPD)
1995	Pöker, Arno (SPD)

Sitzverteilung im Rostocker Stadtparlament seit 1918

Stadtverordnetenversammlung nach der Kommunalwahl vom 29.12.1918

Wahlvorschlag	Sitze
SPD	31
DDP	20
DVP	10
Bürgerliche Liste Warnemünde	3
USPD	2
Gesamt	66

Stadtverordnetenversammlung nach der Kommunalwahl vom 04.07.1920

Wahlvorschlag	Sitze
SPD	23
DVP	16
USPD	7
DNVP	6
Wirtschaftliche Vereinigung	4
Haus- und Grundbesitzerverein	3
DDP	3
Bürgerliche Liste Warnemünde	4
Gesamt	66

Stadtverordnetenversammlung nach der Kommunalwahl vom 27.11.1921

Wahlvorschlag	Sitze
SPD	22
DVP	15
DNVP	9
KPD	5
Mieterverein	5
Haus- und Grundbesitzerverein	3
DDP	2
Wirtschaftliche Vereinigung	2
Bürgerliche Liste Warnemünde	3
Gesamt	66

Stadtverordnetenversammlung nach der Kommunalwahl vom 17.02.1924

Wahlvorschlag	Sitze
SPD	22
DVP	15
DNVP	9
KPD	5
Mieterverein	5
Haus- und Grundbesitzerverein	3
Wirtschaftliche Vereinigung Warnemünde	3
Wirtschaftliche Vereinigung Rostock	2
DDP	2
Gesamt	66

Stadtverordnetenversammlung nach der Kommunalwahl vom 30.11.1924

Wahlvorschlag	Sitze
SPD	21
Wirtschaftliche Arbeitsgemeinschaft	20
Gruppe für Volkswohlfahrt	8
Nationalsozialistische Freiheitspartei	6
KPD	5
DDP	2
Wirtschaftliche Vereinigung Warnemünde	3
Liste der Beamten Warnemünde	1
Gesamt	66

Stadtverordnetenversammlung nach der Kommunalwahl vom 03.11.1927

Wahlvorschlag	Sitze
SPD	28
Wirtschaftliche Arbeitsgemeinschaft	13
Wirtschaftspartei	5
Haus- und Grundbesitzerverein	5
Gruppe für Volkswohlfahrt	5
KPD	3
Deutschvölkische Freiheitsbewegung	2
Wirtschaftliche Vereinigung Warnemünde	3
DDP	1
Liste Schwedler-Gornitzka Warnemünde	1
Gesamt	66

Stadtverordnetenversammlung nach der Kommunalwahl vom 16.11.1930

Wahlvorschlag	Sitze
SPD	26
NSDAP	16
DNVP	6
KPD	5
Haus- und Grundbesitzerverein	5
Wirtschaftspartei	2
DVP	1
Gruppe für Mieter, Angestellte und Beamte	1
Wirtschaftliche Vereinigung Warnemünde	2
Christlich-Sozialer Volksdienst	1
Freiheitlich-nationale Angestelltenliste	1
Gesamt	66

Stadtverordnetenversammlung nach der Neubesetzung im März 1933

Wahlvorschlag	Sitze
NSDAP	15
SPD	12
Kampfbund Schwarz-Weiß-Rot	8
Gesamt	35

Stadtverordnetenversammlung nach der Kommunalwahl vom 15.09.1946

Wahlvorschlag	Sitze
SED	30
LDPD	17
CDU	12
Frauenausschuß	1
Gesamt	60

Stadtverordnetenversammlung nach der Kommunalwahl vom 15.10.1950

Wahlvorschlag	Sitze
SED	15
FDJ	3
LDP	9
VVN	2
NDPD	5
FDGB	6
CDU	9

DBD	4
Kulturbund	3
VdgB	1
Konsum	1
DFD	2
Gesamt	60

Stadtverordnetenversammlung nach der Neukonstituierung vom 29.05.1953

Wahlvorschlag	Sitze
SED	39
LDP	7
CDU	6
NDPD	3
DBD	1
Massenorganisationen	7
Gesamt	63

Stadtverordnetenversammlung nach der Kommunalwahl vom 23.06.1957

Wahlvorschlag	Sitze
SED	29
DBD	4
NDPD	16
CDU	12
LDPD	12
FDGB	27
FDJ	10
DFD	5
Kulturbund	3
Konsum	2
Gesamt	120

Stadtverordnetenversammlung nach der Kommunalwahl vom 17.09.1961

Wahlvorschlag	Sitze
SED	40
DBD	5
NDPD	19
CDU	16
LDPD	14
FDGB	35

FDJ	12
DFD	6
VdGB / BHG	4
Kulturbund	5
Konsum	4
Gesamt	160

Stadtverordnetenversammlung nach der Kommunalwahl vom 10.10.1965

Wahlvorschlag	Sitze
SED	42
DBD	5
NDPD	19
CDU	16
LDPD	14
FDGB	35
FDJ	15
DFD	10
Kulturbund	4
Gesamt	160

Stadtverordnetenversammlung nach der Kommunalwahl vom 22.03.1970

Wahlvorschlag	Sitze
SED	40
DBD	9
NDPD	16
CDU	16
LDPD	16
FDGB	35
FDJ	15
DFD	9
Kulturbund	4
Gesamt	160

Stadtverordnetenversammlung nach der Kommunalwahl vom 19.05.1974

Wahlvorschlag	Sitze
SED	40
DPD	9
NDPD	16
CDU	16
LDPD	16

FDGB	55
FDJ	28
DFD	16
Kulturbund	4
Gesamt	200

Stadtverordnetenversammlung nach der Kommunalwahl vom 20.05.1979

Wahlvorschlag	Sitze
SED	39
DPD	13
NDPD	16
CDU	16
LDPD	16
FDGB	68
FDJ	34
DFD	19
Kulturbund	4
Gesamt	225

Stadtverordnetenversammlung nach der Kommunalwahl vom 06.05.1984

Wahlvorschlag	Sitze
SED	40
DBD	12
NDPD	16
CDU	16
LDPD	16
FDGB	67
FDJ	34
DFD	20
Kulturbund	4
Gesamt	225

Stadtverordnetenversammlung nach der Kommunalwahl vom 07.05.1989

Wahlvorschlag	Sitze
SED	45
DBD	18
NDPD	18
CDU	18
LDPD	18
FDGB	63

FDJ	34
DFD	27
Kulturbund	6
VdgB	3
Gesamt	250

Bürgerschaft nach der Kommunalwahl vom 06.05.1990

Wahlvorschlag	Sitze
SPD	37
PDS	30
CDU	30
Bündnis 90	13
B.F.D.	6
DFD	1
DSU	1
DBU	1
Grüne	4
Volkssolidarität	3
Unabhängiger Frauenverband	1
Bürgerinitiative Toitenwinkel	1
DBD	1
Bürgerrat Markgrafenheide	1
Gesamt	130

Bürgerschaft nach der Kommunalwahl vom 12.06.1994

Wahlvorschlag	Sitze
PDS	20
SPD	16
CDU	11
Bündnis 90	6
Gesamt	53

Bürgerschaft nach der Kommunalwahl vom 13.06.1999

Wahlvorschlag	Sitze
PDS	18
SPD	16
CDU	16
Bündnis 90	3
Gesamt	53

Bevölkerungszahlen

Mittelalter	12000 – 14000
1819	12960
1850	24166
1871	30980
1885	39374
1895	49769
1905	60790
1919	67070
1928	75231
1933	81850
1935	99448
1945 (25.05.)	68928
1945 (01.12.)	92068
1947	123000
1950	131656
1955	150004
1963	170457
1971	201304
1978	224834
1986	249349
1988	253990
1990	248088
1994	232634
1996	221029
2000	200506

Eingemeindungen

Ort	Zeitpunkt
Dierkow	01.01.1913
Barnstorf	14.07.1919
Bartelsdorf	14.07.1919
Bramow	14.07.1919
Dalwitzhof	14.07.1919
Damerow	14.07.1919
Kassebohm	14.07.1919

Riekdahl	14.07.1919
Schnatermann	14.07.1919
Hinrichshagen	09.12.1924
Markgrafenheide	09.12.1924
Meyers Hausstelle	09.12.1924
Torfbrücke	09.12.1924
Waldhaus	09.12.1924
Wiethagen	09.12.1924
Kloster zum Heiligen Kreuz	01.04.1930
Diedrichshagen	08.03.1934
Gehlsdorf	08.03.1934
Groß Klein	08.03.1934
Lütten Klein	08.03.1934
Marienehe	08.03.1934
Schmarl	08.03.1934
Schutow	08.03.1934
Biestow	01.07.1950
Evershagen	01.07.1950
Krummendorf	01.07.1950
Peez	01.07.1950
Petersdorf	01.07.1950
Stuthof	01.07.1950
Toitenwinkel	01.07.1950
Hinrichsdorf	01.01.1960
Nienhagen	01.01.1960
Jürgeshof	10.09.1978

Bebauung der Stadtteile

Steintor-Vorstadt	1. Hälfte 19. Jh., planvoller Aufbau 1887-1914
Kröpeliner-Tor-Vorstadt	2. Hälfte 19. Jh., planvoller Aufbau 1888-1914
Gartenstadt	1919 – 1935
Brinckmansdorf	1919 – 1939
Viertel Bei der Tweel	1928 – 1935
Reutershagen (Siedlung)	1933 – 1938

Dierkow (Siedlung)	1933 – 1939
Komponistenviertel	1935 – 1941
Ostmarkenviertel	1939 – 1941
Reutershagen I	1953 – 1957
Reutershagen II	1958 – 1961
Südstadt	1961 – 1965
Lütten Klein	1965 – 1974
Evershagen	1971 – 1974
Lichtenhagen	1974 – 1976
Schmarl	1976 – 1979
Groß Klein	1979 – 1983
Dierkow	1983 – 1987
Toitenwinkel	1987 – 1995

Rostocker Ehrenbürger

1. 1816: Gebhard Leberecht von Blücher (1742-1819), Generalfeldmarschall
2. 1826: Johann Weiß (1773-1843), Hersteller medizinischer Apparate
3. 1829: Oberst von Below (1762-1834), Stadtkommandant in Rostock
4. 1841: Friedrich von Oertzen (1771-1848), Oberappellationsgerichtspräsident
5. 1843: Johann Christian Brandenburg (1768-1856), Advokat und Syndikus des Ersten Quartiers des Hundertmännerkollegiums
6. 1846: Detloff Ludwig Eobald Karsten (1787-1879), Bürgermeister, Ratsmitglied
7. 1860: Carl Friedrich Both (1789-1875), Vizekanzler der Universität, Kanzleidirektor
8. 1870: Carl Heinrich Christoph Trotsche (1803-1879), Oberappellationsgerichtsvizepräsident
9. 1887: Otto Friedrich Maximilian von Liebeherr (1814-1896), Vizekanzler der Universität, Landgerichtspräsident, Konsistorialdirektor
10. 1887: Carl Alexander Bolten, Rechtsanwalt (1805-1899), Geheimer Hofrat
11. 1889: Vincent Heinrich Mann (1818-1889), Senatspräsident des Oberlandesgerichts, Ratssyndikus

12. 1893: Friedrich Ferdinand Gottlieb Georg Flügge (1817-1898), Oberpostamtsdirektor a.D.
13. 1895: Fürst Otto von Bismarck (1815-1898), Reichskanzler i.R.
14. 1898: Theodor Thierfelder (1824-1904), Professor, Geheimer Obermedizinalrat
15. 1914: Magnus Maßmann (1835-1915), Bürgermeister
16. 1918: Karl August Nerger (1875-1947), Fregattenkapitän
17. 1933: Paul von Hindenburg (1847-1934), Reichspräsident
(18.) 1933: Adolf Hitler (1889-1945), Reichskanzler und Führer der NSDAP, Aberkennung der Ehrenbürgerschaft 1990
(19.) 1934: Friedrich Hildebrandt (1898-1948), Gauleiter der NSDAP, Reichsstatthalter in Mecklenburg und Lübeck, Aberkennung der Ehrenbürgerschaft 1990
20. 1955: Erich Schlesinger (1889-1956), Professor, Rektor der Universität
(21.) 1976: Hermann Schuldt (1896-1980), SED-Funktionär, Mitglied der Bezirksleitung, Aberkennung der Ehrenbürgerschaft 1990
(22.) 1976: Johannes Warnke (1896-1984), SED-Funktionär, ZK-Mitglied, Aberkennung der Ehrenbürgerschaft 1990
(23.) 1978: Karl Mewis (1907-1970), SED-Funktionär, ZK-Mitglied, Aberkennung der Ehrenbürgerschaft 1990
24. 1981: Ernst Hilzheimer (1901-1986), Mitglied des Nationalrates der Nationalen Front
25. 1993: Yaakov Zur (* 1924), Historiker
26. 1994: Walter Kempowski (* 1929), Schriftsteller

Träger des Kulturpreises

Der Kulturpreis der Hansestadt Rostock wird seit 1958 für hervorragende Leistungen im Geistes- und Kulturleben der Hansestadt verliehen. Dies kann sowohl eine Einzelleistung als auch ein Gesamtwerk sein. Der Kulturpreis wird heute an Persönlichkeiten aus Kultur, Wissenschaft, Wirtschaft und Politik alljährlich vergeben. Aus den Vorschlägen erarbeitet der Kulturausschuss ein Votum. Der Oberbürgermeister entscheidet letztlich über die Vergabe des mit 2200 Euro dotierten Preises.

1958 Volkstheater; Siegfried Seifert, Direktor des Zoos

1959 Karl-Heinz Hahn, Musiklehrer an der 1. Erweiterten
     Oberschule; Helmar Balzer, Musiklehrer an der 41. Ober-
     schule; Arbeitertheater der Warnowwerft

1960 Kulturensemble der Schiffsmontage; Studententheater der
     Universität

1961 Peter Erichson, Verlagsleiter des Hinstorff Verlages i.R.

1962 Klub der Werktätigen der Altstadt; Stabsmusikkorps der
     Volksmarine

1963 Chor der Universität; Armin Münch, Grafiker; Arbeitsge-
     meinschaft Musik und Dichtung des Kreiskulturhauses der
     Neptunwerft

1964 Hanns Anselm Perten, Generalintendant des Volkstheaters

1965 Wolfgang Eckardt, Bildhauer; Joachim Jastram, Bildhauer

1967 Christiane Leß, Anneliese Matschulat, Eberhard Mellies
     und Dieter Unruh, Künstlerinnen und Künstler des Volks-
     theaters

1968 FDJ-Chor der 1. Erweiterten Oberschule; Willi-Bredel-
     Bibliothek; Kurt Tauscher, Architekt

1969 Studio für Plastik und Keramik der Neptunwerft;
     Architektenkollektiv Wolfgang Urbanski, Rudolf Lasch,
     Erich Kaufmann; Ralph Borgwardt, Schauspieler am
     Volkstheater

1970 Hinstorff Verlag; Jugendsinfonieorchester an der Bezirks-
     musikschule Rostock; Willi Schult, Museumsdirektor

1971   Heinz Kufferath, Chefdramaturg am Volkstheater; Inge-
borg Kalisch, Redakteurin Ostseestudio des Deutschen
Fernsehfunks; Pionierensemble der Warnowwerft

1972   Hans-Joachim Theil, Chefdramaturg am Volkstheater;
Kollektiv »Die Kleine Warnemünder Estrade«; Niederdeutsche Bühne

1973   Sendereihe »Klock 8, achtern Strom«; Kammerchor der
Neptunwerft; Zentraler Chor des Hauses der Pioniere;
Fritz Hering, Architekt

1974   Herbert Mühlstädt, Schriftsteller; Dieter Jastram, Architekt;
Lehrerchor; Pioniermusikkorps

1975   Reinhard Dietrich, Bildhauer; Jochen Renz, Musikpädago-
ge; Rostocker Nonett

1976   Lena Foellbach, Schriftstellerin; Waldemar Krämer, Maler
und Grafiker; Klavierquintett des Konservatoriums

1977   Jugendkollektiv »Artur Becker« des VEB Industriebau-
kombinat; Bertold Brügge, Schriftsteller; Hilmar Zill,
Gebrauchsgrafiker

1978   Volkskunststudio für Malerei und Grafik der Neptunwerft;
Kollektiv der Sendereihe »Musik und Snacks vorm Hafen«
des Ostseestudios; Heinrich Engel, Maler und Grafiker;
Claus Hammel, Dramatiker

1979   Architektenkollektiv der Stadt, Leitung: Michael Bräuer;
Gerhard Faatz, Chorleiter, künstlerischer Leiter des Kultur-
hauses der Neptunwerft; Tanzkreis »Blau-Weiß« der
Warnowwerft

1980   Peter Baumbach, Architekt; Siegfried Neumann, Volks-
kundler; Amateurkreisfilmstudio

1981	Hans-Peter Minetti, Schauspieler, Berlin; Tanzmusik-formation »Badister«; Kollektiv des Zoologischen Gartens
1982	Lothar Mannewitz, Maler; Karl-Heinz Will, Direktor des Konservatoriums »Rudolf Wagner-Regeny»«; VEB Fisch-fang Rostock
1983	Hans-Jürgen Plog, Universitätsmusikdirektor, Leiter des Universitätschores; Klaus Frühauf, Schriftsteller; Rock-formation »Berluc«
1984	Kurt Schwaen, Komponist; Karlheinz Kuhn, Maler und Grafiker; Peter Radestock, Regisseur und Schauspieler; FDJ-Studentenkabarett RO(hr)STOCK
1985	Georg Lichtenstein, Schauspieler und Regisseur; Joachim Piatkowski und Wolfgang Rieck, Liedermacher; Kollektiv Schiffbaumuseum
1986	Rudolf Austen, Maler und Grafiker; Stanka Popowa, künstlerische Leiterin der Folkloregruppe des Hauses der Pioniere
1987	Rainer Dörner, Grafiker; Gerd Puls, Generalmusikdirektor; Tanzgruppe des Konservatoriums »Rudolf Wagner-Regeny«
1988	Hartwig Eschenburg, Kirchenmusikdirektor; Horst Köbbert, Unterhaltungskünstler; Horst Witt, Stadtarchiv-direktor; Hans Höschel, Leiter des Ostseestudios des Fernsehens der DDR; Wossidlo-Klub des Kulturbundes
1989	Wolfgang Friedrich, Bildhauer; Werner Lindemann, Schrift-steller; Omar Saavedra-Santis, Autor
1990	Dietlind Glüer, Mitglied des Bürgerkomitees; Helmut Aude, Presseamtsleiter; Joachim Wiebering, Landessuperinten-dent, Moderator des Runden Tisches; Horst Vogt-

Courvoisier, Probst, Moderator des Runden Tisches; Hans-Joachim Wagner, Kirchenmusikdirektor

1991   Chistoph Krummacher, Universitätsorganist und Dozent; Jürgen Gundlach, Leiter der wissenschaftlichen Arbeitsstelle Mecklenburgisches Wörterbuch bei der Akademie der Wissenschaften i. R.

1992   Detlef Hamer, Journalist; Frank Schröder, Historiker

1993   M.A.U. (Jugendzentrum); Compagnie de Comédie (freies Theaterprojekt); Otto Brusch, Cellist und Cellolehrer

1994   Rudolf Eller, Musikwissenschaftler; Gerhard Weber, Straßenfotograf

1995   Elisabeth Schnitzler, Archivarin i. R.; Johannes Müller, Maler; Manfred Schukowski, Naturwissenschaftler

1996   Arvid Schnauer, Gemeindepastor, Bürgerrechtler

1997   Institut Francais

1998   Norddeutsche Philharmonie Rostock

1999   Deutsch-Japanische Gesellschaft zu Rostock e.V.

2000   Renate Oehme, ehemalige Direktorin des Konservatoriums »Rudolf Wagner-Régeny«

2001   Gerhard Lau, Denkmalpfleger

2002   Urs Blaser, Kulturkapitän des Kunst-Raum-Schiffes »Stubnitz«

Träger des Umweltpreises »Joe Duty«

Mit dem Umweltpreis der Hansestadt Rostock – benannt nach dem 1990 verstorbenen Rostocker Natur- und Umweltschützer Joe Duty – werden seit 1993 besondere Leistungen des Umweltschutzes für die Hansestadt Rostock anerkannt. Der Preis soll die Auseinandersetzung mit Umweltthemen in der Öffentlichkeit fördern und die Bewältigung von Problemen unterstützen. Er kann an Personen, Gruppen und Institutionen verliehen werden. Der mit 2200 Euro dotierte Preis wird jährlich zum Weltumwelttag am 5. Juni verliehen. Über seine Vergabe entscheidet ein unabhängiges Preisgericht, dem unter anderem der Oberbürgermeister, der Senator für Umwelt und Ordnung und der Rektor der Rostocker Universität angehören.

1993	Rolf Rehbein; Jugendfachgruppe Ornithologie & Vogelschutz Rostock
1994	Hans Zöllick; Ökokurs-Projekte »Bioindikation« und »Swienskuhlen«, Gymnasium am Goetheplatz
1995	IG Stadtökologie Rostock im Naturschutzbund Rostock; Ehepaar Bärbel und Peter Brehm
1996	Fachgruppe Fledermausschutz im NABU Rostock; Projekt »Ökologisches Schulumfeld« von Arche e.V.
1997	nicht verliehen, der finanzielle Beitrag wurde an die Fachgruppe Feldherpetologie und Inchthyofaunistik im NABU Rostock vergeben
1998	Ökohaus e.V. Rostock
1999	Fachgruppe Mykologie »Rostocker Pilzfreunde«; DRK-Kindertagesstätte Reutershagen
2000	Landespflegehof Dishley

2001	Aktionsgruppe der Naturschutzjugend vom Museumshof Steffenshagen Janine Dunker, Ulrike Behrns und Susann Timm vom Goethegymnasium Rostock
2002	Kindertagesstätte des DRK in Reutershagen

Träger des Sozialpreises

Der 2000 ins Leben gerufene Sozialpreis der Hansestadt Rostock wird an Persönlichkeiten und Vereinigungen verliehen, die sich durch besonderes ehrenamtliches Engagement in der Sozial- und Jugendarbeit oder in der Gesundheitsfürsorge ausgezeichnet haben. Dem Prüfgremium gehören der Senator für Jugend, Gesundheit und Soziales und die Amtsleiter des Jugend-, des Gesundheits- und des Sozialamtes sowie Mitglieder des Jugendhilfeausschusses und des Sozial- und Gesundheitsausschusses an. Verliehen wird der Mit 2200 Mark dotierte Sozialpreis alljährlich zum Tag des Ehrenamtes am 5. Dezember.

2000	Rostocker Tafel e.V.
2001	Ingrid Guiard und das Selbsthilfeplenum »Rostocker Topf«
2002	Ökumenische Telefonseelsorge Mecklenburg-Vorpommern, Dienststelle Rostock; Manfred Rieck, Vorsitzender des Bezirksvereins der Kehlkopflosen

Rostocks Partnerstädte

Stettin / Polen (seit 1957)
Turku / Finnland (seit 1959)
Städtegemeinschaft Dünkirchen / Frankreich (seit 1960)
Riga / Lettland (seit 1961)
Antwerpen / Belgien (seit 1963)
Aarhus / Dänemark (seit 1964)

Göteborg / Schweden (seit 1965)
Bergen / Norwegen (seit 1965)
Varna / Bulgarien (seit 1966)
Rijeka / Kroatien (seit 1966)
Dalian / China (seit 1988)
Bremen / Deutschland (seit 1987)
Raleigh / USA (seit 2001)

Befreundete Städte

Kaliningrad / Rußland
Kalmar, Karlskrona, Vaxjö/ Schweden
Gdansk / Polen
Helsingör / Dänemark

Hans-Werner Bohl

Zeittafel zur Geschichte der Stadt Rostock
(Ausgewählte Daten auf der Grundlage des Textes)

1160	Zerstörung der slawischen Fürstenburg Rostock durch die Dänen unter König Waldemar I.
1189	Fürst Nikolaus gewährt den Doberaner Mönchen auf dem Markt in Rostock Freiheiten
24. Juni 1218	Stadtrechtsbestätigung durch Heinrich Borwin I.
25. März 1252	Kauf der Rostocker Heide, Heinrich Borwin III. bestätigt erneut das Stadtrecht von 1218
09. September 1259	Lübeck, Wismar und Rostock verbünden sich gegen See- und Landräuber
29. Juni 1265	Zusammenschluß der drei Rostocker Teilstädte
13. Juni 1283	Rostocker Landfriedensbündnis
1286/87	Erste innerstädtische Auseinandersetzung
1311	König Erich von Dänemark hält vor den Toren Rostocks eines der größten mittelalterlichen Turniere Norddeutschlands ab
1312/14	Aufstand der Stadtbevölkerung unter Heinrich Runge
11. März 1323	Kauf des fürstlichen Dorfes Warnemünde
13. Dezember 1325	Erwerb der alleinigen Münzhoheit
29. November 1358	Erwerb der vollen Gerichtsbarkeit
24. Mai 1370	Stralsunder Frieden
1408/16 und 1427/39	Innerstädtische Unruhen, Bildung von Sechzigerausschüssen
12. November 1419	Gründung der Universität
1487-1491	Rostocker Domfehde
1523	Der spätere Reformator Joachim Slüter wird Kaplan von St. Petri
01. April 1531	Ratsordnung in Religonssachen als wichtiger Schritt bei der Durchsetzung der Reformation in Rostock
14. Juni 1534	Der Rat erkennt einen Bürgerausschuß (Vierundsechziger) an, der bis 1536 besteht

11. Mai 1563	Mit der »Formula concordiae« wird die Zuständigkeit für die Universität zwischen Landesherrschaft und Stadt neu geregelt
28. Oktober 1565	Bewaffneter Einzug des Herzogs Johann Albrecht in Rostock
Februar – Mai 1566	Bestrafung der Stadt wegen Widersetzlichkeiten gegen den Landesherrn mit dem Abriß des Steintores und eines Teils der südlichen Stadtmauer
21. September 1573	Mit einem Erbvertrag wird Rostock zur Anerkennung der landesherrlichen Oberhoheit über die Stadt gezwungen
1578-1586	Der Krämer Vicke Schorler fertigt eine über 18 Meter lange Zeichnung vom Rostocker Stadtbild und vom Bild des Rostocker Umlandes (Vicke-Schorler-Rolle)
31. Dezember 1583	Wahl des Hundertmännerkollegiums als Bürgervertretung
28. Februar 1584	Abschluß eines zweiten Erbvertrages
18. Oktober 1628	Rostock wird mit einer Garnison von Wallensteinschen Truppen besetzt
16. Oktober 1631	Das kaiserlich besetzte Rostock kapituliert vor den Schweden
1632	Einführung des Schwedenzolls in Warnemünde
1669	Letzter Hansetag
11. August 1677	Stadtbrand, 700 Häuser und Buden werden vernichtet
Februar – August 1715	Rostock trotzt den Machtansprüchen der Herzogs Karl Leopold
1757	Das Rostocker Stadtrecht wird schriftlich fixiert und erscheint im Druck
25. August 1770	Das neue Hundertmännerregulativ wird unterzeichnet
20. Januar 1798	In Rostock wird der Patriotische Verein gegründet
Oktober 1800	»Rostocker Butterkrieg«
21. Oktober 1806	Dekret über die Kontinentalsperre
29. November 1806	Napoleon besetzt Mecklenburg

21.-24. Mai 1809	Schillsche Truppen in Rostock
17. August 1810	Französisches Millitär kehrt nach Rostock zurück
26. März 1813	Die letzten französischen Soldaten verlassen die Stadt
17. Juli 1814	Feierlicher Empfang für die freiwilligen Jäger
18. August 1816	Fürst Blücher hält feierlich Einzug in Rostock
1817	Erste Badegäste in Warnemünde
29. August 1819	Einweihung des Blücherdenkmals
26. September 1825	Eröffnung der Rostocker Sparkasse
1834	Ein Raddampfer verkehrt regelmäßig zwischen Rostock und Warnemünde
12. März 1835	Gründung des Rostocker Gewerbevereins
30. April 1836	Gründung des Verschönerungsvereins
21. April 1841	Gründung des Rostocker Kunstvereins
1845	Das Ausfuhrvolumen des Rostocker Getreidehandels erreicht eine Million Zentner (50.000 Tonnen)
01. Januar 1847	Die »Rostocker Zeitung« erscheint
09. März 1848	Versammlung von 1000 Rostockern im Apollosaal des Hotels »Sonne«, Verabschiedung einer Petition an den Landesherrn mit der Bitte um Reformen
15. März 1848	Bildung der Rostocker Bürgergarde
16. März 1848	Bildung eines Reformkomitees
13. Mai 1850	Bahnanschluß mit der Linie Rostock-Bützow-Kleinen
27. Februar 1850	Gründung der Rostocker Bank
13. Juni 1850	Gründung der Werft von Tischbein und Zeltz
16. August 1851	Letzte Beratung der ersten demokratischen Stadtverordnetenversammlung
November 1851	Bau des ersten seegehenden eisernen Schraubendampfers Deutschlands auf der Werft von Tischbein und Zeltz
30. Juli 1855	Städtisches Krankenhaus vor dem Kröpeliner Tor seiner Bestimmung übergeben
15. November 1856	Gaswerk auf der Niederbleiche in Betrieb genommen
14. Juni 1864	Letzte Rostocker Münzprägung
10. Oktober 1864	Neues Gebäude der Großen Stadtschule am Rosengarten eröffnet

21. Juli 1869	Eine neue Gewerbeordnung tritt in Kraft
Januar 1871	Gewandschneiderkompanie löst sich als erstes Amt auf
1872	Gründung der Ortsgruppe des Allgemeinen Deutschen Arbeitervereins (ADAV)
28. Mai 1878	Georg Mahn und Friedrich Ohlerich übernehmen die Julius Meyersche Bierbrauerei an der Doberaner Chaussee
1879	Rudolf Dolberg erwirbt ein Grundstück in der Bleicherstraße, auf dem einer Maschinen-und Feldbahnfabrik entsteht
16. August 1881	Eröffnung der Pferdebahn
20. August 1881	Neues Postgebäude an der Wallstraße eröffnet
Januar 1884	Gründung der Rostocker Aktienzuckerfabrik
01. Juli 1886	Lloydbahnhof (heute Hauptbahnhof) eröffnet
02. Juli 1887	Erste Sitzung der Repräsentierende Bürgerschaft, die anstelle des Hundertmännerkollegiums tritt
31. Dezember 1890	Gründung der Aktiengesellschaft »Neptun«
05. Oktober 1895	Neues Stadttheater vor dem Steintor eröffnet
15. Dezember 1900	Elektrizitätswerk nimmt Betrieb auf
14. September 1902	Synagoge in der Augustenstraße geweiht
01. Oktober 1903	Eisenbahnfährlinie Warnemünde-Gedser eröffnet
04. Oktober 1903	Kunst- und Altertumsmuseum eröffnet
15. Oktober 1903	Wertheim eröffnet Rostocks erstes Großwarenhaus
1907	Erste kinematographische Veranstaltungen im Apollosaal des Hotels »Sonne«
26. April 1908	Heiligengeistkirche in der Kröpeliner-Tor-Vorstadt geweiht
25. Oktober 1909	Katholische Christuskirche geweiht
Juli 1910	Tiergarten eröffnet
01. August 1914	Mobilmachung, mehr als 600 Rostocker ziehen in den nächsten Monaten in den Ersten Weltkrieg
01. Juli 1917	Rostocker Hausfrauen protestieren gegen die Lebensmittelknappheit
05. Februar 1918	Die Stadterweiterungskommitte stimmt den Plänen zur Westerweiterung der Stadt zu und

	beschließt Maßnahmen für den beschleunigten Wohnungsbau
06. November 1918	Beginn der Novemberrevolution, Kieler Matrosen kommen mit Torpedobooten nach Warnemünde. Wahl eines Soldatenrates im Gehlsdorfer Lindenhof
08. November 1918	Bildung einer neuen Regierung für Mecklenburg-Schwerin unter Hugo Wendorff (DDP)
14. November 1918	Großherzog Friedrich Franz IV. dankt ab. Der sozialdemokratische Parteisekretär Wilhelm Kröger tritt als unbesoldeter Stadtrat in den Rostocker Rat ein
19. Dezember 1918	Demokratische Kommunalwahlen in Rostock
06. Januar 1919	Konstituierung der neugewählten Stadtverordnetenversammlung
16. Juni 1919	Verabschiedung der demokratische Stadtverfassung
01. Juli 1919	Amtseinführung des neuen Bürgermeisters Dr. Ernst Heydemann
Oktober 1919	Bebbauungsplan für die Gartenstadt freigegeben
November 1919	Festwoche zum 500jährigen Gründungsjubiläum der Universität
13. – 18. März 1920	Kapp-Putsch, zur Abwehr wird ein Arbeiterbataillon von 700 Mann gebildet. SPD, KPD und USPD rufen zum Generalstreik auf
Oktober 1920	Inbetriebnahme der ersten Anlagen des neuen Fischereihafens für die Rostocker Hochseefischerei AG
April 1921	Das Volksschulwesen geht in Landeshoheit über
01. Dezember 1922	Gründung der Ernst-Heinkel-Flugzeugwerke
April 1923	Das höhere Schulwesen geht ebenfalls in Landeshoheit über. Damit endet die über 350 Jahre währende Schulhoheit der Stadt
November 1923	Höhepunkt der Inflation. Erst nach Einführung der Rentenmark beginnt sich die Wirtschaft wieder langsam zu stabilisieren
01. Juli 1925	Eröffnung der Mecklenburgischen Bäderbahn zwischen Rövershagen und Graal-Müritz

24. Mai 1928	Das Kurhaus in Warnemünde wird seiner Bestimmung übergeben
28. – 30. Juli 1928	Einweihung des Rostocker Arbeiterstadions
02. August 1928	Erste Radioübertragung, die direkt aus der Stadt ausgestrahlt wird
Oktober 1928	Die Neptunwerft muß für mehrere Wochen stillgelegt werden
02. Oktober 1929	Inbetriebnahme des Grenzschlachthofes in Bramow
06. Oktober 1930	Dr. Robert Grabow wird Oberbürgermeister
16. November 1930	Wahl zur Stadtverordnetenversammlung. Die NSDAP zieht erstmals mit 16 Abgeordneten ins Stadtparlament
01. Dezember 1931	Das Schnellflugzeug He70 absolviert in Rostock erfolgreich seinen Jungfernflug
15. Januar 1932	Das Arbeitsamt registriert in Rostock und Warnemünde 8666 Arbeitssuchende
Mai 1932	Alle Schiffe der Rostocker Handelsflotte werden aufgelegt
30. Januar 1933	Machtantritt der Nationalsozialisten in Deutschland
23. Februar 1933	Die Nazis überfallen das Gewerkschaftshaus »Philharmonie«
28. Februar 1933	Die demokratischen Rechte und Freiheiten der Weimarer Verfassung werden außer Kraft gesetzt
01. April 1933	Boykott von 57 Rostocker jüdischen Geschäften, Arztpraxen und Anwaltskanzleien
10. Mai 1933	Bücherverbrennung auf den Vögenteichplatz
01. Januar 1934	Im Ständehaus findet der Festakt zur Vereinigung der Länder Mecklenburg-Schwerin und Mecklenburg-Strelitz statt
21. März 1934	Grundsteinlegung für die Siedlung Reutershagen
03. Dezember 1934	Einweihung des neuen Heinkel-Stammwerkes in Marienehe
03. März 1935	Hans-Jochen Marott ist der 100000. Einwohner Rostocks
17. April 1935	Walter Volgmann (NSDAP) wird Oberbürgermeister

12. Mai 1935	Einweihung der Thingstätte
Oktober 1935	An die Stelle der Stadtverordnetenversammlung treten 30 Ratsherren, die kein Beschlußgremium bilden
31. Mai 1938	Fachklinik für Stomatologie übergeben
29. August 1938	Eröffnung des UFA-Palastes in der Breiten Straße
28. Oktober 1938	37 Juden werden verhaftet und nach Polen abgeschoben
10. November 1938	»Reichskristallnacht«. Die Synagoge in der Augustenstraße brennt
April 1942	Rostock erlebt in vier aufeinanderfolgenden Nächten schwere Luftangriffe mit großen Zerstörungen
10. Juli 1942	Deportation von 24 Juden nach Ausschwitz
Januar 1943	Die Neptunwerft beschäftigt 1000 ausländische Arbeitskräfte
01. Mai 1945	Einheiten der Roten Armee besetzen die Stadt
03. Mai 1945	Bekanntmachung des Ordnungskomitees ruft zur Bewahrung von Ruhe und Ordnung auf
05. Mai 1945	Mit Befehl Nr. 1 des Stadtkommandanten etabliert sich die Sowjetische Besatzungsmacht in Rostock
01. Oktober 1945	Wiederaufnahme des Unterrichts an den Schulen
27. Oktober – 04. November 1945	Rostocker Kulturwoche demonstriert den Willen zur demokratischen Erneuerung
25. Februar 1946	Wiedereröffnung der Universität
15. September 1946	Wahl zur Stadtverordnetenversammlung
29. September 1946	Eröffnung der ersten Nachkriegsmesse unter dem Titel »Rostock baut auf«
11. Mai 1947	Neugegründete Musikhochschule nimmt regulären Lehrbetrieb auf
23. Juni 1948	SMAD ordnet Ausbau der Warnowwerft für die Reparatur von Großschiffen an
Juni 1949	Baubeginn für die ersten nach dem Krieg errichteten Wohnhäuser im Komponistenviertel
15. November 1949	Sowjetische Kommandantur übergibt sämtliche Verwaltungsfunktionen an den Rat der Stadt

15. Oktober 1950	Erstmalig finden Einheitslisten der Nationalen Front bei der Wahl zur Stadtverordnetenversammlung Anwendung
14. Dezember 1950	Regierung der DDR beschließt Ausbau der Warnowwerft zur größten Werft der DDR
01. Juli 1952	Gründung der staatlichen Deutschen Seereederei Rostock
23. Juli 1952	Rostock wird im Zuge der Zentralisierung des Staatsaufbaus Bezirksstadt
30. Januar 1953	Grundsteinlegung für die Lange Straße
17. Juni 1953	Sowjetische Kommandantur verhängt nach Arbeiterprotesten den Ausnahmezustand über die Stadt
05. August 1953	Grundsteinlegung für das erste nach dem Krieg errichtete Wohngebiet in Reutershagen
05. Juli – 12. Juli 1958	1. Ostseewoche der DDR in Rostock
09. April 1959	Die Fertigung der ersten Platte im Werk Marienehe markiert den Übergang zur industriellen Bauweise
30. April 1960	Inbetriebnahme des Überseehafens
02. November 1962	Mit dem ersten Spatenstich in Lütten Klein beginnt der Wohnungsbau im Rostocker Nordwesten
04. Juli 1965	Im Museum findet erstmalig die Biennale der Ostseeländer im Rahmen der Ostseewoche statt
25. Mai 1977	Grundsteinlegung für das Café Rostock kennzeichnet den Beginn einer neuen Phase innerstädtischen Bauens
06. Oktober 1980	Mit dem ersten Spatenstich für das Wohngebiet Dierkow beginnt die Erschließung des Rostocker Nordostens für den Wohnungsbau
14. Dezember 1983	Grundsteinlegung für den Wiederaufbau der abgerissenen nördlichen Altstadt
05. Oktober 1989	Eine Fürbittandacht in der Petrikirche leitet die Wende in Rostock ein
19. Oktober 1989	Erste Demonstration auf den Straßen der Stadt
09. Dezember 1989	Runder Tisch nimmt seine Arbeit auf
06. Mai 1990	Demokratische Kommunalwahl

Abkürzungsverzeichnis

ADAV	Allgemeiner Deutscher Arbeiterverein
AG	Aktiengesellschaft
AWG	Arbeiterwohnungsgenossenschaft
B.F.D.	Bund Freier Demokraten
BHG	Bäuerliche Handelsgenossenschaft
CDU	Christlich-Demokratische Union
CSU	Christlich-Soziale Union
CSVD	Christlich-Sozialer Volksdienst
DAF	Deutsche Arbeitsfront
DBD	Demokratische Bauernpartei Deutschlands
DBU	Deutsche Biertrinker Union
DERUTRA	Deutsch-Russische Transport Aktiengesellschaft
Deschimag	Deutsche Schiffs- und Maschinenbau Aktiengesellschaft
DDP	Deutsche Demokratische Partei
DDR	Deutsche Demokratische Republik
DFD	Demokratischer Frauenbund Deutschlands
DFP	Deutsche Fortschrittspartei
DM	Deutsche Mark
DMR	Dieselmotorenwerk Rostock
DNVP	Deutschnationale Volkspartei
DSR	Deutsche Seereederei Rostock
DSU	Deutsche Soziale Union
DVFP	Deutschvölkische Freiheitsbewegung
DVLP	Deutsche Vaterlandspartei
DVP	Deutsche Volkspartei
DWK	Deutsche Wirtschaftskommission
FDGB	Freier Deutscher Gewerkschaftsbund
FDP	Freie Demokratische Partei
FDJ	Freie Deutsche Jugend
FoVP	Fortschrittliche Volkspartei
Gestapo	Geheime Staatspolizei
GmbH	Gesellschaft mit beschränkter Haftung
HJ	Hitlerjugend

KG	Kommanditgesellschaft
KPD	Kommunistische Partei Deutschlands
KWU	Kommunalwirtschaftsunternehmen
KZ	Konzentrationslager
LDPD	Liberal-Demokratische Partei Deutschlands
LPG	Landwirtschaftliche Produktionsgenossenschaft
MfS	Ministerium für Staatssicherheit
NAW	Nationales Aufbauwerk
NDPD	National-Demokratische Partei Deutschlands
NLP	Nationalliberale Partei
NSDAP	Nationalsozialistische Arbeiterpartei Deutschlands
NSDStB	Nationalsozialistischer Deutscher Studentenbund
NSLB	Nationalsozialistischer Lehrerbund
PDS	Partei des Demokratischen Sozialismus
PGH	Produktionsgenossenschaft des Handwerks
RFB	Roter Frontkämpferbund
RM	Reichsmark
SMAD	Sowjetische Militäradministratur in Deutschland
SA	Sturmabteilung
SAG	Sowjetische Aktiengesellschaft
SED	Sozialistische Einheitspartei Deutschlands
SDP	Sozialdemokratische Partei
SMS	Seiner Majestät Schiff
SPD	Sozialdemokratische Partei Deutschlands
SS	Schutzstaffel
UdSSR	Union der sozialistischen Sowjetrepubliken
UfA	Universum-Film-AG
USPD	Unabhängige Sozialdemokratische Partei Deutschlands
VdgB	Vereinigung der gegenseitigen Bauernhilfe
VEB	Volkseigener Betrieb
ZK	Zentralkomitee

Personenregister

Kinkel, Gottfried (1815-1882) 133

Kirchberg, Ernst von (vor 1335-um 1384) 16, 17, 23, 35

Kjellen, Rudolf (1864-1922) 204

Kleemann, Christophn (* 1944) 322, 324

Knut IV. († 1157) 13

Koch, Ernst (1890-1945) 241

Koch, Marita (* 1957) 304

Kochs, Heinz (* 1929) 299

Kohl, Helmut, (* 1930) 323

Korselt, Theodor (1891-1943) 251, 252

Kossel, Albrecht (1853-1927) 148

Krantz, Albert (1448-1517) 52

Kröger, Wilhelm (1873-1932) 170

Kröpelin, Arnold († um 1394) 39, 43

Kröpelin, Henneke († 1473/74) 39

Kröpelin, Konrad († 1334) 39

Kröpelin, Lambert(† 1405/07) 39

Kröpelin, Lambert († 1424/25) 39

Kröpelin, Lambert († 1499) 39

Kuhn, Karlheinz (1930-2001) 309

Kuphal, Otto (1890-1946) 256, 259

Lantfer, Heinrich († nach 1218) 20

Lasch, Rudolf (1930-1993) 293

Leffers, Wilhelm (1871-1952) 150, 242

Leonhardt, Paul Martin (1883-1971) 153

Lettow-Vorbeck, Paul von (1870-1964) 173, 175, 204

Linck, Hans (1863-1945) 175

Lindeberg, Peter (1562-1596) 35, 39, 46, 68, 77, 78, 80, 81

Lindenberg, Edith (1887-1944) 171

Lindenberg, Hans (1887-1944) 171, 243, 244

Lippold, Wilhelm (1809-1885) 142

Lohe, Dietrich vam († 1490) 61

Lohse, Henry (* 1949) 316

Lübbe, Friedrich August (1884-1940) 190

Lübbe, Karl (1903-1990) 254

Lühe, Vollrat von der († 1549) 57, 58

Ludewig, Otto (1826-1901) 135

Luther, Martin (1483-1546) 62

Seitz, Christoph (1914-?) 256, 259
Siegmann, Richard (1872-1943) 171, 243
Sigismund (1368-1437) 46
Simonis, Adolf (1823-1918) 158
Slüter, Joachim (um 1491-1532) 53, 54, 55
Sobottka, Gustav (1886-1953) 260
Solisch, Wilhelm (1910-1988) 283
Sommer, Hans-Eugen (1901-1952) 216, 254
Soult, Nicolas Jean de (1769-1851) 109
Stallmeister, Heinrich († 1632) 87
Starosson, Franz (1874-1919) 168, 169
Starosson, Alfred (1898-1957) 262
Stenbeke, Petrus (um 1380-1421) 48
Stern, Otto (1888-1969) 205
Stinnes, Hugo (1870-1924) 190
Störtebecker, Klaus († 1401) 44
Stopperam, Walter (1891-?) 176
Suderland, Friedrich († 1365) 43
Tarnow, Julius Michael (1725-1813) 106
Tarnow, Paul (1562-1633) 90
Tessenow, Heinrich (1876-1950) 209, 262
Thormann, David (1903-?) 217
Tiedemann, Johann Gottfried (1803-1850) 153
Tilly, Johann Tserclaes Graf von (1559-1632) 88, 91
Timm, Ernst (* 1926) 316
Tischbein, Albrecht (1803-1881) 135, 136, 141
Tischbein, Paul (1820-1874) 153
Tölner, Johann d. J. († vor 1354) 41
Tölner, Johann d.Ä. († nach 1360) 41
Trojan, Johannes (1837-1915) 153
Tschenzow 270
Tschirch, Egon (1889-1948) 153
Türk, Karl (1800-1887) 128
Tychsen, Oluf Gerhard (1734-1815) 103
Ulbricht, Walter (1893-1973) 276, 284, 287
Ulenoge, Wilhelm († 1572) 66
Ulrich III. (1527-1603) 57, 59, 61, 67
Urbanski, Wolfgang (1928-1998) 293, 294

Literatur zur Geschichte der Stadt Rostock (Auswahl)

2 Jahre. Rostocks Aufstieg zur Großstadt, hrsg. v. d. Presse- und Propagandastelle der Seestadt Rostock, Rostock 1935.

10 Jahre Bürgerschaft der Hansestadt Rostock. Festsitzung der Bürgerschaft am 31. Mai 2000 (Neue Demokratie, Heft 6), Rostock 2000.

50 Jahre Bauplanung - INROS Planungsgesellschaft mbH (1950 – 2000), Rostock 2000.

75 Jahre Deutscher Seeflugwettbewerb 1926 in Warnemünde. Symposium am 10. und 11. August 2001 Marinegelände Warnemünde Hohe Düne (Beiträge zur Geschichte der Luft- und Raumfahrt in Mecklenburg-Vorpommern), Rostock 2002.

90 Jahre Berufsfeuerwehr Rostock, hrsg. v. d. Hansestadt Rostock, Feucht 1999.

125 Jahre zentrale öffentliche Wasserversorgung in Rostock, hrsg. v. d. Geschäftsführung der Nordwasser GmbH, Rostock 1992.

575 Jahre Universität. Mögen viele Lehrmeinungen um die eine Wahrheit ringen, hrsg. v. Rektor der Universität Rostock, Rostock 1994.

777 Jahre Rostock. Neue Beiträge zur Stadtgeschichte (Schriften des Kulturhistorischen Museums in Rostock, Bd. 2), Rostock 1995.

1000 Jahre Mecklenburg. Geschichte und Kunst einer Region, hrsg. v. Johannes Erichsen, Rostock 1995.

Aepinus, Angelius: Urkundliche Bestätigung der herzoglich-mecklenburgischen hohen Gerechtsamen über dero Academie und Rat zu Rostock besonders in Absicht der vieljährigen zwischen beiden vorwaltenden Streitigkeiten, o.O. 1754.

Ahrens, Walter/ Peter Frahm/ Wolfgang Gurowski: Rostocker Gas-, Strom- und Wärmeversorgung. Aus der Vorgeschichte der Stadtwerke Rostock AG, Rostock 2000.

Alheit, Peter/ Hanna Haack/ Heinz-Gerd Holschen/ Renate Meyer-Braun (Hrsg.): Gebrochene Modernisierung. Der langsame Wandel proletarischer Milieus. Eine empirische Vergleichsstudie ost- und westdeutscher Arbeitermilieus in den 1950er Jahren, 2 Bde., Bremen 1999.

Ammer, Thomas/ Hans-Joachim Memmler (Hrsg.): Staatssicherheit in Rostock. Zielgruppen, Methoden, Auflösung, Köln 1991.

Arbeitsberichte über die Auflösung der Rostocker Bezirksverwaltung des Ministeriums für Staatssicherheit, hrsg. v. Unabhängigen Untersuchungsausschuß Rostock, Rostock 1990.

Archäologie des Mittelalters und Bauforschung im Ostseeraum (Schriften des Kulturhistorischen Museums in Rostock, Bd.1), Rostock 1993.

Architektur und Bauplanung. Eine Firmenchronik des Architektur- und Ingenieurbüro Nord GmbH Rostock, Rostock 1995.

Architekturführer DDR. Bezirk Rostock, Berlin 1978.

Asche, Mathias: Von der reichen hansischen Bürgeruniversität zur armen mecklenburgischen Landeshochschule. Das regionale und soziale Besucherprofil der Universitäten Rostock und Bützow in der frühen Neuzeit (1500 – 1800), Stuttgart 2000.

Barnewitz, Friedrich: Geschichte des Hafenortes Warnemünde, Rostock 1925.

Bauen im Ostseebezirk. Bd. 7: Die neuen Wohngebiete im Raum Rostock-Lütten-Klein, hrsg. v. Rat des Bezirkes Rostock, Rostock 1982.

Beese, Marianne: Familie, Frauenbewegung und Gesellschaft in Mecklenburg 1870 – 1920. Situation der Frauen und weibliche Lebensläufe: Laura Witte (1869 – 1939), Anna von Maltzahn (1856 – 1895), Rostock 1999.

Behrens, Beate/ Karl Heinz Jahnke/ Anne Geltz/ Inge Wendt: Mecklenburg in der Zeit des Nationalsozialismus 1933 - 1945. Eine Dokumentation, Rostock 1994.

Behrens, Beate: Mit Hitler zur Macht. Aufstieg des Nationalsozialismus in Mecklenburg und Lübeck 1922 – 1933, Rostock 1998.

Dies./ Torsten Schaar: Von der Schulbank in den Krieg. Mecklenburgische Schüler und Lehrlinge als Luftwaffen- und Marinehelfer 1943 – 1945, Rostock 1999.

Bei der Wieden, Helge: Rostock zwischen Abhängigkeit und Reichsunmittelbarkeit, in: Pommern und Mecklenburg. Beiträge zur mittelalterlichen Stadtgeschichte, hrsg. v. Roderich Schmidt, Köln/ Wien 1981, S. 111-132.

Beiträge zur Geschichte der Stadt Rostock, Bd.1-24, Rostock 1890-1941, 1999-2001.

Beiträge zur Geschichte der Stadt Rostock. Neue Folge, Heft 1-10, Rostock 1981-1990.

Bernitt, Hans: Zur Geschichte der Stadt Rostock, Rostock 1956.

Biographisches Lexikon für Mecklenburg, Bd.1-3, hrsg. v. Sabine Pettke, Rostock 1995-2001.

Bluhm, Dörte: Vor dem Cröpeliner Thore. Die Entstehung der Kröpeliner-Tor-Vorstadt, Weimar / Rostock 1999.

Bönisch, Otto/ Harry Wenzel/ Joachim Stübner: DSR-Lines. Die Deutsche Seereederei Rostock, Hamburg 1996.

Bohl, Hans-Werner/ Bodo Keipke/ Karsten Schröder (Hrsg.): Bomben auf Rostock. Krieg und Kriegsende in Berichten, Dokumenten, Erinnerungen und Fotos 1940 - 1945, Rostock 1995.

Buttkus, Eilhart: Deutsche Seereederei. Von der Staatsflotte zur privaten Holding, Bad Seegeberg 1996.

Chronik der Rostocker Straßenreinigung von 1898 bis 1998, hrsg. v. der Stadtentsorgung Rostock, Rostock 1998.

Chronik der Stadt Rostock von 1945 - 1979. Teil 1: 1945 - 1970, Teil 2: 1971 - 1979 (Kleine Schriftenreihe des Stadtarchivs Rostock, Heft 3 und 4), Rostock 1978 und 1980.

Chronik zur Geschichte des Wohnungsbaukombinates Rostock 1945 - 1963, Rostock 1988.

Dahl, Dietrich: Niederdeutsche Bühne Rostock e.V. 1920 – 2000, in: Stier und Greif 10 (2000), S. 141-147.

Dalk, Wolfgang: Das Kabarett RohrSTOCK. 30 Jahre, Rostock 2000.

Das evangelische Rostock 1531 - 1931. Festschrift zum Rostocker 400jährigen Reformationsjubiläum, Rostock 1931.

Das musikalische Spielplanverzeichnis des Stadttheaters Rostock von 1786 – 1944. Zusammengestellt von Gerd Puls, 2 Bde., hrsg. v. d. Hansestadt Rostock, Rostock 1999.

Das Rostocker Grundregister 1600 - 1820, 3 Bde., hrsg. v. Ernst Münch (Veröffentlichungen der Historischen Kommision für Mecklenburg, Reihe C, Bd. 2), Rostock 1998 und 1999.

Deutsche Seemannsmission Rostock. Chronik 1991 - 2001, hrsg. v. d. DSM Rostock e.V., Rostock 2001.

Die Rostocker Heide-Urkunde. 1252 März 25, hrsg. v. Archiv der Hansestadt Rostock unter Mitarbeit von Renate Dohm aus Anlaß des 750. Jahrestages des Erwerbs der Rostocker Heide durch die Stadt Rostock, Rostock 2002.

Dem Vergessen entrissen. Rostocker Antifaschisten und Opfer des Nazi-Terrors, hrsg. v. Rat der Stadt Rostock, Rostock 1986.

Deutschlands Städtebau. Rostock, Berlin-Halensee 1922 und 1927.

Die Entwicklung zum sozialistischen Großbetrieb - Betriebs-
geschichte des VEB Fischkombinat Rostock, Rostock 1974.

Die Geschichte des Rostocker Hafens, hrsg. v. d. Hafen-Entwicklungs-
gesellschaft Rostock, Rostock 2002.

Die städtebauliche Entwicklung der Stadt Rostock, Rostock 1968.

Die Wahrhaftige „Abcontrafactur" der See- und Hansestadt Rostock
des Krämers Vicke Schorler, hrsg. v. Horst Witt, Rostock 1989.

Diederich, Georg: Aus den Augen, aus dem Sinn. Die Zerstörung der
Rostocker Christuskirche 1971, Rostock/ Bremen 1996.

Ders. (Hrsg.): Geduldet, verboten, anerkannt. Katholische Schulen in
Mecklenburg, Rostock 2000.

Düwel, Jörn: Baukunst voran! Architektur und Stadtplanung im ersten
Nachkriegsjahrzehnt in der SBZ/ DDR, Berlin 1995.

Elchlepp, Friedrich/ Walter Jablonsky/ Fritz Minow/ Manfred
Röseberg: Volksmarine der DDR. Deutsche Seestreitkräfte im Kalten
Krieg, Hamburg/ Berlin/ Bonn 1999.

Ehlers, Ingrid/ Bodo Keipke: Rostocks Bürger auf dem Weg zur Demokratie. Von der mittelalterlichen Stadtverfassung zur kommunalen Selbstverwaltung (Neue Demokratie, Heft 3), o.O. o.J. (Rostock 1999).

Eibl, Elfie-Maria: We dat Ampt winnen wil ... Zunftzwang in wendischen
Hansestädten zwischen Gewährung und Verweigerung: Rostock, Wismar,
Stralsund, Greifswald, in: Schriftkultur und Landesgeschichte. Studien
zum südlichen Ostseeraum vom 12. bis zum 16. Jahrhundert, hrsg. von
Matthias Thumser, Köln/ Weimar/ Wien 1997, S. 63-107.

Ein Jahrtausend Mecklenburg-Vorpommern. Biographie einer norddeutschen Region in Einzeldarstellungen, hrsg. v. Wolf Karge, Peter-
J. Rakow und Ralf Wendt, Rostock 1995.

Elsner, Lothar u.a.: Rostock. Geschichte einer Stadt in Wort und Bild,
Berlin 1980.

Festschrift der XXVI. Versammlung des Deutschen Vereins für
öffentliche Gesundheitspflege, Rostock 1901.

Festschrift zur 525. Wiederkehr der Gründung des Glaseramtes zu
Rostock, hrsg. v. d. Glaser-Innung Rostock, Rostock 2001.

Festschrift für Gerhard Heitz zum 75. Geburtstag (Studien zur
ostelbischen Gesellschaftsgeschichte, hrsg. von Ernst Münch und Ralph
Schattkowski, Bd. 1), Rostock 2000.

Fritze, Konrad: Am Wendepunkt der Hanse, Berlin 1967.

Ders.: Bürger und Bauern zur Hansezeit, Weimar 1967.

Ders.: Frühphasen der Entwicklung Rostocks und Stralsunds, in: Lübecker Schriften zur Archäologie und Kunstgeschichte, Bd. 7, Bonn 1983, S. 119-124.

Gebhard Leberecht von Blücher und seine Zeit, hrsg. v. Wolf Karge, Rostock 1992.

Gehrke, Wolf-Dietrich: Menschen unter sieben Türmen. Rostocker Familiengeschichten, Rostock 1997.

Geschichte der Universität Rostock 1419 - 1969. Festschrift zur Fünfhundertfünfzig-Jahr-Feier der Universität, 2 Bde., Berlin 1969.

Grewolls, Grete: Wer war wer in Mecklenburg-Vorpommern, Bremen/ Rostock 1995.

Groppa, Kurt: Chronik. 111 Jahre Rostocker Straßenbahn. 88 Jahre elektrischer Betrieb. 66 Jahre Omnibusbetrieb, Rostock 1991.

Grunert, Manfred: Die Technische Flotte der Bagger-, Bugsier- und Bergungsreederei Rostock 1945 – 1995 (Schriften des Schiffahrtsmuseums der Hansestadt Rostock, Bd. 6), Rostock 2000.

Gryse, Nikolaus: Historia von Lehre, Leben und Tod Joachim Slüters, bearb. u. hrsg. v. Sabine Pettke (Veröffentlichungen der Historischen Kommision für Mecklenburg, Reihe C, Bd. 1), Rostock 1997.

Gundlach, Christine: Zur Geschichte des Kulturbundes Rostock 1945 – 1995, Rostock 1998 (Manuskript).

Hamann, Manfred: Das staatliche Werden Mecklenburgs, Köln/ Graz 1962.

Ders.: Mecklenburgische Geschichte von den Anfängen bis zur landständischen Union von 1523, Köln/ Graz 1968.

Heck, Uwe: Geschichte des Landtages in Mecklenburg. Ein Abriß, Rostock 1997.

Heil, Gerd: Die Geschichte der Köhler und Teerbrenner in der Rostocker Heide, Rostock 2001.

Herbst 89 – die Wende in Rostock. Zeitzeugen erinnern sich, hrsg. v. der Universität Rostock, Rostock 1999.

Hergemöller, Bernd-Ulrich: „Pfaffenkriege" im spätmittelalterlichen Hanseraum. Quellen und Studien zu Braunschweig, Osnabrück, Lüneburg und Rostock, 2 Bde., Köln/ Wien 1988.

Höser, Susanne/ Scherer, Richard: Wir hatten Hoffnung auf eine Demokratie. Rostocker Protestanten im Herbst 89, Mössingen-Talheim 2000.

Hoffmann, Erich: König Erik Menved und Mecklenburg, in: Mecklenburg und seine Nachbarn, hrsg. v. Helge Bei der Wieden und Tilmann Schmidt, Rostock 1997, S. 43-68.

Höffer, Volker: „Der Gegner hat Kraft". MfS und SED im Bezirk Rostock, Berlin 1997.

Jahrbuch des Bundesverbandes Deutscher Eisenbahnfreunde e.V.: 43. Bundesverbandstag in Rostock 1. - 3. Juni 2000, Lübbecke 2000.

Jahresköste der Kaufmannschaft zu Rostock 1998 – 2001, 4 Bde., Rostock 1998-2001.

Jaster, Silke: Die Nichtdeutschen im 13. Und 14. Jahundert (Rostocker Studien zur Regionalgeschichte, Bd. 4; zugleich Kleine Schriftenreihe des Archivs der Hansestadt Rostock, Bd. 11), Rostock 2001.

Dies.: Skandinavier in Rostock im 13. Und 14. Jahrhundert, in: Zwischen Reric und Bornhöved, hrsg. v. Ole Harck und Christian Lübke, Stuttgart 2001

Jenssen, Bruno (Hrsg.): 50 Jahre Deutsche Seereederei Rostock. Beiträge zur Entwicklung und Transformation der Handelsschiffahrt in der DDR (Schriften des Schiffahrtsmuseums der Hansestadt Rostock, Bd. 9), Rostock 2002.

Jochims, Wilfried (Hrsg.): Glücksmomente. Zur Einweihung des neuen Hauses der Hochschule für Musik und Theater Rostock im Jahre 2001, Rostock 2001.

Karge, Wolf/ Ernst Münch/ Hartmut Schmied: Geschichte Mecklenburgs, Rostock 1993.

Kiene, Christoph Friedrich: Außführliche Beschreibung der ... grausamen und erschrecklichen Feuers-Brunst, Rostock 1710.

Köpke, Horst/ Friedrich-Franz Wiese: Mein Vaterland ist die Freiheit. Das Schicksal des Studenten Arno Esch, Rostock 1990.

Kohfeldt, Gustav (Hrsg.): Rostock im Jahrzehnt 1780/90. Die Stadtkarte des Hospitalmeisters J. M. Tarnow mit Grundstückseinteilung und Hausbesitzerverzeichnis, Rostock 1918.

Kolz, Hans Heinrich: Zur Geschichte des höheren Schulwesens in der Stadt Rostock (125 Jahre Oberrealschule Rostock. Blücherschule), Donauwörth o.J. (1992).

Koppmann, Karl: Geschichte der Stadt Rostock. Erster Teil. Von der Gründung der Stadt bis zum Tode Joachim Slüters (1532), Rostock 1887.

Koos, Volker: Luftfahrt zwischen Ostsee und Breitling, Berlin 1990.

Krabbe, Otto: Die Universität Rostock im 15. und 16. Jahrhundert, Rostock-Schwerin 1854.

Ders.: Aus dem kirchlichen und wissenschaftlichen Leben Rostocks. Zur Geschichte Wallensteins und des 30jährigen Krieges, Berlin 1863.

Krause, Christiane: Flüchtlinge und Vertriebene in Rostock - Versuch einer Situationsbeschreibung für die Zeit von Mai bis August 1945, in: Studien zur Geschichte Mecklenburgs in der ersten Hälfte des 20. Jahrhunderts, Rostock 1992, S. 102-105.

Künstler-Matrikel Bezirk Rostock. Maler und Grafiker, Bildhauer, Gebrauchsgrafiker, Kunsthandwerker, Formgestalter, Bühnenbildner, Restauratoren, hrsg. v. d. Kunsthalle Rostock, Rostock 1982.

Lachs, Johannes/ Friedrich Karl Raif: Rostock, Rostock 1965.

Langer, Hermann: „Im gleichen Schritt und Tritt". Die Geschichte der Hitlerjugend in Mecklenburg von den Anfängen bis 1945, Rostock 2001.

Langer, Kai: „Ihr sollt wissen, daß der Norden nicht schläft". Zur Geschichte der „Wende" in den drei Nordbezirken der DDR (Quellen und Studien aus den Landesarchiven Mecklenburg-Vorpommerns, Bd. 3), Bremen/ Rostock 1999.

Leben in der DDR. Leben nach 1989 - Aufarbeitung und Versöhnung. Zur Arbeit der Enquete-Kommission des Landtages Mecklenburg-Vorpommern: Bd. VI: Expertisen und Forschungsstudien zum Thema „Kultur und religiöses Brauchtum"; Bd. IX: Expertisen und Forschungsstudien zum Thema „Geschichte der Wende", Schwerin 1997.

Lichtenhäger Mosaik. Vom Werden, Wachsen und Sein des sozialistischen Stadtteils Rostock-Lichtenhagen (Kleine Schriftenreihe des Stadtarchivs Rostock, Heft 8), Rostock 1986.

Lietz, Hans-Georg: Von der Pferdebahn zum Gelenkwagen. Chronik des VEB Nahverkehr Rostock, Rostock 1981.

Lorenzen, Andreas/ Heidrun Lorenzen/ Hans-Otto Möller/ Jürgen Beutler: Bildende Kunst im Stadtbild von Rostock, hrsg. v. Rat der Stadt Rostock, Abteilung Kultur, Rostock 1980.

Manke, Matthias: „daß den Armen geholfen, und die Betteley eingestellt werde". Inhalt, Aufgaben und Probleme der Armengesetzgebung in Rostock (1803 – 1822), in: Städtisches Gesundheits- und Fürsorgewesen vor 1800, hrsg. v. Peter Johanek, Köln/ Weimar/ Wien 2000.

Ders.: Rostock zwischen Revolution und Biedermeier. Alltag und Sozialstruktur (Rostocker Studien zur Regionalgeschichte, Bd. 1), Rostock 2000.

Magistrale. Eine Geschichte der Langen Straße in Rostock, Bremen/ Rostock 1997.

Mecklenburg und seine ostelbischen Nachbarn. Historisch-geographische und soziale Strukturen im regionalen Vergleich, hrsg. v. Ilona Buchsteiner, Rainer Mühle, Ernst Münch, Gyula Papay und Ralph Schattkowski, Schwerin 1997.

Melis, Damian van (Hrsg.): Sozialismus auf dem Platten Land. Mecklenburg-Vorpommern 1945 – 1952, Schwerin 1999.

Mnich, Reiner/ Lutz Nöh: Rostock und Warnemünde. Bildende Kunst im Stadtbild, hrsg. v. d. Hansestadt Rostock, Rostock 2000.

Möhlmann, Gerd: Die Geschlechter der Hansestadt Rostock im 13.-18.Jahrhundert, Neustadt/ Aisch 1975.

Möller, Kathrin: Neubeginn in Rostocker Industriebetrieben nach 1945 - Möglichkeiten und Grenzen von Belegschaftsinitiativen zur demokratischen Neuordnung der Wirtschaft, in: Modernisierung und Freiheit. Beiträge zur Demokratiegeschichte in Mecklenburg-Vorpommern, Schwerin 1995, S. 798-813.

Dies.: Wunder an der Warnow? Zum Aufbau der Warnowwerft und ihrer Belegschaft in Rostock-Warnemünde (1945 bis 1961), Bremen 1998.

Dies.: Beiträge zur Geschichte der Industrialisierung in Mecklenburg und Vorpommern (Geschichte Mecklenburg-Vorpommern, Nr. 10, hrsg. v. d. Friedrich-Ebert-Stiftung, Landesbüro Mecklenburg-Vorpommern), Schwerin 2000.

Müller, Klaus: Von Rostock in die Freiheit. Mecklenburgische Demokraten retten Gottfried Kinkel und Carl Schurz vor der Verfolgung durch die Reaktion, hrsg. v. Volkskulturinstitut Mecklenburg und Vorpommern im Kulturbund e.V., Rostock 2000.

Müller, Walter: Rostocks Seeschiffahrt und Seehandel im Wandel der Zeiten. Ein Beitrag zur Geschichte der deutschen Seestädte, Rostock 1930.

Münch, Ernst: Dörfer um Rostock im 18. Jahrhundert, in: Mecklenburgische Jahrbücher 109 (1993), S. 123-129.

Ders.: Rostock um 1600. Beobachtungen anhand des sogenannten Grundregisters der Neu-, Mittel- und Altstadt, in: Communitas et dominium. Festschrift zum 75. Geburtstag von Johannes Schildhauer, hrsg. v. Horst Wernicke, Ralf Werlich und Detlef Kattinger, Großbarkau 1994, S. 118-135.

Ders.: Norm und Realität in der frühneuzeitlichen Rostocker Rechtspflege, in: Rechtspflege im Herzogtum Lauenburg und in umliegenden Territorien, hrsg. v. Kurt Jürgensen, Mölln 1996, S. 60-74.

Ders.: Herrschaftsstreit in den Augen der Gutsuntertanen. Das Beispiel Toitenwinkel, in: Gutherrschaftsgesellschaften im europäischen Vergleich, hrsg. v. Jan Peters, Berlin 1997, S. 343-349.

Ders.: Die Hansestadt Rostock und die Moltkes - Schlaglichter auf ein spannungsvolles Verhältnis, in: Gegner und Akteure der Hanse - Zur Prosopographie der Hansezeit, hrsg. v. Detlef Kattinger und Horst Wernicke, Weimar 1998, S. 263-270.

Ders.: Toitenwinkel und Rostock. Zur Geschichte einer Haßliebe, Schwerin 2002.

Nathan Chytraeus 1543-1598. Ein Humanist in Rostock und Bremen, hrsg. v. Hanno Lietz und Sabine Pettke, Bremen 1991.

Nettelbladt, Heinrich: Historisch-Diplomatische Abhandlung vom Ursprunge der Stadt Rostock Gerechtsame und derselben ersteren Verfassung in weltlichen Sachen bis an das Jahr 1358, Rostock 1757.

Neues Leben in einer alten Stadt. Innerstädtisches Bauen in Rostock, hrsg. von Rostock-Information, Rostock 1989.

Olechnowitz, Karl Friedrich: Handel und Seeschiffahrt in der späten Hanse, Weimar 1965.

Ders.: Rostock von der Stadtrechtsbestätigung im Jahre 1218 bis zur bürgerlich-demokratischen Revolution von 1848/49, Rostock 1968.

Pahncke, Wolfgang/ Karl-Heinz Lemcke: 30 Jahre Sport in Rostock 1945 - 1975. Chronik - Übersichten, Rostock 1979.

Pettke, Sabine: Das Rostocker Kloster zum Heiligen Kreuz vom 16. bis zum 20. Jahrhundert, Köln/ Weimar/ Wien 1991.

Piechulek, Ronald: Chronik des Neubaugebietes Rostock-Toitenwinkel 1985-1996 (Schriften der Geschichtswerkstatt Toitenwinkel, Heft 2), Rostock 1997.

Ders.: Warnemünde in alten Ansichten und kurzen Texten, Reutlingen 1996.

Pissowotzki, Jörn: Politischer Symboltausch in Zeitenwenden. Die Straßenumbenennungen in Schwerin und Rostock nach der politischen Wende in Ostdeutschland zwischen 1990 und 1992, Schwerin 1999 (Magisterarbeit).

Polzin, Martin/ Horst Witt: Rostock von der bürgerlich-demokratischen Revolution 1848/49 bis 1945, Rostock 1974.

Probst, Lothar: Der Norden wacht auf. Zur Geschichte des politischen Umbruchs in Rostock im Herbst 1989, Bremen 1993.

Propp, Tilo: Der Rostocker „Butterkrieg". Kollektives Handeln im Tumult vom 29./30. Oktober 1800 (Rostocker Studien zur Regionalgeschichte, Bd. 2), Rostock 2000.

Quantität und Struktur. Festschrift für Kersten Krüger zum 60. Geburtstag, hrsg. v. Werner Buchholz und Stefan Kroll, Rostock 1999.

Rabbel, Jürgen: Rostocker Windjammer. Hölzerne Segler, Rostock 1988.

Ders.: Rostocks eiserne Segler, Rostock 1986.

Rackow, Gerd/ Martin Heyne/ Oswald Kleinpeter: Rostock 1945 bis zur Gegenwart, Rostock 1969.

Rahden, Heinrich: Die Schiffe der Rostocker Handelsflotte 1800-1917 (Veröffentlichungen aus dem Stadtarchiv der Seestadt Rostock, Bd. 2), Rostock 1941.

Reinhold, Werner: Chronik der Stadt Rostock, Rostock 1936.

Reis, Olaf: Rostock als geistige Lebensform, in: Stadtgespräche aus der Region Rostock, I. Quartal 1995, S. 9-15.

Röhl, Andre: Aufbau der kommunalen Selbstverwaltung in den neuen Bundesländern am Beispiel der Hansestadt Rostock, Hamburg 2002 (Diplomarbeit).

Rosentreter, Robert: Fußball an der Ostsee. Im Zeichen der roten Kogge, Reutlingen 1995.

Rostock. Stadtplanung - Stadtentwicklung, hrsg. vom Büro für Stadtplanung Rostock, Rostock 1974.

Rostock im Ostseeraum in Mittelalter und früher Neuzeit, Rostock 1994.

Rostocker Blitzlichter 1900/2000, hrsg. v. Verlag Redieck & Schade, der Hansestadt Rostock und dem Rostocker Blitz am Sonntag, Rostock 1999.

Rostocker Straßenbahn AG. Menschen, Technik, Episoden, hrsg. v. d. Rostocker Straßenbahn AG, Rostock 2001.

Schildhauer, Johannes: Soziale, politische und religiöse Auseinandersetzungen in den Hansestädten Stralsund, Rostock und Wismar im ersten Drittel des 16. Jahrhunderts, Weimar 1959.

Ders.: Zur Sozialstruktur der Hansestadt Rostock von 1378 bis 1569, in: Hansische Studien, hrsg. v. Gerhard Heitz und Manfred Unger, Berlin 1961, S. 341-353.

Schlie, Friedrich: Kunst- und Geschichtsdenkmäler des Großherzogtums Mecklenburg-Schwerin, Bd.1, Schwerin 1896.

Schmidtbauer, Bernhard: Tage, die Bürger bewegten, Bd. 1: Eine Chronik des Umbruchs in und um Rostock von August 1989 bis Oktober 1990, Bd. 2: Ausgewählte Dokumente zur Chronik des Umbruchs in und um Rostock, Rostock 1991.

Ders.: Im Prinzip Hoffnung. Die ostdeutschen Bürgerbewegungen und ihr Beitrag zum Umbruch 1989/90 - Das Beispiel Rostock, Frankfurt/Main 1996.

Schnitzler, Elisabeth: Die Gründung der Universität Rostock, Köln/ Wien 1974.

Dies.: Die Universität Rostock im Jahre 1848, in: Studien zur Archiv- und Bildungsgeschichte der Hansestadt Rostock, Warendorf 1992, S. 141-166.

Dies.: Zur Stadt- und Universitätsgeschichte Rostocks. Kleine Beiträge (1941 - 1961), Veröffentlichungen der Universitätsbibliothek Rostock, Nr. 126, hrsg. v. Direktor der Universitätsbibliothek, Rostock 1998.

Schorler, Vicke: Rostocker Chronik 1584 – 1625, hrsg. v. Ingrid Ehlers (Veröffentlichungen der Historischen Kommission für Mecklenburg, Reihe C, Bd. 3), Lübeck 2000.

Schröder, Frank: Dr. Hugo Sawitz und die erste demokratische Stadtverfassung Rostocks, in: Neue Demokratie, Heft 1, o.O. o.J., S. 5-24.

Ders./ Ingrid Ehlers: Zwischen Emanzipation und Vernichtung. Zur Geschichte der Juden in Rostock (Kleine Schriftenreihe des Stadtarchivs Rostock, Heft 9), Rostock 1988.

Schröder, Karsten/ Ingo Koch (Hrsg.): Rostocker Chronik. Ein Streifzug durch das 20. Jahrhundert in Bildern und zeitgenössischen Pressestimmen, 2. Aufl., Rostock 2000.

Schultz, Helga: Soziale und politische Auseinandersetzungen in Rostock im 18. Jahrhundert, Weimar 1974.

Schultz, Lothar/ Peter Wilhelm/ Klaus Pfafferott: 150 Jahre Eisenbahn in Rostock. Die Chronik zur Eisenbahngeschichte der Hansestadt, Stuttgart 2000.

Schultz-Naumann, Joachim: Mecklenburg 1945, München 1989.

Schulz, Albert: Erinnerungen eines Sozialdemokraten, Oldenburg 2000.

Schulze, Jan-Peter: 175 Jahre Rostocker Sparkasse – 175 Jahre Sparkasse der Region 1825 – 2000, im Auftrag der Ostseesparkasse Rostock aus Anlaß des 175-jährigen Jubiläums der Sparkasse hrsg. v. Kersten Krüger, Rostock 2000.

Ders.: Der Städtebaumeister Reinhard Baumeister in Theorie und Praxis. Rostock/ Mannheim, Rostock 2001.

Schwabe, Klaus: Albert Schulz. Ein Leben für soziale Gerechtigkeit (Geschichte Mecklenburg-Vorpommern, Nr. 7, hrsg. v. d. Friedrich-Ebert-Stiftung, Landesbüro Mecklenburg-Vorpommern), Schwerin 1995.

Ders.: Arroganz der Macht. Herrschaftsgeschichte von KPD und SED in Mecklenburg und Vorpommern 1945-1952, Schwerin 1997.

Ders.: Der 17. Juni 1953 in Mecklenburg und Vorpommern (Geschichte Mecklenburg-Vorpommern, Nr. 4, hrsg. v. d. Friedrich-Ebert-Stiftung, Landesbüro Mecklenburg-Vorpommern), Schwerin 1993.

Sens, Ingo: Geschichte der Energieversorgung in Mecklenburg und Vorpommern von ihren Anfängen im 19. Jahrhundert bis zum Jahr 1990, Rostock 1997.

Ders.: Rostock als Kraftwerksstandort. Chronik des Steinkohlekraftwerkes. Ein Beitrag zur Technikgeschichte der Region, Rostock 2000.

Stahl, Joachim: Neptunwerft. Ein Rostocker Unternehmen im Wandel der Zeit, (Schriften des Schiffahrtsmuseums der Hansestadt Rostock, Bd. 1), Rostock 1995.

Stamp, Friedrich: Zwangsarbeit in der Metallindustrie 1939 – 1945. Das Beispiel Mecklenburg-Vorpommern. Eine Studie im Auftrag der Otto-Brenner-Stiftung, Berlin 2001.

Straßenburg, Jan: Das Rostocker Armeninstitut von 1803. Anspruch und Wirklichkeit, Rostock 1999 (Magisterarbeit).

Ders.: Die Lehr- und Industrieschule des Rostocker Armeninstituts von 1803, in: Rostocker landes- und agrargeschichtliche Forschungen nach 1900, hrsg. von Ilona Buchsteiner (Rostocker Beiträge zur Deutschen und Europäischen Geschichte, Bd. 9), Rostock 2001.

Strobel, Dietrich/ Wulf-Heinrich Hahlbeck: Hiev up. So war die Hochseefischerei der DDR, Hamburg 1995.

Templin, Rüdiger (Hrsg.): 240 Jahre Freimaurerloge „Zu den drei Sternen" i. O. Rostock, Rostock 2000.

Theater! Aus der Geschichte der Rostocker Bühnen, hrsg. v. d. Redieck & Schade GbR, Rostock 1995.

Thierfelder, Hildegard: Rostock-Osloer Handelsbeziehungen im 16. Jahrhundert, Weimar 1958.

Dies. (Hrsg.): Das älteste Rostocker Stadtbuch (etwa 1254 - 1275), Göttingen 1967.

Über die Meere, durch die Jahre. Geschichte des VEB Deutfracht/ Seereederei Rostock. Vom Werden und Wachsen unserer Handels-

flotte, hrsg. v. d. Geschichtskommission des VEB Deutfracht/ See-reederei Rostock, Berlin 1982.

Universität und Stadt, hrsg. v. Peter Jakubowski und Ernst Münch, Rostock 1995.

Van der Veyde (1487 - 1491), hrsg. von Karl Krause, Rostock 1880.

VEB Jugendmode Rostock. Chronik 1976 - 1982, Rostock 1984.

VEB Warnowwerft Warnemünde. Betrieb des VEB Kombinat Schiff-bau, hrsg. v. d. Betriebsparteiorganisation der SED, Rostock 1981.

Verschwunden - Vergessen - Bewahrt? Denkmale und Erbe der Rostocker Technikgeschichte, hrsg. v. d. Redieck & Schade GbR, Rostock 1995.

Verschwunden – Vergessen - Bewahrt? Denkmale und Erbe der Technikgeschichte in Mecklenburg-Vorpommern, hrsg. v. d. Redieck & Schade GbR, Rostock 1997.

Vom Hirschgarten zum Erlebniszoo. 100 Jahre Tiergarten in Rostock, hrsg. v. Zoologischen Garten Rostock, Rostock 1999.

Vom Windkraftwerk zum Dieselmotorenwerk. 35 Jahre Dieselmoto-renbau in Rostock, hrsg. v. d. Betriebsparteiorganisation der SED im VEB Dieselmotorenwerk Rostock, Rostock o.J.

Vogel, Walter: Geschichte der deutschen Seeschiffahrt, Bd.1, Berlin 1915.

Von der Bürgerkapelle zur Norddeutschen Philharmonie, hrsg. v. Volkstheater Rostock, Rostock 1997.

Wagner, Andreas: Arbeit und Arbeiterexistenz im Wandel. Zur Geschichte der Belegschaft der Rostocker Brauerei Mahn & Ohlerich 1878 – 1955, Bremen 1997.

Weber, Angrit: Hungern, Frieren und zu wenig Fürsorge? Die Zustände in der Irrenanstalt St. Katharinen in Rostock zu Zeiten des Ersten Weltkrieges, in: Martin Rheinheimer (hrsg.): Subjektive Welten, Neumünster 1998, S. 307-319.

Wettken, Johann Georg: Geschichte der Stadt und der Herrschaft Rostock, Rostock 1754.

Wetzel, Hans-Günther: Aug. Cords Reederei Rostock - Bremen, Hamburg 1987.

Ders.: Die Zelck-Reeder, sowie Wichtiges zu ihrer Zeit, Hamburg 1989.

Wockenfuß, Karl: Streng vertraulich. Die Berichte über die politische Lage und Stimmung an der Universität Rostock 1955 bis 1989, Rostock 1995.

Zeitgeschichte regional, 1. – 6. Jg., Rostock 1996-2002.

Zeittafel zur Geschichte des Rostocker Hafens, hrsg. v. VEB Seehafen, Abt. Öffentlichkeitsarbeit, Rostock 1984.

Zu Wasser, zu Lande und in der Luft ... . Der Seeflugstandort Warnemünde in der ersten Hälfte des 20. Jahrhunderts (Schriften des Schiffahrtsmuseums der Hansestadt Rostock, Bd. 7), Rostock 2001.

Zwanzig Jahre Überseehafen Rostock 1960 - 1980. hrsg. v. d. Zentralen Parteileitung Seehafen Rostock der SED, Rostock o.J.

Zwischen Rüben und Raketen. Technikgeschichte aus Mecklenburg-Vorpommern, Rostock 1999.

Bücher zur Regionalgeschichte aus dem Ingo Koch Verlag

Jürgen Grambow/Gerda Strehlow (Herausgeber)

Das Haas und Voss ABC
Mehr als tausendmal Mecklenburg-Vorpommern.

ISBN 3-929544-98-9
Mit 60 Illustrationen von Peter Bauer
240 Seiten, gebunden
Preis: € 16,80

Ein Lexikon für Kinder und Erwachsene mit über 200 Stichwörtern zum Nachschlagen und Entdecken und lustigen Illustrationen von Peter Bauer. Nach all den Reklamesprüchen und Urlaubsreisen in die weite Welt und durch das Fernsehen wissen wir manchmal mehr über Amerika als über Biestow vor Rostocks Toren.

Schriftsteller und Journalisten, Wissenschaftler und andere Fachleute sehr ausgefallener Gebiete stellen in diesem Lexikon in 200 Artikeln dar, was Vater und Mutter und die Lehrer oft so genau auch nicht zu sagen wissen. Sind Steinzangen steinerne Zangen oder ist Sternberger Kuchen ein Gebäck? Was bedeuten die Dorfnamen Mamerow und Zarrenthin? Sind die Bezeichnungen Perückenstrauch und Schneeglöckchenbaum Scherzworte? Die Autoren der Lexikonartikel haben von der sparsamen Aufzählung über die kompakte Beschreibung bis zur ausgewachsenen Erzählung, die Darstellungsform gewählt, die dem jeweiligen Gegenstand angemessen erscheint. Über 1000 Registereinträge erschließen das Gesamtwerk und geben Hinweise über in den Artikeln verborgene geografische Begriffe, über historische Ereignisse und Personen. Eine Zeittafel zur Geschichte Mecklenburg-Vorpommerns erleichtert die historische Orientierung.

Ilona Buchsteiner (Hrsg.)

**Mecklenburger in der deutschen Geschichte des
19. und 20. Jahrhunderts**

ISBN 3-935319-22-3
330 Seiten, 17 Abb., Hardcover
Preis: € 21,50

Mit Mecklenburg verbinden sich im deutschen Bewußtsein seit eh und je
Rückständigkeit und Provinzialismus. Von Bismarck wird behauptet, dass
er gesagt habe, gehe die Welt unter, geschehe dieses in Mecklenburg 50
oder 100 Jahre später.

Das Land brachte keine Herrscherpersönlichkeiten hervor, und später
berühmt gewordene Mecklenburger wurden, da meist in preußische Dienste getreten, dann auch als Preußen angesehen und geehrt wie beispielsweise Leberecht von Blücher oder Helmuth von Moltke. Gibt es überhaupt Mecklenburger, die über ihre Heimatregion hinaus bekannt waren
und gar in der deutschen Geschichte eine Rolle spielten.

Das Buch geht diesen Fragen nach, indem es Leben und Wirken von 18
Persönlichkeiten im 19. und 20. Jahrhundert verfolgt. Es sucht nach deren
Verbindungen zu Mecklenburg und fragt nach ihren Einflüssen auf die hi-
storische Entwicklung des Landes.

Neben den über Landesgrenzen hinaus bekannten Personen wie Fritz
Reuter, von Blücher und von Moltke enthält der Band biographische Skiz-
zen u.a. von dem in der Geschichte kaum wahrgenommenen Staatsmini-
ster Leopold von Plessen, dem Astronomen Friedrich von Hahn und dem
Landmaschinenkonstrukteur Ernst Burgwedel.

Mit Wilhelm Höcker und Bernhard Quandt werden Persönlichkeiten der
Zeitgeschichte einbezogen, auch wenn noch nicht alle Facetten deren politischer Tätigkeit und Verantwortung erforscht sind.

Das Buch enthält neue Sichten auf die vorgestellten Personen und vermittelt so interessante Einblicke in die mecklenburgische und deutsche Geschichte.

Mario Niemann

Der Fall Kadow
Ein Fememord in Mecklenburg 1923

ISBN 3-935319-52-5
112 Seiten, 33 Abbildungen, Paperback
Preis: € 10,00

1923: Erneut erschüttert ein Mordfall Mecklenburg. Das Opfer ist Walter
Kadow, der im Kreise ehemaliger Freikorpskämpfer in Verdacht geraten
war, ein kommunistischer Spitzel zu sein.
Die Beteiligten der verbrecherischen Tat werden später – in der Zeit des
Nationalsozialismus – prominente Vertreter des Regimes.
Die junge nationalsozialistische Bewegung machte auch in Mecklenburg
schon früh vom politisch motivierten Terror Gebrauch.
Das Buch vermittelt tiefe Einblicke in das Leben und politische Denken
und Verhalten der ersten Jahre der Weimarer Republik in Mecklenburg.
Es liest sich spannend wie ein Kriminalroman. Die Dimension des Falls
weitet sich angesichts der juristischen und publizistischen Bewertung in
vergangenen Zeiten und der historiografischen Betrachtung in späteren
Jahren.

Hermann Langer

Im gleichen Schritt und Tritt
Geschichte der Hitlerjugend in Mecklenburg

ISBN 3-929544-88-1
230 Seiten; 100 Abbildungen, Hardcover,
Preis: 25,00 Euro

„Wir singen und marschieren im gleichen Schritt und Tritt", sangen die Zöglinge der Adolf-Hitler-Schule Heiligendamm. Hermann Langer zeichnet Entstehung, Funktion, den Organisationsaufbau und den Dienstalltag der Hitlerjugend und des Bundes Deutscher Mädel in Mecklenburg nach. Dabei werden regionale Besonderheiten, wie der Landdienst der HJ und die Erziehungsmethoden (Adolf-Hitler-Schule, Lehrerbildungsanstalt, Kinderlandverschickung) dargestellt. Die Aktualität des Buches wird in der Auseinandersetzung mit neuen Legenden über die NS-Jugendorganisation deutlich.
Das Buch ist ein Beitrag zum Verständnis regionaler Zeitgeschichte, macht historische Entwicklungen transparent und wirkt durch seine lebhafte und gleichermaßen akribische Darstellung. Insbesondere für Lehrer und Dozenten in der politischen Bildung eine wichtige Lektüre.

Saskia Thomas

Na fabelhaft!
Über Fotolust und Lebenskunst der Fotografenmeisterin
von Hiddensee Ilse Ebel

ISBN: 3-935319-41-X
188 Seiten, zahlreiche s-w-Fotos, Paperback
Preis. 19,00 €

Ein Buch für Liebhaber der Insel Hiddensee, der Fotografie und des Eigensinns. Die Hauptperson ist Ilse Ebel, die Fotografenmeisterin von Hiddensee, die mit der Insel ein fast unergründliches Geheimnis teilt.

In einer Zeit, in der viele Menschen so sehr mit sich und ihrem Tun befasst sind, in einer von viel Unzufriedenheit geprägten Welt, hat sich die 90jährige Frau ihren eigenen Geist und ihre Lebensart bewahrt.

Seit 1938 lebt und arbeitet sie auf Hiddensee, einer Insel, der sie ganz verfiel und der sie treu blieb. Hier hat sie sich eine Welt geschaffen, in der sie existieren kann. Eine Welt, die - wie die Insel Hiddensee - ein wenig abseits von der heutigen Zeit liegt, und die wohl auch deshalb so anziehend ist.

Die Autorin hat Leben, Werk und Welt der Ilse Ebel erspürt und mit Worten fotografiert. Sie läßt empfindsam die Facetten der Frau, die fast ein Jahrhundert erlebte, sichtbar werden. Über ein Jahr hinweg hat sie die Fotografin begleitet und diese Momente mit den Erinnerungen der damals wie heute unangepaßten Frau zu einem Bild verwoben, in dem auch die Zeitläufe aufblitzen.

Entstanden ist ein behutsames Buch über die Poesie des Lebens, über das Alter, über Passion und Ethos in Ilse Ebels Fotografie, über die stille, große Freundschaft mit Palucca und über das Glück - und da es um Ilse Ebel geht: eine Hommage an die Lebenslust.

Mit Hilfe von Hiddensee-Liebhabern und Vertrauten Ilse Ebels wurden erstmalig Ebel-Fotografien vom Beginn ihrer fotografischen Laufbahn an, zusammengestellt. Aus ihnen spricht ihre unverkennbare Handschrift - die vielleicht am besten damit zu beschreiben ist, dass sie mit jedem Foto das Einmalige und das Schöne ihrer Insel zu zeigen und zu bewahren sucht.